SUSTAINABILITY AND ESG MANAGEMENT

지속가능성과 ESG 경영

이재혁 · 옥용식

박영사

머리말

지속가능성을 위한 ESG 경영의 가치는 지속 가능할 것인가?

이 책의 저술 목적은 단 한 가지이다. ESG 경영이 일시적인 트렌드로 끝날지, 아니면 기업의 지속가능성을 높이기 위한 장기적인 방안으로 '앞으로도 지속 가능할 것인지' 독자가 스스로 판단할 수 있도록 돕는 것이다.

기업의 지속가능성(Sustainability)에 대한 관심은 단순히 성장의 문제를 넘어, 기업의 존립 자체가 걸린 문제이다. 《Fortune 500》 리스트를 예로 들면, 1955년에 포함되었던 기업 중 2024년까지 생존한 기업은 49개에 불과하다. 즉, 90% 이상의 기업이 역사 속으로 사라진 것이다. 이 통계는 지속가능성이 더 이상 단순한 성장의 문제가 아니라, 생존의 문제임을 분명하게 보여준다.

지속가능성을 높이기 위한 접근 방식 중 하나로 ESG(Environmental, Social, Governance) 경영이 등장했다. 하지만 ESG가 기업의 지속가능성을 위해 최초로 나타난 용어나 접근 방식은 결코 아니다. ESG 경영이 부상하기 이전에도 다양한 경영 개념과 방법론이 시대의 흐름을 타고 기업 경영의 중심에 있었다. 예를 들어, 1980~1990년대에는 식스 시그마(Six Sigma)나 전사적 품질관리(TQM, Total Quality Management)가, 2000년대에는 글로벌화와 E-business가 주목받았다. 2010년대에는 CSR(Corporate Social Responsibility), CSV(Creating Shared Value), 공유경제 등이 부상했으며, 2020년대에는 제4차 산업혁명이 키워드로 등장했다. 이러한 방법론들은 시대적 요구에 따라 부상했으나, 이후에는 사라지거나 그 중요성이 약화되었다. 바로 이 점이 ESG 경영이 일시적인 트렌드로 끝날 것인지에 대한 근본적인 질문을 던지게 한다.

하지만 경영 관련 특정 접근방식이 사라졌다고 해서 그 개념 자체가 무의

미해진 것은 아니다. 오히려 그것이 일반적인 경영 관행으로 자리 잡았기 때문에 더 이상 새로운 개념으로 인식되지 않는 경우가 많다. 예를 들어, 식스 시그마는 현재 대부분의 기업이 품질관리를 실시하는 방식으로 내재화되었고, 글로벌화도 다국적 기업이 일반화되면서 더 이상 특별한 전략으로 언급되지 않는다. 한때 오프라인 경영 방식과는 무관하다고 여겨졌던 E-business 역시 현재는 거의 모든 기업이 디지털 비즈니스 모델을 도입하면서 자연스럽게 경영 방식의 필수적인 일부분이 되었다. 특정한 접근방식이 무의미하다고 판단하는 또 다른 이유는 특정 업종이나 산업에 국한되어 있어서 그 파급력이 약해 보이기 때문이다. 공유경제의 경우 숙박(예: 에어비앤비)이나 모빌리티(예: 우버) 등 일부 산업에 한정되어 있으며, 플랫폼 경제 또한 'Winner takes all the market(승자독식 시장)' 구조로 인해 극소수의 플랫폼 기업(예: 구글, 아마존, 메타 등)에 집중되는 경향이 있어 대중적인 개념으로 자리 잡기 어려운 측면이 있다. 또한 일부 개념은 기존 접근방식에서 변형 및 진화하며 새로운 이름으로 자리 잡는다. 대표적인 예가 사회공헌에서 CSR로, 다시 CSV로 변화한 흐름이다.

ESG라는 용어가 등장한 것은 2004년으로, UN 글로벌 컴팩트(UN Global Compact)와 금융기관들이 공동으로 발표한 보고서 'Who Cares Wins'에서 처음 사용되었다. 한국에서는 오랜 기간 ESG를 관망하는 자세를 유지하다가, 2021년 주요 대기업의 신년사에 그 용어가 등장하면서 단기간에 압축적으로 수용되기 시작했다. 이후 주요 기업들은 ESG 위원회를 설치하고, ESG 전담 부서를 신설했으며, ESG 실천방안의 일환으로 여성 사외이사[1]의 수가 급증했다. 실제로 자본시장법 개정 등으로 이사회 다양성이 확대되면서, 2024년 주주총회 결과(2025년 발표 기준) 시가총액 100대 상장기업에서 신규 선임된 여성 사외이사 비중은 사상 처음으로 30%를 돌파했다. ESG 경영이 화두가 되면서 2023년까지 국내 시가총액 상위 200대 기업 중 83%가 ESG 보고서를 발간하며 공시가 보편화되었다. 또한, 국내 기업들이 환경이나 사회 문제 해결을 위해 발행한 ESG 채권 규모는 2022년 42조 원에서 2023년 47조 2천억 원으로 1년 새 12.2% 증가하며, ESG 투자가 크게 늘고 있음을 보여주었다.

하지만 최근 ESG 무용론이 대두되고 있다. 가장 자주 언급되는 이유는 소위 '트럼프 효과'이다. 트럼프 전 미국 대통령이 ESG를 '좌파의 사기극'이라고 비판하면서, 미국 내에서는 ESG 반대 움직임이 확산되었고, 이는 글로벌 기업들에게도 영향을 미쳤다. 특히 2023년 미국에서는 공화당 주 정부들이 ESG 투자에 반대하는 법안을 도입했다. 이로 인해 ESG 펀드에 대한 자금 유입이 급감했고, ESG 중심의 자산 운용사인 블랙록(BlackRock)이 ESG 투자 전략을 일부 후퇴시키는 결과를 낳았다.

ESG를 단기간에 압축적으로 수용했던 한국기업들은 이러한 글로벌 흐름 속에서 이제 ESG 관련 활동 및 조직을 발 빠르게 축소하는 움직임을 보이고 있다. 2024년 한국기업들의 RE100(재생에너지 100% 사용) 신규 가입은 0건을 기록했다. 이는 2021년과 2022년에 각각 15개, 12개의 한국기업이 RE100에 가입했던 것과 비교하면 현저한 감소세를 보이는 것이다. 2023년 ESG 경영을 이유로 기업 평가를 조정했던 기관들도 2024년부터는 ESG 요소를 기업 평가에서 후순위로 고려하는 분위기가 감지되고 있다. 대부분의 산업에서 글로벌 경쟁력이 약화되면서 2025년 국내 10대 그룹의 신년사에서는 '경쟁', '고객', '미래' 등의 단어가 자주 등장한 반면에, 작년까지 ESG 경영 기조에 따라 주요 관심사였던 '친환경'에 대한 언급은 찾기가 어려워졌다. 이런 이유 때문에 일각에서는 한국기업들의 ESG 경영에 대한 관심이 사라지고 있다고 판단하기도 한다. ESG 공시 의무화도 여전히 논의 중에 있지만, 기업들은 실질적인 규제보다는 비용 증가와 실효성 문제를 이유로 ESG에 대한 관심을 줄이는 분위기다.

저자들은 국제ESG협회를 설립한 이후 이러한 불확실한 상황 속에서도, ESG 교육 및 연구를 진행하면서 국내외에서 대규모 ESG 포럼 및 컨퍼런스를 꾸준히 개최해왔다. 그 과정에서 글로벌 석학 및 실무자 그룹과 정기적으로 교류하면서, 지속가능성을 위한 ESG 경영의 핵심 가치를 거듭 확인할 수 있었다. 그렇기에 저자들은 ESG 경영의 변치 않는 가치와 중요성을 제대로 알리고자 하는 강한 동기를 갖게 되었다.

이 책은 두 부류의 독자를 염두에 두고 서술되었다. 첫째, 지속가능성 및 ESG와 관련된 다양한 이슈에 대해 고민을 거듭하고 있는 실무자. 둘째, 지속가능성 및 ESG 관련 커리어를 꿈꾸고 있는 학부생 및 대학원생. 저자들은 이들에게 필요한 지식을 체계적으로 전달하는 하나의 방안으로 본서를 집필하게 되었다.

독자에게 필요한 지식을 효과적으로 전달하기 위해, 본서는 다음과 같이 구성되어 있다.

'지속가능성 개념'에 대해서 1장과 2장에서 논의한다. 1장 '지속가능성 본질과 기업의 역할'에서는 논의의 시작점으로 지속가능성의 개념에 대해 다룬다. 지속가능성은 주어에 따라 다양한 의미를 갖기 때문에, 이 용어가 여러 차원에서 어떻게 논의되는지, 특히 기업의 지속가능성이 무엇이며 최근의 주요 이슈는 무엇인지 살펴본다. 2장 '이해관계자와 지속가능경영'에서는 기업 지속가능성에 관심을 갖는 핵심 주체인 이해관계자에 대한 논의를 심화한다. 이해관계자의 중요성과 함께 이해관계자 자본주의, 그리고 효율적인 이해관계자 관리의 핵심 이슈들을 다룬다.

'ESG의 이해와 실행'에 대해서는 3장부터 6장에서 살펴본다. 3장 'ESG: 본질에 대한 이해'에서는 절차적 공정성으로서 ESG의 의미와 중요성을 논하며, ESG가 다양한 차원에서 어떻게 활용되고 있는지 구체적으로 설명한다. 4장 'ESG: 평가방법론'은 ESG 평가가 직면한 다양한 이슈들을 평가의 목적, 대상, 주체, 시기, 방법이라는 5가지 핵심 요소를 중심으로 심층적으로 분석한다. 5장 'ESG 경영: 실행방안'에서는 ESG 경영을 실제로 구현하기 위한 구체적인 가이드라인을 경영전략 프로세스 단계별로 설명하고, 성과를 파악하고 관리하는 방안을 제시한다. 6장 'ESG 경영: 한국기업 사례'에서는 한국기업들이 ESG 경영을 어떻게 실천하고 있는지를 해당 기업의 지속가능경영 보고서에 포함된 내용을 중심으로 E(환경), S(사회), G(지배구조)에 초점을 맞추어 파악한다.

'E/S/G 핵심 이슈 분석 및 미래 검토'는 7장부터 11장에서 다룬다. 7장부터 9장까지는 각각 'E(환경)', 'S(사회)', 'G(지배구조)'의 핵심 이슈를 심도 있게 설명하고, 한국기업들의 구체적인 대응 현황을 살펴본다. 10장에서는 'ESG 정책적 규제'의 현황과 실무적, 정책적 시사점을 도출한다. 이러한 전체 논의를 바탕으로 11장 '지속가능성과 ESG 경영의 미래'에서는 앞으로 나아가야 할 방향성을 검토하며 책의 논의를 마무리한다.

본서의 중요한 특징 중 하나는 지속가능성과 ESG 경영과 관련하여 한국기업들의 실제 사례를 깊이 있게 다루었다는 점이다. 본서에서는 총 17개의 한국기업을 선정하였으며, 이 기업들은 시가총액 최상위 기업부터 다양한 산업군의 대표 기업까지 폭넓게 포함하고 있다. 선정된 기업들은 다음과 같이 다양한 산업 분야를 포괄한다.

- **핵심 제조업:** 삼성전자, SK하이닉스(반도체/IT), LG에너지솔루션(2차전지), 현대자동차(자동차)
- **미래 성장 동력:** 셀트리온, SK바이오팜, 유한양행(제약/바이오), 대한항공(항공 운수업), 한화에어로스페이스(항공우주/방위산업)
- **기타 주요 산업:** 포스코인터내셔널(종합상사), LG생활건강, 아모레퍼시픽(화장품/뷰티), CJ제일제당(음식료), JYP엔터테인먼트(엔터테인먼트), iM금융그룹(금융), 강원랜드, 롯데월드(레저/테마파크)

이처럼 다채로운 분야에서 경쟁하고 있는 기업들의 ESG 사례를 통해 입체적인 분석을 시도하였다. 각 기업이 발간한 지속가능경영보고서를 바탕으로 ESG 경영의 성과를 객관적으로 분석하고 건설적인 제언을 제시했다. 이러한 심층 분석은 ESG 경영에 있어서 해당 기업의 현재 상황뿐만 아니라 미래 지향점을 명확히 파악할 수 있는 중요한 계기가 될 것으로 기대한다. 나아가 이러한 분석의 가치는 해당 기업에만 국한되지 않는다. 해당 기업과 동종 산업에서 경쟁하고 있는 다른 한국기업들 역시, 해당 산업에서 어떤 접근 방식이 효과적인 ESG 경영으로 귀결될 수 있을지에 대한 귀중한 정보를 취득

할 수 있기 때문이다. 뿐만 아니라, 분석 대상이 되었던 기업들과 협력 관계를 유지하고 있는 중소·중견 기업에 대한 시사점 또한 크다. 지속가능한 공급망 관리가 중요시되는 현실에서, 이들 중소·중견 기업은 협력업체로서 기존 위상을 유지하거나 새로운 협력업체로 부상하기 위해 필요한 조건이 무엇인지 가늠할 수 있는 중요한 시사점을 얻을 수 있기 때문이다.

지속가능성과 ESG 경영은 이제 더 이상 사기업만의 문제가 아니다. 정부, 공공기관, 지방자치단체, 병원 등 공공 및 비영리 부문에서도 ESG 원칙을 도입하고 책임 경영을 실현하는 것이 중요한 과제가 되었다. 따라서 본서에는 이러한 광범위한 ESG 적용 실태를 조명하기 위해 다음의 5개 주체를 선정하여 소개하였다.

- **지방자치단체:** 성남시
- **공공기관:** 국민체육진흥공단
- **의료기관:** 삼성서울병원
- **사모펀드:** 어펄마캐피탈(Affirma Capital)
- **ESG 컨설팅/솔루션 기업:** 이노씨에스알(InnoCSR)

본서는 이러한 다양한 주체들이 각자의 위치에서 ESG를 어떻게 활용하고 실천하는지를 살펴보고, 공공 및 비영리 부문이 지속가능한 사회에 기여할 수 있는 방안에 대한 폭넓은 시사점을 제공할 것으로 기대한다.

책은 저자들이 메꿔 나가는 흰색 도화지이다. 자신들의 취향에 따라 자유롭게 내용을 적어 나갈 수 있다. 하지만 본서의 저술 목적이 지속가능성과 ESG 경영에 대한 독자의 이해를 돕는 것이었기에, 저자들이 쓰고 싶은 내용이나 전문성을 갖춘 내용 위주로만 구성할 수는 없었다. 저자들은 독자가 반드시 알아야 할 내용을 전달하는 것을 최우선으로 생각했다. 이를 위해 수많은 국내외 학술논문, 기사, 보고서 등을 검토하였고, 전문성이 없는 독자도 쉽게 이해할 수 있도록 같은 문장도 여러 번 수정하는 노력을 기울였다. 이러한 과정을 거쳐 이 책은 저자들이 지속가능성과 ESG 경영을 강의하며 사용했던 강의안, 그동안 게재했던 학술논문, 그리고 참여했던 수많은 프로젝트 결과물을 근본적인 토대로 삼아 완성되었다.

본서를 작성하는 과정에서 도움을 주신 분들이 많다. 저자들은 국제ESG협회 이사 및 고객사들과의 깊은 교류 속에서 ESG 경영의 최신 동향과 실무적인 도전 과제에 대한 깊은 통찰을 확보할 수 있었다. 이러한 전문가적 격려와 지속적인 학문적 교류는 책의 논의를 심화시키는 데 중요한 역할을 했기에, 이 자리를 빌려 그 분들께 진심으로 감사드리는 바이다. 곽배성 박사, 이정기 박사는 그동안 지속가능성 및 ESG 평가와 관련된 연구를 같이 진행하면서 저자들에게 다양한 이슈에 대한 많은 아이디어를 제공해 주었다. 고려대학교 경영대학 졸업생 및 재학생들의 기여도 매우 컸다. 권세빈, 박나연, 이정현, 추서진 학생은 사례 작성에 도움을 주었고, 고유나, 도진욱, 박시은 외 여러 학생들이 기초 자료 수집에 큰 도움을 주었다. 고려대학교 환경생태공학과 박주빈 대학원생, 고연정, 김나혜 연구원은 오탈자 검수와 사례 및 참고문헌의 검증에 있어 본서의 완성도를 높이는 데 도움을 주었다. 그 외 본서의 완성에 도움을 주신 모든 분들의 이름을 열거하여 감사의 마음을 전하지 못하는 점에 대해 너그러운 양해를 구하는 바이다. 본서의 모든 내용은 저자들의 의견을 반영한 것이며, 내용상의 오류나 부족함이 있다면 그에 대한 책임은 전적으로 저자들에게 있다.

2026년 1월

안암동에서

이재혁·옥용식

목차

PART

지속가능성 증진을 위한 ESG 핵심 이슈 및 ESG 경영의 미래

사례 목차

지속가능성 개념 논의

01 지속가능성 본질과 기업의 역할

02 이해관계자와 지속가능경영

제 1 장

지속가능성 본질과 기업의 역할

콜드플레이(Coldplay)와 지속가능성

영국 출신의 세계적인 록 밴드 콜드플레이(Coldplay)는 2019년, 신규 음반 Everyday Life를 발표하며 월드 투어를 잠정 중단하겠다고 밝혀 많은 팬들을 놀라게 했다. 대규모 투어로 인해 그동안 발생하고 있었던 환경적 영향을 고려한 결정이었다. 122회의 공연을 통해 538만 명의 관객을 유치하는 과정에서 대규모 인력과 장비가 동원되면서 탄소 배출 문제로부터 자유롭지 못했기 때문이었다. 영국 음악 및 라이브 공연 산업에서 2019년 배출한 온실가스(GHG)가 한 해 54만 톤을 초과[1]하는 것으로 추정되면서, 콜드플레이는 이러한 문제를 해결하기 위해 적극적인 조치를 취하기로 결단을 내린 것이다. 2021년 다시 월드 투어를 진행한 콜드플레이는 "Music of the Spheres Tour"에서 2016-2017년 투어 대비 탄소 배출량을 50% 줄이겠다는 목표를 세우고, 공연 제작, 화물 운송, 밴드 및 스태프 이동 방식에 변화를 모색하기 시작했다. 지속가능한 물류 및 교통의 선도 기업인 DHL과 협력하여 화물 이동과 운송에서의 배출량을 줄이는 데 힘썼다. 이 과정에서 전기 차량과 바이오 연료와 같은 친환경 솔루션을 도입하고 MIT 환경 이니셔티브와 협력해 제3자 검증을 받으면서 지속가능성을 구체화했다. 이런 노력의 결과 2024년에는 2016-2017년 대비 약 59%까지 탄소 배출량을 절감했다. 공연장에 자가발전 시스템(kinetic dancefloor)을 설치하고, 관객들에게 재활용 가능한 LED 손목밴드를 제공했으며, 투어 이동 시 항공기 대신 기차를 활용했다. 또한, BMW의 재활용 배터리를 이용한 친환경 에너지를 18번의 콘서트에서 공급했다. 이 외에도 1명의 관객(티켓 1매)당 나무 한 그루를 심는 프로젝트를 도입해 24개국에서 48개의 환경 프로젝트를 진행하면서 약 700만 명의 관객을 유치했다. 뿐만 아니라, 친환경 여행사와 23개의 파트너십을 맺어 지속가능한 여행 문화를 확산시켰다.[2] 콜드플레이는 2025년 투어에서도 이러한 탄소감축 기조를 유지하고 있다. 플라스틱 물병 반입을 제한하며 직접 따라 마실 수 있는 워터 스테이션을 운영하였고, LED 손목밴드의 도시별 회수율을 전광판에 띄우며 재활용을 독려했다.[3] 손목밴드 회수율에서 서울은 99%라는 경이로운 수치로 역대 월드투어 최고 기록을 세우며 압도적인 1위를 차지했다.

장 목차

- 서론
- 사전 토론 사항
- 주요 목차
  1. 지속가능성에 대한 관심 증대
  2. 지속가능성에 대한 다양한 차원의 논의
  3. 지속가능성에 대한 국제사회에서의 논의 과정
  4. 기업 지속가능성의 본질과 역할
  5. 기업 지속가능성: 현황과 도전
  6. 지속가능경영의 확장과 ESG의 부상
  7. Anti-ESG의 부상과 지속가능경영의 미래
  8. 지속가능성의 정의와 핵심 질문
- 결론 및 요약

서론

ESG 경영과 관련한 다양한 이슈를 정확히 이해하기 위해서는 무엇보다도 지속가능성에 대한 이해가 중요하다. 이 장에서는 지속가능성 개념의 진화 과정과 그에 대한 관심 증대 양상을 살펴보고, 생태계, 국가, 도시, 동식물, 기관 등 다양한 차원에서의 지속가능성 논의를 다룬다. 또한, 기업의 지속가능성에 주목해야 하는 이유를 경제적 영향력과 사회적 기대라는 관점에서 분석하며, ESG 경영의 주요 흐름과 최근 대두된 Anti-ESG 움직임, 그리고 지속가능성의 본질적 의미에 대해 심층적으로 논의한다.

본 장은 지속가능성이 더 이상 단순한 환경 보호 이슈가 아닌, 사회 전체의 지속가능성을 담보하고 기업의 생존을 결정하는 핵심 패러다임으로 자리 잡았음을 강조한다. 급변하는 경영 환경 속에서 기업이 직면한 도전과제를 진단하고, 지속가능한 발전을 위한 기업의 역할과 책임, 그리고 앞으로 나아가야 할 방향을 모색하는 데 필요한 기초적인 이해를 제공할 것이다.

사전 토론 사항

- 지속가능성이라는 개념은 어떤 측면에서 우리 사회의 가장 중요한 화두가 되고 있다고 생각하는가?
- 기업의 지속가능성이 단순히 기업의 생존을 넘어 우리 사회 전체에 미치는 영향은 무엇이라고 보는가?
- 최근 ESG를 둘러싼 회의적인 시각이 커지고 있는데, 지속가능성 논의는 앞으로 어떤 방향으로 나아가야 할 것인가?

1 지속가능성에 대한 관심 증대

지속가능성에 대한 관심이 높아지면서, 해당 단어의 검색량이 크게 늘고 있다. 일례로 2022년에는 '기후변화'가 구글 트렌드 검색어 1위를 차지하며 환경에 대한 대한민국 국민의 높은 관심을 보여주었다. 전 세계적으로도 '기후 불안' 관련 검색량이 급증했는데, 2023년 1월부터 10월까지 '기후 불안(Climate anxiety)'에 대한 영어 검색량은 2017년 같은 기간보다 27배나 증가했다. 이러한 데이터는 국내외에서 지속가능성과 환경 문제에 대한 관심이 빠르게 커지고 있음을 나타낸다. 이러한 추세는 2024년에도 이어졌다. 2024년 상반기 구글 트렌드에서 '기후변화'는 국내 주요 검색어 순위에서 눈에 띄게 나타났으며, 특히 4월에 가장 높은 검색 수치를 기록했다. 이는 2024년 4월의 이례적인 고온 현상과 환경부가 주관한 '2024년 기후변화주간' 운영 등 실제 기후 현상과 정책적 노력이 맞물린 결과로 분석된다. 전 세계적으로도 '환경' 카테고리에서 '기후변화 대응'이 주요 검색어로 부상하며, 시민과 과학 분야 모두 기후 위기 이슈에 높은 관심을 보이는 것으로 확인됐다. 이는 지속가능성이라는 거대한 흐름이 단순한 유행을 넘어 사회 전반의 핵심 아젠다로 자리 잡고 있음을 보여준다.

지속가능성에 대한 이해관계자들의 관심이 커지면서 국내외 기업들은 지속가능경영을 적극적으로 추진하고 이를 투명하게 공개하기 위해 지속가능경영보고서 발간을 늘리고 있다. 실제로 KPMG의 〈Survey of Sustainability Reporting 2024〉에 따르면, 전 세계 매출 상위 250대 기업의 96%가 지속가능경영보고서를 발간하고 있어 지속가능성 보고가 기업 활동의 필수적인 부분이 되었음을 보여준다. 국내 코스피 상장사 중 지속가능경영보고서 발간사 또한 2020년 38개에서 2023년 161개로 급격히 증가했으며, 특히 시가총액 상위 기업들의 공시율이 높게 나타나 지속가능경영의 중요성 인식이 반영되고 있다. 이러한 보고서 발간 증가는 2024년에도 이어져, 유가증권시장 상장사 204곳이 공시하며 전년 대비 약 27% 증가세를 보였다. 특히 자산 총액 2조 원 이상 상장사의 63%, 시가총액 10조 원 이상 상장사의 88%가 지속가능경영보고서를 발간해 대규모 법인일수록 공시 비율이 높은 경향이 뚜렷하다([도표 1-1] 참고).[4] 다만, 2024년 7월 말 기준 코스피 전체 상장사 중 188곳이 보고서를 발간하여 전년 대비 16% 증가하는 데 그쳤고, 시가총액 상위 250대 기업의 공시율은 73.2%로 유지[5]되는 등 국내 ESG 공시 의무화 도입 시기 연기로 인해 증가 속도는 다소 둔화되는 추세다. 그럼에도 기후 관련 공시의 중요성이 강조되면서, 기업들은 온실가스 배출량 공시 등 기후변화 관련 정보 공개를 더욱 강화하고 있다.

도표 1-1 연도별 보고서 공시기업 수

(단위: 개사, %)

구분	2020년	2021년	2022년	2023년	2024년
공시 기업 수	38	78	129	161	204
증가(증가율)	18(90%)	40(105%)	51(65%)	32(25%)	43(27%)

출처: ESG 단신 거래소, '2024 지속가능경영 보고서' 우수 기업 선정 外. 한국경제. 2025.

2 지속가능성에 대한 다양한 차원의 논의

지속가능성은 무엇인가? 가장 자주 접하는 정의 중 하나는 "다음 세대의 가능성을 제약하지 않으면서, 현 세대의 필요를 충족하는 것"일 것이다. 이 정의의 등장은 우리 사회의 지속가능성에 대한 관심을 촉진시키는 계기가 되었다. 하지만, '보편성'을 띠고 있는 것 같은 이 정의는 지속가능성에 대한 또 다른 오해를 불러일으키고 있다. 지속가능성은 다양한 '차원'에서 논의될 수 있고 또한 논의되어야 하기 때문이다.

2.1. 생태계 차원: 아마존 지역의 지속가능성

아마존은 지구에서 가장 중요한 생태계 중 하나로 손꼽힌다. 지구 표면적의 불과 0.5%를 차지하지만, 전 세계 식물 및 척추동물 종의 10%가 서식하며 알려진 종의 3분의 1이 이곳에 살고 있어 압도적인 생물다양성을 자랑한다. 또한 아마존 열대우림은 전체 육상 광합성 생산의 16%를 책임지며 지구의 허파 역할을 톡톡히 해내고 있다.

그러나 아마존 생태계는 인간의 산업 활동으로 인해 급속도로 파괴되는 심각한 위협에 처해 있다. 2023년 연구 결과에 따르면, 원래 삼림의 누적 총 17%가 이미 개간되었다. 벌채, 가뭄, 그리고 통제 불능의 산불 등으로 인해 아마존 전체 면적의 38%가 황폐화되어 이산화탄소 흡수와 같은 숲의 핵심 기능을 상실하고 있다.[6] 최근 통계는 더욱 복합적인 양상을 보여준다. 브라질 아마존의 벌채율은 2023년 8월부터 2024년 7월까지 6,288km²로, 9년 만에 최저치를 기록하며 전년 대비 30.6% 감소하였다.[7] 이는 불법 벌목 단속 및 정부의 정책적 노력이 일부 성과를 거둔 것으로 풀이될 수 있다.

하지만, 희망적인 벌채 감소와는 대조적으로, 산불로 인한 숲의 황폐화(degradation)는 심각하게 증가하여 새로운 위협으로 부상하고 있다. 2024년에는 산불로 인한 아마존 숲의 황폐화가 2023년 대비 무려 497% 급증하여 36,379km²에 달했으며, 이는 지난 15년 중 가장 높은 수치이다([도표 1-2] 참고).[8] 특히, 2024년 열대 원시림 손실량은 670만 헥타르로 2023년 손실량의 약 두 배이다. 2002년 연간 기록이 시작된 후 사상 처음으로, 화재로 인한 손실이 전체의 약 50%를 차지한다([도표 1-3] 참고).[9] 이러한 대규모 화재는 기후 변화로 인한 극심한 가뭄과 엘니뇨 현상으로 더욱 심화되고 있으며, 인간이 농지 개간 등을 위해 고의로 불을 지르면서 통제 불능 상태로 확산되는 경우가 대부분이다.

도표 1-2 아마존 황폐화

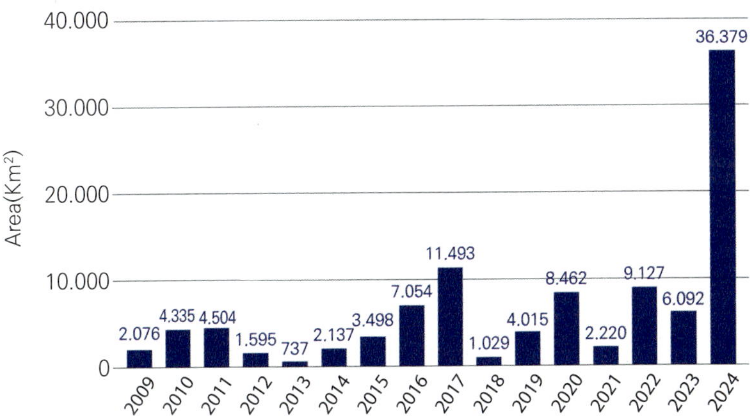

출처: The Amazon ends 2024 with a 7% drop in deforestation, but a 497% increase in degradation. Amazon. 2025.

도표 1-3 열대우림 황폐화 추이

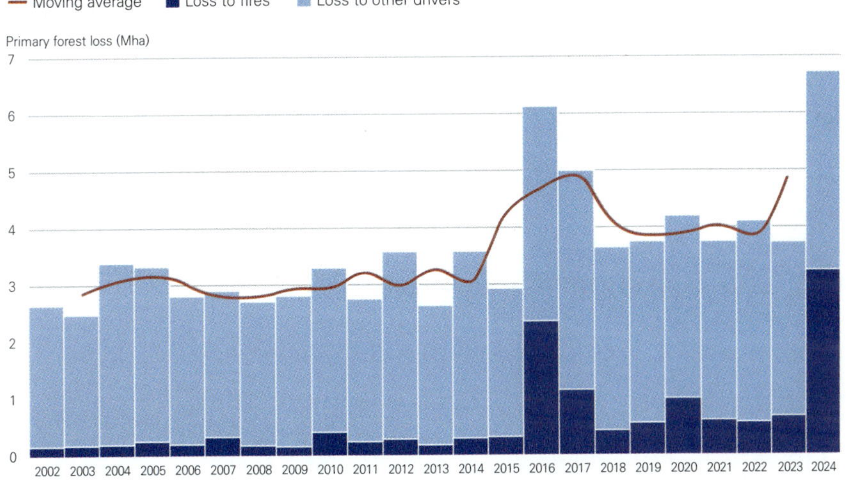

출처: Fires Drove Record-breaking Tropical Forest Loss in 2024. World Resource Institute. 2025.

전 세계 탄소 저장고 역할을 수행하던 아마존 열대우림은 기후 변화와 인위적인 활동으로 인해 그 기능이 점차 위협받고 있다. 그럼에도 아마존은 여전히 탄소흡수원(Carbon sink) 역할을 하고 있다. 하지만 지속적인 벌채와 황폐화가 계속된다면 탄소배출원(Carbon source)으로 전환될 수 있다는 우려가 갈수록 커지고 있다. 이는 지구 기후 시스템에 치명적인 영향을 미칠 수 있는 '티핑포인트(Tipping Point)'에 가까워지고 있다는 경고로 해석된다. 아마존이 탄소흡수원 역할을 더 이상 수행하지 못하면 기후변화를 가속화할 것이며, 이는 전 지구적인 기온 상승으로 이어져 예측 불가능한 연쇄 효과를 불러올 수 있다. 또한 생물다양성 손실은 생태 균형의 교란으로 이어져 다양한 생명체의 멸종을 초래할 것이다. 나아가 증발산 작용으로 물 순환의 균형을 유지하는 아마존이 제 기능을 잃게 된다면 전 세계적인 강수량 변화를 야기하고, 이는 농작물 생산량에 직접적인 영향을 주어 전 세계 식량 안보 위기를 불러올 수 있다. 실제로 2025년, 제30차 유엔기후변화협약당사국총회(COP30)는 아마존에서 열렸고, '숲을 위한 연대(United for Our Forests)' 이니셔티브를 출범할 예정이다.[10] 최근에는 미국이 아마존 지역 원유 수입 확대를 추진하는 가운데, 열대우림 파괴에 이어 원주민 거주지까지 위협하고 있다. 이에 2025년 6월 19일, 에콰도르 아마존 원주민들은 정부의 원유개발사업에 반대하며 권리 투쟁을 위한 해상 시위를 벌였고, 이에 캘리포니아주 의회는 원유 수입 계획 재검토에 나서기도 했다.[11] 아마존의 지속가능성은 단순히 한 지역의 문제를 넘어 인류의 미래와 직결된 중대한 과제임을 다시 한번 상기시킨다.

2.2. 국가 차원: 투발루의 지속가능성

2021년 제26차 유엔기후변화협약당사국총회(COP26)에서 남태평양 섬나라 투발루의 사이먼 코페 외무장관이 수중 연설하는 한 장의 사진은 전 세계의 이목을 집중시켰다. 평균 고도가 해발 약 2m에 불과한 투발루는 매년 약 0.5cm씩 해수면이 상승하며 수몰 위기에 직면하고 있다는 사실을 직관적으로 보여주었다. 기후변화가 초래한 해수면 상승 때문에 투발루 주민이 다른 지역으로 이동할 수밖에 없는 현실에서, 기후변화와 관련된 행동 없는 약속들은 그저 공허할 뿐이라는 메시지를 던진 것이다.

기후 온난화에 따른 고통은 투발루 국민에게만 국한된 것이 아니다. 가뭄, 홍수, 기타 기후변화로 인해 지역 주민이 다른 지역으로 이동하는 현상인 기후 이동(Climate mobility)은 이제 여러 나라에서 동시다발적으로 발생하는 현실이다. 세계은행의 <Groundswell Report 2021>에 의하면 2050년까지 전 세계에서 2억 1,600만 명의 사람들이 이주할 수 있으며, 경제평화연구소(IEP)의 2020년 발간 보고서인 <Ecological Threat Register>에 따르면 2050년까지 최대 10억 명의 기후 난민이 발생할 수 있다는 비관적인 예측까지 나오고 있다. 이는 단순히 2억 명을 넘어선 더욱 심각한 상황을 의미한다. 특히 전 세계에서 전체 인구 대비 기후 난민의 비율이 가장 높은 대륙은 북아프리카(9%)로 예측된다. 해수면 상승과 물 부족이 주요 원인으로 지적되며, 물 부족 현상이 심화되고 있는 튀니지 북동해, 알제리 북서해 등의 기후 이주 발생 지역(Climate out-migration hotspots)으로부터 북아프리카 내 카이로, 트리폴리, 탠지어 등의 기후 이주 유입 지역(Climate in-migration hotspots)으로 이동할 것으로 전망된다.[12, 13]

또한, 기후변화로 인해 허리케인, 폭염, 가뭄, 홍수 등의 극심한 피해가 예상되는 7곳의 기후변화 핵심 지역(Climate change hotspots)은 스페인 무르시아, 방글라데시 다카, 말라위 므팜파, 노르웨이 롱이어비엔, 브라질 마나우스, 미국 뉴욕, 필리핀 마닐라 지역이다. 이 중 미국 뉴욕에서는 해수면 상승 속도가 세계 평균의 두 배로, 2050년에는 약 76cm 상승할 것으로 예측된다.[14] 특히 태평양 섬나라들의 해수면 상승은 전 세계 평균보다 훨씬 빠르게 진행되고 있다. 피지, 사모아와 같은 일부 섬나라에서는 해수면 상승이 세계 평균의 거의 3배에 달하는 수준에 이를 것으로 예상되어,[15] 식량 및 식수원 오염과 생태계 위협을 가중시키고 있다.

투발루와 같은 섬나라들은 자국의 영토 보전을 위해 다양한 노력을 기울이고 있다. 호주는 2023년 11월, 투발루 기후 난민을 수용하는 '기후 이동성

(Climate mobility)' 합의를 맺어 수몰 위기에 처한 투발루 국민들의 이주를 지원하기로 했다. 또한 투발루는 자국이 완전히 물에 잠기는 것을 막고 문화를 보존하기 위해 '퓨처 나우(Future Now)' 프로젝트라는 기후변화 적응 계획을 수립하고, 해수면이 더 올라가도 경작지를 조성하며 디지털 국가를 세우는 등의 방안을 모색하고 있다. 2024년 11월 열린 COP29에서도 투발루는 국제사회에 기후위기 대응을 호소했으며,[16] 2025년 기후 이주 비자 프로그램이 시작되자 투발루 전체 인구의 3분의 1이 넘는 약 4,000명이 호주 이주를 신청했다.[17] 이러한 노력들은 기후변화가 더 이상 먼 미래의 일이 아니라 지금 당장 인류의 생존과 직결된 문제임을 시사한다. 국제 사회의 적극적인 탄소 배출 감축과 실질적인 기후 적응 지원이 없다면, 투발루의 비극은 전 세계 곳곳에서 현실이 될 수 있다.

2.3. 도시 차원: 인도네시아 새 수도의 지속가능성

약 2억 7,500만 명의 인구를 가진 인도네시아는 세계에서 네 번째로 인구가 많은 국가다. 1만 7천여 개의 섬으로 이루어져 있으며, 인구의 56%가 전체 면적의 7%에 불과한 자바섬에 거주하고 있어 인구 밀집도가 매우 높다. 자바섬 서쪽 끝에 위치한 현재 수도 자카르타는 세계에서 가장 빠르게 물에 잠기고 있는 도시 중 하나로 꼽히며, 2050년 완전히 바닷속으로 가라앉을 가능성까지 제기되고 있다. 이러한 심각한 문제는 도시의 낮은 지대, 해수면 상승, 그리고 과도한 지하수 사용이 복합적으로 작용한 결과다. 더불어 시내 차량의 평균 속도가 시속 10km에 불과할 정도의 극심한 교통 혼잡과 대기 오염 또한 큰 문제로 꼽힌다. 인도네시아는 동남아시아에서 대기 오염과 관련한 조기 사망자 수가 가장 많은 곳이며, 그 중 자카르타는 미세먼지(PM) 수치가 세계보건기구(WHO)가 권장하는 대기질 수치보다 4~5배 더 높아 관련 사망자의 가장 큰 비율을 차지하고 있다.[18]

이러한 문제들을 해결하기 위해 인도네시아 정부는 자카르타에서 보르네오섬의 칼리만탄으로 수도를 이전할 계획을 발표했다. 새로운 수도의 이름은 누산타라(Nusantara)로, 38조 8,644억 원이라는 막대한 예산이 투입되며 2025년부터는 한국의 삼성물산을 포함한 세계의 여러 기업들이 참여해 대규모 투자 유치[19] 중에 있는 이 프로젝트는 2045년에 완공될 예정이다. 수도 이전의 주요 목표는 자카르타의 인구 과밀과 인프라 부담을 줄이고, 자카르타의 침수 위기에 효과적으로 대응하는 것이다. 인도네시아 정부는 새로운 수도를 "친환경 청정 도시"로 개발하겠다고 선언하며, 지속가능성을 핵심 가치로 내세우고 있다.

그러나 누산타라 건설 프로젝트는 새로운 환경 재앙을 초래할 수 있다는 심각한 우려를 낳고 있다. 새로운 수도가 건설될 지역 주변에는 약 1억 년 전부터 존재한 것으로 추정되는 고대 열대우림이 광활하게 펼쳐져 있다. 누산타라 건설로 인해 이 우림이 파괴될 경우, 생태계 교란 및 멸종위기종의 서식지 손실 등 심각한 환경 문제가 발생할 수 있기 때문이다. 특히 이 지역은 오랑우탄, 코끼리 등 보호가 필요한 희귀 동식물의 중요한 서식지이므로, 개발 과정에서 생물다양성 보전이 핵심 과제로 부상하고 있다. 건설 과정에서 예상보다 빠른 속도로 산림이 파괴되고 있다는 보고가 이어지고 있어 환경 단체들의 비판이 거세지고 있다. 인권 단체들은 원주민들의 토지 소유권 문제와 강제 이주 가능성에 대한 우려를 제기하고 있으며, 투명하고 포괄적인 의사 결정 과정의 부재를 지적하고 있다.

누산타라 건설은 2025년 들어 2단계 개발(2025-2029)에 본격 착수하며 빠르게 진행되고 있다. 2025년 4월에 1단계 건설의 약 80%가 완료되었으며 대통령궁과 주요 부처 건물 등 핵심 인프라가 거의 완성 단계에 이르렀다. 이후 2025년 5월 30일 보도에 따르면, 누산타라의 여러 장관급 청사 건물이 완공되어 공무원 이주를 앞두고 있다.[20] 누산타라 프로젝트는 단순한 수도 이전을 넘어선 대규모 개발 사업으로, 인도네시아의 경제 성장 동력과도 직결되어 있다. 그러나 친환경 도시라는 목표를 달성하고 환경 파괴를 최소화하기 위해서는 지속가능한 개발 원칙을 철저히 준수하는 것이 중요하다. 예를 들어, 건설 자재의 친환경성 확보, 폐기물 관리 시스템 구축, 신재생에너지 활용 극대화 등이 필수적이다. 또한, 파괴되는 열대우림의 생물다양성을 보존하기 위한 구체적인 대책 마련과 원주민 커뮤니티와의 상생 방안 모색도 시급하다. 누산타라가 진정한 지속가능한 도시 모델이 될지, 아니면 또 다른 환경 문제의 상징이 될지에 대해 인도네시아 뿐만 아니라 국제사회의 관심이 커지고 있다.

2.4. 동식물 차원: 꿀벌의 지속가능성

수분(受粉)은 수술에서 꽃가루가 나와 암술머리에 묻는 현상으로, 식물의 번식에 필수적인 과정이다. 유엔식량농업기구(FAO)에 따르면, 세계 식량의 90%를 차지하는 100대 농작물 중 70% 이상이 꿀벌과 같은 화분 매개 동물의 수분 활동을 매개로 생산이 가능하다. 즉, 꿀벌은 인류의 식량 안보에 지대한 영향을 미치는 존재인 셈이다. 하지만 2035년에는 꿀벌이 완전히 멸종할 수 있다는 심각한 우려가 전 세계적으로 대두되고 있다.

이러한 우려의 중심에는 '꿀벌군집붕괴현상(Colony Collapse Disorder, CCD)'이 있다. 이는 일을 하러 나간 꿀벌이 실종되어 벌집에 있던 여왕벌, 새끼 벌 및 유충까지 집단적으로 죽는 현상을 말한다. CCD는 2006년 미국 플로리다 주에서 처음 보고된 이후 전 세계적으로 확산되었고, 그 피해 규모는 갈수록 커지고 있다. 대한민국도 예외는 아니다. 2022년 초에 약 78억 마리의 꿀벌이 실종된 데 이어, 2022년 9~11월에는 약 100억 마리, 그리고 2023년 초에는 약 140억 마리의 꿀벌이 사라지는 등 피해 규모가 더욱 커지는 추세다. 2024년 꿀벌 폐사율은 여전히 높아 양봉 농가들이 큰 어려움을 겪고 있으며, 꿀벌 개체수 회복이 더디게 진행되고 있다는 보고가 계속되고 있다. 특히 겨울철 이상 고온과 같은 기후변화는 꿀벌의 월동 방해를 심화시켜 집단폐사로 이어지는 주요 원인으로 지목된다. 최근에는 2024년 6월부터 2025년 1월까지 미국의 상업용 꿀벌 군집 62%가 폐사하며 미국 역사상 최대 규모의 꿀벌 폐사 사례를 기록했다. 직전 겨울에도 55%가 사라졌던 바 있으며, 살충제 내성을 가진 기생충이 원인으로 꼽혔다. 더불어 농약 노출과 영양 부족 등의 요인이 영향을 주었을 가능성도 제기되고 있다.[21]

꿀벌군집붕괴현상은 단순히 하나의 원인이 아니라 농약 사용, 지구 온난화, 꿀벌 서식지 감소 등 복합적인 요인으로 인해 발생한다. 2025년 5월 20일, 국제 비영리단체 '비:와일드(Bee:wild)' 연구팀이 공개한 보고서에 따르면, 전쟁, 인공조명(빛 공해), 미세플라스틱, 항생제 오염 등 다양한 요인이 꿀벌 개체 수에 심각한 위협이 되고 있음이 확인된다.[22] 특히 겨울철 온난화와 같은 이상 기상 현상은 월동을 하는 벌의 생활사에 혼선을 일으켜 월동 폐사율을 극적으로 높인다. 예를 들어, 따뜻한 겨울 날씨에 벌들이 일찍 활동을 시작했다가 갑작스러운 한파에 노출되어 죽는 경우가 빈번하다. 또한, 벌의 먹이가 되는 밀원식물의 국내 면적이 1970~80년대 대비 2022년에 약 70% 감소하여 꿀벌이 영양 실조에 취약해진 실정이다.[23] 도시화 및 산업화로 인해 자연 서식지가 줄어들고, 단일 작물 위주의 농업 방식이 확산되면서 꿀벌이 다양한 꽃가루와 꿀을 얻기 어려워진 것도 중요한 원인이다.

유엔 생물다양성과학기구(IPBES)는 꿀벌의 경제적 가치를 최대 약 730조 원으로 추정하고 있다. 이러한 막대한 가치를 지닌 꿀벌이 지구상에서 사라진다면, 자연 생태계는 몰락하고 세계 식량 공급에 상상할 수 없는 큰 타격을 초래할 것이다. 식량 생산 감소는 식량 가격 상승과 기아 문제 심화로 이어져 전 지구적인 사회 경제적 혼란을 야기할 수 있다. 이에 대한 경각심을 높이기 위해 유엔(UN)은 2017년 12월, 매년 5월 20일을 '세계 벌의 날(World Bee Day)'로 지정하여 국제적인 꿀벌 생태계 보호 노력을 촉구하고 있다.

꿀벌의 위기는 단순히 꿀벌만의 문제가 아니라, 자연 생태계의 생물다양성, 즉 생물이 지닌 유전 다양성(Genetic diversity), 지구상의 종 다양성(Species diversity), 그리고 생물이 서식하는 생태계 다양성(Ecosystem diversity)이 전반적으로 악화되고 있다는 강력한 경고다. 이러한 생물다양성 손실은 자연 생태계의 균형을 깨뜨리고, 결국 인류에게 치명적인 결과를 초래할 것이다. 꿀벌 보호 노력은 지속가능한 농업과 건강한 생태계를 유지하기 위한 핵심적인 과제이며, 이는 궁극적으로 인류의 생존과 번영에 직결된다.

2.5. 기관 차원: 지방대학의 지속가능성

대학은 미래 사회를 이끌 창의적이고 융합적인 인재를 양성하는 매우 중요한 역할을 맡고 있다. 특히 지방대학은 지역사회의 발전과 지역 인재 육성에 중심적인 위치를 차지하며, 지역 경제와 문화 활성화에도 크게 기여한다. 그러나 최근 학령인구의 급격한 감소와 수도권으로의 집중 현상은 지방대학의 존립을 위협하는 심각한 문제로 대두되고 있다. 심지어 "벚꽃이 지는 순서로 지방대학이 폐교될 것"이라는 비관적인 우려까지 등장하며 지방대학의 위기감이 고조되고 있다.

학령인구 감소는 지방대학 위기의 근본적인 원인으로 꼽힌다. 통계청의 '장래인구추계(2022~2072년)'에 따르면, 대학 입학 연령인 18세 인구는 2022년 약 48만 명에서 2040년에는 26만 명으로 급감할 것으로 예상된다.[24] 이러한 수치 변화는 단순히 대학 입학 자원의 감소를 넘어, 신입생 충원이 어려워지는 상황을 예고하며 지방대학에 훨씬 더 큰 타격을 초래할 것이다. 대학 정원은 현재보다 훨씬 더 줄어들어야 할 상황이지만, 각 대학과 지자체의 이해관계가 얽혀 구조조정이 쉽지 않은 실정이다.

이와 더불어 지방대학은 수도권 대학으로의 쏠림 현상으로 인해 심각한 정원 미달 문제를 겪고 있다. 2023학년도 정시모집에서는 14개의 지방대학에서 26개 학과가 단 한 명의 지원자도 받지 못한 사례까지 발생했으며, 최근 2025학년도 정시 모집 결과, 정시 추가모집 미달 대학 49곳 중 82%가 지방대였다. 미충원 인원은 1,120명 중 무려 1,050명이 지방대에서 발생했다.[25] 이는 지방대학의 위기가 단순히 우려의 수준을 넘어 이미 현실화되고 있으며, 일부 대학은 존폐의 갈림길에 서 있음을 명확히 보여준다. 2025년 지방대학 육성 사업인 'RISE'의 투입 예산이 사실상 600억 원 삭감 수순을 밟고 있어 지방사립대 소외는 더 심각해질 것이라는 위기감이 지속되고 있다.[26] 특히 지방 소규모 대학들은 신입생 모집에 더욱 어려움을 겪고 있으며, 이는 대학 운영의 재정적 압박으로 직결되고 있다.

지방대학의 위기는 단지 교육기관의 문제에 그치지 않는다는 점에 주목해야 한다. 정원 미달과 신입생 감소는 지방대학의 재정적인 어려움을 심화시키며, 이는 결국 교직원의 대규모 해고와 지역사회 일자리 감소로 이어진다. 대학이 고용의 중요한 축을 담당하는 지방 도시에서는 대학의 존립 자체가 지역 경제의 활력을 좌우하는 요소가 된다. 또한, 지방대학의 붕괴는 지역 인재 유출을 가속화하고 이로 인해 지역 경제 침체, 기업 유치 난항으로 이어지며, 지역 소멸 현상에까지 영향을 줄 가능성이 높다. 이는 상주인구 감소를 이르는 '공동화 현상'과 고령화를 심화시키는 악순환을 초래한다. 대학이 문을 닫으면 그 지역의 교육 생태계는 물론, 문화적 구심점까지 사라지게 되는 것이다. 따라서 지방대학의 지속가능성은 대학을 중심으로 형성된 지역 경제와 교육 생태계의 지속가능성과 직결된다. 이는 단순히 교육 정책의 문제가 아니라, 국가 균형 발전과 지역 소멸 위기 대응이라는 더 큰 틀에서 접근해야 할 문제다. 지방대학의 위기를 극복하기 위해서는 정부의 재정 지원 확대와 함께, 대학 스스로의 혁신 노력, 그리고 지자체 및 지역 산업과의 긴밀한 협력이 필수적이다. 특성화된 교육 과정 개발, 산학협력 강화, 지역 특화 산업과의 연계 등을 통해 지방대학이 지역 발전을 이끄는 핵심 동력이 될 수 있도록 다각적인 전략을 모색해야 할 시점이다.

3 지속가능성에 대한 국제사회에서의 논의 과정

지속가능성은 앞서 설명한 것처럼 다양한 차원에서 개별적으로 논의될 수 있다. 하지만 동시에 국제사회에서는 매우 오랫동안 지속가능성 논의가 이어져 왔다. 그 역사의 시작을 정확히 짚기 어려울 정도로 결코 짧지 않은 시간 동안 이 주제는 중요한 화두였다.

3.1. 지속가능성: 자연(Nature)을 중심으로 한 개념의 태동과 진화

'지속가능성'이라는 용어는 1713년 독일에서 최초로 사용되었다. 당시 광업은 목재를 땔감으로 대량 소비했는데, 광석이 아닌 목재 고갈로 인해 광산 주변 숲이 사라지고 목재 가격이 치솟아 결국 광산업체가 파산하는 사건이 발생했다. 이를 목격한 독일의 광산 관리자 한스 칼 폰 칼로비츠(Hans Carl von Carlowitz)는 자신의 저서 《산림경제학》에서 '지속가능성(Náchhaltigkeit)'이라는 용어를 처음 사용하며, 숲과 자연을 보호하기 위한 과학적인 임업 방안을 제시했다. 그의 주장은 자연 자원의 무분별한 사용이 아닌, 미래 세대도 자원을 활용할 수 있도록 관리해야 한다는 현대적 지속가능성의 개념에 뿌리를 둔다.

지속가능성 논의는 20세기 중반에 들어서며 더욱 본격화되었다. 1962년 미국의 해양생물학자 레이첼 카슨(Rachel Carson)은 저서 《침묵의 봄 (Silent Spring)》을 통해 살충제 남용이 생태계에 미치는 파괴적인 영향에 대해 경고했다. 그녀는 값싸고 효과적인 농약인 DDT가 해충뿐만 아니라 익충까지 죽이고 먹이사슬을 통해 새들에게도 영향을 미쳐 결국 새 소리 없는 '침묵의 봄'이 올 것이라고 경고했다. 16개국 언어로 번역 출판된 《침묵의 봄》은 전 세계적인 환경 운동의 촉매제가 되었고, 미국에서는 1970년에 행정부 산하 환경보호청(EPA)이 설립되는 중요한 계기가 되었다.[27]

이러한 환경 문제에 대한 인식이 고조되면서, 1972년 국제 민간단체인 로마클럽(Club of Rome)은 <성장의 한계 (The Limits to Growth)> 보고서를 발표하며 전 세계에 충격을 주었다. 이 보고서는 환경오염, 자원 고갈, 산업화, 세계 인구 증가 등이 현재 추세로 지속된다면 지구가 100년 내에 한계에 도달할 것이라고 경고하며, 무한 성장의 신화에 대한 근본적인 질문을 던졌다.[28] 같은 해 스웨덴 스톡홀름에서 개최된 유엔 인간환경회의(UNCHE)는 환경보호와 관련한 국제적 공감대를 형성하는 데 결정적인 역할을 했다. '하나뿐인 지구(Only, One Earth)'라는 표어 아래 환경문제 해결을 위한 국제사회의 공동 노력이 필요하다는 인식이 확산되었고, 이 회의를 통해 유엔인간환경선언과 유엔환경계획(UNEP)이 대두되며 지속가능성에 대한 관심이 더욱 증폭되었다. 지속가능한 생태계 보전에 대한 노력은 구체적인 협약 마련으로도 이어졌다. 1973년 3월, 국제자연보전연맹(IUCN)이 초안을 작성한 '멸종위기에 처한 야생 동식물종의 국제거래에 관한 협약(CITES)'이 미국 워싱턴에서 채택되었다. IUCN은 또한 멸종위기종 지표인 '적색목록(Red List)'을 현재까지도 관리하고 있는 기관이다. 일례로 중앙아메리카 코스타리카 밀림에 서식했던 황금두꺼비는 무분별한 산림 파괴와 자동차 배기가스로 인해 서식 환경이 파괴되면서 현재 지구상에 존재하지 않는 종이 되었다. 또한 아프리카 사하라 사막 이남 사바나 지역에 주로 서식했던 서부검은코뿔소 역시 무분별한 밀렵과 서식지 환경 변화로 개체수가 급격히 감소하여, 2011년 국제자연보호연맹(IUCN)에 의해 멸종이 선언되었다. 이러한 멸종 사례는 자연환경의 보호가 얼마나 시급한 과제인지를 극명하게 보여주었다. 1974년에는 유엔 코코옥(Cocoyoc) 선언에서 환경보호 문제가 세계 경제 및 사회자원의 재분배와 연결된다는 점에 주목하며, 지속가능성이 단순히 자연 보호를 넘어선 사회 경제적 맥락으로 확장될 필요성을 시사했다. 이 시기까지 지속가능성은 주로 자연환경(Nature) 보존의 개념을 중심으로 논의가 진행되었다.

3.2. 지속가능한 발전 개념 정립과 국제적 논의 확대

지속가능성 논의는 20세기 중반 자연환경 보존의 중요성을 강조하며 시작되었지만, 점차 '발전'의 개념과 결합하며 더욱 포괄적인 의미로 확장되었다. 이는 미래 세대의 필요를 침해하지 않으면서 현 세대의 필요를 충족시키는 균형 잡힌 성장을 지향하는 개념으로 진화했다. 환경 보호와 관련된 국제적 논의는 국제자연보전연맹(IUCN)을 중심으로 1980년부터 지속적으로 이어져 왔다. 이러한 논의는 유엔 세계환경개발위원회(WCED)가 발간한 1987년 보고서 <우리 공동의 미래(브룬틀란트 보고서, The Brundtland Report)>에서 절정에 달하며, '지속가능한 발전'이라는 개념을 명확히 제시하고 전 세계적인 공감대를 얻는 데 성공했다. 브룬틀란트 보고서는 단순히 '성장(Growth)'을 넘어 '발전

(Development)'이라는 개념을 강조하며 질적인 변화의 중요성을 드러냈다. 역사상 많은 국가가 양적인 성장에만 치중해 왔지만, 이제는 현 세대의 소비가 미래 세대에 피해를 주지 않는 범위 내에서 질적인 발전을 추구하는 것이 중요하다고 역설하며 세대 간 형평성이라는 미래지향적인 의의를 확립했다.

1990년대는 지속가능한 발전에 대한 논의가 국제적으로 구체적인 실천 방안으로 모색되기 시작한 중요한 시기적 전환점이다. 글로벌화가 가속화되면서, 선진국들을 중심으로 지속가능한 발전에 대한 실천 방안이 제기되기 시작했다. 이 시점에서 주목할 점은, 현재의 환경 문제가 단순히 개발도상국의 문제가 아니라는 인식이다. 과거 산업화를 통해 짧은 시간 안에 경제적 양적 성장을 이루면서 환경 파괴를 초래했던 선진국들이 이제는 환경 보호와 관련된 국제적 이니셔티브를 주도하며 개발도상국에 상당한 부담을 주고 있다는 비판이 제기되었다. 일례로, 미국, 멕시코, 캐나다 3국의 북미자유무역협정(NAFTA) 체결 이후, 미국의 많은 생산 공장이 상대적으로 환경 규제가 느슨한 멕시코로 이전하면서 멕시코의 하늘이 잿빛으로 변하는 등 환경 오염이 심화되는 현상이 발생하기도 했다. 이는 환경 보호의 책임이 어느 한 국가에만 있는 것이 아니라, 선진국과 개발도상국 간의 복합적인 관계 속에서 논의되어야 함을 보여주는 사례이다.

이러한 문제의식 속에서 국제적인 협력의 필요성이 더욱 강조되었다. 1991년 런던 G7 회의에서는 참여국들이 경제 선언을 통해 지속가능한 발전에 대한 지지를 표명했고, 효과적인 국제 기후변화 협약을 타결하고 후속 협상을 이어 가기로 약속했다.[29] 이듬해인 1992년 브라질 리우데자네이루에서 개최된 유엔환경개발회의(UNCED)는 지속가능한 발전 논의의 중요한 이정표가 되었다. 이 회의에서 '리우 선언'이 채택되며 환경 문제에 대한 국제 규범 체제가 구축되었다. 리우 선언은 27개의 원칙으로 구성되어 지속가능한 개발에 관한 유엔환경개발회의의 기본 이념을 담고 있으며, 환경 보호와 개발의 조화를 강조했다. 리우 선언의 원칙을 실현하기 위해 채택된 '의제21(Agenda 21)'은 정부, 기업 및 민간단체에 지속가능한 발전을 위한 세부적인 행동 지침을 제시하며, 전 세계적인 실천을 촉구했다. 이처럼 1990년대는 지속가능성 개념이 단순한 환경 보호를 넘어 경제, 사회 발전과 통합되는 다차원적인 개념으로 자리 잡고, 이를 위한 국제적 합의와 구체적인 이행 계획이 마련되기 시작한 중요한 시기였다.

3.3. 기업과 국제사회의 지속가능성 실천 심화

Triple Bottom Line(TBL) 개념은 1994년 등장해 기업 경영의 변화를 이끌었다. 이 개념은 기업의 세 가지 핵심 요소로 이익(Profit), 사람(People), 지구(Planet)를 제시한다. 과거 기업의 재무적 성과만을 의미하던 'Bottom Line'의 범위를 확장한 것이다. 영국의 환경 컨설팅 회사 'SustainAbility' 설립자 존 엘킹턴(John Elkington)은 기업이 재무적 성과와 더불어 사회적, 환경적 성과도 균형 있게 고려하고 이를 외부에 투명하게 공개해야 한다고 역설했다. 이처럼 경제, 사회, 환경적 가치에 동등한 중요성을 부여하는 TBL은 지속가능경영의 대표적인 개념으로 활용되고 있다.

이러한 흐름 속에서 기업의 역할이 더욱 강조되기 시작했다. 1995년에는 기업들이 주축이 된 연합체인 WBCSD(World Business Council for Sustainable Development)가 출범하며 지속가능경영의 중요성을 공론화했다. WBCSD는 환경 위기(climate emergency), 자연 손실(nature loss), 불평등(inequality)을 핵심 도전 과제로 설정하고, 225개 이상의 회원사들이 지속가능경영을 개선할 수 있도록 교류와 협력의 장을 제공한다. 한편, 기업의 지속가능경영 성과를 효과적으로 보고하고 비교할 수 있는 표준의 필요성이 커지면서, 1997년 유엔환경계획(UNEP)과 미국 환경단체 세레스(CERES)의 협약으로 글로벌 보고 이니셔티브(GRI)가 설립됐다. GRI는 기업들이 지속가능경영 수준을 투명하게 공개하도록 지원하며, 2000년에 발간된 GRI 가이드라인(G1)은 최초의 지속가능성 보고 표준으로 의미를 가진다. 이 가이드라인은 이후에도 지속적으로 개선되어 왔다.

기업의 지속가능성에 대한 관심은 단순히 경영을 넘어 투자 영역으로까지 확장되었다. 2004년 유엔글로벌콤팩트(UN Global Compact)의 <Who Cares Wins> 보고서에서 ESG라는 용어가 처음 사용된 것이 그 예다. ESG는 투자 대상 기업의 지속가능성을 판단하는 새로운 척도로 제시되었고, 2006년 유엔이 ESG에 대한 책임투자원칙(PRI, Principles for Responsible Investment)을 발표하면서 그 중요성이 더욱 확산되었다. PRI는 기관투자자들이 투자의사결정 및 자산 보유 정책에 투자 대상 기업의 ESG 이슈를 적극적으로 반영해야 한다는 내용을 담고 있다. '월가를 점령하라' 운동은 2011년에 발생했는데, 이는 기업의 탐욕으로 인해 1% 대 99%의 극심한 이익 불균형에 대한 반발이 표출되었다. 이 운동은 미국에서 시작되었지만, 자본주의 사회를 기반으로 하는 다른 국가들에서도 비슷한 맥락의 시위가 일어날 가능성을 보여주며 기업이 사회적 불평등 문제의 주요 대상이 될 수 있음을 시사했다.

사회적 요구가 증대되면서 국제사회는 지속가능발전을 위한 구체적인 행동 계획을 모색하기 시작했다. 그 노력의 일환으로, 2012년 브라질에서는 유엔지속가능발전회의(UNCSD), 즉 'Rio+20 정상회의'가 열렸다. 이 회의에서 '녹색경제(Green Economy)'가 핵심 의제로 채택되었고, 100여 개국의 정상들은 녹색경제 촉진을 약속하는 선언문을 발표하며 산업계와 재계의 참여를 강조했다. 아울러, 이 정상선언문은 2015년 만료 예정이던 새천년개발목표(MDGs)의 뒤를 잇는 지속가능발전목표(SDGs) 개발과 유엔환경계획(UNEP) 강화 등의 사안에 합의했다.

이어진 국제적 논의는 2015년 미국에서 개최된 제70차 유엔 정기총회에서 더욱 구체화되었다. 이 총회에서는 2016년부터 2030년까지 추진할 국가 차원의 17가지 지속가능발전목표(SDGs)가 개발되었다. 이 17개 지표는 People(사람), Prosperity(번영), Peace(평화), Partnership(파트너십), Planet(지구)의 5P로 구성되며 169개의 세부 목표로 나뉜다. SDGs는 '단 한 사람도 소외되지 않는다(Leave no one behind)'라는 슬로건 아래 국제사회, 정부, 기업, 시민 등 모든 이해관계자가 이행 주체임을 강조하며 공동 노력을 촉구했다.

4 기업 지속가능성의 본질과 역할

기업 지속가능성 연구의 대부분은 기업의 회복탄력성(resilience)에 초점을 맞춘다. 이는 급변하는 경영 환경 속에서 기업이 위기를 극복하고 장기적으로 생존 및 성장할 수 있는 능력에 주목하는 것이다. 최근 연구들은 기업의 회복탄력성이 단순히 재무적 건전성을 넘어, 환경, 사회, 지배구조(ESG) 요소를 통합적으로 관리하는 능력과 밀접하게 연관되어 있음을 보여준다. 예를 들어, 기후변화로 인한 물리적 위험(홍수, 가뭄)이나 전환 위험(탄소세 부과)에 선제적으로 대응하는 기업은 공급망 안정성과 운영 연속성을 확보해 위기 상황에서도 더 높은 회복력을 보인다. 또한, 인적 자원 관리, 지역사회 관계, 윤리적 지배구조 등 사회적 및 거버넌스 측면의 회복탄력성 연구는 기업이 외부 충격에 유연하게 대처하고 이해관계자 신뢰를 유지하는 데 기여하는 요인들을 분석한다. 팬데믹과 같은 전례 없는 위기 상황에서 근로자 안전과 복지를 우선시하고 디지털 전환에 유연하게 대응한 기업들이 그렇지 않은 기업들보다 빠르게 회복하는 모습을 통해 이러한 회복탄력성의 중요성이 더욱 부각되었다.

4.1. 기업 지속가능성의 본질

'기업 지속가능성'의 주어는 기업이므로, 그 목적어는 기업이 하는 활동, 즉 경영활동이다. 따라서 기업의 지속가능성은 '기업이 경영활동을 지속할 가능성'으로 정의할 수 있다. 기업이 수행하는 수많은 경영활동은 가치사슬(Value Chain)을 통해 파악할 수 있다.

가치사슬은 기업이 제품과 서비스를 생산, 판매하여 부가가치를 창출하는 일련의 활동을 의미한다. 이는 부가가치 창출에 직접적으로 기여하는 주활동(물류 투입, 생산 운영, 물류 산출, 마케팅 및 판매, 서비스)과 간접적으로 기여하는 보조 활동(기업 인프라, 인적자원관리, 기술 개발, 구매 활동)으로 구성된다. 기업은 가치사슬의 활동들이 유기적으로 연결된 상태로 사업을 영위하므로, 기업이 지속가능하다는 것은 가치사슬 상의 각 활동이 지속가능해야 한다는 점을 시사한다. 가치사슬 개념은 원래 제조업 분석을 위해 제시되었지만, 오늘날에는 서비스 산업을 포함한 다양한 산업 분야로 적용 범위가 확대되고 있다. 서비스 산업에서는 물리적 제품의 생산보다는 고객 경험과 무형의 가치 창출이 중요하므로, 가치사슬 활동들도 이러한 특성에 맞게 재해석된다. 예를 들어, 호텔 산업의 '운영'은 객실 관리, 식음료 제공, 고객 응대 등 고객 경험을 직접적으로 구성하는 활동을 포함하며, '물류 투입'은 식자재 조달뿐 아니라 인력 수급 및 교육 등 서비스 제공에 필요한 무형의 자원 확보 과정까지 확장된다. 핀테크, 공유경제 플랫폼, 컨설팅 서비스 등 현대의 다양한 서비스 비즈니스 모델 역시 가치사슬 분석을 통해 효율성을 높이고 경쟁 우위를 확보한다.

각 가치사슬별로 주요 이슈들을 살펴보면 그 중요성이 더욱 분명해진다. 원자재 채취 과정에서의 아동 학대, 제조 과정에서의 폐수 방류와 환경 법규 위반, 제품 포장 시 일회용 포장재 및 완충재 남용과 배송 과정에서의 막대한 탄소 발자국, 마케팅 및 판매 과정에서의 허위 광고나 소비자 정보 악용, 그리고 서비스 과정에서 제품 결함을 인지하고도 은폐하거나 필요한 조치를 취하지 않는 행위 등이 그러하다. 이처럼 사회적으로 지탄받을 만한 경영활동은 결코 지속될 수 없으며, 이러한 활동을 일삼는 기업의 지속가능성 역시 기대할 수 없다.

4.2. 기업 지속가능성에 주목하는 이유

앞서 언급했듯이, 지속가능성은 다양한 차원에서 논의될 수 있다. 그럼에도 불구하고 미디어를 비롯한 대부분의 매체에서 지속가능성을 이야기할 때 기업 차원의 지속가능성에 초점을 맞추는 경향이 강하다. 그 이유는 무엇일까?

기업의 막강한 경제적 영향력

기업의 지속가능성에 주목해야 하는 가장 큰 이유는 글로벌 대기업들의 경제적 영향력이 상상을 초월할 정도로 커지고 있기 때문이다. 예를 들어, 2025년 회계연도 기준(2024년 2월 1일~2025년 1월 31일) 미국의 월마트(Walmart) 매출액은 약 6,810억 달러에 달하는데, 이는 GDP 순위 24위인 스웨덴의 2024년 GDP 약 6,037억 달러보다도 큰 금액이다. 개별 기업의 매출액이 한 국가의 GDP를 넘어선다는 현실은 기업의 영향력에 우리가 관심을 가질 수밖에 없는 이유를 명확히 보여준다. 실제로, 2018년 OECD 국가의 총부가가치(GVA) 지표를 살펴보면, 전체 생산된 약 61조 달러의 총부가가치 중 약 62%에 해당하는 38조 달러를 기업이 생산해 냈다. 이는 경제 활동의 상당 부분이 기업을 통해 이루어지고 있음을 의미한다.

한국의 경우 대기업의 경제적 공헌도는 더욱 두드러진다. 2025년 5월 공정거래위원회에 따르면, 2024년 기준 국내 5대 그룹(삼성, SK, 현대차, LG, 롯데)의 매출이 국내총생산(GDP)의 40%를 차지했으며, 범위를 전체 대기업 집단으로 확대하면 그 매출이 우리나라 명목 GDP의 약 80% 수준에 육박한 것으로 분석되었다([도표 1-4] 참고).[30] 이러한 수치는 전체 부가 가치 중 기업, 특히 대기업이 생산하는 가치가 얼마나 되는지 보여주는 지표로, OECD 국가의 총부가가치(GVA) 지표에서 한국이 기업의 역할 비중이 높은 국가로 분류되는 이유를 설명한다. 노동생산성을 제외한 지표에서 대한민국은 기업이 정부나 소비자 섹터보다 더 큰 역할을 수행하고 있으며, 이러한 상황에서 기업의 역할에 대한 사회의 관심과 기대가 높아지는 것은 당연한 현상이다. 이런 상황에서 기업의 지속가능성은 단순히 개별 기업의 생존을 넘어 국가 경제와 사회 전체의 안정과 발전에 직결되는 중요한 문제가 되었다.

도표 1-4 GDP 대비 대기업집단 매출액 비중

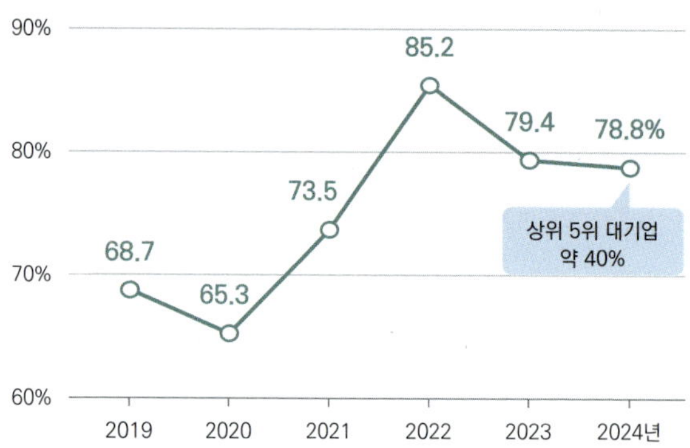

출처: 원출처(한국은행 및 공정거래위원회. 2024), 2차 출처(대기업 매출, GDP의 80% 육박…'5대 그룹'은 40% 돌파. 부산은행. 2025.)

SDGs 달성을 위한 기업의 선도적 역할

지속가능발전목표(SDGs)는 2015년 유엔 192개 회원국들이 만장일치로 합의하여, 2030년까지 성취하고자 하는 총 17개의 목표와 169개의 세부 목표로 구성된 범지구적 의제다([사진 1-2] 참고). 이 17개 목표는 인간(People), 지구(Planet), 번영(Prosperity), 평화(Peace), 파트너십(Partnership)이라는 5개 핵심 영역에 기반하며, 인류의 보편적인 문제와 더불어 경제, 사회, 환경 문제를 통합적으로 해결하고자 한다. SDGs는 선진국과 개발도상국을 포함한 전 세계 모든 국가에 보편적으로 적용된다는 점에서 이전의 새천년개발목표(MDGs)와 차별화된다.

사진 1-1 SDG 아이콘

목표 1
빈곤의 종식

목표 2
기아의 종식

목표 3
건강과 복지

목표 4
양질의 교육

목표 5
성평등

목표 6
깨끗한 물과 위생

목표 7
지속가능한 에너지

목표 8
양질의 일자리와 경제 성장

목표 9
혁신과 인프라 구축

목표 10
불평등 완화

목표 11
지속가능한 도시 및 거주지 조성

목표 12
책임 있는 소비와 생산

목표 13
기후행동

목표 14
해양 생태계 보호

목표 15
육상 생태계 보호

목표 16
평화, 정의 및 제도 구축

목표 17
목표 달성을 위한 파트너십

지속가능발전목표(SDGs)

출처: 지속가능발전목표(SDGs). 유엔글로벌콤팩트 한국협회 공식 홈페이지. 2025.

SDGs 이행체계에는 각국 정부의 국가적인 차원에서의 의지가 핵심적이다. 예를 들어, 17개 목표 중 1번 목표인 “NO POVERTY”나 2번 목표인 “ZERO HUNGER”는 주로 정부의 정책 수립 및 이행과 밀접하게 관련되어 있다. 통계청이 발간하는 <한국의 SDG 이행보고서>와 같은 자료들은 각국 정부가 자국의 SDGs 달성 현황을 점검하고 정책 방향을 설정하는 데 중요한 기반이 된다. 그러나 ‘지속가능발전을 위한 2030 의제’의 제67항은 다음과 같이 명시하고 있다. “민간 기업활동, 투자 및 혁신은 생산성, 포괄적인 경제성장 및 일자리 창출의 주요 동인입니다. 우리는 영세기업에서 협동조합, 다국적기업까지 민간부문의 다양성을 인식합니다. 우리는 모든 기업이 지속가능발전의 도전과제들을 해결하기 위해 창의력과 혁신을 발휘할 것을 요청합니다.” 이는 정부 차원의 노력만으로는 지속가능발전목표의 달성이 쉽지 않음을 분명히 보여주며, 기업들의 역할에 대한 국제사회의 큰 기대를 반영한다.

유엔 지속가능발전위원회(BSDC) 보고서에 따르면, 지속가능한 비즈니스 모델은 2030년까지 최소 12조 달러 가치에 준하는 경제적 기회와 3억 8천만 개 이상의 일자리를 창출할 것으로 분석된다([도표 1-5], [도표 1-6] 참고). 또한, 기업이 SDGs를 기업 전략에 통합할 경우 경제 전반에서 8조 달러의 부가적인 가치가 발생한다는 분석도 있다.[31] 유엔글로벌콤팩트의 조사에 따르면, 2019년 48%였던 SDGs 관련 제품 및 서비스 제공 기업의 비율이 2020년에는 61%로 증가하는 등, 기업들의 SDGs 참여가 양적으로 확대되고 있음을 보여준다([도표 1-7] 참고).[32] 이러한 통계들은 기업이 단순히 정부 정책의 수동적인 수혜자가 아니라, 지속가능발전의 목표를 실현하는 데 있어 핵심적인 주체이자 새로운 경제적 가치를 창출하는 동력임을 시사한다. 따라서 SDGs 달성을 위해서는 정부와 민간 부문, 특히 기업의 긴밀한 파트너십과 적극적인 참여가 필수적이다.

도표 1-5 산업별 지속가능경영 경제적 기회

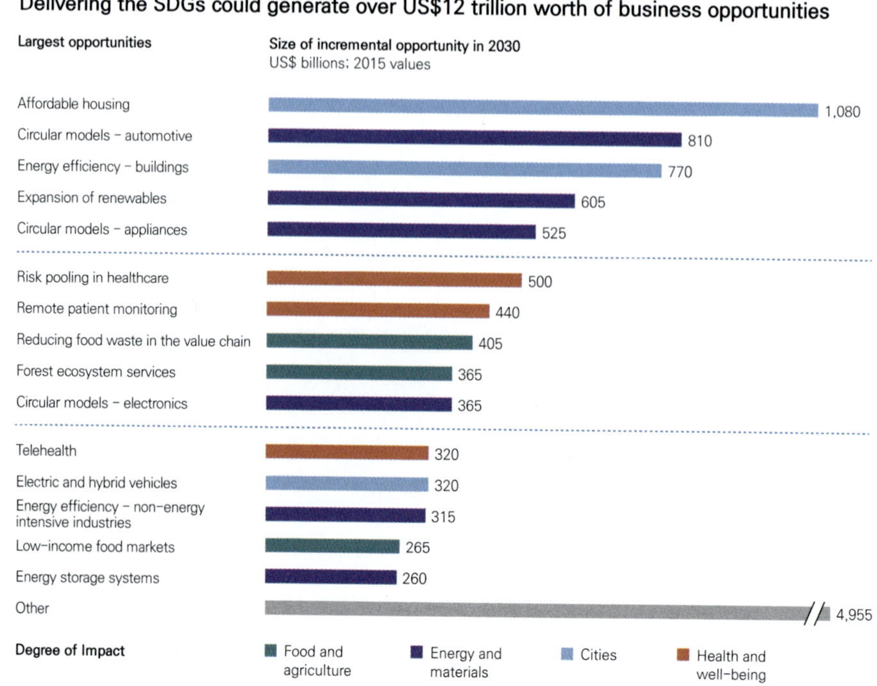

출처: Valuing the SDG Prize. Business and Sustainable Development Commission. 2017.

도표 1-6 국가별 지속가능경영 일자리 창출

Almost 380 million jobs could be created by Global Goals business opportunities in the four systems

Total jobs created by SDG business opportunities by region and system

Millions

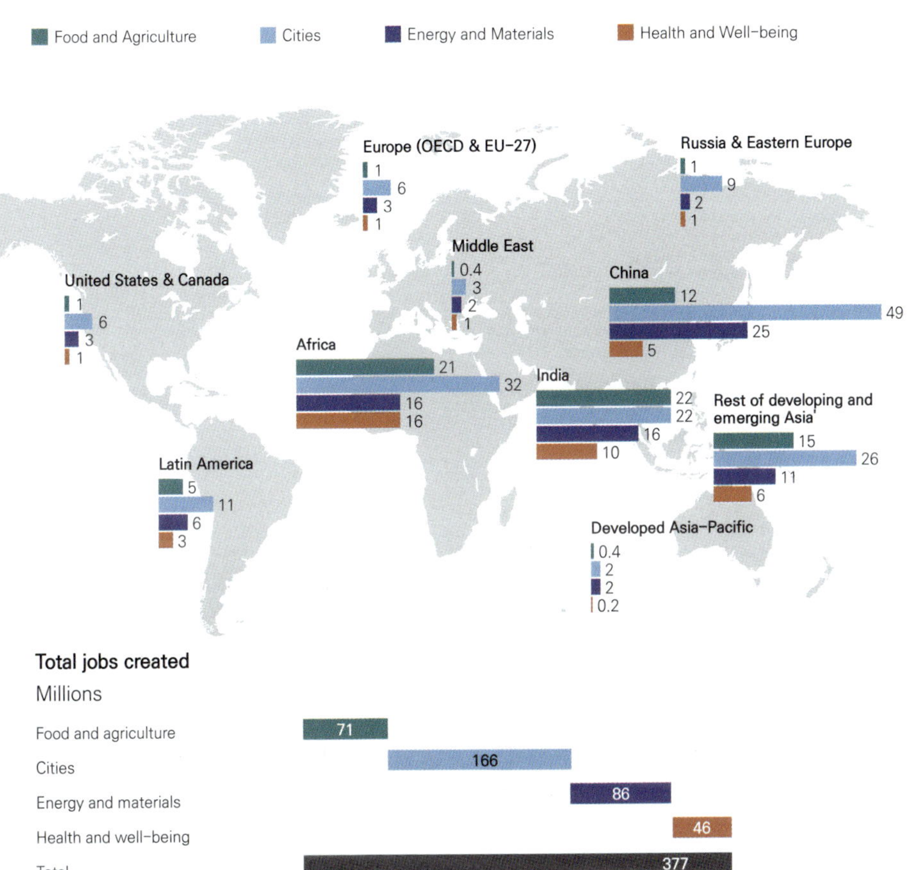

출처: Valuing the SDG Prize. Business and Sustainable Development Commission. 2017.

도표 1-7 SDGs 관련 기업 행동

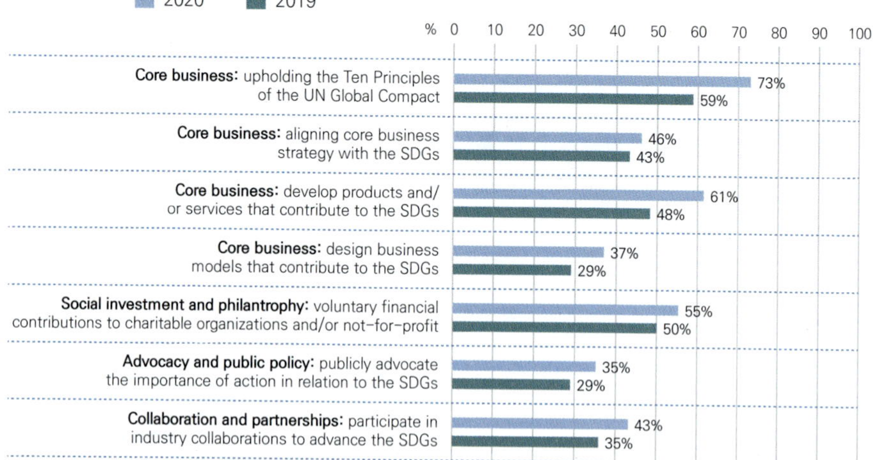

출처: Uniting business in the decade of action: Building on 20 years of progress. UN Global Compact. 2020.

기업 리스크 대응의 핵심 과제

기업에 대한 부정적인 시각은 기업 지속가능성에 주목하는 또 다른 중요한 이유가 된다. 아일랜드 작가 코넌 우드먼은 그의 저서 《나는 세계일주로 자본주의를 만났다》에서 중국 폭스콘 공장에서부터 아프가니스탄 마약 생산지까지 기업의 공정 거래 과정을 역추적하는 세계일주를 떠났다. 그의 저서에는 “대기업과 노동자의 이익은 함께 할 수 없다고들 생각한다. 생지옥 같은 공장과 작업장이 즐비하던 산업 혁명 이래로 대기업은 줄곧 가난의 치유책이 아니라 원인으로 여겨졌다.”라는 문장이 있다. 이는 기업, 특히 경제력이 일부 대기업에 집중되면서 빈곤의 해결책이 아닌 원인으로 인식되는 현실을 지적하는 것이다.

이러한 인식은 ‘월가를 점령하라’ 운동으로 대변되는 기업의 탐욕에 따른 경제적 불균형과 맥락을 같이한다. 2008년 미국에서 월가 금융권의 주택담보대출 부실 문제와 부동산 시장 붕괴로 ‘서브프라임 모기지 사태’가 발생했을 때, 미국 정부는 금융시장 붕괴를 막기 위해 기업에 막대한 구제금융을 투입했다. 하지만 치솟는 물가와 실업률로 시민들의 부담이 가중되는 와중에 거액의 연봉과 퇴직금을 챙기는 월가 최고경영자들의 행태에 시민들의 분노는 극에 달했다. 이로 인해 2011년 미국 뉴욕에서 '월가를 점령하라' 운동이 확산되었고, 시민들은 상위 1%의 탐욕이 불러온 금융위기의 피해를 나머지 99%가 떠안게 된 상황에 거세게 항의했다. 비록 월가 시위는 실패로 종결되었지만, 그 이후 경제 불평등 문제는 정치적 주요 의제로 논의되며 지속적인 관심을 받고 있다.

기업의 경영활동은 과거에 비해 여러 측면에서 개선되고 있지만, 이에 비해 기업에 대한 사회의 기대치는 상대적으로 더 가파르게 증가하고 있다. 이러한 괴리는 기업이 아무리 잘하고 있더라도 대중의 기대 수준이 더 빠르게 상승하고 있음을 보여준다. 그렇다면 기업에 대한 기대치가 이처럼 올라가는 이유는 무엇일까? 무엇보다도 각종 미디어의 발전 덕분에 기업의 민낯이 과거에 비해 더욱 빠르고 정확하게 외부인과 공유되기 때문이다. 기업 경영 활동의 투명성이 높아지면서, 사회적 선행을 실천하는 기업들은 '착한 기업'으로 인식되어 브랜드 신뢰도와 호감도 측면에서 큰 이점을 얻을 수 있다. 예를 들어, 선천성 대사이상 환아를 위한 특수분유를 제조하는 매일유업, 비정규직을 거의 두지 않는 오뚜기 등은 '착한 기업' 이미지로 소비자들의 두터운 지지를 얻고 있다. 이러한 기업들은 단순히 가격 대비 성능(가성비)을 넘어, 가격 대비 심리적 만족(가심비)을 중시하는 MZ세대를 포함한 소비자층에게 긍정적인 여론을 형성할 수 있다. 다시 말해, 칭찬받을 만한 기업의 경영 활동은 별도의 홍보 없이도 더 많은 사람들에게 자연스럽게 알려지는 효과를 가진다.

하지만 모든 기업이 사회적 기대를 충족시키는 건 아니다. 부당한 경영 활동이 드러나면 곧바로 소비자 불매운동으로 이어지기도 한다. 2014년 대한항공에서 발생한 이른바 '땅콩회항' 사건은 기업의 부적절한 지배구조와 오너리스크가 얼마나 심각한 결과를 초래할 수 있는지 여실히 보여줬다. 이 사건은 언론을 통해 크게 공론화되었고, 국민적 공분을 사면서 대한항공에 대한 불매 움직임과 부정적인 여론이 들끓었다. 사건 발생 후 대한항공의 주가는 급락해 시가총액이 2,500억 원 감소했고, 기업 이미지는 심각하게 훼손됐다.[33] 이처럼 기업의 비윤리적 경영이나 사회적 무책임은 즉각적인 평판 하락과 매출 감소는 물론, 장기적으로 기업 가치에 치명적인 영향을 미칠 수 있음을 보여준다. 기업의 투명성이 높아지고 소비자 인식이 변화하면서, 사회적 책임과 지속가능성은 이제 기업의 생존과 성장을 위한 선택이 아닌 필수가 되었다.

5 기업 지속가능성: 현황과 도전

오늘날 경영 환경은 급격히 변하고 있다. 국경 없는 경쟁, 산업 융복합화, 제4차 산업혁명, 플랫폼 경제, 공유경제 등에 대한 논의가 이어져 왔으며, 이제는 지속가능성을 논의하는 시대가 도래했다. 이러한 변화 속에서 기업의 생존 주기는 급격히 짧아지고 있다. 미국의 경우 S&P 500 상장 기업의 평균 수명은 1958년 61년이었지만, 2027년에는 12년에 불과할 것으로 예상된다.[34] 기업 수명의 단축은 현재 초격차 지위를 유지하는 기업이라 할지라도 미래의 지속가능성 여부가 불투명하다는 점을 시사한다. 따라서 기업은 지속가능성을 중심에 두고 다양한 생존 전략을 구사하는 것이 필연적인 상황이다.

한국의 경우는 이러한 상황이 더욱 심각하다. 2000년 국내 주식시장 시가총액 상위 10개 기업 중 2023년에도 그 리스트에 이름을 올린 기업은 단 2개에 불과하다. 또한, 자산 기준으로 2010년 상위 30개 기업 중 약 3분의 1이 2022년 리스트에서 탈락했다. 10대 그룹 중 9개는 영업이익률이 악화된 것으로 나타났다. 또한 한국은행이 발표한 결과에 따르면, 2024년 영업이익으로 이자 비용조차 갚지 못한 국내 기업은 40.9%로 집계되며 역대 최대치를 기록했다. 더불어 2024년 영업적자인 기업 비중은 약 30%에 육박한다.[35] 중소기업이나 벤처기업은 상황이 더 열악하다. '3만 5천 벤처기업 시대'가 열렸다고 하지만, 국내 벤처기업의 5년 생존율(29.2%)은 OECD 주요국 평균

(41.7%)에 비해 매우 저조한 실정이다. 이런 예상이 현실이 된다면, 2027년 기업에 입사한 이후 10년쯤 후에는 다시 구직자의 신분으로 돌아가게 될 수도 있다. 즉, 어떤 기업이 지속가능할지 판단할 때, 어떤 관점으로 바라보는지에 따라 다양한 의견이 나오는 것이 자연스러운 현상이다.

글로벌 시가총액 100대 기업을 비교해 보면, 글로벌 차원에서는 애플(Apple), 마이크로소프트(Microsoft), 사우디 아람코(Saudi Aramco), 엔비디아(NVIDIA), 아마존(Amazon), 구글(Google) 등 다양한 산업 분야의 기업들이 비교적 고른 분포를 보여준다. 예를 들어, 2024년 6월 현재 시가총액 상위권에는 정보기술(IT) 기업은 물론 에너지(사우디 아람코), 헬스케어(일라이릴리), 유통(월마트), 금융(JP모건 체이스) 등 다채로운 산업군의 기업들이 포진하고 있다. 이는 글로벌 경제가 여러 산업 분야에서 균형적인 성장을 추구하고 있음을 시사한다. 하지만 국내에서는 삼성전자가 압도적인 위상을 유지하고 있으며, 이는 한국 경제의 소수 대기업에 대한 의존도가 높고 특정 산업군의 쏠림 현상이 심하다는 점을 명확히 보여준다. 특히 삼성그룹 한 곳만 보더라도 국내 GDP의 13.0%를 차지하는 것으로 나타났다. 전체 공시대상기업집단(대기업) 92곳이 2024년 올린 총 매출액은 약 2,007조 7천억 원으로, 이는 우리나라 GDP의 80%에 육박하는 규모다.[36] 이러한 통계는 한국 경제가 소수의 대기업, 특히 특정 산업(반도체 등)에 대한 의존도가 매우 높다는 것을 의미한다. 글로벌 시장에서 ICT 기업 시가총액 100대 기업을 보면 미국이 56개, 중국 9개, 일본 8개, 대만 3개사인 반면, 한국은 삼성전자와 SK하이닉스 단 2개사에 불과하다는 2022년 분석자료도 이러한 쏠림 현상을 뒷받침한다.

이러한 현황 속에서 기업의 지속가능성 확보는 더욱 복잡하고 다층적인 도전 과제에 직면한다. 단순히 경제적 효율성만으로는 기업의 장기적인 생존을 보장하기 어려워진 것이다. 급변하는 시장 환경, 예측 불가능한 지정학적 리스크, 그리고 강화되는 사회적 및 환경적 책임 요구 속에서 기업은 기존의 경영 방식으로는 한계를 맞닥뜨릴 수밖에 없다. 특히 한국과 같이 특정 산업과 소수 기업에 대한 의존도가 높은 경제 구조에서는, 이들 기업의 지속가능성 여부가 곧 국가 경제 전체의 안정성으로 직결된다. 글로벌 경쟁 심화와 기술 변화의 가속화는 이러한 대기업들조차도 과거의 성공 방식에 안주할 수 없게 만든다. '한계기업'의 증가와 벤처기업의 낮은 생존율은 기업 생태계 전반의 취약성을 보여주며, 이는 결국 고용 불안정과 경제 활력 저하로 이어질 수 있다.

따라서 기업은 재무적 성과를 넘어 환경, 사회, 지배구조(ESG) 요소를 경영 전반에 통합하고, 예측 불가능한 외부 충격에 대한 회복탄력성(resilience)을 강화해야 한다. 이는 단순히 규제 준수나 이미지 개선을 넘어, 공급망 관리, 인재 유치, 혁신 역량 강화, 그리고 새로운 시장 기회 창출과 직결되는 핵심적인 생존 전략이다. 기업의 지속가능성은 이제 선택의 문제가 아니라, 급변하는 시대에 살아남기 위한 필수적인 경영 패러다임이 된 것이다. 기업은 이러한 도전 과제를 인지하고, 장기적인 관점에서 혁신과 변화를 주도해야 할 때다.

6 지속가능경영의 확장과 ESG의 부상

2019년, 미국의 비즈니스 라운드테이블(BRT)에서는 고위 경영자들이 모여 주주만이 아닌 다양한 이해관계자를 고려하고 단기적인 이익을 넘어 장기적인 주주 가치를 추구해야 한다는 새로운 경영 원칙을 발표했다. 이들은 종업원, 소비자, 채권자, 지역사회, 정부, NGO 등 폭넓은 이해관계자의 중요성을 강조했다. 이듬해인 2020년, 다보스 세계경제포럼(WEF)에서는 이해관계자 자본주의가 핵심 주제로 다루어졌다. 최근 국제 연대가 약화되고 이해관계자 간의 통합이 제대로 이루어지지 않는다는 문제의식 속에서, 기후변화와 포용적 경제 등 다차원적인 문제 해결을 위해 이해관계자의 결속력을 강화해야 한다는 점에 주목한 것이다. 현재 다양한 이해관계자가 복잡하게 얽혀 있는 만큼, 주주뿐 아니라 모든 이해관계자의 이익을 고려할 필요가 있다는 맥락에서 이해관계자 자본주의에 대한 논의가 활발히 이루어졌다. 이어서 같은 해 9월에는 WEF가 4대 글로벌 회계법인과 함께 기업의 지속가능성 측정 가이드라인인 '이해관계자 자본주의 측정(Measuring Stakeholder Capitalism)'을 발간했다. 이 가이드라인은 지배구조 원칙(Principles of Governance), 지구(Planet), 사람(People), 번영(Prosperity)을 4대 축으로 삼아 세부 주제별 지속가능성 측정 지표를 제시하며 기업의 지속가능성 보고를 위한 공통된 기준을 마련하는 데 기여했다.

2020년 블랙록 CEO 래리 핑크(Larry Fink)의 연례 서한은 전 세계적인 ESG 열풍의 기폭제가 되었다. 래리 핑크는 기후 위기를 강조하며 투자 결정 시 환경 지속가능성에 중점을 두겠다고 선언했고, 석탄 개발 기업과 같이 환경 지속가능성 관련 위험이 높은 기업에는 투자하지 않겠다고 밝혔다. 2021년 연례 서한에서는 투자 기업들에게 비즈니스 모델이 넷제로 경제(Net-Zero Economy)와 어떻게 양립 가능한지에 대한 계획 발표를 요구하며 압박 수위를 높였다. 그리고 2022년 발표한 성명에는 2030년까지 운용 자산의 75%를 2050년 넷제로를 선언한 기업에 투자하겠다고 밝히며 전 세계적으로 ESG 투자를 선도했다.

각국 정부의 ESG 제도화 또한 활발히 이루어지기 시작했다. 특히 유럽연합(EU)은 녹색분류체계(Green Taxonomy), 지속가능금융공시규제(SFDR), 기업지속가능성보고지침(CSRD), 공급망 인권 및 환경 실사(Due Diligence) 의무화, 탄소국경조정제도(CBAM) 등의 제도를 도입하며 ESG 정책화를 선도했다. 미국은 2021년 바이든 정부 출범 이후 '기후위기 대응을 위한 공중보건 및 환경보호, 과학기술 복원' 행정명령(EO 13990), '국내외 기후위기 대응' 행정명령(EO 14008), '인종 형평성(racial equity)' 행정명령(EO 13985) 등을 발동하며 친(親) ESG 정책을 강화했다. 한국 역시 한국형 녹색분류체계(K-Taxonomy), 한국판 뉴딜정책, 국가 지속가능발전목표(K-SDGs) 등 국가 전략 차원의 ESG 정책을 추진했다.

7 Anti-ESG의 부상과 지속가능경영의 미래

2022년 경기 침체와 러시아-우크라이나 전쟁의 영향으로 지속가능 펀드가 부진한 실적을 기록하자, 미국 내에서는 공화당을 중심으로 ESG에 대한 회의론인 'Anti-ESG'가 부상했다. 2023년 상반기에만 미국 37개 주와 연방 의회가 발의한 Anti-ESG 법안은 156건에 달한다.[37] 미국 공화당의 반(反) ESG 공세가 이어지자, 2023년 8월 글로벌 신용평가사 S&P글로벌은 신용평가 시 ESG 등급 평가를 중단하고 텍스트를 통해 ESG 요인에 대한 분석을 제공하겠다고 발표하기도 했다. ESG에 대한 회의적인 시각은 유럽에서 녹색 정책에 반발하는 '그린래시(Greenlash)' 움직임으로 이어졌다. 탈원전에 앞장섰던 독일에서는 극우 성향의 정당이 탈원전 폐기, 보일러 금지법 반대 등 녹색 정책에 대한 회의론을 주도했다.[38] 네덜란드의 경우 2030년까지 질소 배출량을 50% 감축하기 위해 전체 가축 수를 절반까지 줄이려는 정부의 축산 정책에 반대 시위를 주도한 농민시민운동당(BBB)이 2023년 지방선거에서 승리하기도 했다.[39]

ESG 찬반론이 대립하며 소모적인 싸움이 지속되면서 ESG가 한때의 유행에 그치는지에 관한 목소리도 나오지만, ESG 경영의 본질인 '지속가능경영' 기조는 계속 유지될 것으로 보인다. 2023년 6월, ESG 용어의 사용 중단을 선언한 블랙록 CEO 래리 핑크는 정치적 부담으로 인해 ESG 용어를 더 이상 사용하지 않는 것이지 ESG에 대한 블랙록의 입장은 동일하다고 밝혔다. 지속가능 투자 역시 지속적으로 성장할 전망이다. 2023년 미국 최대 공적연금인 캘리포니아 공무원 연금(CalPERS)은 2030년까지 기후변화 대응 관련 투자를 1,000억 달러로 확대할 것이라고 발표했다.

이러한 흐름 속에서 2024년 3월에는 미국 텍사스 영구 학교 기금(The Texas Permanent School Fund, TPSF)이 블랙록과의 투자를 종료하고 85억 달러의 자금을 회수하기로 결정하며 반(反) ESG 움직임의 구체적인 사례를 보여주었다.[40] TPSF는 블랙록이 석유 및 가스 산업을 보이콧하거나 해치려 한다고 비난하며,

"BlackRock과 같은 월가의 기업들은 텍사스 주민들의 돈을 이용해 좌파적 의제를 추진해 왔다. 텍사스는 계속 맞서 싸울 것이다. 그렇기 때문에 우리는 블랙록에서 85억 달러를 회수하여, 월가 기업들이 납세자의 돈을 이용해 텍사스의 일자리를 해치고 우리의 에너지 지배력을 공격할 수 없다는 것을 분명히 할 것이다."라고 성명을 발표했다. 하지만 이러한 반 ESG 조치가 항상 더 높은 재무적 이익을 보장하지는 않는다. 실제로 TPSF의 2023년 수익률은 6.14%(목표치 4.38%), 5년간(2019-2023) 수익률은 6.19%(목표치 5.52%)를 기록[41]하여, ESG를 배제한 투자결정 전후로 비슷한 수익률을 나타냈다([도표 1-8] 참고). 그리고 2024년, 텍사스 등 미국 공화당 13개 주는 블랙록, 뱅가드 그룹 등 ESG 자산운용사들이 담합해 화석연료 관련 투자를 제한하여 불공정경쟁 환경을 조성했다고 주장했다. 이후 해당 자산운용사를 투자 제한 대상에 올리고 반독점법 혐의로 연방법원에 제소하기에 이른다. 결국 블랙록은 기후대응 활동을 대폭 축소하기로 발표하며 2025년 6월 텍사스주에서의 투자 제한이 풀리게 된다. 블랙록 측은 석유 및 가스 산업 투자를 제한함으로써 발생하는 실질적 사회·경제적 비용을 인정했다고 설명하며, 향후 소송 결과에 따라 더 많은 반독점 소송이 제기될 수 있어 우려되는 상황이다.[42]

도표 1-8 TPSF 5개년 목표치 및 수익률

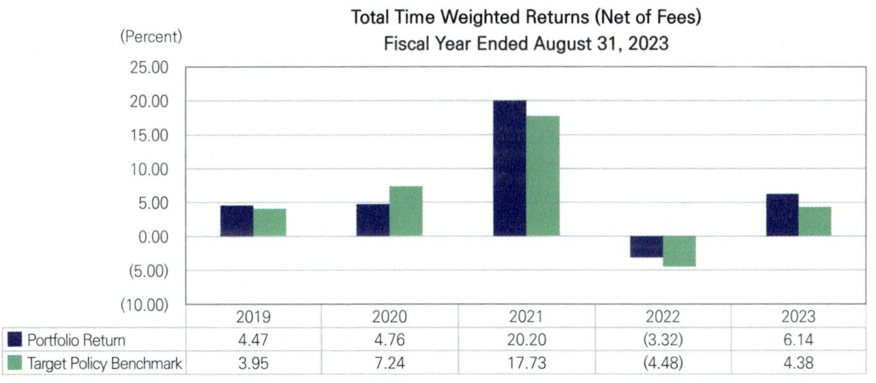

	2019	2020	2021	2022	2023
Portfolio Return	4.47	4.76	20.20	(3.32)	6.14
Target Policy Benchmark	3.95	7.24	17.73	(4.48)	4.38

출처: Annual Comprehensive Financial Report For the Fiscal Year Ended August 31, 2023. Texas Permanent School Fund Corporation. 2023.

글로벌 경제 환경은 여전히 불확실성이 크지만, 기후변화와 사회적 불평등은 더 이상 미룰 수 없는 문제로 인식되며, 기업들은 장기적인 관점에서 이러한 도전에 대응해야 한다는 압력을 받고 있다. ESG라는 용어 자체의 사용은 정치적, 경제적 상황에 따라 유동적일 수 있으나, 기업의 지속가능성을 평가하고 개선하려는 노력은 계속될 것으로 보인다. 특히 주요 연기금과 자산운용사들은 여전히 지속가능 투자를 중요하게 여기고 관련 포트폴리오를 늘리고 있다. 이는 ESG의 핵심 가치가 경영과 투자 시장에서 더욱 확고히 자리잡을 것이라는 전망을 뒷받침한다.

8 지속가능성의 정의와 핵심 질문

지속가능성은 여러 차원에서 논의되고, 그에 따른 시사점 또한 매우 다양하다. 이 때문에 '지속가능성' 자체를 정확히 이해하는 것이 중요하다. 사전적으로 '지속(sustain)'은 '실패하지 않고 무엇인가를 계속하는 것(able to endure without failing)'을 의미하며, '변화에 대응하는 능력(capacity to cope with change)' 등으로도 정의된다. 이러한 다양한 정의는 지속가능성 개념에 대한 혼란을 줄 수 있다. 그렇다면 '지속가능성'을 좀 더 쉽게 이해하는 방법은 무엇일까? 우선 '지속하다(sustain)'와 '가능성(probability)'이라는 두 단어의 결합으로 이해하는 것이 시작이다. 이 간단한 접근 방식은 세 가지 핵심 질문으로 이어진다. 첫째, 무엇을 지속할 것인가(대상), 둘째, 지속가능성을 높이기 위한 조건은 무엇인가(가정), 셋째, 앞의 두 질문에 대한 정확한 답을 도출하기 위해 누구의 지속가능성인가(주체)를 명확히 해야 한다. 결론적으로, 지속가능성을 정확히 이해하기 위해서는 "누구의 어떤 것을 지속하기 위해 어떻게 해야 할 것인가?"라는 질문을 통해 구체적인 논의를 시작해야 한다. 예를 들어, 아마존은 '지구의 허파'로서의 기능, 투발루는 '국가'로서의 기능, 누산타라는 '새로운 도시'로서의 기능, 그리고 지방 대학교는 '지방 인재 양성소'로서의 기능을 지속할 수 있을지에 대해 고민하고 있다. 이처럼 '누구'의 지속가능성인가에 따라 '무엇'을 '어떻게' 할지에 대한 구체적인 논의가 가능해진다.

결론 및 요약

본 장에서는 지속가능성 개념의 진화 과정과 그에 대한 사회 전반의 관심 증대 양상, 그리고 아마존, 투발루, 인도네시아의 새로운 수도, 꿀벌, 지방대학 등 다양한 차원에서의 지속가능성 논의 현황을 살펴보았다. 또한, 지속가능성 논의가 국제사회에서 어떻게 발전해왔는지 역사적 흐름과 주요 이정표들을 짚어보고, TBL, ESG 등 기업의 지속가능성 실천을 위한 구체적인 개념과 국제적 노력들을 분석했다. 더불어, 기업의 막강한 경제적 영향력, SDGs 달성에서 기업의 핵심적 역할, 그리고 기업에 대한 사회의 부정적 시각이 기업 지속가능성에 주목해야 하는 이유임을 강조했다. 마지막으로, 최근 대두된 Anti-ESG 움직임 속에서도 지속가능경영이라는 본질적인 기조가 흔들리지 않고 미래에도 중요한 가치로 자리 잡을 것이라는 전망과 함께, 기업이 당면한 생존 주기의 단축과 같은 도전에 대응하기 위해 지속가능성이 필수적인 경영 패러다임이 되었음을 강조하였다.

기업의 지속가능성을 외부환경과의 상호작용을 통해 이해하기 위해서는 그 외부환경의 구성요소를 구체적으로 파악하는 것이 중요하다. 다음 장에서는 이러한 외부환경의 핵심 요소인 이해관계자에 대해 심층적으로 논의할 것이다.

제 2 장

이해관계자와 지속가능경영

주주 자본주의와 이해관계자 자본주의의 충돌과 공존

주주 자본주의는 20세기 후반 신자유주의 경제 질서 속에서 강력한 영향력을 행사해 온 모델이다. 이 패러다임은 기업의 최우선 목표가 주주의 부를 극대화하는 것이라고 본다. 노벨 경제학상 수상자 밀턴 프리드먼은 “기업의 유일한 사회적 책임은 이윤을 늘리는 것”이라고 주장하며 주주 자본주의의 이론적 토대를 제공했다. 이에 따르면, 기업이 효율적으로 자원을 배분하고 생산성을 높여 이윤을 창출할 때, 그 이익은 배당이나 주가 상승으로 주주에게 돌아가며 이는 결국 사회 전체의 부를 증진시키는 결과로 이어진다. 주주 자본주의는 실제로 기업 성장의 강력한 원동력이 되어왔다. 기업들은 주가 상승을 위해 혁신에 투자하고, 불필요한 비용을 절감하며, 공격적인 시장 확대를 꾀했다. 이러한 경쟁은 기술 발전과 경제 성장을 촉진하는 긍정적인 효과를 가져왔다.

하지만 주주자본주의는 여러 문제점을 야기하기도 했다. 단기적인 주가 상승에만 몰두하면서 기업은 장기적인 투자나 지속가능한 성장을 위한 노력을 소홀히 할 수 있다는 비판에 직면했다. 또한, 이윤을 극대화하는 과정에서 환경오염, 노동자 처우 악화, 협력사에 대한 불공정 거래 등 사회적 비용을 유발하거나, 윤리적 문제를 간과하는 경우가 빈번하게 발생했다. 2008년 글로벌 금융 위기 이후, 과도한 단기 이익 추구와 위험 관리 실패는 주주 자본주의의 취약성을 여실히 드러냈다. 일례로, 미국의 투자은행 리만브라더스는 고위험 부동산 담보부 증권에 과도하게 투자하고, 위험 관리에 실패해 2008년 파산함으로써 세계 금융 시장에 막대한 충격을 주었다.

주주 자본주의의 한계가 명확해지면서, 기업의 역할을 재정의하려는 움직임이 확산되었고, 그 중심에 이해관계자 자본주의가 부상했다. 이해관계자 자본주의는 기업이 주주뿐만 아니라 종업원, 고객, 협력사, 지역사회, 정부, 심지어 미래 세대와 자연환경에 이르기까지 모든 이해관계자들의 이익과 가치를 균형 있게 고려해야 한다고 주장한다. 이 관점은 기업의 장기적인 성공과 지속가능성이 단순히 재무적 성과를 넘어선 사회적, 환경적 책임 이행에 달려 있다고 본다.

장 목차

- 서론
- 사전 토론 사항
- 주요 목차
  1. 기업과 사회: 상호의존의 역동성
  2. 이해관계자의 정의 및 양면성
  3. 이해관계자 관리
  4. 주주 자본주의와 이해관계자 자본주의
- 결론 및 요약

서론

1장에서는 지속가능성의 개념과 중요성을 살펴보고, 지속가능성이 다양한 차원에서 논의될 수 있다는 점을 파악했다. 기업 차원에서 지속가능성을 논의할 때는 기업이 수행하는 다양한 형태의 경영 활동이 지속가능한지 여부에 초점을 맞춰야 한다. 그렇다면 이런 판단의 주체는 누구일까? 이 질문에 대한 답을 찾기 위해 기업을 둘러싼 다양한 이해관계자의 존재와 그 중요성을 탐구하고자 한다. 오늘날 기업은 단순히 이윤을 추구하는 경제적 주체를 넘어, 사회 전반에 걸쳐 막대한 영향을 미치는 복합적인 존재로 인식된다. 기업의 경영 활동은 고용, 환경, 기술 혁신, 지역사회 발전 등 다양한 측면에서 사회와 끊임없이 상호작용하며 그 결과에 직접적인 영향을 미친다. 이러한 복잡한 관계 속에서 '지속가능성'이라는 개념은 기업 경영의 핵심 화두로 부상했다. 지속가능성은 기업이 장기적으로 생존하고 성장하기 위해 경제적 가치뿐만 아니라 사회적, 환경적 가치를 균형 있게 추구해야 함을 의미한다.

본 장에서는 지속가능성 논의의 연장선상에서, 기업의 지속가능성 확보에 필수적인 요소인 '이해관계자'의 의미와 중요성을 심층적으로 분석한다. 기업을 둘러싼 사회의 다양한 측면을 분석하고, 그 속에서 이해관계자들이 어떻게 기업 활동에 영향을 미치고 또 영향을 받는지 살펴볼 것이다. 이를 통해 기업이 지속가능한 발전을 이루기 위해 이해관계자들을 어떻게 인식하고 관리해야 하는지에 대한 포괄적인 통찰을 제공한다.

사전 토론 사항

- 기업은 비인간 이해관계자를 포함한 모든 이해관계자의 가치를 경영에 얼마나 현실적으로 반영할 수 있을까?
- 이해관계자들의 다양한 요구 사이에서 기업은 어떻게 윤리적 딜레마를 극복하고 우선순위를 설정해야 할까?
- 주주 자본주의와 이해관계자 자본주의는 기업 가치 창출을 위해 어떻게 성공적으로 공존할 수 있을까?

1 기업과 사회: 상호의존의 역동성

1.1. 기업의 의미와 역할 변화

기업이란 무엇인가? 이 질문에 대한 답은 관점에 따라 다양하다. 각 학문 분야마다 기업을 이해하는 방식이 다르기 때문이다.

사회적 계약 관점에서 볼 때, 기업은 사회와 일종의 암묵적인 약속을 맺은 존재이다. 따라서 기업의 권리와 책임은 이 가상의 사회 계약으로부터 도출된다. 이 관점은 기업이 단순히 법을 지키는 것을 넘어 사회가 기대하는 바를 충족시켜야만 존재 정당성을 확보하고 장기적으로 번영할 수 있다고 강조한다. 기업이 자원을 사용하고 이윤을 추구하는 권리가 사회로부터 부여된 것이며, 그 대가로 사회 문제 해결에 기여하고 공공의 이익을 추구해야 한다는 것이다. 기업이 사회의 정당성을 얻고 지속적으로 성장하기 위해서는 이것이 필수적인 조건이다.

경제학에서는 기업을 가치를 만들어내는 주체로 간주한다. 가계, 기업, 정부로 나눴을 때 가계와 정부가 소비하는 재화나 서비스를 생산하여 전달하는 곳이 바로 기업이기 때문이다. 그러므로 기업은 생산에 필요한 요소들을 활용하여 정해진 목표를 달성할 능력을 가진 존재로 이해된다. 경제학에서는 기업이 자원을 효율적으로 배분하고 생산하여 시장의 균형을 이루는 데 핵심적인 역할을 한다고 생각한다. 기업이 경쟁하는 시장 형태는 완전경쟁, 독점, 과점, 독점적 경쟁 시장으로 나눌 수 있으며, 참여자 수, 상품의 동일성, 진입장벽 유무가 구분 기준이다. 기업은 이러한 시장 구조 안에서 효율성을 추구하고 이윤을 최대한 많이 내는 주체로 간주된다.

경영학에서는 기업을 "이윤 추구를 위해 재화와 서비스를 생산하는 조직적인 경제 단위"로 정의한다. 이 관점은 기업을 단순히 생산만 하는 곳이 아니라 복합적인 조직으로 이해한다. 피터 드러커 같은 경영학자도 이윤을 경영 성과를 평가하는 중요한 기준으로 삼았지만, 그의 경영 철학은 단기적인 이윤만을 쫓는 데 그치지 않았다. 고객을 창출하고, 혁신하고, 생산성을 높이며, 사회적 책임까지 다양한 영역에서의 성과를 중요하게 다루었다. 현대 경영학에서는 기업의 조직 구조, 리더십, 전략 수립, 운영 효율성 같은 복합적인 요소들을 통해 장기적인 가치 창출에 집중한다. 특히 이해관계자 자본주의가 발전하면서 기업의 목적이 주주 이익을 넘어 종업원, 고객, 지역사회 등 다양한 이해관계자의 가치를 균형 있게 고려하는 방향으로 확장되고 있다.

1.2. 기업을 둘러싼 사회의 변화와 기업의 대응

기업은 사회와 끊임없이 상호작용하며 경영 활동을 펼치는 존재다. 기업을 둘러싼 외부 환경, 즉 사회를 이해하는 것은 기업의 본질을 파악하는 데 필수적이며, 기업은 이러한 사회의 변화에 적응하며 지속적으로 상호작용한다. 사회는 전통적으로 거시경제의 집합체로 이해될 수 있으며, 거시경제 환경의 변화는 기업 경영에 직접적인 영향을 미친다. 이러한 변화는 크게 인구통계학적 변화, 기술적 현상의 변화, 법률적/제도적 변화, 그리고 사회적 가치의 변화로 나누어 살펴볼 수 있다.

인구통계학적 변화의 대표적인 예는 저출산과 고령화 현상이다. 2022년 기준 한국의 합계출산율은 0.78명으로 OECD 국가 중 최하위 수준이며, 2025년에는 고령인구(65세 이상)가 전체 인구의 20.6%에 육박하여 초고령사회에 진입할 것으로 전망된다([도표 2-1] 참고).[1] 이러한 인구 구조 변화는 기업 경영에 직접적인 영향을 미친다. 일례로 유한킴벌리는 유아용 기저귀 외 시니어 전용 브랜드 '디펜드'를 출시하여 성인용 기저귀 시장에 진입하였다. '액티브 시니어'라는 개념을 만들면서 다양한 요실금 기저귀를 선보인 디펜드는 2023년 기준으로 유아용품 매출액의 25% 수준까지 성장했고, 2020~2022년 3년간 연평균 20%의 성장률을 기록하며 빠르게 성장하고 있다. 국내 시니어 케어 위생용품 시장은 2022년 기준 900억 원대로 추정되며, 잠재 시장은 6,000억 규모에 이른다.[2] 이처럼 인구 구조 변화는 실버 산업, 헬스케어, 재택 돌봄 서비스 등 새로운 시장 기회를 창출하면서도, 노동력 부족이나 소비 패턴 변화 같은 도전에 직면하게 하여 기업 전략 전체를 다시 수립하도록 요구하고 있다.

도표 2-1 고령인구 증가추이

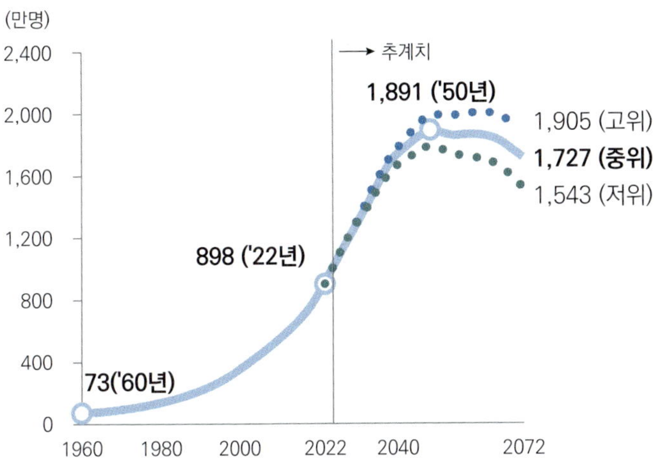

출처: 장래인구추계: 2022~2072년. 통계청. 2023.

기술적 현상의 변화는 정보통신기술(ICT) 발달로 더욱 가속화되고 있다. 인터넷이 대중화되면서 기업은 시간과 공간의 제약을 극복하고 거래 비용을 줄일 수 있었지만, 동시에 정보 공유를 늘려 소비자의 힘을 키웠다. 쿠팡, 네이버쇼핑 등 주요 이커머스 플랫폼이나 각종 모바일 앱으로 소비자들이 용이하게 실시간 가격 비교를 할 수 있게 되었으며, '다나와' 등 다양한 가격 비교 사이트 또한 등장하며 기업들 간의 무한 가격 경쟁을 심화시켰다. 고객의 힘이 강해지면서 기업의 마케팅 전략은 개별 고객에게 초점을 맞추는 원투원 마케팅(one-to-one marketing)으로 변화하였다. 기업은 고객 데이터베이스 관리 시스템을 활용하여 개별 고객의 구매 성향과 요구를 파악하고 대응함으로써 장기적인 관계를 구축하고 충성 고객을 확보할 수 있게 되었다. 나아가 인공지능(AI), 빅데이터, 사물 인터넷(IoT) 같은 기술 발전은 기업의 생산 방식, 유통 채널, 고객 서비스 전반에 혁신을 가져왔다. 이것은 기업이 지속적으로 새로운 기술을 도입하고 디지털 전환에 성공해야만 경쟁에서 우위를 유지할 수 있다는 것을 의미한다.

법률적/제도적 변화는 기업 운영에 직접적인 영향을 미치는 중요한 요소이다. 최저임금제도와 중대재해처벌법이 대표적인 예시이다. 최저임금제도는 근로자의 생활 안정을 통해 노동 생산성을 높이고자 도입되었으며, 2026년 최저임금은 10,320원으로 2017년보다 59.5%나 인상되었다([도표 2-2] 참고). 기업은 매년 인상되는 최저임금 때문에 경영 부담을 흡수하기 위해 가격을 인상하거나, 근로 시간을 단축하는 등 다양한 대응 방안을 모색하고 있다. 중대재해처벌법은 사업장에서 안전 보건 의무를 지키지 않아 산업 재해가 발생했을 때 사업주와 법인에게 형사 책임을 묻는 법안으로, 시민과 노동자의 안전을 확보하는 것이 목표이다. 이 법은 기존 산업안전보건법보다 처벌이 강화되어 기업들은 빠르게 대응하고 안전 경영 시스템을 강화해야 할 필요성에 직면하였다. 이러한 정부의 규제는 기업의 운영 비용을 늘리거나 새로운 준수 의무를 부과하여 경영 전략에 직접적인 영향을 미치며, 법을 어기면 막대한 벌금이나 사회적 비난을 받을 수도 있다. 따라서 기업들은 법규 변화를 자세히 살펴 미리 대응해야 했으며, 2022년 중대재해처벌법이 시행된 후 몇몇 기업은 디지털 관리 시스템을 구축하는 등 선제적인 조치로 위험 요소를 사전에 점검하고 사고를 예방하기 위한 노력을 기울이기도 했다.[3]

도표 2-2 시간당 최저임금 추이

출처: 원출처(최저임금위원회), 2차 출처(2026년 최저임금 2.9% 오른 시간당 1만320원 확정. 매일신문. 2025.)

사회적 가치의 변화 중 특히 주목해야 할 부분은 MZ세대(1980년대~2000년대 출생)의 소비 행태 변화이다. MZ세대는 '가치 소비'를 통해 자신이 추구하는 가치와 신념을 소비에 드러내는 경향이 강하다. 대한상공회의소 설문조사에 따르면, MZ세대의 46.6%가 가치 소비의 대표적인 신념으로 '가격 대비 심리적 만족(가심비)'을 꼽았다([도표 2-3] 참고).[4]

도표 2-3 ESG 기업 제품 구매 의향

* 대한상공회의소가 최근 MZ세대 380명을 대상으로 실시한 'MZ세대가 바라보는 ESG경영과 기업의 역할' 조사 결과

출처: MZ세대가 바라보는 ESG경영과 기업인식 조사. 대한상공회의소. 2022.

이러한 변화는 기업에게 단순히 품질이나 가격 경쟁을 넘어, 환경 보호, 사회적 공정성, 윤리적 경영 같은 비재무적인 가치를 기업 활동의 핵심에 두도록 요구한다. 다양성과 포용성, 투명성과 책임에 대한 사회적 요구가 늘어나는 것도 기업이 직면한 중요한 사회적 가치 변화이다. 이러한 변화에 유연하게 대응하고 ESG 경영을 적극적으로 도입하는 기업은 소비자들의 신뢰를 얻고, 장기적으로 경쟁에서 우위를 차지하며 지속가능성을 확보할 수 있을 것이다.

결론적으로 기업을 둘러싼 사회는 단순히 외부 환경이 아니라, 기업의 생존과 성장을 좌우하는 역동적인 생태계이다. 이렇게 다양한 사회적 변화에 대해 깊이 있게 이해하고 미리 대응하는 것은 오늘날 기업에게 꼭 필요한 성공 요소라고 할 수 있다.

2 이해관계자의 정의 및 양면성

사회를 거시경제의 집합체로만 판단하는 경우, 거시경제 환경의 변화가 만들어내는 새로운 '현상'에만 초점을 맞추게 된다. 하지만 이러한 현상이 발생했을 때 기업은 '행동 주체'인 사회 구성원들에 대해 더 많은 관심을 기울이게 된다. 새로운 현상에 대한 사회 구성원들의 행동 변화가 기업 경영 전반에 걸쳐 다양한 영향을 주기 때문이다. 이런 관점에서 사회를 사회 구성원의 집합체로 간주하는 것이 더욱 현실적이다.

2.1. 이해관계자의 정의와 다양한 역할

기업과 상호작용하는 사회 구성원을 이해관계자라고 부를 때, 여기서 '이해'는 무엇을 의미하는 것일까? 어떤 사람은 이익으로, 다른 사람은 좋고 나쁨으로 판단하기도 한다. 또한 개인의 신념, 이념 등과 같은 가치로 판단할 수도 있다. 하지만 넓게 보면, '이해'는 '기업에 대한 관심'으로 생각할 수 있다. 기업에 대한 소유권으로 '이해'의 의미를 국한시킨다면 다양한 이해관계자 중에서 주주에만 초점을 맞춘 협소한 정의가 되기 때문이다.

이해관계자는 조직의 행동, 의사결정, 정책, 관행 또는 목표에 영향을 미치거나 영향을 받는 개인 또는 그룹으로 이해할 수 있다. 구체적으로 이해관계자는 다음과 같은 다양한 집단을 포함한다.

- **주주**: 기업의 소유주로서, 기업의 이윤 극대화와 주가 상승에 가장 직접적인 이해관계를 가진다.
- **종업원**: 기업의 운영에 필수적인 인적 자원이며, 공정한 임금, 근무 환경, 직업 안정성 등에 대한 이해관계를 가진다.
- **고객**: 기업의 제품이나 서비스를 구매하는 주체로서, 품질, 가격, 서비스, 윤리적 생산 방식 등에 대한 기대를 가진다.
- **협력사**: 기업에 원자재, 부품, 서비스 등을 제공하거나 협력 관계를 맺는

기업으로, 안정적인 거래 관계, 공정한 계약 조건, 동반 성장에 이해관계를 가진다.

- **지역사회**: 기업이 위치한 지역의 주민, 지방 정부, 시민 단체 등을 포함하며, 환경 영향, 고용 창출, 지역경제 활성화, 사회공헌 등에 대한 이해관계를 가진다.
- **미디어**: 언론 및 방송 매체로, 기업의 활동을 대중에게 전달하고 여론을 형성하는 데 영향을 미친다. 기업의 투명성, 사회적 책임 이행 여부 등에 관심을 가진다.
- **정부 및 규제기관**: 법률 제정, 정책 수립, 인허가, 세금 부과 등을 통해 기업 활동 전반에 영향을 미치는 주체이다. 공정한 경쟁, 규제 준수, 산업 발전에 이해관계를 가진다.
- **경쟁자**: 같은 시장에서 경쟁하는 다른 기업들로, 시장 점유율, 혁신, 가격 전략 등에 직접적인 영향을 주고받는다.
- **시민 사회 단체**: 환경 보호 단체, 소비자 단체, 인권 단체 등 다양한 비영리 단체들이 이에 해당한다. 이들은 기업의 사회적 책임, 윤리 경영, 지속가능성 등에 대한 감시와 비판, 때로는 협력의 역할을 수행한다.
- **투자 기관**: 자산 운용사, 연기금 등 대규모 자금을 운용하며 기업에 투자하는 기관이다. 주주와 유사하게 기업 가치 증대에 관심이 많지만, 최근에는 ESG(환경, 사회, 지배구조) 요소를 중요하게 고려하는 경향이 강하다.
- **학계 및 연구기관**: 기업의 기술 개발, 혁신, 경영 전략 등에 대한 연구를 수행하고, 때로는 기업과 공동 연구를 진행하며 지식 교류를 통해 상호 영향을 미친다.
- **미래 세대**: 현재의 기업 활동이 미래 환경과 사회에 미칠 장기적인 영향에 대한 포괄적인 이해관계자 개념이다. 기후 변화, 자원 고갈, 생태계 파괴 등 지속가능성 이슈와 밀접하게 연관된다.

2.2. 이해관계자의 양면성: 영향을 주고받는 존재

이해관계자에 대한 연구들은 다양한 이해관계자의 정의에서부터 출발하여 기업을 둘러싸고 있는 여러 이해관계자들과의 관계에 대한 시각을 제시한다. 그럼에도 불구하고 이해관계자 자본주의에 기초한 기존 연구들이 공통으로 강조하는 것은 다양한 이해관계자를 고려한 기업 활동은 기업의 경쟁력 및 가치 증진에 도움이 될 수 있다는 점이다. 이해관계자 자본주의는 주주 자본주의와 대립되는 것처럼 보일 수 있다. 하지만 다양한 이해관계자를 고려한 장기적인 관점에서 전략을 수립 및 실행하여 결과적으로 주주 가치를 향상할 수 있다는 측면에서 주주 자본주의와의 관계를 설명할 수 있다.

다양한 이해관계자가 지니는 공통의 특징은 무엇일까? 그 정의에서 유추할 수 있듯이, 이해관계자들은 기업의 경영 활동에 영향을 받는 객체일 뿐만 아니라, 기업의 경영 활동에 영향을 주는 주체이기도 하다. 예를 들어, 협력업체는 원청업체 혹은 또 다른 협력업체와 수많은 관계를 형성한다. 대·중·소 협력을 통한 기업 간 상생의 중요성에도 불구하고 중소기업으로 대변되는 협력업체들이 기술 탈취를 겪고 있다는 기사를 종종 접하게 된다. 중소벤처기업부에 따르면 국내 중소기업의 연간 기술 침해 건수는 2023년 기준 약 300건이었으며, 피해 발생을 인지한 기업당 평균 손실액은 약 18억 2,000만 원으로 추정되어 중소기업의 생존 기반을 위협하는 문제로 대두되고 있다.[5] 기술 탈취 행위의 대표적인 유형은 원사업자가 제3자에게 수급사업자의 기술자료를 부당하게 제공하는 유용 행위이다. 2022년 4월, 삼성SDI는 수급사업자의 제품 제작 도면을 제3자에게 제공한 행위가 문제되어 공정거래위원회로부터 시정명령과 과징금을 부과받았다가, 소송을 통해 2023년 과징금이 다시 취소되는 등의 사건을 겪었다.[6] 이처럼 대기업 및 공기업에 의한 중소기업 기술 탈취 갈등 사례는 지속적으로 여러 산업에서 발생하고 있다. 대한제분은 세븐브로이와 곰표맥주를 성공적으로 출시했지만, 2023년 계약을 종료하고 제주맥주로 협력사를 변경하는 과정에서 세븐브로이의 제조 기술이 유출되었다는 의혹이 제기되며 소비자들의 공분을 샀다.[7] 또한 한국가스기술

공사는 2024년 중소기업 S사의 폐배터리 처리 기술을 협업 과정에서 취득한 뒤, 이를 바탕으로 단독 특허를 출원하고 제3자와 협력해 기술 탈취 논란이 일었다.[8] 이는 협력업체가 기업의 경영 활동에 직접적으로 영향을 받는 객체임을 보여주는 동시에, 기업 활동에 영향을 미칠 수 있는 잠재적 주체임을 보여주는 사례이다.

소비자의 경우, 기업이 제품 가격을 할인했을 때 해당 제품을 구매할 유인이 생긴다. 이때 소비자는 기업의 가격 정책에 영향을 받는 수동적인 입장이다. 하지만 소비자는 기업이 비윤리적 행위를 했을 때 불매운동 등을 통해 기업의 경영 활동에 영향을 주는 능동적인 역할도 수행한다. 2013년 남양유업의 대리점 갑질 사태에 따른 불매운동은 국내에서 일어난 불매운동의 대표적인 사례이다. 남양유업은 거래상 우월적 지위를 이용하여 2007년부터 2013년 5월 사이 총 1,884개 대리점 중 1,849개 대리점에게 유통기한이 임박한 제품 및 대리점이 주문하지 않은 제품의 구입을 강제한 사실이 밝혀져 공정거래위원회로부터 과징금과 시정명령을 부과받았다.[9]

기업의 또 다른 이해관계자인 정부도 마찬가지이다. 정부는 법률과 정책을 통해 기업의 활동에 지대한 영향을 미치는 능동적인 역할을 한다. 예를 들어, 주 52시간 근로기준법은 기업의 노동시간 운영에 직접적인 제한을 가하여 생산성 및 인력 운영 전략에 큰 영향을 미쳤다. 이 법의 도입으로 많은 기업이 유연근무제, 추가 인력 채용 등 다양한 대응 방안을 모색해야 했으며, 특히 노동 집약적인 산업에서는 경영 환경 변화에 적응하기 위한 대대적인 노력이 필요했다. 또한, 중대재해처벌법의 시행은 기업이 안전 보건 조치 의무를 강화하고, 안전 경영 시스템을 구축하도록 강제하며, 위반 시에는 경영 책임자에게 형사 책임을 묻는 등 기업의 사회적 책임 범위를 대폭 확대했다. 이러한 정부의 규제는 기업의 운영 비용을 증가시키고 새로운 준수 의무를 부과하지만, 동시에 산업 전반의 표준을 높이고 사회적 안전망을 강화하는 긍정적인 효과도 가져온다.

반면, 기업은 정부의 정책 결정 과정에 영향을 미치는 능동적인 역할을 수행하기도 한다. 기업들은 대한상공회의소 외에도 전국경제인연합회와 같은 각종 협회를 결성하여 정부의 규제나 정책 방향에 대해 의견을 개진하고 있다. 때로는 정부의 정책이 기업 활동에 긍정적인 영향을 미칠 수 있도록 법 개정이나 정책 지원을 건의하기도 한다. 이러한 기업의 로비 활동은 정부가 정책을 수립하고 시행하는 데 있어 다양한 이해관계를 고려하게 만드는 중요한 요소로 작용한다. 정부와 기업 간의 이러한 상호작용은 국가 경제의 방향을 설정하고 사회적 합의를 형성하는 데 중요한 역할을 한다. 예를 들어, 대한상공회의소는 최근 반도체 등 수출산업의 경쟁력 강화를 위해 관세, 무역장벽 해소, 첨단기술 투자 확대 등 정부 정책에 대한 구체적 제언을 보도자료 및 자체 조사 등을 통해 지속적으로 내놓고 있다.

2.3. 이해관계자 개념의 진화: 기업 관점의 확장

이해관계자라는 개념은 기업을 바라보는 관점이 변화하고 발전하면서 자연스럽게 등장하였다. 기업이 사회 속에서 수행하는 역할과 범위가 점차 확장되면서, 기업의 성공에 영향을 미치고 기업으로부터 영향을 받는 다양한 주체들을 인식하고 고려해야 할 필요성이 커졌기 때문이다.

과거 기업을 이해하는 방식은 매우 제한적이었다. 초기 산업 시대에는 전통적 생산 관점이 지배적이었는데, 이 관점에 따르면 기업은 단순히 생산자로서, 원료를 공급받아 제품을 만들고 소비자에게 판매하는 과정에서 매우 제한적인 상호작용만 반복하는 주체일 뿐이었다. 즉, 기업의 주요 관심사는 생산 효율성을 극대화하고 이윤을 창출하는 것에 맞춰져 있었다. 이 시기에는 기업을 둘러싼 복잡한 사회적 관계나 환경적 영향에 대한 인식이 미미했고, 기업의 책임 또한 법적 테두리 안에서의 최소한의 의무를 준수하는 수준에 머물렀다.

하지만 기업의 규모가 커지고 경영 활동이 복잡해지면서 이러한 협의의 접근 방식은 한계에 부딪혔다. 생산 효율성뿐 아니라, 확대된 규모의 기업을 체계적이고 효율적으로 관리하기 위한 내부 운영의 중요성이 커지면서 '경영

관리적 관점'이 등장하였다. 이 관점에서 기업의 역할은 경영 목표 달성을 위해 인적·물적 자원을 조직하고 지휘 및 관리하는 영역으로 확대되었다. 기업의 상호작용 대상 또한 내부의 종업원이나 재정적 이해관계를 가진 주주에게 초점을 맞추는 경향이 있었다. 이 시기에는 기업의 성장과 효율적인 운영을 위해 직원 관리, 재무 관리, 마케팅 등의 기능적 측면이 강조되기 시작했다.

현대에 이르러 기업이 사회에 미치는 영향력이 증대되고, 복잡한 사회 문제들이 부각되면서 기업의 역할에 대한 사회적 요구는 더욱 커졌다. 이제 기업은 단순히 이윤을 추구하는 경제적 단위에 머무르지 않고, 사회 전체의 지속가능성에 기여하는 주체로서의 역할을 요구받고 있다. 이러한 변화의 흐름 속에서 '이해관계자 자본주의'가 핵심적인 패러다임으로 자리 잡았다. 이 관점은 기업의 범위와 역할을 주주뿐만 아니라 종업원, 고객, 협력업체, 지역사회, 정부, 비영리단체, 심지어 자연환경까지 포함하는 폭넓은 대상으로 확장하여 논의한다. 기업의 성공은 이러한 다양한 이해관계자들의 기대와 요구를 균형 있게 충족시키고, 그들과의 긍정적인 관계를 구축하며 유지하는 능력에 달려 있다고 본다.

이해관계자에 대한 사회적 논의가 본격화되는 과정에서, 이해관계자 시대의 등장 전에 존재하던 다양한 기업의 역할 및 범위를 인위적으로 축소하려는 시도는 경계해야 한다. 즉, 과거의 관점들이 완전히 사라지고 새로운 관점으로 대체되는 것이 아니라, 기존의 관점 위에 새로운 관점들이 덧붙여지며 발전해왔다는 점을 인지하는 것이 중요하다. 실제로 전통적 생산 관점의 적용이 적절했던 과거에도 적지 않은 기업은 이미 그 이후에 등장했다는 경영관리적 접근 방식의 행태를 보였다. 예를 들어, 19세기 말 미국의 철도왕 코넬리우스 밴더빌트는 단순히 철도 운송 사업자에 그치지 않고, 대규모 철도망을 건설하고 효율적인 운영 시스템을 구축하며 미국 경제 발전에 지대한 영향을 미쳤다.[10] 그의 경영 방식은 오늘날의 경영관리적 관점에서 기업의 목표 달성을 위해 자원을 조직하고 관리하는 모습과 유사하다. 또한, 20세기 초 자동차 산업을 혁신한 헨리 포드는 대량 생산 시스템 '포드주의'를 도입하여 자동차를 대중화하고, 직원들에게 당시로서는 파격적인 높은 임금(하루 5달러)을 지급하며 노동자의 삶의 질 향상에도 기여했다.[11] 이는 단순히 생산 효율성을 넘어, 직원이라는 이해관계자와의 관계를 중요시하고 그들의 만족이 기업의 생산성과 직결된다는 경영관리적 접근을 보여주는 사례이다.

따라서 기업에 대한 다양한 관점들을 상호 배타적으로 간주하기보다는 진화론적 변화로 판단하고 그중 하나가 이해관계자 자본주의라고 인식해야 한다. 각 시대적 배경과 사회적 요구에 따라 기업의 역할과 책임에 대한 인식이 점진적으로 확장되어 왔으며, 이해관계자 자본주의는 이러한 진화의 정점에 있는 현재의 기업 패러다임을 반영한다. 기업은 이제 경제적 가치 창출을 넘어 사회적, 환경적 가치를 동시에 추구하며 다양한 이해관계자들과의 공존을 모색해야 하는 복합적인 주체로 자리매김하고 있다.

이처럼 이해관계자 개념의 등장은 기업의 본질과 역할에 대한 깊은 성찰의 결과이며, 앞으로도 기업을 둘러싼 환경과 사회적 요구가 변화함에 따라 이해관계자의 범위와 관리 방식 또한 끊임없이 진화할 것이다. 기업은 이러한 변화를 끊임없이 주시하고 유연하게 대응하며 지속가능한 성장을 모색해야 할 것이다.

2.4. 이해관계자 분류의 한계와 새로운 시각

기업의 다양한 이해관계자를 분류하는 보편적인 방법은, 그 이해관계자가 기업 내부 혹은 외부에 속해 있는지 여부로 나누는 것이다. 내부 이해관계자는 기업의 활동에 직접적으로 참여하는 주체, 예를 들어 주주, 경영진, 종업원 등이 해당한다. 반면 외부 이해관계자는 기업의 외부에서 기업 활동에 영향을 받거나 영향을 주는 주체, 즉 고객, 협력사, 경쟁자, 정부, 지역사회, 언론 등이 포함된다. 이러한 분류는 기업이 각 이해관계자 집단의 특성과 요구를 파악하고, 그에 맞는 관계 전략을 수립하는 데 유용하다. 하지만 이외에도 다음과 같이 다양한 방법으로 이해관계자를 분류할 수 있다.

1차 이해관계자와 2차 이해관계자로 분류

1차 이해관계자는 기업과 기업의 의사결정 및 그 결과에 직접적으로 영향을 주고받는 집단인 반면, 2차 이해관계자는 나머지, 즉 간접적인 영향을 주고받는 집단으로 파악하는 방식이다. 이렇듯 간단해 보이는 분류 방식에는 몇 가지 문제점이 있다.

무엇보다도 '직접' 영향과 '간접' 영향을 명확히 구분하는 것은 생각만큼 쉽지 않다. 특정 이해관계자가 기업에 미치는 영향이 직접적인지 간접적인지 판단하는 기준은 모호할 수 있으며, 시간의 흐름에 따라 그 영향의 성격이 변할 수도 있다. 예를 들어, 지역사회는 전통적으로 2차 이해관계자로 분류되는 경향이 있었으나, 오늘날에는 그 영향력이 매우 커져 1차 이해관계자로 볼 수 있는 경우가 많다. 2017년 9월 아마존이 제2본사 설립 계획을 발표했을 때 북미 내 238개 도시에서 유치전을 벌였다. 아마존과 같은 대기업을 유치했을 때 직접투자, 고용 창출, 세수 증대 등 지역사회에 미치는 긍정적 영향이 매우 크기 때문이다. 실제로 아마존은 새 본사가 5만 개의 새로운 일자리와 50억 달러의 투자를 유치할 것이라고 밝히기도 했다.[12] 하지만 이러한 긍정적 기대효과에도, 아마존은 뉴욕시 지역 주민과 정치권의 반발로 결국 계획을 철회하였다. 젠트리피케이션, 교통 체증 심화 우려 등이 그 이유였다.[13] 국내 기업으로는 2005년 포스코의 사례가 있다. 포스코는 인도 오디샤 주에 대규모 제철소 건설을 추진했으나, 현지 주민들의 강한 반발과 토지보상, 환경문제, 광산개발권 확보 지연 등으로 인해 10년 이상 추진하던 프로젝트가 2019년 결국 무산되었다.[14] 이 사건들은 지역사회의 반발이 기업의 주요 투자 결정을 직접적으로 좌우할 수 있음을 보여주는 대표적인 사례이기도 하다. 한편 최근에는 2025년 하남시와 한전 동서울변전소의 갈등이 이어지고 있다. 한전은 수도권 전력 공급을 위해 변전소 증설이 필요하다고 주장하지만, 하남시는 주민들의 전자파·경관 우려와 함께 문화·예술 공간 등 실질적 혜택을 요구하며 공사 허가를 내주지 않고 있어 갈등이 장기화되고 있다.[15]

투자, 고용 창출 등의 긍정적 영향을 기대할 수도 있지만, 부정적인 영향도 무시할 수 없다. 2017년 정부가 단행한 탈원전 정책의 여파로 두산에너빌리티(구 두산중공업)의 경영 기반이 흔들리면서, 두산에너빌리티 본사를 비롯한 협력업체들이 밀집한 창원시와 인근 지역의 경제 상황이 하루아침에 악화되는 결과가 발생했다. 특히, 창원시는 지역내총생산(GRDP)의 15.4%, 지역 제조업 종사자 고용률 5.7%를 차지하던 두산에너빌리티의 경영 위기로 인해 지역 내 생산, 수출, 고용이 모두 감소하는 피해를 입었다.[16] 이러한 상황에서 기업의 핵심 사업 모델에 영향을 미치는 정부 정책으로 인해 지역사회 전체가 직접적인 경제적 타격을 입은 창원시를 1차 이해관계자로 분류하는 데 무리가 없을 것이다.

또한, 기업 경영 활동의 대부분이 가상의 공간에서 이루어지는 미래에는 물리적 공간을 제공하는 지역사회를 여전히 1차 이해관계자로 분류하는 것이 의미가 있을지에 대한 의문이 제기된다. 실제로 메타버스를 고객 상담, 회의실, 박람회 등의 업무에 활용하는 기업이 증가하고 있다. 수제맥주 스타트업 어메이징브루잉컴퍼니는 오뚜기와 협력하여 수제맥주 '진라거'를 출시했을 때, 메타버스 공간에 맥주 공장의 생산 라인을 그대로 구현하여 온라인 투어를 진행하고 메타버스 상에서 간담회를 진행하기도 했다.[17] 다양한 기관에서 메타버스의 성장성을 높게 예측하고 있다. 2023년 소프트웨어정책연구소(SPRi)가 발표한 <국내 가상융합산업의 통계 현황 및 개선방안> 보고서에 따르면, 국내 메타버스 시장 규모는 2022년부터 2030년까지 연평균 약 36% 이상 성장할 것으로 예측된다.[18] 또한 글로벌 컨설팅 기업 PwC에 따르면, 전세계 메타버스 시장 규모는 2030년 1조 5,000억 달러까지 증가할 것으로 전망된다([도표 2-4] 참고).[19] 앞으로 가상공간에서의 경영 활동은 더욱 확대될 수 있다. 이런 상황 변화 때문에 특정 집단을 1차 이해관계자 혹은 2차 이해관계자로 명확히 분류하기는 점차 어려워질 것이다.

도표 2-4 메타버스 시장 규모 전망

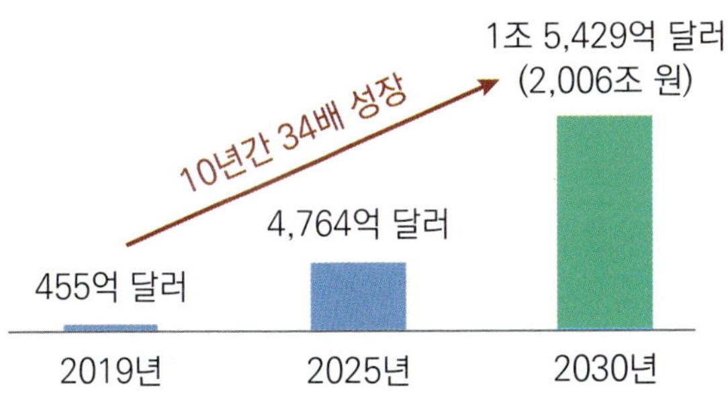

출처: 원출처(한국경제, 과학기술정책연구원), 2차 출처(메타버스 글로벌 시장 규모, 향후 10년간 34배 성장 예상!. 목회데이터연구소. 2022.)

직접 혹은 간접 영향을 주는 이해관계자로 분류

이해관계자를 구분하는 또 다른 방식은 그 영향력이 직접적인지 혹은 간접적인지 여부로 구분하는 것이다. 하지만 이 분류에도 문제점은 존재한다. 간접적 영향의 중요성 증대 또한 간과할 수 없기 때문이다. 좀 더 근본적인 질문은, 직접적인 영향이 간접적인 영향보다 항상 더 중요하다고 단정할 수 있는가 하는 것이다. 현재 시점에서 간접적으로 분류되는 영향도 많은 시간이 축적된 이후에는 돌이킬 수 없는, 그래서 정말 중요한 직접적인 영향으로 바뀔 수 있다.

예를 들어, 미세플라스틱 문제는 아직 직접적인 영향이 체감되지 않는 것처럼 보일 수 있으나, 전 세계의 많은 연구는 미세플라스틱이 인간의 건강과 지구 환경에 점차 큰 위협이 되고 있음을 경고한다. 미세플라스틱이 토양 또는 해양에 유입되면 생태계를 교란하고, 이는 곧 먹이사슬 최상위 포식자인 인간의 체내에 흡수되어 유해한 영향을 미칠 수 있다. 2024년 3월 발표된 뉴욕대학교 연구에 따르면, 인간의 동맥 경화반에서도 미세플라스틱이 발견되었으며 이는 염증 반응과 연관되어 심혈관 질환 위험을 높이는 것으로 나타났다.[20] 뿐만 아니라, 호주 맥쿼리대학교 연구에 따르면 미세플라스틱은 지구 산소의 약 20%를 생산하는 해양 박테리아 프로클로로코쿠스(Prochlorococcus)의 성장과 광합성을 저해하여 미래 지구 산소 공급량에 치명적인 영향을 미칠 수 있기에 현재의 간접적 영향을 간과해서는 안 된다.[21]

플라스틱이 인류의 생존에 위협을 주고 있지만, 플라스틱의 등장으로 여성들이 가사 노동에서 해방되었다는 소식을 전했던 1955년도 라이프(Life)지 표지에는 온 가족이 일회용품을 보며 기뻐하는 사진이 실렸다. 플라스틱 일회용품을 한 번 쓰고 버리는 'Throwaway Living' 문화를 권장하였는데, 이러한 소비문화의 변화는 현재 우리가 당면한 환경 문제를 초래한 주요 원인 중 하나라고 할 수 있다. 당시에는 편리함이라는 이점만이 부각되었지만, 간접적인 영향으로 치부되던 환경오염 문제가 이제는 인류 생존을 위협하는 직접적인 문제로 대두된 것이다.

'이해관계물'로 분류의 확장 필요

이해관계자를 자연환경, 인간이 아닌 종(種)과 같은 1차 비사회적 이해관계자와 환경 보호 단체, 동물 복지 단체와 같은 2차 비사회적 이해관계자로 구분할 수 있다. 기업과 상호작용하는 대상을 더욱 정확히 파악하기 위하여 이제는 그 대상을 이해관계자의 '자(者)'가 의미하는 사람을 넘어서야 한다. 기업의 경영 활동은 단순히 인간 사회에만 영향을 미치는 것이 아니라, 동식물 생태계, 미생물, 심지어 무생물인 자연환경에도 직접적, 간접적으로 영향을 주고받기 때문이다. 따라서 '이해관계자'라는 개념은 더 이상 '사람'에 국한되지 않고 기업 활동의 영향을 받는 모든 유무형의 '이해관계物'로 확장되어야 한다.

예를 들어, 기후 변화로 인해 과거 반도체 생산에 유리했던 동북아시아의 기온이 상승하면서 극심한 가뭄과 전력 부족이 심화될 경우, 반도체 제조에 필수적인 깨끗한 물과 안정적인 전력 공급이 어려워져 이 지역은 더 이상 반도체 제조에 적합하지 않은 환경이 될 수 있다. 실제로 기후 변화로 인한 가뭄으로 대만 산업 단지에 물 사용 제한이 시행되어 2022년 대만 TSMC의 생산에 영향을 미쳤고,[22] 2023년 베트남에서도 폭염으로 인한 전력 부족으로 해당 지역에 생산 시설을 둔 삼성전자, 폭스콘 등 글로벌 기업들의 생산에 차질이 빚어지기도 했다.[23] 이는 기온 상승이라는 자연환경 변화가 기업의 핵심 사업 활동에 직접적인 위협이 되는 사례이며, 자연환경이 기업의 중요한 이해관계물임을 보여준다.

대구에서 사과를 생산하는 기업이 가장 관심을 두어야 하는 대상은 무엇일까? 소비자를 포함한 전통적인 이해관계자도 중요하지만, 이제는 사과의 경작 가능한 지역을 경상도 이북으로 끌어올린 한반도의 온도 변화에 더욱 관심을 기울여야 한다. 기상청 자료에 따르면 지난 100년간 한반도의 평균 기온은 약 1.8°C 상승했으며, 이는 세계 평균보다 훨씬 높은 수치이다. 이러한 기후 변화는 사과 재배 적합 지역을 북상시키고 병해충 발생을 증가시키는 등 농업 생산성에 직접적인 영향을 미친다. 따라서 기업은 단순히 인간 이해관계자를 넘어선 비인간 이해관계자, 즉 자연환경과의 상호작용과 그 중요성을 인식해야 한다.

결론적으로 이해관계자를 분류하는 방식은 단순한 '내부/외부' 또는 '직접/간접'을 넘어, 기업의 활동이 미치는 영향의 범위와 시간적 특성을 고려하여 더욱 포괄적인 시각으로 접근해야 한다. 이는 기업이 지속가능한 성장을 이루기 위한 필수적인 전제 조건이 된다.

3 이해관계자 관리

기업의 입장에서 이렇게 많은 이해관계자가 존재한다는 것은 어떠한 시사점이 존재할까? 무엇보다도 기업은 복잡하게 얽힌 이해관계자 관계망 속에서 효과적인 관리를 통해 지속가능성을 확보해야 한다.

3.1. 이해관계자 관리의 의미 및 필요성

이해관계자 관리는 이해관계자의 다양한 이해를 파악하고, 분석 및 이해하여 궁극적으로 관리하는 활동을 의미한다. 이해관계자 관리 프로세스는 이해관계자를 식별 및 분석하고, 우선순위를 부여하여 이해관계자별 참여 계획을 수립하고 실행하는 활동을 포함한다.

효율적인 이해관계자 관리를 위해 기업은 어떻게 준비해야 할까? 무엇보다도 자사의 이해관계자가 누구인지에 대한 정확한 판단으로부터 시작되어야 한다. 그 이해관계자들이 지니고 있는 주요 관심사는 무엇인가? 그런 관심사가 자사에게 주는 기회 및 위협은 어떤 것이 있을까? 이런 분석을 통해 자사의 이해관계자를 위해 어떤 전략을 수립하고 실행해야 하는지 결정해야 한다.

3.2. 효과적인 이해관계자 분류: 정당성, 영향력, 시급성

앞 절에서 이해관계자는 다양한 기준으로 분류될 수 있다는 것을 파악했다. 이해관계자 관리라는 목적을 효과적으로 달성하기 위하여, 그 대상이 되는 이해관계자를 세 가지 특성에 따라 분류할 수 있다.

첫째로, 다양한 이해관계자를 정당성의 정도에 따라 분류할 수 있다. 정당성은 주장 또는 행위가 이치에 부합해 올바르고 적절하다는 것을 의미한다. 예를 들어, 기업의 탄소 배출량 감축의 중요성을 언급하며 목소리를 내는 여러 NGO가 이에 해당될 수 있다. 탄소 중립에서 한 발 더 나아가 탄소 네거티브(Carbon negative)를 외치며 새로운 형태의 보호무역주의를 초래하고 있다는 EU의 각종 정책에 대해서 자국(유럽) 산업에만 유독 유리하고 개발도상국 등 나라에는 불리한 '기울어진 운동장'이 아니냐는 얘기가 나오지만, 그 주장이 지니는 정당성에 대해서는 달리 반론을 제기하기 어렵다. 이는 이해관계자의 주장이 윤리적, 사회적 기준에 얼마나 부합하는지를 평가하는 중요한 잣대가 된다.

이해관계자를 분류하는 또 다른 기준은 영향력의 정도이다. 이 관점에서 판단했을 때 변화를 이끌어낼 수 있는 이해관계자가 주요 관심 대상으로 떠오른다. 대규모 자본을 굴리는 세계 최대 자산 운용사 '블랙록'이 대표적 예이다. 블랙록은 2025년 2분기 약 12.5조 달러의 운용 자산을 보유하며, 1만 4,000개 이상의 기업에서 고객 대신 대리 투표권을 행사하거나 투자 포트폴리오를 조정한다. 래리 핑크 회장이 매년 초 투자 기업 CEO들에게 발신하는 '연례 서한'에는 블랙록이 어떤 기업에게 투자할 것인지에 관한 힌트가 담겨 있는 셈이므로 전 세계 기업과 정부로부터 주목을 받는다. 핑크 회장은 2020년과 2021년 연례 서한에서 '기후 변화'와 '넷제로'를 강조하며 지속가능성 관련 위험이 높은 기업에게 투자를 하지 않겠다고 선언했고, 이는 전 세계적인 ESG 투자 열풍을 선도했다. 블랙록의 막강한 영향력은 국내 기업에서도 찾아볼 수 있다. LG 디스플레이는 2022년도 CDP 탄소정보공개프로젝트 기후변화 질의서(Climate Change Questionnaire) C2.2a 항목에 대한 답변에서 LG 디스플레이의 해외 주주 블랙록이 기후변화 대응의 강화 및 모니터링을 요구하고 있으며, 이를 만족시키지 못한다면 투자를 받기가 점차 어려워질 수 있음을 언급했다.[24] 이를 통해 기업들이 블랙록의 투자 방침에 민감하게 반응하고 있음을 알 수 있다. 최근 우리나라에서는 MZ세대가 사회 정책과 제도를 수립 및 개선할 때 고려해야 하는 주요 이해관계자로 부상했다. 2023년 3월에 고용노동부가 입법 예고한 '주 69시간'이라는 근로시간 개편안에 대해서 MZ세대가 반대의 목소리를 내자 윤석열 전 대통령이 특히 MZ세대의 의견을 면밀히 청취하여 법안을 재검토할 것을 지시한 사례는 MZ세대의 영향력을 뚜렷하게 보여준다.

이해관계자는 시급성의 정도에 의해서도 분류될 수 있다. 시급성은 즉각적으로 대응해야 할 필요성을 의미한다. 내일 당장 큰 태풍이 온다고 한다면, 그 태풍에 잘 대비하고 대응하는 데 많은 관심이 쏠린다. 기업이 위험한 작업을 하청업체에 맡겨 책임과 위험을 회피하려는 현상을 일컫는 '위험의 외주화' 현상과 그에 따른 중대재해처벌법의 시행을 예로 들 수 있다. 2022년 1월부터 시행된 중대재해처벌법으로 인해 사업주와 경영 책임자는 중대재해가 발생한 경우 10억 원 이하의 벌금 또는 1년 이상의 징역에 처해질 위기에 놓이게 되었다. 형사 처벌과 징벌적 손해배상 제도가 도입됨에 따라 중대재해처벌법은 대기업뿐만 아니라 중견·중소기업에게도 대응이 시급한 문제로 떠올랐다. 대한상공회의소가 수행한 '중대재해처벌법 시행 1년 기업의 대응 실태조사'에 따르면 5인 이상 기업 290개사 중 "중대재해처벌법의 내용을 이해하고 대응할 수 있다."라고 답한 기업의 비중은 61.3%로, 중대재해처벌법 시행 100일에 실시한 실태조사(30.7%)보다 두 배가량 증가했다. 안전 보건 업무 전담 부서를 조직한 기업의 비중도 일년 새 45.2%에서 75.5%로 크게 늘어난 것으로 보아[25] 기업들이 법안의 시급성을 인지하고 서둘러 대응했음을 파악할 수 있다([도표 2-5] 참고).

도표 2-5 중대재해처벌법 시행 1년간 기업 대응 현황 변화

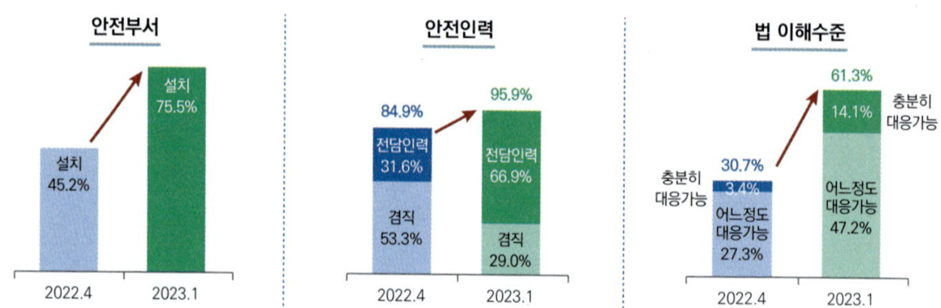

출처: 중대재해처벌법 시행 1년 기업의 대응 실태조사. 대한상공회의소. 2023.

기업이 모든 이해관계자의 요구를 동시에 충족시키는 것은 현실적으로 불가능하다. 따라서 이 세 가지 특성(정당성, 영향력, 시급성)을 모두 갖춘 이해관계자가 기업이 추구하는 이해관계자 관리에 있어서 우선순위의 대상이 될 가능성이 높다.

4 주주 자본주의와 이해관계자 자본주의

이해관계자가 기업에 대해 지니는 시사점은 무엇일까? 이해관계자의 대상 및 범위가 확장됨에 따라 기업의 책임 또한 증가함을 의미한다. 전통적으로 관심의 주요 대상이 되었던 주주뿐만 아니라 고객이나 노동자, 지역사회와 같은 다양한 이해관계자들의 이해관계도 함께 고려하는 경영을 실천해야 한다. 이런 과정을 통해 이윤 추구 활동 이외에도 법과 규정의 준수 및 윤리적 경영과 함께 다양한 이해관계자의 요구사항에 적극적으로 대응하여 사회에 긍정적 영향을 주어야 한다. 이런 관점에서 이해관계자 자본주의란 기업의 가치 창출 활동을 장기적인 관점에서 다양한 이해관계자들의 이익을 증진시키는 과정으로 정의할 수 있다.

4.1. 자본주의 발전 현황과 패러다임의 전환

기업 경영의 궁극적인 목표에 대한 논의는 자본주의의 발전과 궤를 같이하며 지속적으로 변화해 왔다. 특히 주주 자본주의와 이해관계자 자본주의는 기업의 존재 이유와 가치 창출 방식에 대한 근본적인 철학적 차이를 보여준다.

주주 자본주의는 기업의 궁극적인 목표를 주주 가치 극대화에 두는 경영 철학이다. 이는 기업이 주주들에게 가장 큰 이익을 돌려주기 위해 이윤을 최우선으로 추구해야 한다고 본다. 18세기 후반 자유방임주의(자본주의 1.0) 시장 경제에서는 아담 스미스의 '보이지 않는 손'의 역할이 강조되며 기업들은 자유로운 생산 활동을 통해 생산성을 극대화하고 이윤 추구에 집중했다. 이러한 사조는 20세기 후반 신자유주의(자본주의 3.0) 시대에 더욱 강화되었다. 세계화와 디지털 혁명 속에서 기업의 영향력이 확대되었고, 기업의 경영 활동은 효율성과 이윤 극대화에 초점을 맞추며 주주의 부를 늘리는 것이 최우선 목표로 여겨졌다. 이 시기의 기업들은 비용 절감, 생산성 향상, 시장 점유율 확대 등을 통해 단기적인 재무 성과를 높이는 데 주력했다.

하지만 이러한 주주 중심의 경영은 여러 문제점을 야기했다. 1930년대 대공황 이후, 빈부 격차 및 독점과 같은 시장 문제를 해결하기 위한 정부의 역할이 강조되는 수정적 자본주의(자본주의 2.0) 시대가 도래하며 기업의 사회적 책임에 대한 논의가 시작되었다. 더욱이 2008년 글로벌 금융 위기 이후, 단기적인 이윤 추구가 초래한 시스템적 위기가 전 세계를 강타하면서 주주 자본주의의 한계에 대한 비판이 거세졌다. 기업이 오로지 이윤 극대화에만 급급한 나머지, 노동자 착취, 환경 파괴, 지역사회와의 갈등 등 다양한 사회적 비용이 발생했다는 인식이 확산된 것이다.

이러한 배경 속에서 등장한 것이 이해관계자 자본주의다. 이해관계자 자본주의는 기업이 단순히 주주만을 위한 존재가 아니라, 기업 활동과 관련된 모든 이해관계자들(종업원, 고객, 협력사, 지역사회, 정부, 환경 등)의 이익을 균형 있게 고려해야 한다는 경영 철학이다. 2000년대 기업의 사회적 책임(CSR)이 기업 경영의 화두가 되면서 기존 시장주의와 함께 기업의 사회 공헌 활동이 진행되어야 한다고 주장하는 공생적 자본주의(자본주의 4.0)가 도래했다. 그리고 글로벌 금융 위기 이후에는 기업이 사회적, 환경적 문제를 해결하면서 동시에 경제적 가치를 창출하는 공유가치 창출 자본주의(자본주의 5.0)로 변화했고, 이는 지속가능경영이 경영의 새로운 패러다임으로 자리 잡게 하는 데 결정적인 기여를 했다.

특히 2019년 8월, 미국 주요 기업 최고경영자(CEO)들의 모임인 비즈니스 라운드테이블(Business Roundtable)은 "기업의 목적에 대한 성명(Statement on the Purpose of a Corporation)"을 발표하며 주주 자본주의에서 이해관계자 자본주의로의 전환을 선언했다. 당시 제프 베이조스(아마존), 팀 쿡(애플), 제이미 다이먼(JP 모건체이스) 등 181명의 미국 대기업 CEO들이 이 선언에 동참했다. CEO들은 기업의 목적이 더 이상 주주의 이익 극대화만을 위한 것이 아니라, 고객에게 가치를 제공하고, 직원에게 투자하며, 협력업체와 공정하고 윤리적으로 거래하고, 지역사회를 지원하며, 환경을 보호하는 등 모든 이해관계자를 위한 가치 창출에 있음을 명시했다. 이 선언은 기업 경영의 패러다임이 주주 중심에서 이해관계자 중심으로 변화하고 있음을 보여주는 중요한 시사점을 가진다. 비록 강제성은 없지만, 미국 주요 기업 리더들이 기업의 사회적 책임을 명시적으로 인정한 것은 전 세계 기업들에게 큰 영향을 미쳤다.

자본주의의 발전은 기존 체제의 문제를 해결하고 기업과 사회 사이에서 균형을 찾기 위한 지속적인 노력의 과정으로 파악할 수 있다. 자본주의 발전 과정에 따라 기업이 고려해야 할 주요 이해관계자의 범위 또한 변화해왔다. 현재는 기업이 주주뿐만 아니라 지역사회, 고객, 종업원 등의 이해관계자를 고려하는 경영 활동을 통해 가치를 창출할 것을 주장하는 이해관계자 자본주의 시대에 도달했다.

4.2. 이해관계자와 지속가능경영

기업 활동에서 다양한 이해관계자를 고려하고 관리하는 것은 쉽지 않다. 기업이 경영상 고려해야 할 내·외부 이해관계자들의 이해관계에는 명확한 차이가 있고, 이들 간의 갈등은 지속적으로 발생하기 때문이다. 기업이 이러한 이해관계에 전략적으로 대응하지 못한다면 경제적 이익 극대화는 물론 지속가능성을 달성하기 어려울 것이다.

이러한 배경 속에서 이해관계자 자본주의가 대두하는 이유를 설명할 수 있다. 주주 자본주의와 이해관계자 자본주의는 기업의 존재 이유와 가치 창출 방식에 대한 근본적인 철학적 차이를 보이는데, 주주가 항상 이해관계자이기는 하나 이해관계자의 범위는 주주만으로 한정되지 않는다. 과거 주주 이익 극대화 과정에서 다른 이해관계자가 피해를 보고 있다는 암묵적 동의가 오랫동안 지배했기에, 주주 중심주의가 아닌 이해관계자 자본주의가 각광받는 것이다.

따라서 기업은 지속가능성 확보를 위해 이해관계자 자본주의 관점에서 다양한 이해관계에 대응하고 협력 관계를 구축할 수 있는 전략을 수립해야 한다. 이를 경영 프로세스 전반에 반영하는 것이 더욱 중요해지고 있다. 기업이 거대화되고 환경과 사회에 대한 영향력이 증가함에 따라 이해관계자들은 기업에게 과거에 비해 훨씬 높은 수준의 사회적, 환경적 책임을 요구하고 있다. 이에 기업은 단순히 기부와 같은 소극적 활동 방식을 넘어 생물다양성 보존, 공급망 관리, 고객 인권 및 조직 내 다양성 확보와 같은 이슈를 전략적 측면의 활동으로 연결하여 기업의 책임을 이행해야 한다.

결론 및 요약

본 장에서는 기업의 지속가능성을 이해하는 핵심적인 관점인 이해관계자에 대해 깊이 있게 살펴보았다. 기업은 단순히 경제적인 주체가 아니라, 사회와 끊임없이 상호작용하며 존재하는 복합적인 유기체이다. 사회적 계약, 경제학, 경영학 등 다양한 학문 분야에서 기업을 정의하는 방식은 기업의 역할이 시대에 따라 진화해왔음을 명확히 보여준다. 특히, 거시경제 환경의 변화(인구통계, 기술, 법률/제도, 사회적 가치)는 기업 경영에 직접적인 영향을 미치며, 기업은 이러한 변화에 적응하며 생존해야 한다. 이러한 변화의 중심에는 '행동 주체'인 이해관계자들이 있다. 이해관계자는 기업에 대해 관심을 가지고 기업 활동에 영향을 미치거나 영향을 받는 모든 개인 또는 그룹을 의미하며, 주주, 종업원, 고객, 협력사, 지역사회, 정부, 미디어, 경쟁자, 시민 사회 단체, 투자 기관, 학계 및 연구기관, 나아가 미래 세대와 비인간 이해관계자(자연환경 등)까지 그 범위가 확장되고 있다.

이해관계자 개념은 전통적인 생산 관점에서 경영관리적 관점으로, 그리고 오늘날의 이해관계자 관점으로 진화해왔다. 이는 기업이 단순히 이윤 극대화를 넘어, 다양한 이해관계자들의 가치를 균형 있게 고려해야 한다는 인식이 확산되었음을 의미한다. 특히, 1차 및 2차 이해관계자의 구분이 모호해지고 간접적인 영향의 중요성이 증대되면서, 기업은 모든 이해관계자의 요구를 동시에 충족시키기 어렵다는 현실에 직면한다. 이에 따라 정당성, 영향력, 시급성이라는 세 가지 특성을 기준으로 이해관계자의 우선순위를 설정하고 효과적으로 관리하는 것이 중요해졌다.

궁극적으로 기업은 이러한 이해관계자들의 다양한 이해를 파악하고 관리함으로써 지속가능성을 확보해야 한다. 이해관계자 자본주의는 기업의 가치 창출 활동이 장기적인 관점에서 모든 이해관계자의 이익을 증진시키는 과정이어야 함을 강조한다. 이는 자본주의 발전의 역사적 흐름 속에서 기업이 사회적 책임을 더욱 적극적으로 이행하고, 환경 보호, 사회적 공정성, 윤리적 경영 등 비재무적 가치를 기업 활동의 핵심에 두어야 함을 시사한다. 기업의 거대화와 사회적 영향력 증대에 따라 이해관계자들은 기업에게 더 높은 수준의 책임을 요구하고 있으며, 기업은 이러한 요구에 유연하게 대응함으로써 장기적인 경쟁 우위와 지속가능한 성장을 확보할 수 있을 것이다.

본 장의 논의를 바탕으로 다음 장부터는 ESG를 정확히 이해하고 실행하는 방안을 논의하고 구체적인 사례를 함께 제시한다.

PART 02

ESG의 이해와 실행

제 3 장

ESG: 본질에 대한 이해

한국 양궁, 세계 최강을 지탱하는 '절차적 공정성'

현존하는 스포츠 종목 중 한국이 가장 잘하는 것을 꼽으라면 단연 양궁일 것이다. 한국 양궁은 각종 세계 대회와 올림픽에서 놀라운 성적을 거두며 그 위상을 확고히 하고 있다. 역대 올림픽 양궁에서 총 50개의 메달(금 32개, 은 10개, 동 8개)을 획득하며 최다 메달 국가이자 압도적인 세계 1위를 기록 중이다. 특히 2020 도쿄 올림픽에 이어 2024 파리 올림픽에서도 5개 전 종목을 석권하며 금메달 5개, 은메달 1개, 동메달 1개로 양궁 종목에서 최종 메달 순위 1위에 올랐다. 아시안게임에서도 압도적인 메달을 수확하며 그 저력을 과시했다. 그렇다면 한국 양궁이 이처럼 세계 1위 경쟁력을 지속적으로 유지할 수 있는 이유는 무엇일까? 우리 선수들이 사용하는 활이나 활대가 특별한가? 아니면 우리 민족에게 활을 잘 쏘는 DNA라도 있는 것일까? 혹은 양궁이라는 스포츠가 한국 선수의 체형에 가장 적합한 것일까? 어느 설명도 설득력이 높지 않다. 한국 양궁 선수들이 탁월한 성과를 거둔 이유는 놀랍도록 단순하다. 바로 선수 선발 절차의 '투명성'에 그 비밀이 있다. 한국의 양궁 국가대표로 뽑히는 것이 세계대회 우승이나 올림픽 금메달 획득보다 더 어렵다는 것이 정설로 통한다. 양궁 국가대표 선발전은 여러 단계에 걸쳐 진행된다. 1차 선발전에서는 남녀 각각 약 100여 명이 참가해 상위 64명을 가려내고, 2차 선발전에서는 남녀 각각 20명을 최종 선발한다. 이후 3차 선발전을 통해 남녀 각각 8명이 국가대표로 확정되고, 추가로 올림픽 출전권을 따내기 위한 두 차례의 평가전을 거쳐 남녀 각각 3명씩만 올림픽 경기에 출전할 자격을 얻는다. 이 과정은 약 7개월간 진행되며, 최종 발탁된 선수들이 선발 과정에서 쏘는 화살은 수천 발에 달하는 것으로 알려져 있다.[1] 이러한 선발 과정의 투명성과 공정성은 '제로베이스' 원칙을 통해 더욱 강화된다. 예를 들어, 김제덕 선수는 2020 도쿄 올림픽 선발전에서 어깨 부상으로 탈락했지만, 코로나19 사태로 올림픽이 1년 연기되면서 다시 선발전에 참가할 기회를 얻었다. 올림픽이 연기되었기 때문에, 올림픽이 열리는 해에 최고의 경기력을 가진 선수가 출전해야 한다고 판단한 대한양궁협회는 기존의 선발자 명단을 철회하고 제로베이스에서 선수 선발을 새롭게 진행한 것이다. 그러한 절차를 통해 다시 선발된 김제덕 선수는 2020 도쿄 올림픽 양궁 국가대표로 발탁되었을 뿐만 아니라 올림픽 2관왕을 거머쥐는 쾌거를 이루었다.[2] 베테랑 선수들도 예외 없이 '제로베이스' 선발전을 통해 국가대표에 재도전해야 하기에 기보배(런던 금, 리우 동), 장혜진(리우 금) 등 올림픽 금메달리스트들 또한 국가대표 선발전에서 떨어지는 일이 부지기수이다.[3] 이처럼 대한양궁협회는 선수 선발 등을 투명하게 운영하여 실력 지상주의 원칙을 고수하고 있으며, 이는 한국이 양궁 강국으로서의 위상을 지속적으로 유지할 핵심적인 동력이다. 이러한 과정의 공정성은 단순히 우수한 선수를 발굴하는 것을 넘어, 한국 양궁이 지속적으로 세계 정상을 지킬 수 있는 근간이 되는 '절차적 공정성'의 모범 사례로 평가된다.

장 목차

- 서론
- 사전 토론 사항
- 주요 목차
  1. 기업 성과와 지속가능성
  2. 기업 경영 '과정'에 대한 관심 증대
  3. ESG의 본질 및 특징
  4. ESG의 활용
- 결론 및 요약

서론

오늘날 기업들은 끊임없이 변화하는 경영 환경에 직면하고 있으며, 특히 코로나19 팬데믹은 전례 없는 충격과 함께 기업의 지속가능성에 대한 근본적인 질문을 던졌다. 갑작스러운 봉쇄 조치, 사회적 거리두기, 그리고 소비자 행동의 급격한 변화는 많은 기업에게 존폐의 위기를 가져왔지만, 동시에 디지털 전환과 사업 모델 혁신을 통해 새로운 기회를 포착한 기업들도 있었다. 하지만 위기 상황 속에서 일부 기업이 보여준 사회적 책임 결여, 노동 환경 문제 등은 단기적인 이윤 추구가 장기적인 성장을 보장하지 못한다는 사실을 명확히 보여주었다.

기업의 진정한 가치를 평가하기 위해서는 전통적인 매출, 이익과 같은 재무적 지표를 넘어, 환경(Environmental), 사회(Social), 지배구조(Governance)를 아우르는 비재무적 성과를 종합적으로 고려해야 한다. 즉 기업의 경영 활동이 얼마나 윤리적이고 공정한 절차를 거쳤는지, 그리고 사회적 정당성을 확보했는지에 대한 깊은 성찰을 요구한다. 재무적 견고함과 비재무적 책임감의 균형이야말로 기업이 예측 불가능한 미래에도 흔들림 없이 성장할 수 있는 핵심 경쟁력이다. 본 장에서는 이러한 관점에서 기업의 성과와 지속가능성을 다각도로 분석하며, 왜 이제 ESG가 선택이 아닌 필수 경영 요소가 되었는지 논의한다.

사전 토론 사항

- 코로나19와 같은 대형 위기 상황에서 기업의 단기적 재무 성과와 사회적 책임 중 어느 것이 더 중요한가?
- 단기적으로는 뛰어난 재무 성과를 냈지만, 동시에 노동 환경 논란에 휩싸인 기업의 지속가능성은 어떠한가?
- 절차적 공정성 및 사회적 정당성과 기업의 지속가능성은 어떤 관계를 가지고 있나?

1 기업 성과와 지속가능성

기업들은 여러 가지 경영 환경 변화에 노출되어 있다. 코로나바이러스감염증(코로나19) 사태는 가장 대표적이고 광범위한 영향을 미친 변수로 꼽힌다. 2019년 12월 중국 우한시에서 원인 불명의 폐렴 발병으로 시작된 코로나19는 전 세계적으로 빠르게 확산되어, 2020년 3월 세계보건기구(WHO)는 발생 3개월 만에 최고 경보 단계인 '팬데믹'을 선언했다. 코로나19 사태는 우리 일상생활에 수많은 변화를 초래했을 뿐만 아니라, 전 세계적으로 막대한 인명 피해를 발생시켰다. 2025년 4월 13일 기준으로 전 세계 사망자는 700만 명을 넘어섰고, 국내에서도 2023년 8월까지 35,605명의 사망자가 발생했다.[4]

이러한 인명 피해와 함께 코로나19 사태는 세계 경제를 위축시켰다. 미국, 유럽연합 등 세계 각국이 비상사태를 선포하고 국경 봉쇄 조치를 시행함에 따라 2020년 2/4분기 세계 교역량은 전년 동기 대비 14%, 거래액은 21% 급감했다([도표 3-1] 참고).[5] 그 결과, 2020년 세계 경제성장률은 전년(2.6%) 대비

도표 3-1 코로나19로 인한 상품 거래량 및 거래액 감소

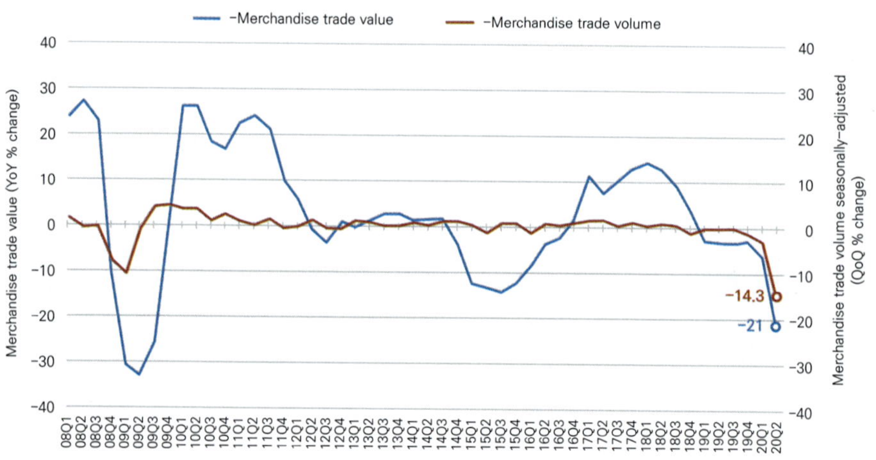

출처: World merchandise trade fell 14% in volume, 21% in value in Q2 amid global lockdown. The World Trade Organization. 2020.

5.7% 하락한 -3.1%를 기록했다.[6] 갑작스러운 봉쇄 조치, 사회적 거리두기, 재택근무 확산 등은 기업의 생산, 유통, 소비 전반에 걸쳐 예상치 못한 혼란을 야기했다. 공급망은 마비되고, 오프라인 기반 산업은 존폐 위기에 놓였으며, 소비자 행동은 비대면 중심으로 급격히 전환되었다. 이러한 전례 없는 변화의 빠른 속도와 큰 규모는 많은 기업이 생존을 위해 디지털 전환과 사업 모델 혁신에 나서도록 했으며, 위기 관리와 불확실성 대비의 중요성을 다시금 일깨우는 계기가 되었다.

전대미문의 '사회적 거리두기(social distancing)'는 감염병 확산을 최소화하기 위해 개인 및 집단 간의 접촉을 감소시키는 공중보건 조치로, 국내에서는 4단계로 세분화되어 시행되었다. 사회적 거리두기 시행은 기업들에게 큰 영향을 주었다. 영업시간의 단축, 소비 활동의 위축, 이동 제한 등은 대다수의 기업들에게 부정적 영향을 초래하였다. 주가수익률은 거의 모든 산업에서 마이너스를 기록하게 되었다([도표 3-2] 참고).[7] 한국의 경우에도 예외가 아니었다. 특히 소상공인이 체감하는 피해는 치명적이었다. 대학가 근처의 각종 상권은 학생들이 온라인 수업으로 등교하지 않는 상황에서 재생 불능의 어려움을 겪기도 하였다. 한국부동산원 통계에 따르면 2022년 4분기 기준 주요 대학 상권의 소규모, 중대형 및 집합상가의 공실률은 서울 평균 수치를 뛰어넘는 경우가 많았다. 예를 들어, 2022년 4분기 서울 평균 소규모 상가 공실률은 6.2%였으나, 홍익대·합정 상권의 공실률은 10.9%, 숙명여대는 10.5%, 신촌·이화여대는 9.0%의 공실률을 기록했다.[8] 지방 대학 상권이 받은 영향은 더욱 심각하다. 2022년 4분기 전국 평균 중대형 상가 공실률이 13.2%인 데 반해 전남대 상권은 30.6%, 울산대는 30.2%, 계명대는 25.1% 등 높은 공실률을 보였다.[9]

도표 3-2 COVID-19 발생 3개월간 섹터별 주식 수익률

Sector	Stock return
Sector 11: Agriculture, Forestry, Fishing and Hunting	-13.7%
Sector 21: Mining, Quarrying, and Oil and Gas Extraction	-53.4%
Sector 22: Utilities	-17.0%
Sector 23: Construction	-32.4%
Sector 31-33: Manufacturing	-15.3%
Sector 42: Wholesale Trade	-27.9%
Sector 44-45: Retail Trade	-31.3%
Sector 48-49: Transportation and Warehousing	-37.0%
Sector 51: Information	-17.4%
Sector 52: Finance and Insurance	-32.9%
Sector 53: Real Estate and Rental and Leasing	-34.3%
Sector 54: Professional, Scientific, and Technical Services	-24.8%
Sector 56: Administrative, Support and Waste Management	-35.6%
Sector 61: Educational Services	-29.5%
Sector 62: Health Care and Social Assistance	-14.9%
Sector 71: Arts, Entertainment, and Recreation	-45.2%
Sector 72: Accommodation and Food Services	-45.7%
Sector 81: Other Services (except Public Administration)	-33.6%
Total	-25.6%

출처: COVID-19 and the effects of social distancing on the economy. CEPR. 2020.

하지만 모든 경영 환경이 그러하듯이, 코로나19 사태도 특정 기업에게는 위협이 아니라 기회로 다가왔다. '코로나 수혜주'로 분류되는 아마존의 경우, 코로나 발생 직후인 2020년 1월부터 2021년 1월까지의 기간 동안 주가가 오히려 76% 급증했다.[10] 사회적 거리두기가 일상화되는 과정에서 택배에 대한 수요 급증이 아마존과 같은 비즈니스 모델을 가진 기업에게 유리하게 작용했기 때문이다. 실제로 코로나19 직후에 아마존의 매출액, 당기순이익 등은 오히려 급증하였다. 아마존의 2020년 매출액은 $3,861억에 달하며 전년 대비 약 38% 증가했다.[11] 매출 성장의 주요 근거로는 유료 구독 서비스 '아마존프라임'이 꼽힌다. 2020년 아마존프라임 이용자 수는 전년 대비 33% 성장하여 2억 명을 돌파했다.[12] 한국은 택배 서비스의 급증으로 인해 택배사가 수혜를 받았다. 2021년 상반기 국내 경제활동인구(2,856만 8,000명) 1인당 택배 이용 횟수는 61.7회로, 2019년 상반기에 비해 15.2회나 증가했다. 이로 인해 택배

물동량이 2년 전에 비해 31.9% 상승했고,[13] 같은 기간 CJ대한통운과 한진택배의 매출액은 각각 9.5%, 17.4% 급증했다([도표 3-3] 참고).[14]

도표 3-3 2021년 상반기 택배물동량

택배 물동량	2019년 상반기	2020년 상반기	2021년 상반기	19년 대비 증감률
전체 택배 물동량	13억 3700만개	16억 800만개	17억 6400만개	4억 2700만개 (31.9% ↑)
CJ대한통운	6억 2700만개	8억 1000만개	8억 6500만개	2억 3800만개 (38.0% ↑)
전체대비 CJ대한통운 물량률	(46.9%)	(50.7%)	(49.0%)	-

출처: 원출처(한국통합물류협회 및 CJ대한통운 자료실), 2차 출처('C-쇼크'에 택배물량 2년 새 4억 2700만 상자↑…CJ대한통운, 38% 껑충. 아시아타임즈. 2021.)

한편 아마존은 코로나19로 인한 수혜도 입었으나, 2020년 같은 해 방역을 소홀히 한 결과 뉴욕의 배송 창고 근무자를 비롯한 아마존 종업원들의 사망 사례가 보도되었고 코로나19에 감염 및 사망한 종업원 수를 은폐하여 논란이 일었다.[15] 또한, 아마존은 시간당 2달러로 지급하던 코로나19 위험수당 및 방역을 위해 도입한 무급 휴가 제도를 폐지했다. 이에 대해 종업원들은 '이윤 위에 사람 있다(People Over Profit)' 등의 현수막을 들고 아마존 최고경영자(CEO) 제프 베이조스(Jeff Bezos)의 집 앞에서 집회를 벌여 근로 여건의 개선을 촉구했다.[16] 이에 더해 목소리를 낸 직원들이 부당해고를 당했다는 의혹까지 제기되며 더욱 거센 비난을 받았다.[17]

최근 국내 사례로는 쿠팡이 있다. 쿠팡은 멤버십 가격 인상에도 매출과 가입자 수가 모두 늘어나며 흑자 전환과 고성장을 이어갔다. 하지만 노동 현장에서는 반복적인 사망사건, 고강도 야간 노동, 계약직 중심의 불안정한 고용, 제대로 보장되지 않는 휴식 등 심각한 근로환경 문제가 쌓였다. 결국 이러한 논란이 커지며 2025년 국회 청문회까지 열렸고, 쿠팡 경영진뿐 아니라 사회 전반에 노동환경 개선 요구가 집중적으로 제기됐다.[18] 이런 정보에 근거해서 판단했을 때, 아마존과 쿠팡은 '지속가능한' 기업인가를 다시 한번 생각해볼 필요가 있을 것이다.

1.1. 기업 성과의 분류

성과(Performance)는 기업의 경쟁력을 논의할 때 가장 빈번하게 등장하는 단어 중 하나이다. 전략을 수립할 때 구체적인 성과를 목표치로 설정하고, 전략을 실행한 이후에는 사전에 기대했던 성과가 달성됐는지 여부를 통해 기업 경쟁력이 유지 혹은 창출됐는지를 판단하기 때문이다. 뿐만 아니라 주요 성과지표(KPI: Key Performance Indicator)를 통해 사업부별, 팀별, 개인별 역할 및 책임이 주어지고, 그에 따라 자원이 배분되며, 궁극적으로 각종 인센티브도 제공된다.

기업의 성과를 논의할 때 재무성과와 비재무성과가 같이 등장하기 때문에, 두 성과의 차이에 대해 자세히 살펴볼 필요가 있다. 재무성과(Financial Performance)는 기업의 지속가능성을 재무적 관점에서 판단하는 것이다. 대표적인 재무성과는 매출액, 영업이익, 총자산 등이 있다. 재무성과는 주로 손익계산서나 재무상태표에서 다루는 수치로서 기업의 지속가능성을 판단할 때 사용할 수 있다. 예를 들어 매출액 증가율은 기업의 당기 매출액이 전기 매출액 대비 얼마나 증가했는지를 나타내는 지표로서, 기업의 외형 성장이 양호하기 때문에 지속가능성이 높다고 판단할 수 있기 때문이다. 포춘(Fortune)지에서 매년 8월에 발표하는 'Fortune Global 500'은 전 세계 기업 중에서 매출액 기준으로 판단한 상위 500대 기업이다. 2024년 기준, 삼성전자, 현대자동차 등 총 15개의 한국기업이 이름을 올렸다.[19] 이 밖에도 포춘(Fortune)지에서는 주가수익률(EPS), 총주주수익률(TSR)과 같은 각종 재무성과의 성장률 등을 통해 재무적으로 탁월한 성과를 달성한 기업들의 리스트를 제공하고 있다. 이런 리스트에 이름을 올린 기업들에 대해서 일반인들은 그 기업들이 지속가능성이 높을 것이라고 판단하게 된다. 기업이 경영 활동을 계속하기 위해서는 일정 수준 이상의 재무성과가 필수적이기 때문이다.

하지만 재무성과가 기업의 지속가능성을 판단할 수 있는 유일한 지표는 아니다. 재무성과가 아닌 비재무성과(Non-financial Performance) 역시 기업의 지속가능성을 판단할 때 필요한 지표이다. 비재무성과는 재무적 요소를 통해 드러나지 않는 기업의 성과를 의미한다. 노동 관행, 제품 책임, 환경영향 등의 비재무성과는 재무성과보다 더욱 포괄적이며 종합적인 개념으로서, 이해관계자들이 관심을 보이는 여러 기준에 의하여 측정될 수 있다. 포춘(Fortune)지에서 발표하고 있는 '가장 존경받는 기업(World's Most Admired Companies)', '일하기 좋은 기업(Best Companies to Work For)', '세상을 바꾸는 혁신기업(Change the World)' 등이 그 예이다. 2025년 기준, 가장 존경받는 기업(World's Most Admired Companies) 1위는 미국의 애플이 차지했다([도표 3-4] 참고).[20] 이러한 비재무적 성과는 기업의 사회적 책임(CSR)이나 ESG 경영과 밀접하게 연결되어 있으며, 장기적인 관점에서 기업의 명성, 브랜드 가치, 인재 유치, 규제 리스크 관리 등에 중요한 영향을 미친다.

이런 관점에서 아마존이라는 기업의 지속가능성은 어떠한가? 재무성과와 비재무성과 중에서 어느 종류의 성과에 초점을 맞추느냐 여부에 따라 다른 결론에 도달할 수 있다. 기업의 진정한 지속가능성은 이 두 가지 성과를 균형 있게 평가할 때 비로소 판단할 수 있다.

도표 3-4 포춘지 선정 2025년 가장 존경받는 기업

World's Most Admired Companies Ranking (2025)

순위	기업	순위	기업
1	Apple	6	Costco Wholesale
2	Microsoft	7	JPMorgan Chase
3	Amazon	8	Walmart
4	Nvidia	9	Alphabet
5	Berkshire Hathaway	10	American Express

출처: World's Most Admired Companies Ranking (2025). Fortune. 2025.

1.2. 지속가능성 판단, 재무성과와 비재무성과는 상호 보완적 관계

"특정 기업의 지속가능성을 논의할 때, 그 기업의 재무성과와 비재무성과 중 어느 것이 더욱 중요한 판단의 근거가 되어야 하는가?"라는 질문은 단순한 이분법적 사고에 갇힌 어리석은 질문에 불과하다. 기업의 지속가능성은 재무적 견고함과 비재무적 책임감이 상호 보완적으로 작용할 때 비로소 확보될 수 있기 때문이다.

기업의 본질적인 존재 이유는 이윤 창출이며, 재무성과는 기업 생존의 필수 조건이다. 재무성과가 좋지 않은 기업의 지속가능성은 낮을 수밖에 없다. 2024년 3분기 기준으로 한국 상장사 중 약 19.5%가 한계기업으로 분류된 것으로 나타났다. 이는 약 5곳 중 1곳에 해당하는 비율이다. 이 비율은 2016년 7.2%에 비해 2.7배 증가한 수치이며, 주요국 중 미국(25.0%)에 이어 두 번째로 높은 수준이다. 특히 코스닥 상장사의 한계기업 비중은 23.7%로, 코스피 상장사(10.9%)보다 훨씬 높은 것으로 나타나 중소기업의 어려움이 더욱 큰 것으로 해석된다([도표 3-5] 참고).[21] '한계기업'은 일반적으로 3년 연속으로 영업이익이 이자비용을 감당하지 못해 이자보상배율이 1 미만인 기업을 의미한다. 이러한 기업들은 사업 활동으로 벌어들인 돈으로 이자조차 갚지 못하는 상황에 처해 있음을 시사한다.

도표 3-5 주요국 상장사 한계기업 비중

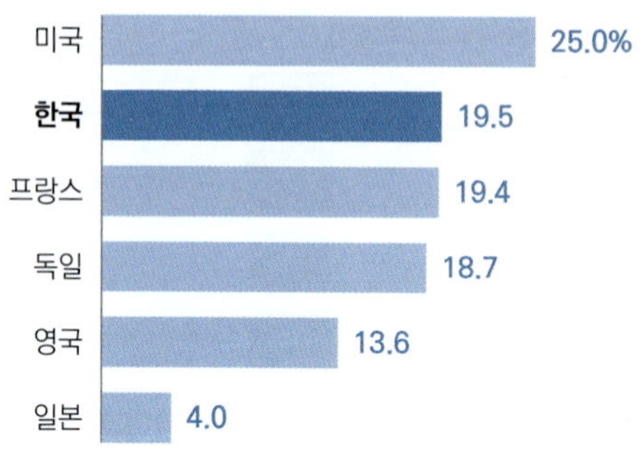

출처: 원출처(한국경제인협회), 2차 출처([그래픽] 주요국 상장사 한계기업 비중. 연합뉴스. 2025.)

따라서 일정 수준 이상의 재무성과 창출은 기업이 지속적으로 존재하기 위한 가장 기본적인 전제 조건이다. 하지만 뛰어난 재무성과를 달성했더라도, 폐수 불법 방류, 임직원 대상 갑질, 협력업체에 대한 불공정 거래 등 비윤리적인 행위를 반복하는 기업이 과연 지속 가능할까? 대부분의 기업은 단발성 이윤 창출을 넘어, 지속적인 재투자 및 경영 활동을 통해 '계속기업(going concern)'으로 성장하기를 목표로 한다. 계속기업이란 기업이 가까운 미래에 해산하거나 사업 활동을 중단할 의도가 없으며, 그렇게 할 필요도 없다는 전제하에 재무제표가 작성되어야 한다는 회계 원칙을 의미한다. 각종 악행을 일삼는 기업은 아무리 재무성과가 뛰어나더라도 결국 브랜드 이미지 손상, 소비자 불매운동, 법적 제재, 인재 유출 등으로 이어져 장기적인 재무성과에도 치명적인 악영향을 미치게 된다. 이는 곧 기업의 지속가능성을 위협하는 요인이다.

특정 기업의 지속가능성을 종합적으로 판단하기 위해서는 다음과 같은 두 단계의 절차를 거쳐야 한다. 첫 번째 단계에서는 해당 기업이 수행한 경영 활동의 '결과', 즉 재무성과에 초점을 맞추어야 한다. 일정 수준 이상의 재무성과를 달성하지 못한 기업은 앞서 언급했듯이 '한계기업'에 불과하며, 외부 환경 변화에 취약하고 새로운 투자를 단행하기 어려워 생존 자체를 위협받을 수 있기 때문이다. 이 단계에서는 기업의 수익성, 안정성, 성장성 등을 종합적으로 분석하여 기본적인 재무적 기반이 튼튼한지 확인해야 한다. 두 번째 단계에서는 일정 수준 이상의 재무성과를 달성한 기업이 수행한 경영 활동의 '과정'을 비재무성과 측면에서 검토해야 한다. 단순히 이윤만을 추구하는 것을 넘어, 사회적 책임과 윤리적 가치를 얼마나 충실히 이행했는지, 즉 ESG 경영 관점에서 얼마나 건전한 활동을 펼쳤는지를 평가하는 과정이다. 이는 기업이 재무성과라는 결과를 달성하는 과정에서 그 경영 활동의 민낯이 어떠했는지 살펴보는 것을 의미한다.

이러한 비재무적 측면은 기업의 장기적인 가치를 창출하고 사회적 신뢰를 구축하는 데 필수적인 요소이다. 예를 들어, 친환경 경영 노력, 공정한 노동 관행 준수, 투명한 지배구조 확립 등은 기업의 평판을 높이고, 우수 인재를 유치하며, 투자자들에게 긍정적인 신호를 제공하여 궁극적으로 지속적인 성장을 가능하게 한다.

결론적으로, 기업의 지속가능성은 재무성과와 비재무성과 중 어느 하나만을 강조해서는 제대로 평가할 수 없다. 두 가지 요소를 균형 있게 고려하고 상호 보완적인 관점에서 접근할 때 비로소 기업의 진정한 지속가능성을 판단할 수 있다.

2 기업 경영 '과정'에 대한 관심 증대: 정보 수요와 공급의 변화

최근 지속가능성을 좀 더 포괄적으로 판단하기 위하여 비재무성과에 대한 관심이 커지고 있다. 이는 기업 경영의 '과정'에 대한 관심이 증대하고 있음을 의미하며, 이러한 변화는 크게 두 가지 이유, 즉 정보 수요의 증가와 정보 공급의 증가 때문이다.

2.1. 기업 경영 활동 정보에 대한 '수요' 증가

과거에 비해 기업의 경영 활동 범위는 더욱 확대되었다. 이는 기업들이 전 세계적으로 사업을 확장하고 다양한 분야로 진출하는 경향이 뚜렷해졌기 때문이다. 기업들은 이제 제품이나 서비스를 생산하고 판매하는 것을 넘어, 원자재를 조달하고 제조 시설을 운영하며 판매망을 구축하는 등 여러 국가에서 광범위한 활동을 수행한다. 예를 들어, 마이크로소프트는 2024 회계연도 기준 전체 매출 약 2,451억 2,200만 달러 중 미국 이외의 매출이 49.13%를 차지하고 있다.[22] 2024년 기준 SK하이닉스는 연간 매출 66조 1,930억 원을 기록하며 약 97%에 달하는 해외 매출 비중으로 국내 주요 대기업 중 가장 높은 수준을 보였다([도표 3-6] 참고).[23] 삼성전자 역시 같은 기간 전체 매출 약 300조 9천억 원 중 약 87%가 해외에서 발생하여 높은 해외 의존도를 나타냈다([도표 3-7] 참고).[24]

도표 3-6 SK그룹 주요 계열사 2024년 해외 매출 비중

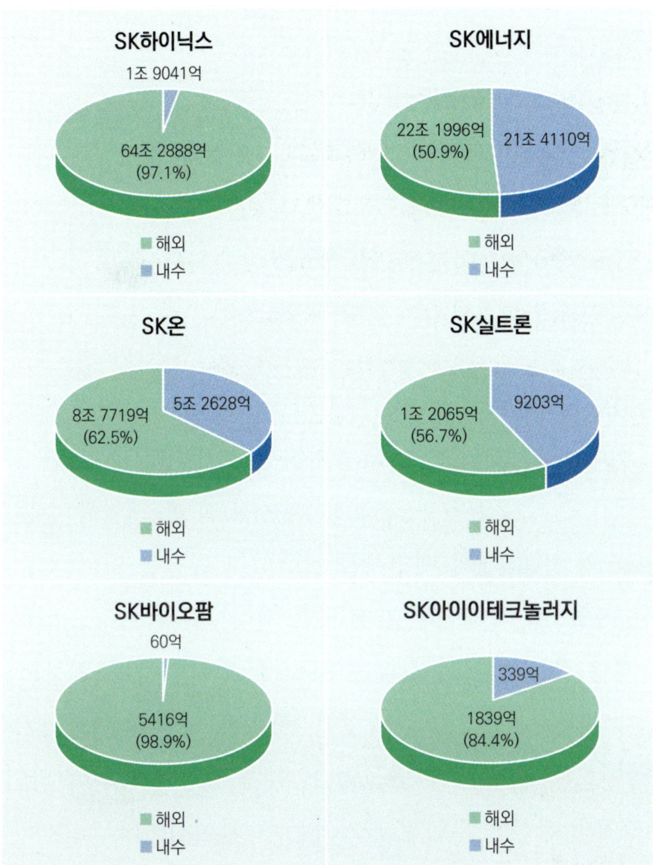

출처: 원출처(금융감독원 전자공시시스템), 2차 출처([일흔둘 SK] ③ '인사이트와 투자' 앞세워 글로벌 그룹 우뚝. 데이터뉴스. 2025.)

도표 3-7 삼성전자의 해외 매출 추이

지역별 매출[1]		2022년	2023년	2024년
[지역별 매출(절대값)]				
미주	조 원	119.0	92.1	118.8
아시아 · 아프리카[2]	조 원	84.3	73.1	92.1
유럽	조 원	50.3	48.1	50.1
한국	조 원	48.7	45.6	39.8

[지역별 매출(비율)]				
미주	%	39	35	39
아시아·아프리카	%	28	28	31
유럽	%	17	19	17
한국	%	16	18	13

1) 순매출액 기준

2) 2024년 보고서부터 아시아·아프리카에 중국도 합산

출처: 삼성전자 지속가능경영보고서 2025. 삼성전자. 2025.

또한, 기업들은 관련 및 비관련 다각화를 꾸준히 추구하며 사업 영역을 넓히고 있다. 이에 따라 계열사 수도 증가하는 추세이다. 2025년 상반기 기준 국내 92개 대규모 기업집단(자산총액 5조 원 이상)의 총 계열사 수는 3,301개이다. 이는 평균 약 35.88개의 계열사를 보유하고 있음을 의미한다. 특히 SK의 계열사 수는 198개로, 국내에서 가장 많은 계열사를 거느리고 있다.[25]

이러한 경영 활동 범위의 확대는 구매자, 협력업체, 지역사회의 주체 등 더욱 많은 이해관계자들이 특정 기업이 '좋은지' 여부를 파악하기 위해 경영 활동의 과정에도 관심을 두게 만들었다. 이는 경영 활동의 결과인 재무성과에 주로 투자자만 관심을 두었던 과거와는 큰 차이점이다.

2.2. 기업 경영 활동 정보에 대한 '공급' 증가

기업 경영의 '과정'에 대한 관심이 커지는 또 다른 이유는 관련 정보의 공급이 증가하고 있기 때문이다. 과거에는 기업 내부인과 외부인 사이에 정보 비대칭성(information asymmetry)이 존재하여 외부 이해관계자가 기업에 대한 상세한 정보를 파악하기 어려웠다. 재무성과의 경우 손익계산서 등을 통해 공시되기 때문에 정보 비대칭성이 거의 존재하지 않는 반면, 비재무성과와 관련된 정보 공시는 제한적이었다. 그 결과 기업은 자사에 유리하거나 불리한 정보를 선별적으로 공개하거나 은폐하는 것이 가능했다.

그러나 IT 기술과 대중매체의 발달로 기업의 경영 활동에 관한 정보, 특히 비재무성과와 관련된 정보가 시간, 장소, 방식 등에 제한을 받지 않고 이해관계자들 사이에서 여과 없이 실시간으로 공유되고 있다. 2014년 12월에 발생한 '땅콩회항' 사태는 그 대표적인 예이다. 당시 대한항공 부사장이 마카다미아 넛 제공 방식에 불만을 품고 항공기를 회항시킨 사건이 세상에 알려졌고, 이후 대한항공이 사건 무마를 위해 피해자들에게 거짓 진술을 강요한 사실이 드러나면서 국민적 분노는 더욱 커졌다. 이는 패러디와 대한항공 불매운동으로 이어졌다.[26] 반대로 선행의 사례가 공유되는 경우 시민들의 '돈쭐' 운동이 이어지기도 한다. 대표적으로 2021년 2월, 어려운 형제에게 치킨을 무료로 제공한 한 치킨집 점주의 사연이 확산되며 주문이 폭주했고, 결국 가게가 일시적으로 영업을 중단하기도 했다. '돈쭐'이라는 단어는 2019년 결식아동에게 파스타를 무료 제공한 '진짜파스타' 사례 등으로부터 시작되어 점차 퍼졌다. 이러한 현상은 착한 소비를 통해 자신의 신념을 표현하는 MZ세대의 '미닝아웃(Meaning Out)' 소비 경향과도 맞닿아 있다. 이후 '돈쭐'은 인터넷과 SNS에서 일상적으로 쓰이며 하나의 문화처럼 자리잡았다.[27] 실제로 2022년 대한상공회의소 조사에 따르면 개인의 신념을 표출하는 '미닝아웃(Meaning Out)' 과 '돈쭐'은 MZ세대의 가치 소비를 반영하는 개념 2, 3위에 꼽히기도 했다([도표 3-8] 참고).[28]

도표 3-8 MZ세대 가치 소비를 잘 반영하는 개념

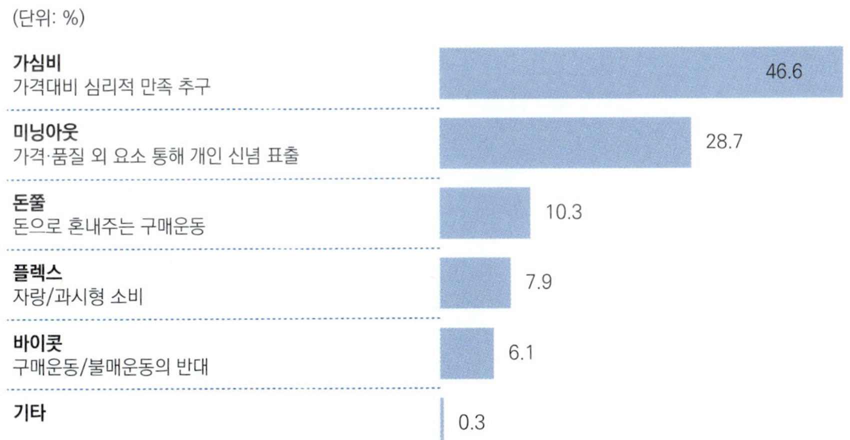

출처: 원출처(대한상공회의소), 2차 출처(MZ세대 절반은 "가심비 가장 중요". 중앙일보. 2022.)

이러한 사례들이 세상에 알려진 이유는 기업보다 기업의 이해관계자들, 즉 탑승객과 고객이 관련 정보를 사회에 자발적으로 공급했기 때문이라는 사실에 주목해야 한다. 이는 정보의 공급 주체가 다변화되고 있음을 시사한다.

3 ESG의 본질 및 특징

한국 양궁이 투명하고 공정한 선수 선발 절차, 즉 절차적 공정성을 통해 세계 최강의 자리를 지키는 것처럼, ESG의 본질도 크게 다르지 않다. ESG는 단순히 기업의 친환경 활동이나 사회 공헌, 투명한 지배구조를 보여주는 것을 넘어, 이 모든 과정에서 얼마나 공정하고 책임감 있게 운영되는가에 초점을 맞춘다. 기업이 환경보호를 위해 노력하고, 사회적 책임을 다하며, 투명한 의사결정 과정을 갖추는 것은 물론, 이러한 활동들이 실질적이고 진정성 있게 이루어지는지, 즉 그 과정 자체가 윤리적이고 공정한지가 중요하다. 결국 ESG는 지속가능한 성장을 위한 기업의 근본적인 경영 방식과 태도를 평가하는 기준으로, 결과 못지않게 과정의 신뢰와 공정성이 기업 가치를 결정하는 현실을 반영한 것이다.

3.1. 절차적 공정성, 사회적 정당성

기업의 지속가능성은 해당 기업이 수행하는 활동이 얼마나 투명한지 여부를 통해 예측할 수 있다. 좀 더 구체적으로 말하면, 기업의 지속가능성을 판단하기 위해서는 경영활동이 절차적 공정성(Procedural Justice)을 준수하고 있는가, 그리고 사회적 정당성(Social Legitimacy)을 확보하였는가를 고려해야 한다. 절차적 공정성은 조직 내 구성원 기여에 대한 보상 절차의 공정성을 의미하며, 성과관리 공정성 제고에 매우 중요하다. 이는 더 나아가 기업의 의사결정 과정 전반의 투명성과 합리성을 포괄하는 개념으로 확장될 수 있다. 기업 내부의 공정한 절차는 직원들의 신뢰와 몰입을 높여 생산성 향상에 기여한다. 사회적 정당성은 기업 활동이 사회적으로 구성된 규범이나 가치, 신념 등에 비추어 볼 때 당연하게 받아들여지고 적절하고 바람직하게 여겨지는 것을 의미한다. 기업은 이러한 정당성을 확보해야만 존재가치를 인정받고 경쟁력을 갖출 수 있다. 이는 단순히 법규 준수를 넘어 사회적 기대에 부응하는 자발적 노력을 포함한다. 기업은 이해관계자로부터 정당성 압력을 받으며, 이는 기업 활동이 사회 규범에 부합하고 바람직하다고 인정받아야 생존과 경쟁력 확보가 가능하기 때문이다.

절차적 공정성과 사회적 정당성은 상호 보완적인 관계에 있다. 기업의 내부 절차가 공정하고 투명할 때, 외부적으로도 책임감 있고 수용 가능한 행동을 보일 가능성이 높다. 예를 들어, 근로자 권리 보호는 내부 절차적 공정성 문제이지만, 이는 기업의 사회적 책임에 직접적으로 기여하여 사회적 정당성을 높인다. 반대로, 외부의 사회적 정당성 압력(예: 윤리적 공급망을 요구하는 NGO나 소비자)은 종종 이러한 기대를 충족하기 위한 내부 절차의 변화를 요구한다. 이처럼 두 개념은 깊이 연결되어 있으며 상호 강화적인 관계를 통해 진정한 기업 지속가능성의 기반을 형성한다.

3.2. ESG의 등장과 '세 가지 현미경'으로서의 역할

기업의 이윤 창출 과정에서 절차적 공정성과 사회적 정당성을 객관적으로 평가하고 관리하기 위한 방법론의 필요성이 증대되었고, 이에 대한 가장 큰 공감대를 얻고 있는 것이 바로 ESG이다. 기업의 지속가능성을 판단하는 E(환경), S(사회), G(지배구조)의 세 가지 현미경처럼, ESG는 기업의 비재무적 성과를 세밀하게 들여다보는 역할을 한다.

환경(Environmental)은 기업이 사업을 영위하며 환경에 미치는 영향과 기후변화 등 변화하는 환경이 기업의 지속가능성에 미치는 영향을 평가관리하는 기준이다. 이는 단순히 법규 준수를 넘어, 자연자원에 대한 이해를 바탕으로 한 적극적인 환경보호와 지속가능한 자원 활용에 대한 노력을 포함한다. 환경 요소에서는 기업의 온실가스 배출량을 줄이기 위한 노력과 성과인 기후

변화 대응 및 탄소 배출량 감축을 중점적으로 평가하며, 재생에너지 사용, 에너지 효율 개선, 탄소포집기술 도입 등이 여기에 해당한다. 또한, 물, 전기 등 한정된 자원의 효율적인 사용과 폐기물 발생량 최소화, 그리고 재활용을 통한 자원 순환 노력을 중요하게 다루는 자원 사용 효율성 및 폐기물 관리, 생물다양성 관리 등도 포함된다. 이는 기업의 운영 비용 절감뿐만 아니라 환경 부하를 줄이는 데 기여한다. 기업의 활동이 생태계에 미치는 영향을 최소화하고, 생물다양성 보전에 기여하는 활동을 평가하는 생물다양성 보전 역시 중요한 환경 요소이다.

사회(Social)는 기업이 이해관계자, 특히 직원, 고객, 협력사, 지역사회에 미치는 긍정적 또는 부정적 영향과 그 관리를 평가하는 지표이다. 이는 기업의 사회적 책임과 윤리 의식을 보여주는 중요한 부분이다. 사회 요소로는 직원의 인권 존중, 안전하고 건강한 근무 환경 제공, 차별 없는 고용 문화 조성, 공정한 임금 및 복지 제공 등 근로자의 삶의 질 향상을 위한 노력을 평가하는 노동 조건 및 인권 보호가 있다. 여기에는 강제 노동이나 아동 노동 근절에 대한 노력도 포함된다. 또한, 협력업체와의 공정하고 투명한 관계 유지, 공급망 전반에 걸친 인권 및 환경 문제 예방 및 관리 노력을 포함하는 공급망 관리도 중요한데, 이는 기업의 사회적 책임이 단순히 자체 사업장에 머무르지 않고, 가치 사슬 전반으로 확대됨을 의미한다. 고객 및 직원의 민감한 개인정보를 안전하게 보호하고, 데이터 유출 등의 보안 사고를 예방하기 위한 시스템과 정책의 효과성을 평가하는 데이터 보안 및 개인정보 보호도 사회적 책임의 핵심이다. 제품의 안전성, 품질 관리, 고객 불만 처리 시스템 등 제품이 소비자에게 미치는 영향을 관리하는 책임 있는 자세를 평가하는 제품 책임도 포함되며, 기업이 속한 지역사회에 대한 기여와 사회적 약자 지원 등 사회적 가치 창출 노력을 포함하는 지역사회 관계 역시 사회적 측면에서 중요하게 평가된다.

지배구조(Governance)는 기업의 의사 결정 구조와 지배구조의 투명성, 독립성, 책임성을 평가하는 데 활용된다. 이는 기업의 장기적인 성장과 지속가능성을 뒷받침하는 기본적인 틀이다. 지배구조 요소에는 이사회가 특정 주주나 경영진에 종속되지 않고 독립적으로 의사 결정을 내릴 수 있는 구조인지, 그리고 다양한 배경과 전문성을 가진 이사들이 균형 있게 구성되어 있는지를 평가하는 이사회 구성의 독립성 및 다양성이 있다. 기업의 재무 및 비재무 정보가 투명하게 공개되고, 내부 통제 시스템과 감사 시스템이 효율적으로 작동하여 부정 행위를 방지하고 기업 운영의 건전성을 확보하는지 평가하는 감사 시스템의 투명성 및 효율성도 중요하다. 뇌물 수수 금지, 공정 경쟁 준수, 부패 방지 등 기업 전반에 걸친 윤리적 가치와 행동 규범이 잘 정립되어 있고 실행되는지를 평가하는 윤리 경영 또한 지배구조의 핵심이다. 소수 주주의 권리 보호, 주주총회 운영의 투명성, 배당 정책의 예측 가능성 등 모든 주주가 공정하게 대우받고 권리를 행사할 수 있도록 하는 시스템을 평가하는 주주 권리 보호도 포함된다. 경영진의 보상 체계가 기업의 장기적인 성과와 ESG 목표 달성에 연동되어 있는지, 그리고 그 결정 과정이 투명하고 합리적인지를 평가하는 경영진 보상 체계 역시 지배구조 측면에서 면밀히 검토된다.

3.3. 산업별 ESG 평가 항목의 중요도 차이

ESG 관련 이슈들을 모두 망라하는 것은 현실적으로 불가능하며, 산업의 특성에 따라 중요하게 다루어야 할 ESG 요소들은 다르다. 이런 이유 때문에 기업의 ESG 성과를 평가할 때 '중대성(materiality)' 개념이 적용된다. 즉 이해관계자들의 관심도와 기업 성과에 미치는 영향도에 따라 기업이 중요하게 대응해야 할 이슈들의 우선순위를 선정한다.

글로벌 ESG 평가사인 MSCI는 총 35개의 핵심 이슈(항목)를 기반으로 기업을 평가하지만, 산업의 특성과 중대성에 따라 각 항목의 중요도(가중치)는 다르게 적용된다. 예를 들어, '기술 하드웨어, 스토리지 및 주변기기' 산업의 경우, 'E(환경)' 부문에서는 네이처 포지티브(Nature Positive)와 연계하여 부각되고 있는 생물다양성과 자연자본 이슈 외에 전통적으로 클린테크, 전자폐기물, 유해물질 배출 및 폐기물, 물 스트레스 등이 주요 이슈로 다루어진다.

'S(사회)' 부문에서는 인적 자본 개발, 공급망 노동 기준, 논란의 여지가 있는 소싱, 개인 정보 보호 및 데이터 보안, 노동 관리, 건강 및 안전, 제품 안전성 및 품질이 특히 중요하게 평가된다. 반면 '반도체 재료 및 반도체 장비' 산업은 'E(환경)' 부문에서 클린테크, 물 스트레스, 유해물질 배출 및 폐기물이 주요 이슈이며 최근 생물다양성의 중요성이 부각되고 있다. 'S(사회)' 부문에서는 인적 자본 개발, 노동 관리, 논란의 여지가 있는 소싱이 높은 가중치를 가진다. '은행' 산업에서는 어떠할까? 'E(환경)' 부문에서 기후금융이 중요하게 다루어진다. 'S(사회)' 부문에서는 인적 자본 개발, 소비자 금융 보호, 금융 접근성, 개인 정보 보호 및 데이터 보안이 주요 이슈로 평가된다. 반면에 '다각화된 금융 서비스' 산업의 경우, 'E(환경)' 부문에서는 기후금융, 기후변화 취약성, 탄소배출량이 주요 이슈이다. 'S(사회)' 부문에서는 인적 자본 개발, 소비자 금융 보호, 금융 접근성, 개인 정보 보호 및 데이터 보안, 책임 투자가 중요하게 다루어진다. 이와 비해 '자동차' 산업에서는 'E(환경)' 부문에서 제품의 탄소발자국, 클린테크, 유해물질 배출 및 폐기물이 주요 이슈이다. 'S(사회)' 부문에서는 제품 안전성 및 품질, 노동 관리, 화학 안전, 지역사회 관계 등이 중요하게 평가된다.

이처럼 각 산업의 특성과 사업 모델에 따라 ESG 평가에서 중점적으로 다루는 요소들이 명확한 차이를 보인다. 기술 하드웨어 및 반도체 산업은 전자폐기물, 유해물질, 물 스트레스와 같은 환경 이슈와 공급망 내 인적 자본 및 노동 기준, 데이터 보안 등 사회적 이슈에 대한 관리가 특히 강조된다. 반면, 금융 산업(은행, 다각화된 금융 서비스)은 환경 영향 금융과 같은 간접적인 환경 이슈 및 소비자 보호, 금융 접근성, 개인 정보 보호와 같은 사회적 책임이 중요하게 평가된다. 하지만 자동차 산업의 경우 제품 탄소 발자국, 청정 기술 기회와 같은 직접적인 환경 영향과 더불어 제품 안전성 및 품질, 노동 관리가 사회적 측면에서 핵심적인 요소로 부각된다. 'G(지배구조)'는 대부분의 산업에서 중요한 비중을 차지하지만, 그 세부 평가 항목과 강조점은 산업별 특성에 따라 달라질 수 있다.

3.4. ESG 요소의 상호 연관성

E(환경), S(사회), G(지배구조)는 서로 배타적인 개념이 아니라 상호 연관성을 가지며 기업 경영에 복합적으로 영향을 미친다. 이 세 가지 요소는 마치 톱니바퀴처럼 맞물려 돌아가며, 기업의 지속가능성에 직간접적으로 영향을 미친다. 각 요소는 독립적으로 존재할 수 없으며, 한 요소의 변화는 다른 요소에 연쇄적인 영향을 미치게 된다.

예를 들어, 특정 기업이 광산 활동으로 심각한 환경오염 문제를 일으킨다고 가정해보자. 이는 단순히 환경 규제 위반이나 벌금 부과에 그치지 않는다. 중금속으로 인한 주변 환경 오염으로 지역 주민들의 건강 문제, 생태계 파괴 등은 해당 기업에 대한 소비자 불매 운동, 시민 단체의 비난, 언론의 부정적 보도와 같은 사회적 비판(S)으로 즉각 연결될 수 있다. 이러한 사회적 압력은 기업의 명성을 훼손하고 매출 감소를 야기할 수 있으며, 최악의 경우 영업 중단이나 생산 시설 폐쇄와 같은 극단적인 결과로 이어질 수도 있다. 더욱이, 이러한 환경 문제 발생의 근본 원인을 파고들면, 대부분의 경우 기업 내부의 'G(지배구조)' 문제와 연결되어 있음을 발견하게 된다. 예를 들어, 환경 리스크 관리 시스템의 부재, 이사회 구성원의 환경 전문성 부족, 경영진의 단기 성과주의에 기반한 비윤리적 의사 결정, 또는 내부 고발 시스템의 미흡 등이 환경 문제를 야기하거나 악화시키는 요인으로 작용할 수 있다. 결국, 하나의 환경 문제가 발생하면, 이는 사회적 책임 문제로 비화하고, 궁극적으로는 기업의 의사 결정 구조와 투명성에 대한 지배구조적 의문으로 확장되는 복합적인 영향을 미치는 것이다.

반대로, 긍정적인 상호작용도 매우 큰 힘을 발휘한다. 예를 들어, 기업이 친환경 기술 개발(E)에 적극적으로 투자하여 탄소 배출량을 획기적으로 줄이거나 재생에너지 사용을 확대한다고 가정해보자. 이러한 환경적 노력은 기업의 탄소 발자국을 줄여 기후변화 대응에 기여하며, 동시에 폐기물 감소 및 자원 효율성 증대로 이어진다. 이러한 환경적 성과는 기업의 사회적 책임(S)을 강화하고, 친환경 기업이라는 긍정적인 이미지를 형성하여 소비자들의 선호도를 높이고 우수 인재 유치에도 유리하게 작용한다. 이러한 환경 및 사회적 성과를 달성하기 위해서는 투명하고 책임감 있는 'G(지배구조)'가 필수적이다. 명확한 ESG 목표 설정, 이사회의 독립적인 의사 결정, 윤리 경영 시스템 구축, 그리고 경영진 보상 체계와 ESG 성과 연동 등 견고한 지배구조는 기업이 장기적인 관점에서 친환경 투자를 효율적으로 추진하고, 사회적 가치를 창출하는 데 핵심적인 역할을 한다. 이러한 선순환은 기업의 장기적인 성장 잠재력을 높이고, 책임 있는 투자를 중시하는 투자자들의 관심을 이끌어내 투자 유치에 유리한 환경을 조성한다. 이처럼 E(환경), S(사회), G(지배구조)는 분리된 개별 요소가 아니라 유기적으로 연결되어 기업의 가치와 지속가능성에 총체적인 영향을 미치는 것이다.

3.5. 경영 품질로서의 ESG 지표

ESG는 재무 성과를 직접적으로 '만드는' 지표가 아니다. 대신, '재무 성과를 만드는 과정이 적절했는지 판단하는 지표'이다. 이는 ESG가 기업의 경영 활동이 절차적 공정성을 준수하고 사회로부터 정당성을 확보하고 있는지를 E(환경), S(사회), G(지배구조)라는 세 가지 현미경을 통해 평가함으로써, 그 과정의 건전성과 지속가능성을 검증하는 역할을 한다는 의미이다. 즉, ESG는 기업의 '경영 품질'을 나타내는 지표로 볼 수 있다.

ESG 성과 정보는 기업의 지속가능성을 설명하는 정량적, 정성적 수준을 반영하며, 재무 정보가 설명할 수 없는 기업 가치에 대한 추가적인 설명력을 제공한다. 이는 기업이 장기적 관점에서 안정적인 수익을 창출하고 리스크를 관리하는 역량을 보여준다. ESG 성과는 재무제표에 직접적으로 인식되지 않으며, 토빈 q나 주가수익비율(PER)과 같은 시장 가치 지표에 미치는 영향은 시간이 걸릴 수 있다. 이는 ESG가 직접적인 인과 관계보다는 간접적이고 질적인 영향을 미친다는 점을 시사한다. ESG가 절차적 공정성과 사회적 정당성을 평가한다면, 이는 본질적으로 기업 경영의 지속가능성을 평가하는 것이다. 높은 ESG 점수를 받은 기업은 강력한 내부 통제, 윤리적 행동, 책임감 있는 자원 관리, 강력한 이해관계자 관계를 암묵적으로 보여준다. 이러한 속성은 건전하고 회복력 있는 비즈니스 관행에 필수적이다. 공정한 절차, 윤리적 행동, 책임감 있는 환경 관리를 통해 창출된 이익은 착취적 관행, 장기적인 건강을 희생하는 단기적인 비용 절감, 또는 비윤리적인 행동에서 파생된 이익보다 본질적으로 더 '지속가능하고', '회복력'이 있다. 이러한 '지속가능한 이익'은 미래의 법적 처벌, 규제 벌금, 평판 손상, 사회적 반발, 환경적 또는 사회적 문제로 인한 운영 중단에 덜 취약하다. 따라서 ESG는 기업 경영 및 운영 프로세스의 근본적인 품질을 나타내는 강력한 지표 역할을 한다. 이는 단순히 얼마나 많은 이익이 창출되는지에 대한 초점을 넘어, 그 이익이 어떻게 창출되는지에 대한 질문을 던지며, 장기적인 가치 창출과 시스템적 위험 감소에 부합하는 '지속가능한 이익'의 중요성을 강조한다.

4 ESG의 활용

ESG의 중요성은 주로 글로벌 대기업에 국한된 것으로 인식되는 경향이 있었다. 하지만 오늘날 ESG는 여러 가지 차원에서 다양한 목적을 염두에 두고 폭넓게 활용되고 있다.

4.1. 대륙/국가의 ESG 활용

현재 주요 대륙과 국가들은 ESG를 단순히 기업의 지속가능성을 유도하는 수단을 넘어, 자국 산업을 보호하는 도구로 적극 활용하는 추세다. EU 집행위원회가 발표한 유럽 그린 딜(European Green Deal)은 2050년까지 유럽을 세계 최초의 탄소 중립 대륙으로 만들겠다는 종합적인 정책 패키지다. 이 계획의 일환인 탄소국경조정제도(CBAM, Carbon Border Adjustment Mechanism)는 EU 역외에서 생산되어 수입되는 특정 품목에 탄소 배출량에 상응하는 비용을 부과한다. 이는 EU 내의 엄격한 규제로 인한 기업들의 해외 생산시설 이전을 막고, 공정한 경쟁 환경을 조성하기 위한 목적이다. 또한, 기업 지속가능성 실사 지침(CSDDD, Corporate Sustainability Due Diligence Directive)은 일정 규모 이상 기업이 공급망 전반에서 인권 및 환경 실사를 의무적으로 수행하도록 강제한다. 이는 원료 조달부터 폐기까지의 가치 사슬 전체에 걸쳐 기업의 책임을 확대하는 정책이다. 미국 역시 인플레이션 감축법(IRA, Inflation Reduction Act)을 통해 친환경 에너지 및 전기차 생산 기업에 대규모 보조금과 세제 혜택을 제공했던 바 있다.

ESG는 때때로 자국 산업 보호를 위한 도구로 활용되기도 한다. 앞서 언급된 EU의 CBAM은 자국 기업의 비용 부담을 상쇄하고, 탄소 배출 규제가 약한 국가의 기업들로부터 자국 산업을 보호하려는 목적을 내포한다. 마찬가지로, 미국 인플레이션 감축법(IRA)의 '배터리 광물 및 부품 요건'은 미국이나 FTA 체결국에서 생산된 광물과 부품을 사용한 전기차에만 보조금을 지급하도록 했다. 이는 중국산 부품 의존도를 낮추고, 자국 중심의 공급망을 구축해 관련 산업을 보호하려는 의도로 풀이된다.

이러한 규제와 함께, 기업들이 ESG 실행 정도를 이해관계자와 공유하도록 유도하는 ESG 공시 제도도 확산되고 있다. 이는 투자자, 소비자 등이 기업의 ESG 성과를 투명하게 파악하고 합리적인 의사결정을 내리도록 돕기 위함이다. 특히 공급망 관리 제도는 기업이 직접적인 활동뿐만 아니라 공급망 전반의 ESG 리스크를 관리하고 공개하도록 의무화하는 추세다. 이는 기업의 환경적·사회적 책임이 협력업체와 연관된 모든 과정으로 확장되어야 한다는 인식이 반영된 결과이다. 하지만 미국과 유럽의 ESG 공시 제도는 서로 큰 차이를 보이고 있다. 유럽은 ESG 공시를 강력한 규제로 접근하며, 기업 활동이 사회와 환경에 미치는 영향까지 고려하는 '이중 중대성' 원칙을 채택한다. 이는 기업의 재무적 중요성뿐만 아니라 사회와 환경에 대한 책임을 포괄적으로 요구하는 것이다. 반면, 미국은 전통적으로 투자자 보호에 초점을 맞추며, ESG 요소가 기업의 재무 상태에 미치는 '재무적 중대성'에 대한 정보만을 공시하도록 요구한다.

이처럼 유럽이 ESG를 기업 경영 전반의 근본적인 혁신 과제로 보는 반면, 미국은 투자자에게 중요한 정보를 제공하는 수단으로 접근하는 것이다. 그럼에도 불구하고, 양측이 추구하는 공시 제도의 근본적인 목적은 동일하다. 바로 기업이 ESG 관련 정보를 투명하게 공개하도록 하여, 이해관계자들(특히 투자자)이 기업의 비재무적 성과를 정확히 파악하고 합리적인 의사결정을 내릴 수 있도록 의무화하는 것이다.

4.2. 협의체의 ESG 활용

기업들은 이제 ESG를 단순한 규제 준수나 외부 이미지 관리 활동으로 여기지 않고, 장기적인 성장과 지속가능성을 위한 핵심 경영 전략으로 인식한다. 개별 기업의 힘만으로는 해결하기 어려운 복잡한 ESG 이슈에 직면하면, 기업들은 공동의 목표 달성과 ESG 가치 확산을 위해 협의체를 구성한다. 이러한 협의체는 해당 산업의 특성에 맞는 ESG 가이드라인을 만들고 모범 사례를 공유하며 지속가능한 발전을 위한 공동의 노력을 기울이는 역할을 한다. 가장 대표적인 협의체인 RE100은 기업이 사용하는 전력 100%를 재생에너지로 전환하겠다는 자발적인 국제 캠페인이다. 2014년 '더 클라이밋 그룹'이 시작했으며, 2050년까지 태양광, 풍력 등 재생에너지로 만든 전력을 100% 사용하겠다는 목표를 세웠다. 2025년 12월 기준 446개의 글로벌 기업이 참여하고 있으며, 구글, 나이키 같은 해외 기업뿐만 아니라 삼성전자, 현대자동차 등 국내 주요 기업들도 동참하고 있다. RE100은 기업들이 재생에너지 조달 방법을 모색하도록 유도하여 재생에너지 시장의 성장을 촉진하고 ESG 경영 기준을 상향 평준화하는 데 기여한다.[29]

이 외에도 자연 관련 재무정보공시 협의체(TNFD, Taskforce on Nature-related Financial Disclosures) 등 다양한 ESG 협의체들이 활동하고 있다. 동종 또는 유사 산업의 기업들이 글로벌 표준을 제정하고 협력하는 모임을 글로벌 이니셔티브라고 하는데, 이러한 참여는 기업이 투자자나 고객 등 핵심 이해관계자의 신뢰를 얻는 중요한 수단이 된다. 예를 들어, 전자 및 유통산업에는 책임 있는 비즈니스 연합(RBA, Responsible Business Alliance)이 있다. UN과 OECD 표준을 기반으로 공급망 내 인권, 환경, 윤리 시스템 구축을 제시하며 애플, 삼성전자, LG전자 등 600여 개 기업이 참여 중이다.[30] 소비재 산업에서는 진보를 위한 목표(AIM-Progress)와 소비재포럼(Consumer Goods Forum, CGF), 자동차 산업에서는 지속가능성 추진(Drive Sustainability), 제약 산업에서는 제약 공급망 이니셔티브(PSCI, Pharmaceutical Supply Chain Initiative)가 각각의 산업 특성에 맞는 가이드라인을 제시하고 공동의 노력을 기울이고 있다. 한편 미국의 200대 대기업 CEO 모임인 '비즈니스 라운드테이블(Business Roundtable)'은 '모든 이해관계자에 대한 사회적 책임 강화'를 목표로 내세우며 ESG 가치 확산을 주도한다. 또한 전 세계 240여 개 기업이 참여하는 세계지속가능발전기업협의회(WBCSD, World Business Council for Sustainable Development)는 기후변화, 순환경제 등 다양한 ESG 이슈에 대한 공동 해결책을 모색한다.[31] 이처럼 협의체는 개별 기업이 해결하기 어려운 문제를 공동으로 해결하고 산업 전체의 지속가능성을 이끌기 위해 ESG를 핵심 수단으로 활용하고 있다.

4.3. 투자자의 ESG 활용

투자자들은 기업의 지속가능성을 평가하고 리스크를 줄이며 새로운 수익 기회를 발굴하기 위해 ESG를 적극적으로 활용하고 있다. 이는 재무적 성과뿐 아니라 ESG 성과를 중요한 투자 기준으로 삼아 더 나은 수익을 추구하는 경향이 강화되었기 때문이다. 투자자들이 활용하는 ESG 관련 투자 전략은 GSIA(Global Sustainable Investment Alliance)에 따르면 총 7가지로 유형화할 수 있다. 스크리닝(Screening) 방식은 네거티브 스크리닝(Negative screening), 포지티브 스크리닝(Positive screening), 규범기반 스크리닝(Norm-based screening)으로 세분화될 수 있다. 네거티브 스크리닝(Negative screening)은 ESG 관점에서 부정적인 기업을 투자 대상에서 배제하는 방식이며, 포지티브 스크리닝(Positive screening)은 ESG 성과가 우수한 기업을 투자 대상에 편입하는 방식이다. 규범기반 스크리닝(Norm-based screening)은 국제적 원칙 및 기준을 근거로 투자 대상 기업을 선정한다. 다음으로, 지속가능 테마 투자(Sustainability themed investing)는 청정에너지, 녹색기술과 같은 지속가능성과 관련된 기업을 중심으로 투자하는 방식이다. ESG 통합(ESG integration)은 재무성과와 비재무성과를 체계적으로 명시하는 기업에 투자하는 전략이다. 임팩트 투자(Impact investing)는 재무성과와 더불어 사회, 환경적 가치 등의 긍정적 영향력을 추구하는 전략이다. 마지막으로, 주주관여 활동/주주행동(Corporate engagement/shareholder action)은 주주제안, 경영진과의 대화 등 피투자대상의 경영에 참여하는 방식으로, 7가지 방식 중 가장 능동적인 전략(Active strategy)이다. 이러한 투자전략의 빈도는 2022년 기준 주주관여 활동/주주행동, ESG 통합, 네거티브 스크리닝, 규범기반 스크리닝, 지속가능 테마투자, 포지티브 스크리닝, 임팩트 스크리닝 순으로 높다. 글로벌 지속가능 펀드는 2024년 4분기에 160억 달러의 자금이 유입되며 성장세를 보였다. 특히 유럽은 유입액이 89억 달러에서 185억 달러로 두 배 이상 증가해 글로벌 시장의 84%를 차지하며 시장을 주도했다. 반면, 미국은 20억 달러에서 43억 달러로 증가하였지만 시장점유율 면에서는 유럽과 큰 격차를 보이고 있다.[32]

앞서 언급했듯, 세계 최대 자산운용사인 블랙록(BlackRock)은 2020년 투자기업의 CEO들에게 보내는 연례서한을 통해, 기후위기 대응에 동참하지 않는 기업, 예를 들어 총 매출의 25% 이상을 석탄 화력 생산 및 제조 활동에서 벌어들이는 기업을 투자 대상에서 제외한다고 밝혔다. 또한 2021년 연례서한에는 2050년까지 “Net-zero economy” 달성을 위한 사업 계획 공개를 요구하며 기업의 변화를 촉구했다.[33] 비록 2023년 6월 블랙록 CEO 래리 핑크가 ESG 용어 사용 중단을 선언했지만, ESG 경영의 본질인 ‘지속가능경영’ 기조는 계속 유지할 것이라고 밝혔다.[34] 하지만 이러한 ESG 기조가 항상 순탄한 것은 아니다. 2024년 3월 텍사스 영구 학교 기금(TPSF)은 블랙록이 석유 및 가스 산업을 보이콧하거나 해치려 한다는 비난 때문에 블랙록과의 투자를 종료하고 85억 달러의 자금을 회수하기로 결정하는 사례도 발생했다.[35]

행동주의 펀드를 통한 투자자들의 직접적인 영향력 행사도 두드러진다. 2020년 12월 설립된 민간 투자회사로 '친환경 행동주의 펀드'를 표방하는 '엔진 넘버원(Engine No. 1)'이 대표적이다. 이 펀드는 수개월 동안 엑손모빌의 기후변화 대응을 강하게 비판했다. 결국 2021년 엑손모빌 주주총회 표 대결에서 승리하여 이사회 의석 12석 중 3석을 확보하는 데 성공했으며, 이는 블랙록 등 미국 대형 기관 투자자들의 지지에 힘입은 결과였다.[36] 이러한 사례는 탄소감축의 명분과 그에 상응하는 변화가 다른 산업에도 전파될 가능성을 시사하며, 투자자들이 ESG를 기업의 지속가능성을 평가하고 변화를 요구하는 강력한 도구로 활용하고 있음을 보여준다. (어펄마캐피탈의 ESG 사례 참조) 소수 기관투자자의 자금을 받아 주로 비상장 기업의 지분을 사들여 경영에 참여하는 사모펀드(PEF) 운용사도 ESG를 투자 의사결정과 기업 가치 증진에 적극적으로 활용하고 있다.

어펄마캐피탈(Affirma Capital)의 ESG사례

어펄마캐피탈(Affirma Capital)은 2019년 스탠다드차타드은행(SCB)으로부터 사모펀드(PE) 투자 부문이 독립하여 설립된 글로벌 사모펀드 운용사이다. 2024년 기준으로 두바이, 뭄바이, 상하이, 서울, 싱가포르, 요하네스버그에 총 6개의 오피스를 운영하고 있으며, 약 50명의 투자 인력을 보유하고 있다. 또한 스탠다드차타드은행의 전략, 조직, 펀드 등을 이어받아 22년 이상의 일관된 운영을 바탕으로 미국, 유럽, 중동, 아시아를 포함한 전 세계 60개 이상의 유한책임출자자(Limited Partner; LP)로부터 자금을 유치해 운용하고 있다. 2024년 말 기준으로 어펄마캐피탈의 운용자산 규모는 5.3조 원, 누적 투자 금액은 9.0조 원에 이르며, 전체 117건의 투자 중 65건의 투자를 회수(Exit) 완료했다고 밝혔다. 특히 한국시장에서는 EMC홀딩스, 삼양패키징, 티맵모빌리티, 메가박스, 성경식품 등 다수의 전략적인 투자 사례를 통해 M&A 업계에서의 존재감을 활발히 드러내고 있다.[37]

사모펀드 운용사는 일반적으로 일정기간 동안 기업에 자금을 투자하여 해당 기업의 가치를 높인 뒤, 이를 매각하는 방식으로 수익을 실현한다. 이러한 투자 구조에서 ESG 요소는 단순히 윤리적인 판단을 넘어, 리스크 관리와 실질적인 투자 성과에 직접적인 영향을 미치기 때문에 운용사에게는 중요한 투자 결정 기준으로 작용한다. 또한 지난 20년간 전 세계적으로 사모펀드가 경영권을 행사하는 자산은 매해 평균 11%씩 성장하여, 2024년 기준 대한민국 정부 예산의 약 10배 수준인 4.7조 달러에 달했으며 사모펀드가 보유한 투자가능 펀드설정액(드라이파우더, dry powder)은 약 1.2조 달러에 이르렀다.[38] 특히, 2021년 글로벌 금융 정보 분석 기업 프리퀸(Preqin)의 보고에 따르면, 당시 3년간 한국의 사모펀드 운용자금(AUM) 성장률은 37%를 기록하며, 일본이나 홍콩 등의 국가들을 제치고 아시아 내에서도 빠른 성장률을 기록했다.[39] 금융감독원(FSS)에 따르면, 2023년 말 기준 422개의 운용사와 1,126개의 사모펀드가 등록되어 있으며,[40] 막대한 자금력과 성장세는 국내 PE 시장의 급속한 성장과 더불어 글로벌 측면에서도 사모펀드의 영향력은 무시할 수 없다. 그만큼 사모펀드 운용사는 기업 운영과 세계 경제 전반에 대해 영향력이 크고, 피투자기업에 대한 경영 관여와 가치 제고 활동을 통해 직접적인 변화를 유도할 수 있기 때문에, 투자와 관련한 의사결정을 하고 조직을 운영하는 데 체계적인 ESG 기준을 구축하는 것이 필요하다. 더불어 바람직한 사모펀드의 모습은 단지 사모펀드 운용사와 투자자들의 수익실현만을 위한 투자에 그치는 것이 아니라, 투자금 회수 이후에도 피투자기업이 지속가능하고 책임 있는 경영을 할 수 있도록 기반을 마련하는 데 있다. 따라서 사모펀드 운용사의 운영 철학과 시스템 전반에 ESG를 내재화하는 것은 안정적인 투자성과를 창출하고 피투자기업의 긍정적인 경영 움직임을 유도하는 데 필수적인 것으로 보인다.

어펄마캐피탈은 2023년 9월 UN PRI에 가입하는 등 책임 있는 투자자로서 탁월한 수익을 달성하는 동시에, 투자 초기 단계부터 투자 회수(Exit) 단계까지 전 과정에 ESG 요소를 통합하는 것을 자사의 투자 철학으로 내세우고 있다. 이에 따라 어펄마캐피탈은 책임투자 및 ESG 관련 정책인 'ACRIEP(Affirma Capital Responsible Investment and ESG Policy)'를 통해 목표, 역할 및 책임, ESG 관리 프로세스, 보고 체계 등을 포함한 ESG 프레임워크를 제시하고 있다. 또한 투자 전문가를 포함한 ESG 위원회를 자체적으로 구성하고 ACRIEP의 실행을 보장하기 위해 노력하고 있다. 어펄마캐피탈의 ESG 위원회는 연간 4회의 분기별 정기 회의를 개최하고 있으며, 운용하는 모든 펀드의 투자 및 회수 건에 대한 수시 검토와 승인을 실시한다. 해당하는 투자 및 회수 건이 투자위원회 승인 안건으로 상정되기 위해서는 실사 전후 모두 ESG 위원회의 승인을 받아야 한다. 2024년 한 해 동안에는 총 4건의 투자와 5건의 회수 안건 심의가 이루어졌고, 분기별 정기회의 4번이 개최되었다.

어펄마캐피탈은 투자 전 단계에서 지속가능회계기준위원회(SASB)와 국제금융공사(IFC)의 기준을 사용해 중대한 ESG 요소를 결정하고 있다. 중대한 ESG 요소를 평가하는 방법으로 ESG 리스크를 식별하기 위한 설문지 활용, 컨설턴트를 고용하여 이슈별 기술 실사 진행, 그리고 현장 실사 및 경영진과 직원 인터뷰 진행 등의 방법을 사용하고 있다. 구체적으로, ESG 리스크 평가는 각 신규 투자 건마다 실시되고 있으며, 이 과정에서 구체적인 질문들을 통해 심층적인 조사와 분석이 필요한 영역을 식별하여 실사의 방향을 설정한다. 이에 따라 피투자기업 주요 리스크의 중요도에 따라 세부적인 실사 계획이 수립되어, 모든 투자 건에 대하여 경력·평판·신원 조회 용역과 자금세탁방지(AML) 실사를 진행한다.

특히 2024년에는 4건의 투자 중 'Project Giant'에 대해서 별도로 ESG 실사와 기술 실사가 수행되었다. 이후 각 요소에 대한 ESG 실사 결과 및 발견사항을 정리하고, 투자 단계에 맞춰 딜 팀, 투자위원회, 피투자기업의 경영진이 협의를 통해 적절한 ESG 실행계획을 수립한다. 나아가 운용 단계에서도 피투자기업의 ESG 실행계획에 직접 의견을 제시하고 이행 상황을 지속적으로 모니터링하고 있다. 투자 기간 중 발생한 ESG 관련 우려사항의 경우 역시 ESG 위원회에 보고하여 적절한 조치를 취하고 있으며, 피투자기업의 ESG 관련 성과를 향상하기 위해 외부 자문을 활용한 지원을 하고 있다. 2024년 신규 투자 'Project Giant' 에서도 외부 자문사를 통해 각각 ESG 실사와 기술 실사를 진행하였으며, 인도 제조기업의 환경정책 개선을 위해서도 외부 컨설턴트와 협력하였다. 뿐만 아니라 매년 성과 모니터링 결과를 기반으로 ESG 실행 계획을 조정하면서 지속적으로 ESG 요소를 관리하고 있다. 더불어 어펄마캐피탈은 윤리적·환경적·사회적·법적 측면을 고려한 산업별 투자제한 리스트를 통해 ESG 리스크가 내재된 산업군 및 기업에 대한 투자를 사전에 차단하고 있다. 이 리스트에 해당하는 투자 건은 투자 검토 단계에서부터 배제되며, 무분별한 투자와 ESG 원칙에 위배되는 투자를 사전에 차단하기 위한 조치이다. 이러한 접근은 환경 파괴, 인권 침해, 불법성 등 리스크가 높은 분야에 대해 투자를 제한함으로써 투자 의사결정 단계에서 ESG 요소를 실질적으로 통합하고 있음을 보여준다. 예를 들면, 탄소보존량이 많은 지역내 삼림 벌채 및 개발 행위에 대한 투자, 화석연료를 사용하는 신사업에 대한 투자 등을 제한하는 것은 기후 리스크를 고려한 의사결정임을 알 수 있다. 이 외에도 사회적 책임을 고려하여 노동 착취나 인권 침해 행위, 성인 오락 서비스, 담배를 포함한 유해 중독성 물질 제조 및 생산 등에 관한 분야도 투자를 제한하고 있다.

결론적으로 어펄마캐피탈은 ACRIEP를 기반으로 그들의 투자 철학과 더불어 투자 과정의 전체 생애주기에 걸쳐 ESG를 핵심 요소로 두고 사모펀드를 운용하고 있다. 특히 본격적으로 투자를 진행하기에 앞선 딜 평가 초기 단계부터 ESG를 중심으로 한 심사 체계를 통해 ESG 리스크와 이슈들을 사전에 식별함으로써 이를 선제적으로 관리하고 있다. 또한 어펄마캐피탈은 투자 결정 이후 피투자기업이 사업을 운영하는 과정에서도 ESG 요소에 대한 지속적인 모니터링과 주기적인 ESG 실행 계획의 조정을 통해 장기적이고 안정적인 투자를 추구하고 있다. 나아가 투자제한리스트를 제시해 사회적 책임과 ESG를 고려하지 않은 무분별한 투자를 금지하고 있다. 이러한 모습은 어펄마캐피탈이 ESG를 단순히 운용사 이미지를 위해 형식적인 고려 요소로 보는 것이 아니라, 실질적인 성과와 책임 있는 투자를 위한 전략적 요소로서 다루고 있음을 보여준다.

향후 사모펀드 업계에서 자금을 출자하는 LP는 향후 운용사의 ESG 관리 체계와 그에 따른 성과 개선, 그리고 피투자기업에 대한 책임 있는 투자 정도를 핵심 평가 기준으로 더욱 비중 있게 고려할 수 있다는 점에서 어펄마캐피탈의 ESG 내재화 정도는 궁극적으로 자금을 조달하는 능력 및 시장에서의 신뢰도 확보와 직결될 것이다. 또한 ESG 평가사인 MSCI 역시 사모펀드 운용사가 속하는 'Diversified Capital Markets(다각화된 자본시장)' 산업군을 평가할 때, E(환경) 영역의 '환경적 영향 금융(Financing Environmental Impact)'를 13.3%, S(사회) 영역의 '인적 자원 개발(Human Capital Development)' 이슈를 20.2%, '책임 투자(Responsible Investment)'와 '개인정보 및 데이터 보안(Privacy & Data Security)' 이슈는 모두 15.2%로 높게 평가하고 있다. 따라서 어펄마캐피탈이 기존의 피투자기업에 대한 ESG 리스크를 심사하는 과정과 해당 투자 건이 가져올 사회적, 환경적 효과에 대한 측정을 병행한다면, 녹색금융과 관련된 기회를 활용하는 능력 측면에서 높게 평가받을 것으로 기대된다. 또한 투자 회수 이후에도 일정기간 동안 피투자기업의 ESG 경과를 추적해 그 결과를 제시한다면, 단순히 수익 추구를 위해 피투자기업에 일시적으로 개입하는 것이 아니라, 지속가능한 변화를 유도하고 임팩트 투자를 하는 운용사로서 높은 신뢰도와 어펄마캐피탈의 투자 철학을 분명하게 보여줄 수 있을 것으로 보인다. 어펄마캐피탈의 한국 내 Private Equity 투자를 이끌고 있는 심민현 대표는 이와 관련하여, "어펄마캐피탈뿐 아니라 많은 사모펀드들이 단기적인 이익 추구 보다는 엑시트(Exit) 이후에도 장기적으로 회사가 지속가능한 사업모델을 가질 수 있도록 하고 있다. 이는 기업을 많은 잠재 매수자들의 ESG 눈높이에 걸맞게 만들어 두어야, 부당한 할인 없이 적정한 기업가치를 인정받을 수 있기 때문이다."라고 말했다.

피치(Fitch)와 같은 신용평가사는 기업의 ESG 성과가 신용 등급에 미치는 영향을 점점 더 중요하게 평가하고 있다. 즉, 피치는 직접 투자를 하지는 않지만, ESG 성과를 분석하여 신용평가에 반영함으로써 투자자들의 의사결정에 간접적으로 영향을 미치는 중요한 역할을 하고 있다. 피치는 에너지 산업에서 석유생산(Oil production)과 같은 몇몇 분야는 2050년에 이르러서는 존립 자체가 위협받을 것이라고 경고하고 있다. 피치는 2021년에 석유가스(Oil & Gas) 및 화학(Chemicals) 산업에 대한 장기 ESG 취약성 점수(Long-Term ESG Vulnerability Scores)를 발표했다. 점수는 10점과 90점 사이에 분포하고, 점수가 높을수록 해당 산업에 실존적 위협이 존재한다는 것을 의미한다. 발표에 따르면, 석유가스(Oil & Gas) 산업 중 석유생산(Oil production), 액체 운송(Liquids transportation), 정유(Oil refining) 및 유전 서비스(Oilfield services) 분야의 2050년 ESG 취약성 점수는 80점으로 전망되어 지속가능성이 위협받고 있음을 파악할 수 있다.[41]

4.4. 공공 부문의 ESG 활용

국가나 지방자치단체가 운영하는 모든 기관과 조직을 통칭하는 공공 부문에서도 ESG를 적극 활용하고 있다. 공공 부문 기관이 과거에는 단순히 공익을 추구했지만, 이제는 ESG를 통해 환경과 사회에 대한 책임을 다하고 투명성을 확보하는 것이 중요한 목표가 되었다. 세계 최대 규모의 공적 연금 펀드인 일본의 GPIF(Government Pension Investment Fund)는 ESG를 적극적으로 활용하는 대표적인 사례다. GPIF는 2025년 3월, ESG 및 임팩트를 고려한 투자를 포함한 지속가능성 투자에 대한 근본적인 접근 방식을 담은 "지속가능성 투자 정책"을 수립했다. 이를 통해 투자 기업의 ESG 성과를 분석하고, ESG 지수가 높은 기업에 투자하는 방식을 통해 장기적인 수익을 창출하고 국민의 노후 자산을 안정적으로 운용하고 있다.[42] 이는 ESG가 재무적 위험을 줄이고 장기적인 가치를 높이는 핵심 요소라는 인식이 반영된 결과다. 또한, 핀란드의 국영 금융기관인 핀베라(Finnvera)는 기업의 ESG 경영을 지원하는 데 주력하고 있다. 핀베라는 국내 중소기업 대상 금융 심사 시 ESG 관리 현황을 확인하며, 보증 프로그램을 통한 기후·환경 대출, 소규모 기업의 성장 지향 과제를 지원하는 한시 대출 등 다양한 ESG 금융 상품을 통해 기업들이 ESG를 도입하고 실천할 수 있도록 돕는다. 특히 중소기업들이 ESG 역량을 강화하여 글로벌 공급망에 편입될 수 있도록 지원하는 역할을 통해, 공공기관으로서 민간 부문의 ESG 전환을 촉진하고 있다.[43] 국내에서도 국민연금, 공무원연금, 사학연금 등 3대 연기금은 투자 기업의 ESG 성과를 분석하고, ESG 기준에 부합하지 않는 기업에 대해서는 주주로서 의결권을 행사하여 기업의 변화를 촉구한다.[44] 이처럼 공공기관 또한, 기관의 고유 목적인 공공 서비스의 질을 높이는 동시에 환경보호, 사회적 가치 증진, 투명한 운영을 통해 국민의 신뢰를 확보하고 지속가능한 성장을 추구하고 있다. (KSPO의 ESG 사례 참조)

국민체육진흥공단의 ESG 사례

서울올림픽기념국민체육진흥공단(KSPO: Korea Sports Promotion Foundation)은 1988 서울올림픽이 끝나고 남은 잉여금 3,110억 원 등을 기반으로 1999년 설립된 스포츠 분야 공공기관이다. 2024년 기준 본부, 경륜경정총괄본부, 한국스포츠과학원의 조직에서 831명이 근무하고 있다. KSPO는 스포츠토토, 경륜, 경정사업 등을 통해 국민체육진흥기금 조성하고 국민체육진흥기금을 체육단체, 지자체 등에 지원하여 국민들의 스포츠활동을 활성화하고 올림픽을 포함한 국내에서 개최되는 스포츠이벤트 지원함과 함께 국내 스포츠산업 육성, 스포츠과학 연구 그리고 올림픽공원을 포함한 1988 서울올림픽 기념사업 등을 주요 사업으로 하고 있다. 연간 수입 규모는 5조 1,366억 원, 보조금 지원 규모는 1조 3,427억 원으로 대한민국 중앙정부 스포츠재정의 90% 이상을 담당하고 있는 기금관리형 준정부기관이다.

KSPO는 2008년부터 지속가능보고서를 발간하는 등 대한민국 스포츠단체 중 유일하게 ESG 경영에 관심을 가져왔다. 대부분의 국내외 스포츠단체가 비영리법인이라는 특성 때문에 ESG 경영을 크게 강조하고 있지 않은 것이 현실이다. 하지만, 국제올림픽위원회(IOC)를 비롯한 국내외 스포츠단체에서는 스포츠 분야 (성)폭력 문제, 올림픽 경기장의 사후활용 문제(White Elephant)와 환경오염, 10대 여성의 스포츠 참여 부족과 같은 스포츠활동의 양극화 등 스포츠 분야 ESG와 연계된 이슈에 점차 관심을 가지고 이를 개선하고자 하는 노력을 기울여 오고 있다. 구체적으로 IOC는 2021년부터 〈Sustainability Progress Report 2021-2024〉 등의 보고서를 통해 ESG와 연계된 이슈에 대한 IOC 및 스포츠단체가 나아가야 할 방향과 과제를 제시하고 있으며, 최근 발표된 〈Environmental and Social Responsibility〉 보고서를 통해 환경, 올림픽레거시, 양성평등과 포용, 인권에 대한 그동안의 성과를 정리하여 발표한 바 있다.[45]

MSCI ESG Ratings에서는 KSPO와 유사성이 있는 산업군으로 스포츠토토 등과 관련한 '카지노 및 게임(Casinos & Gaming)' 산업군이 있으며, E(환경) 영역에서 21%, S(사회) 영역에서 42%, G(지배구조) 영역에서 37%의 비중으로 평가되고 있다. 더불어 게임 및 복권 사업부를 운영하는 IGT Lottery Holdings와 같은 해외 기업 또한 MSCI에서 ESG 영역별로 각각 13%, 43%, 44%의 비중으로 평가받고 있어 S(사회), G(지배구조) 영역에서의 중대성이 큰 산업으로 파악할 수 있다. 다만, 현재 KSPO는 MSCI의 평가를 받고 있지 않으며 해당 산업군이 KSPO와의 공통점이 크고 완벽히 겹친다고 보기는 어렵다. 따라서 국제적으로 스포츠단체를 대표하는 IOC(국제 올림픽 위원회)에서 발표한 보고서를 기준으로 KSPO의 ESG 경영을 살펴보며 KSPO ESG 경영의 현 주소를 점검해 보는 것이 더욱 직관적이라고 볼 수 있다. KSPO는 ESG 경영을 위해 매년 ESG 추진계획을 수립하고 외부 전문가가 참여하는 ESG 경영위원회를 운영하고 있다. 또한 기획재정부가 주관하는 공공기관 경영평가에서 각 기관별 ESG 관련 지표(안전, 사회적책임, 친환경 등)를 매년 평가받고 있어 이에 대한 개별 성과를 도출하는 차원에서 ESG 경영이 이루어지고 있다.

환경 분야와 관련하여 KSPO는 탄소 배출감축량이 2018년 대비 2024년 19.9%를 달성했다. 이는 IOC가 목표한 2024년 탄소 배출감축량 30%+에는 다다르지 못했으나, 대한민국 정부가 제시한 목표치는 달성한 수치이다. 특히, KSPO는 본사 건물로 사용하는 올림픽회관을 2018년 리모델링하면서 지열 활용, 에너지 절감 시설 확대, 전기차 충전소 확충 등을 통해 탄소 배출량이 2018년 11,181t CO_2에서 2024년 8,953t CO_2로 줄었다. 또한 1988 서울올림픽 유산인 올림픽공원의 경우 올림픽 때 사용했던 6개 경기장(체조, 수영, 역도, 펜싱, 테니스, 사이클)이 현재에도 모두 사용되고 있다. 이는 IOC가 조사한 1896년 이후 사용된 올림픽 경기장 817개 중 85%가 현재에도 사용되는 기준 보다 높은 수준으로 활용되고 있다. 나아가 올림픽공원은 2024년 산림청으로부터 모범도시숲으로 인정받는 등 2024년 기준 연간 700만 명 이상의 시민이 이용하는 휴식 공간이자 문화 공간으로 뉴욕 센트럴파크에 비견할 만큼 자연과 조화된 도심공원으로 발전하였다. 이러한 성과를 바탕으로 2022년 IOC는 올림픽공원을 우수 올림픽 유산으로 인정하였다.[46]

사회 분야와 관련하여 IOC는 스포츠 활동이 인간의 기본적 권리(the practice of sport is a human right)라고 선언하였다. 또한 KSPO의 미션은 모든 국민이 차별 없이 스포츠 활동에 참여할 수 있도록 만드는 것이다. 이러한 관점에서 국민들의 생활체육 참여율은 2020년 60.1%에서 2024년 60.7%로 단 0.6%p 상승하였다.[47] 해외의 생활체육 참여율은 뉴질랜드 74%, 핀란드 71%, 영국 63.4%, 룩셈부르크 63%, 일본 58.8%, 미국 51.7% 등으로 대한민국이 낮은 수준은 아니다. 특히 생활체육 참여율 특성상 60%대에 도달할 경우 상승률이 정체되는 현상은 일반적이다. 하지만 스포츠활동 취약계층인 장애인, 어르신, 10대 여성, 저소득층의 생활체육 참여율은 대한민국의 평균적인 생활체육 참여율과 큰 차이를 보이고 있다. 구체적으로 장애인은 35.2%, 70세 이상 어르신은 57.7%, 10대 여성은 35%, 월소득 100만 원 미만은 40%에 불과하다. KSPO가 운영하는 국민체육진흥기금을 통해 스포츠활동 취약계층에 대한 지원은 매년 증가하고 있지만 장애인 체육시설 확충, 10대 여학생 맞춤형 스포츠프로그램 확대 등의 노력이 더 필요해 보인다. 아울러, 최숙현 선수 사건 이후 스포츠단체의 많은 노력에도 불구하고 선수와 지도자 간 발생하는 폭력, 성폭력, 갑질 행위가 끊임없이 발생하고 있는 것도 사실이다. IOC에서도 UNGPs(UN Guiding Principles on Business and Human Rights)에 기반하여 IOC Advisory Committee on Human Rights 등의 가이드라인을 제시하고 있다. 물론 KSPO가 대한민국 스포츠 내 인권 문제를 모두 다룰 수는 없으나, 스포츠재정을 담당하는 기관으로서 보다 책임 있는 역할이 필요해 보인다. 또한 KSPO의 스포츠재정 조성사업(체육진흥투표권, 경륜·경정)은 사회적 책임을 기반으로 한 건전한 게임(사업) 운영이 필수적이다. 글로벌 비교 사례를 보면 카지노/게이밍 산업군의 대표기업인 IGT(International Game Technology)는 책임 있는 게임 운영체계를 중심으로 우수성을 인정받아 2025년 MSCI ESG 최고등급(AAA)을 2년 연속 유지하고 있다. KSPO의 MSCI ESG 등급이 없어 직접 비교에 한계가 있지만, KSPO가 주관하는 체육진흥투표권(스포츠토토) 사업은 2025년 8월 세계복권협회(WLA) 'RGF(Responsible Gaming Framework)' 최고등급(Level 4) 재획득이라는 성과를 거두었다. KSPO의 스포츠토토사업은 2013년 최초 Level 4 인증 이후 2017·2021·2025년 갱신에 성공하여 15년 연속 RGF에서 최고수준을 유지하고 있다. WLA의 RGF는 7대 원칙과 10대 요소에 기반한 국제 표준 인증으로 복권·스포츠베팅 사업운영에 책임 있는 도박 원칙을 통합하도록 설계되어 있다. 이는 MSCI가 중시하는 과몰입 예방·취약계층 보호·온라인 환경 통제의 실효성과도 일맥상통하며, KSPO의 스포츠재정 조성사업 사회적책임 관리수준이 국제적 기준에 상당한 수준으로 부합하고 있음을 간접적으로 보여준다. 다만, 국내 온라인 불법도박 지속적 확산 등의 사회적 부작용이 확대됨을 고려할 때 국내 베팅사업(Gambling)에서

KSPO가 보다 책임 있는 역할을 해야 할 것으로 판단된다.

거버넌스와 관련하여 KSPO의 여성 임원(본부장 이상) 비율은 12.5%이고 여성 팀장 비율은 17.6%로 IOC의 여성 임원(Executive Board Members) 비율 42%, 여성 팀장(Senior Manager) 비율 47%보다 낮다. 양성 평등 차원에서 KSPO의 지속적인 노력이 요구되는 지점이다. 한편, IOC에서는 IOC와 국제협회(International Federations), 각국 올림픽위원회(NOC)와의 유기적인 협력관계를 통한 올림픽운동(Olympic Movement)의 확산과 스포츠로 더 좋은 세상 만들기(Building a better world through sport)을 실현하고 있다. 이와 관련하여 KSPO는 스포츠 단체뿐만 아니라 스포츠기업까지 ESG 경영에 참여하도록 유인하기 위해 2023년 세계 최초로 『스포츠 ESG Alliance』를 출범하였다. 2024년 기준, 스포츠 ESG Alliance에는 국내 스포츠 단체와 기업 181개가 참여하고 있다. 스포츠 ESG Alliance를 통해 스포츠대회 등에 친환경 활동을 확대하고 친환경 스포츠용품 개발, 미래세대에 올림픽가치를 전파하는 등을 적극 실행하고 있다.[48]

IOC도 〈Environmental and Social Responsibility〉 보고서를 내면서 기존 이슈가 향후 환경, 사회, 거버넌스인 ESG로 연결될 것으로 보고 있다. 또한, 2025년 6월 출범한 이재명 정부에서는 공공기관 ESG 경영의 당위성을 강조하고 공공기관 ESG 경영 가이드라인을 제시할 예정이라고 발표하였다. 이처럼 KSPO와 같은 스포츠단체도 이제 ESG 경영이 선택이 아닌 필수가 되는 시대가 되었다. 이에 따라 KSPO가 운용하는 국민체육진흥기금의 사용분야를 환경, 사회, 거버넌스로 구분하여 분석하고 각 분야별 장기적 목표 설정, 재원배분 계획 수립, 정기적인 성과 모니터링 등에 대한 구체적 방안을 마련할 때가 되었다. 나아가 스포츠 ESG Alliance를 기반으로 대한민국 스포츠의 인권 문제를 해소하는 일, 친환경 에너지를 활용한 스포츠시설(실내 체육관, 실내 수영장)을 건립하는 일 등에 보다 선도적인 역할을 수행할 필요가 있다. 그렇게 된다면 1988 서울올림픽 유산인 올림픽공원이 IOC가 인정한 세계적인 올림픽 유산이 된 것처럼 KSPO가 세계 최고 수준의 ESG를 실현하는 스포츠단체로 도약할 수 있을 것이다.

공공 부문에 속해 있는 공기업들도 지속가능한 경영을 실현하고 사회적 책임을 다하기 위해 ESG를 적극적으로 활용하고 있다. 독일 철도공사는 유럽의 대표적인 공기업으로, E(환경) 부문에서 선도적인 역할을 하고 있다. 이들은 2040년까지 기후 중립을 달성하겠다는 목표를 세우고, 철도 운행에 필요한 전력의 100%를 재생에너지로 전환하는 것을 추진하고 있다. 또한, 열차의 에너지 효율을 높이고, 철도 인프라 건설 시 재활용 소재를 사용하는 등 사업 전반에 걸쳐 ESG를 통합하고 있다.[49] 또한, 한국남동발전은 ESG 경영을 강화하며 친환경 에너지 사업으로 전환하는 데 적극적인 공기업이다. 과거 발전소 운영 과정에서 환경 문제가 지적되기도 했지만, 최근에는 해상풍력, 태양광 등 신재생에너지 발전 사업을 확대하고, 발전소 폐기물을 75% 이상, 탄소네거티브(Carbon Negative) 기술인 바이오차(biochar)를 도입하고 부산물 대부분을 재활용하는 순환 경제 사업을 추진하고 있다. 또한, 협력업체와 자회사에 인권 경영을 확산하고 안전한 작업 환경을 조성하는 등 ESG 경영을 전사적으로 추진하고 있다.[50]

공기업뿐만 아니라, 지방자치단체들도 ESG를 적극적으로 도입하며 시민의 삶의 질 향상을 위한 노력을 펼치고 있다. 지방자치단체는 지역 주민과 직접 맞닿아 있는 만큼, ESG 경영이 곧 주민 복지 증진으로 이어지는 특징을 가지고 있다. (성남시의 ESG 사례 참조) 이처럼 지방자치단체는 ESG를 통해 도시의 지속가능성을 높이는 동시에 기후 변화 대응, 사회적 약자 보호, 투명한 행정 등 다양한 분야에서 가시적인 성과를 내고 있다.

성남시의 ESG 사례[51]

현대 사회에서 공공 부문은 단순한 행정 집행 조직을 넘어, 지역사회의 지속가능성을 이끄는 핵심 주체로 자리 잡고 있다. 특히 공적 기관이 추구하는 지속가능성은 이윤 창출을 핵심 지표로 삼는 기업과 달리, 시민의 삶의 질 향상을 가장 중요한 성과 척도로 삼는다는 특징을 가진다. 그러므로 공익을 우선시하며 사회 전체의 안녕을 도모하는 중추적인 역할을 수행한다고 볼 수 있다. 성남시는 이러한 사명을 지역 단위에서 효과적으로 실현하기 위한 전략으로 'ESG 행정'을 도입하여 주목받고 있다. 지방자치단체로서 ESG를 시정의 핵심 가치로 삼아 도시의 지속가능성을 높이고 주민 복지 증진을 위해 노력하고 있다. 성남시가 지자체의 행정에 ESG를 도입하게 된 배경에는, 기후위기와 같은 전세계적 환경 문제에서부터 시작해, 경제, 사회적 측면까지 지속가능발전을 포괄하려는 의도와, 그동안 환경, 복지 등 각 분야별로 추진되어 오던 정책을 유기적으로 연계하려는 목적이 동시에 작용했다.[52]

성남시의 ESG 행정의 3가지 핵심 축은 ESG 행정 추진체계 구축, ESG 마중물 사업(탄천 오너십-탄천 정화 활동과 유해식물 제거, 취약계층 요리 매연 저감 사업, ESG 시민 대학, 청소년 폭력 제로 도시, 성남자원순환가게 추진), 그리고 관내 기업과 ESG 환경분야 상생협력 업무협약 체결을 통한 ESG 민관 협력 강화로 정리할 수 있다.

ESG 행정 추진체계 구축과 관련해서, 성남시는 「성남시 ESG 활성화 및 위원회 설치·운영 조례」를 2024년 10월 23일 제정하고, 성남시 ESG 활성화 위원회를 2024년 12월부터 구성하여 운영하고 있다. 동 위원회는 ESG 기본계획 및 시행계획, 실태조사에 관한 사항과 ESG 활성화 사업에 관한 사항을 자문하고 건의·제안하는 기능을 수행하고 있다. ESG 관련 분야 교수, 연구원 등 전문가가 주축이 된 위원회는 적극적인 ESG 행정체계 구축을 위해 후술할 ESG 5대 마중물 사업을 성남시에 제안하였고, 민관 거버넌스 조직을 위해 기업 분야 라운드테이블 2차례(2025년 9월, 11월), 복지 분야 라운드테이블 1차례씩(2025년 9월) 개최하였으며, 이러한 네트워크를 발전시켜 향후 정기적인 ESG 분야 거버넌스를 구축할 예정이다. 특히 2025년 9월 30일 성남시민의 날 기념식에서 ESG 비전선포식을 개최하여, 「ESG특별시 성남」이라는 비전을 선포하고, 환경분야는 온실가스 순배출량 제로(Net-Zero), 사회·안전 분야는 안전사고·고독사·청소년폭력 제로(3-Zero), 거버넌스 분야는 격차 없는 공정사회(Gap-Zero)를 전략으로 중점과제를 수립하여 이행할 것을 선언하였다.

ESG 마중물 사업의 경우 전부 실질적 운영을 시작했거나 최소한 시범사업 단계에 진입했다는 점에서, 성남시 ESG 행정의 실행력을 보여주는 긍정적인 성과로 평가할 수 있다. 이외에도 성남시는 ESG 활성화를 위해 부서별로 E(환경) 부문에서 '성남자원순환가게' 운영(2025년 10월 기준 23개곳), 사회(Social + Safety, 사회+안전) 부문에서 '재난대비 안전제도 마련', '이동노동자 쉼터 운영', 거버넌스(Governance, 의사결정 구조) 부문에서 '시장에게 바란다, 바로문자 서비스' 등 분야별로 실질적이고 다양한 사업을 추진하고 있다([도표 3-9] 참고).[53] 이러한 양적 확대 자체만으로도 의미있는 진전이지만, 성남시의 ESG 행정이 추구하는 추진 방향과 비전을 고려했을 때, 상대적으로 더 높은 중대성과 파급력을 가진 핵심 사업들을 전략적으로 선별하고 집중하는 과정 역시 필요하다.

도표 3-9 성남시 ESG 분야 사업추진 현황

【환경(Environmental) 분야】	【사회(Social) 분야】	【지배구조(Governance) 분야】
• ESG 환경분야 상생 협업 – 관내 기업 9개사와 업무협약 체결 (시) 참여기업 ESG 환경분야 활동 장소 및 프로그램 참여기회 제공 (기업) 지역사회 기여를 위한 ESG 환경분야 활동 기획 및 실시 • 성남자원순환가게 re100 운영: 22개소(수정 9, 중원 8, 분당 5) 운영 중	• 맨발 황톳길 걷기 코스 조성 • 전 시민 독감 백신 무료접종 • 치매 감별검사 비용 지원 • 아동의료비 본인부담 100만원 상한제 • 전세피해지원 상담소 운영 • 70세 이상 어르신 버스비 지원 • 1인가구 힐링스페이스 운영 • 성남시 생활임금제 운영 • 성남시 이동노동자 쉼터 운영	• 바로문자 서비스 운영 • 1일 명예시장 운영 • 시정소식지 비전성남 제작

출처: 성남시의회 입법지원관실 조례(안) 검토보고서. 성남시의회 행정교육위원회. 2024.

성남시가 제시하는 ESG 항목별 추진 방향과 중대 이슈는 다음과 같다. E(환경)에서는 '친환경 삶 선도'를 위해 분리배출, 자원순환과 탄소중립을 핵심 가치로 삼고 있다. S(사회)에서는 '시민의 건강과 안전'을 위해 돌봄, 나눔, 그리고 사고예방을, G(지배구조)에서는 '투명한 책임행정'을 위해 소통과 시민·기업·행정 협력을 중요시하고 있다. 이러한 성남시의 ESG 방향성과 가장 부합하는 ESG 추진 사업들을 추려보면, E(환경) 부문에서 '성남자원순환가게 운영'이 대표적이다. 시민들이 제대로 분리된 재활용품을 가져오면 품목별로 무게측정 후 현금으로 교환 가능한 포인트를 적립하는 사업으로, 자원순환가게로 들어오는 재활용품은 협력 위탁업체를 통해 100% 재활용된다. 2019년 6월부터 거점 7개소로 시작한 사업으로, 2025년 10월 기준 현재는 23개소를 운영하고 있다. 특히 괄목할 만한 점은, 참여건수가 2019년 5,500건에서 2024년 24,820건으로, 탄소 배출 저감량은 동일 기간 42,978kg CO2eq에서 380,964kg CO2eq으로 크게 증가하며 눈에 띄는 성과를 거두고 있다는 점이다.[54] 이는 해당 사업이 성공적으로 시민들에게 올바른 분리배출을 유도하며 자발적인 재활용률을 높이고 있을 뿐만 아니라, 궁극적으로 지역사회가 '탄소중립'이라는 목표에 한 걸음 가까이 다가가고 있음을 보여준다. 이는 시민들의 환경 인식을 제고하는 데 그치지 않고, 장기적으로 자원 순환 분야의 전문 일자리 창출, 재활용 선별장 위탁 운영업체와의 협업을 통한 민관 협력 기반 강화 등 다각적인 효과를 창출해낼 것으로 기대된다.

S(사회) 부문에서는 'S-2 재난대비 안전제도 마련 및 시민보호 강화', 'S-16 안전한 지역사회 조성을 위한 사회안전망 구축', 'S-24 대형 건축공사장 안전관리 강화', 등의 사업들이 실질적으로 시민의 건강과 안전에 기여하고 있다. 특히 'S-16 안전한 지역사회 조성을 위한 사회안전망 구축'의 경우, 여성 1인가구 안심홈세트 지원을 확대하고 (2022년 60가구, 2023년 105건, 2024년 235건) 안심귀갓길 안전시설물을 구축함으로써 (2024년 5개소-신규 1, 보수 4) 관련 폭력 피해 신고 건수가 2023년 12월 기준 전년 대비 11.8% 감소하는 실적을 보이기도 했다. 이뿐만이 아니라 여성폭력피해자 지원시설을 늘리고 (2024년 10개소-가정폭력 4, 성폭력 3, 성매매 3) 성폭력 예방 강화 사업을 추진하는 등 장기적으로 폭력에 대한 사회적 인식을 개선하고 안전한 생활환경을 조성하는데 기여할 것으로 기대된다.

G(지배구조) 부문에서는 '시민과 함께하는 소통행정'이 성남시가 G(지배구조)의 핵심 가치로 삼는 '시민과의 소통 강화'를 위한 다각적인 노력을 보여준다. 시 공용폰을 통해 정책 제안이나 민원 사항을 문자로 접수받는 '바로문자 서비스', 생활 불편 제보와 현장 모니터링 등을 수행하는 230명의 '시정모니터' 운영, 그리고 동별로 1명씩 총 50명으로 구성된 '우리동네 소통관' 신규 도입 등을 통해 지역 민원 알림 서비스 및 소통 시스템을 구축하고 있다. 이러한 프로그램들은 시민 참여와 공감을 기반으로 행정 효율성과 신뢰도를 높이고, 전반적인 시민 만족도 향상에 기여할 것으

로 기대된다. 궁극적으로 성남시의 ESG 행정은 성남시민이 자원순환에 참여하고, 물리적·심리적으로 안전한 생활환경에서 생활하며, 시정의 중심에서 의견을 제시하고 정책을 결정하는 것에 집중하고 있다고 정리할 수 있다.

성남시는 지자체로서의 ESG 행정을 구체적으로 설계하고 실행에 옮기고 있다는 점에서 긍정적인 평가를 받을 만하다. 특히 성남시만의 ESG 추진 방향을 명확히 정의하고, 이를 기반으로 체계적인 활성화 계획안을 수립한 점이 돋보인다. 더불어 총 90여 개에 달하는 ESG 관련 사업들에 대해 '사업 개요, 현황 분석, 추진 계획, 기대 효과' 등을 구체적으로 제시함으로써, 행정의 실행력과 투명성을 높였다는 점도 높이 평가할 만하다.

4.5. 의료기관의 ESG 활용

국민의 건강과 직결된 의료기관은 단순한 진료 행위를 넘어, 사회적 책임과 지속가능성을 확보하기 위해 ESG를 적극적으로 도입하고 있다. 이는 의료산업이 국민의 삶에 직접적인 영향을 미치는 만큼, 기업과 마찬가지로 지속가능성 리스크 관리가 필수적이라는 인식이 확산된 결과다. 의료기관의 ESG 경영은 '환자 안전과 의료의 질 향상'을 최우선 가치로 삼으며, 환경 관리, 사회적 책임, 투명한 거버넌스 구축을 목표로 한다.

E(환경) 부문에서 의료기관들은 실질적인 변화를 만들어내고 있다. 병원에서 발생하는 의료 폐기물은 감염 위험이 높아 특별한 관리가 요구되는 만큼, 폐기물 분리수거 시스템을 고도화하고 재활용 범위를 확대하여 폐기물 발생량을 줄이기 위해 노력한다. 실제로 국립암센터는 2024년 의료 폐기물 배출량을 전년 대비 7.1% 줄이는 성과를 거두었다.[55] 또한, 에너지 다소비 시설인 병원의 특성을 고려해 건물 내 각종 전력 설비와 신재생 에너지 설비(태양광, 태양열, 지열, 풍력, ESS) 등에 대하여 종합적으로 관리하는 시스템인 '에너지관리시스템(BEMS)'을 2018년 도입[56]하기도 했다. 국내 '빅5 병원'의 연간 온실가스 배출량은 약 48만 톤에 달하는 만큼,[57] 이러한 노력은 기후 변화 대응에 필수적인 요소로 꼽힌다.

S(사회) 부문에서는 환자 중심의 의료 서비스와 함께 사회적 가치를 창출하는 데 초점을 맞추고 있다. 환자 안전은 모든 의료기관의 최우선 가치로, 환자 안전 시스템을 강화하고 의료 정보 보호를 위한 개인 정보 보안을 철저히 하는 데 막대한 투자를 하고 있다. 세브란스병원은 국내 최초로 '환자 경험(Patient Experience)' 개념을 병원 경영에 도입하여 진료뿐 아니라 응대, 시설 이용 등 전반에 걸쳐 웰빙 가치 중심의 의료 서비스를 체계화했다.[58] 이를 통해 환자 만족도를 높이는 한편, 의료 취약 계층을 위한 무료 진료, 저소득층 의료비 지원 등 공공 보건 향상을 위한 다양한 프로그램을 운영하며 사회적 가치를 창출하고 있다.

G(지배구조) 부문에서는 투명하고 윤리적인 병원 운영이 핵심이다. 의료기관은 내부 감사 시스템을 강화하고, 의료사고 발생 시 신속하고 투명하게 대응하는 체계를 구축함으로써 환자와 지역사회의 신뢰를 확보하고자 한다. 분당서울대학교병원은 ESG 경영 실천의 일환으로 투명하고 윤리적인 지배구조 확립에 힘쓰고 있다. 의료 공급망 전반에 걸쳐 윤리적 기준을 적용하고, 의료진의 전문성과 독립성을 보장하는 거버넌스 시스템을 확립하고 있다. 이는 병원의 의사결정 과정에 이해관계자들의 의견을 반영하고, 공정한 의료 체계를 구축하는 데 기여하며 궁극적으로 기관의 지속가능성을 높이는 중요한 요소가 된다. (삼성서울병원의 ESG 사례 참조) 이처럼 의료기관들은 ESG를 통해 환자 안전과 의료의 질을 높이는 동시에 환경을 보호하고 투명한 경영을 구현하여 지속가능한 성장을 도모하고 있다.

삼성서울병원의 ESG 사례[59]

삼성서울병원은 1994년에 개원한 우리나라 대표 상급종합병원으로, 삼성생명공익재단 산하의 사회복지법인으로 분류된다. ESG 규제가 주로 제조업이나 금융업을 중심으로 강화되고, 필수 서비스 산업이라 규제 대상에서 후순위이며, 의료수가 체계상 투자 대비 단기 성과가 가시적이지 않다는 이유로 의료업계에서 ESG 경영은 다소 관심이 저조한 주제였다. 그러나 삼성서울병원은 이미 2021년에 ESG 경영을 선제적으로 선포하고 2023년부터 ESG 보고서를 발간하기 시작하여, 그 해 한국표준협회가 주관하는 '2023 대한민국 지속가능성 대회'에서 종합병원 최초로 '대한민국 지속가능성지수(KSI)'와 '지속가능성보고서(KRCA)' 등 2개 부문을 동시에 수상하였다. 2024년에 동아일보가 주최하는 'K-ESG(산업통상자원부가 2021년에 발표한 한국형 ESG 경영 평가체계이자 국가 차원의 가이드라인) 경영대상'에서 '의료업부문 종합ESG 대상'을 수상하며, 의료업계 ESG 경영의 모범 사례이자 선두주자로 주목받게 되었다.[60] 한편, 삼성서울병원은 아직 MSCI와 같은 글로벌 ESG 평가 기관으로부터 평가를 받은 이력이 없다. 그럼에도 불구하고 매년 자체적으로 ESG 보고서를 발간하고 있다는 점은 주목할 만한 부분이다. 이는 삼성서울병원이 MSCI 등급 취득 여부와 관계없이, 다양한 이해관계자와의 신뢰를 강화하기 위한 행동일 뿐만 아니라, 향후 글로벌 평가 등급 취득을 위한 선도적인 움직임이기 때문이다.

MSCI의 'Health Care Facilities(의료 시설)' 산업은 병원, 클리닉 등을 통해 의료서비스 제공을 핵심 비즈니스로 삼고 있는 기관을 포괄한다. 그러므로 삼성서울병원이 향후 MSCI의 평가 대상이 된다면, 해당 산업군으로 분류될 가능성이 가장 높다. 해당 산업군에서의 MSCI 중대성 평가 기준(Materiality Map)을 살펴볼 때, ESG 요소별 비중은 다음과 같다. E(환경) 영역에서는 '탄소 배출(Carbon Emissions)'이 전체 중대성의 5%를 차지하며, 상대적으로 비중이 낮은 편이다. 반면, S(사회) 영역은 총 60%에 가까운 비중으로 매우 높은 중요도를 보이며, '제품 안전성 및 품질(Product Safety & Quality)' 20.1%, '노동관리(Labor Management)' 20.1%, '개인정보 및 데이터 보안(Privacy & Data Security)' 19.8%으로 구성된다. 마지막으로 G(지배구조) 영역은 전체의 35%를 차지하고 있다.

환경(Environment) 분야에서 삼성서울병원은 '친환경 병원'이라는 ESG 슬로건 아래 다양한 시도를 하고 있으며, 이는 단순히 시도에 그치지 않고 실질적인 효과의 창출까지 이어지고 있다. 예컨대, 삼성서울병원은 상급종합병원 최초로 2024년 7월부터 장례식장에 다회용기 사용을 시범 운용하고 2025년 1월 1일부터는 전면 도입함으로써 친환경 장례문화를 선도하고 있다. 이를 통해 연간 848만 개의 일회용품을 절감하여 연간 발생하는 일반 폐기물 131톤 중 80% 이상을 절감할 것으로 전망된다. 이뿐만이 아니라, 감염질환자용 격리병실을 제외한 596개의 전 병실을 대상으로 일반/의료 폐기물 분리배출 캠페인을 시행한 결과, 2024년 기준 폐기물 양을 134톤이나 감축하는 데 성공했다. 이에 그치지 않고, 2025년에는 식염수통을 수거하여 업사이클링하는 방안 또한 계획하고 있으며 분리배출 정책을 암병원 23개 수술실까지 확대하여 연간 50톤의 의료폐기물을 절감하고 있다. 삼성서울병원은 병원 내 친환경적인 문화를 조성하고 정책을 실행하는 것에 그치지 않고, 기존의 의료시스템을 전자화하여 불필요한 자원낭비를 줄이는 모습 역시 보이고 있다. 전자 약국정보관리시스템(e-PIMS)을 통해 병동약국 및 주사제 조제실에서의 종이 사용량과 처방 지연 및 오류 발생 가능성까지 최소화하고, 2025년에는 심전도 판독 프로세스를 Paperless로 전환하여 연간 약 1,350만 원의 출력 비용을 절감했으며, 기존 3.7%에 불과했던 당일 보고율을 98%까지 끌어올렸다.[61, 62]

사회(Social) 분야에서 '제품 안전성 및 품질(Product Safety & Quality)'은 핵심적인 이슈로 자리잡고 있다. 특히 'Health Care Facilities (의료 시설)' 산업군에서는 의료 서비스가 얼마나 안전하고 효과적으로 전달되는지가 곧 병원의 신뢰도와 직결되기 때문이다. 해당 부문에서 삼성서울병원은 환자에게 보다 안전하고 신뢰할 수 있는 의료 경험을 제공하기 위해 다양한 시도를 이어가고 있으며 특히 암환자를 위한 통합 의료 관리 시스템 구축에 공을 들이고 있다. 대표적인 사례로, '암환자 삶의 질 연구소'의 설립이 있다. 2022년 기준으로 국내 암경험자는 약 260만 명으로 인구의 5%에 달하고 있다. 그럼에도 불구하고 육체적, 정신적, 경제적 어려움에 처한 경우가 많고 암경험자를 바라보는 사회적 편견 또한 여전하다. 해당 연구소는 데이터 기반으로 암환자의 니즈를 체계적으로 분석하고, 건강한 일상 및 사회 복귀를 지원하는 방안을 개발하는 것을 목표로 한다. 이외에도, 환자가 직접 자신의 건강 상태를 평가하는 PRO(Patient Reported Outcomes) 플랫폼을 고도화한 모바일 문진 시스템인 'PRISM(Patient-centered Responsive care & Integrated network for Sustainable Management System)'을 개발하여 2025년 기준 30개 진료과에서 활용하고 있으며, 주당 약 10,000건의 모바일 문진을 통해 진료 효율성과 정확성을 높이고 있다. 또한, 데이터 기반의 진료 자원 운영 최적화를 위해 DOCC(Data-based Operation & Communication Center)를 고도화하여 운영 현황과 환자 수용 정보를 실시간으로 외래와 공유하고, 2025년에는 통원치료 환자별 체류시간을 예측해 효율성과 환자 경험을 제고하고 있다.[63]

'노동관리(Labor Management)' 역시 높은 중대성을 보이는 항목으로, 우리나라 의료업계 특성상 높은 업무 강도와 인력 부족을 고려했을 때, 삼성서울병원이 특히 집중하는 부문이다. 해당 부문에서 삼성서울병원은 2021년 '간호사 유연근무제'를 도입하여, 2022년부터 실시하고 있는 보건복지부 주관 '간호사 교대제 개선 시범사업'의 모델로 채택되었다.[64] 이에 2023년 12월에 국내 상급종합병원 최초로 복지부 건강친화기업인증을 취득하기도 하였다.[65] 이는 교대근무 등 육체적/정신적 피로에 노출되기 쉬운 의료산업의 속성을 이해하고, 의료 종사자의 건강 관리를 우선시하는 삼성서울병원의 조직 문화와 우수한 근무환경을 객관적으로 입증하기 때문에 특히나 인상적인 성과라고 볼 수 있다. 동종 업계에서 MSCI로부터 2년 연속 AA 등급을 획득하고 있는 싱가포르 소재의 민간 의료기관, 래플스메디컬그룹(RMG, Raffles Medical Group)은 이직률(2024년 22%, 2023년 26%), 직원 안전지표(2024년 산업재해 15건, 사망 0건, 중대재해 0건) 등을 구체적으로 명시하고 있으며,[66] 이를 통해 사내 프로그램의 활용 현황과 근무환경에 대한 객관적인 정보를 알 수 있다. 삼성서울병원은 '간호사 유연근무제', '북클럽', '행복캠프' 등과 같은 사내 프로그램 및 정책의 도입을 언급하고 있지만 보다 높은 수준의 ESG 보고서를 위해서는 유연근무제 이용 현황, 평균 근로시간 등 정량적 성과지표를 공개할 필요가 있다.

삼성서울병원은 국내 병원 중 드물게 ESG 전 영역에서 정책-실행-성과를 체계적으로 연결한 자체 보고서를 정기적으로 발간하며, 의료계 ESG 경영을 선도하는 역할을 수행하고 있다. 특히 환경과 사회 부문에서 투입되는 인풋(input)과 산출되는 아웃풋(output) 효과를 구별하며 제시함으로써, 삼성서울병원에서 운영하는 프로그램들과 정책들의 실효성을 확인할 수 있다는 점이 괄목할만하다. 향후 삼성서울병원이 RMG와 같은 우수 사례를 벤치마킹해, 노동관리 부문에서 더 구체적인 성과지표의 공개에 주력한다면, 국제 ESG 평가기준에 부합하는 경쟁력을 갖추게 될 것으로 기대된다.

4.6. 소비자의 ESG 활용

중요한 이해관계자의 하나인 소비자도 구매 결정에 있어서 ESG를 적극 활용하고 있다. 특히, 환경 보호와 사회적 책임을 중시하는 MZ세대를 중심으로 '가치 소비' 트렌드가 확산되는 추세다. 대한상공회의소의 조사에 따르면, Z세대 응답자 중 66.9%는 '조금 비싸더라도 ESG를 실천하는 기업의 제품을 구매하겠다'고 답하며 가치 소비에 대한 높은 의지를 보였다([도표 3-10] 참고).[67] 이는 단순히 제품의 품질과 가격을 넘어, 기업의 사회적 책임 활동이 곧 제품의 가치와 직결된다는 인식이 강해졌음을 의미한다. 이러한 소비 패턴은 친환경에 대한 관심과 행동 변화로도 이어진다. 환경부의 2022년 발표 자료에 따르면, 탄소중립 실천 시 포인트를 지급하는 '탄소중립실천포인트제' 당시 가입자 8만 7천여 명 중 약 60%인 5만 2천여 명이 MZ세대로 확인되었다. 이는 MZ세대가 일상생활에서 환경 보호 활동을 적극적으로 실천하고 있음을 보여주는 중요한 수치다. 또한, 해당 제도에 참여하는 기업의 리필 상품과 관련한 한국소비자원 2023년 조사에서는 "앞으로도 리필 스테이션을 이용할 의향이 있다(81.3%)", "플라스틱 쓰레기를 줄이기 위해 리필 스테이션을 이용할 의향이 있다(57%)"고 답변하였다.[68]

도표 3-10 ESG 실천 기업 제품/서비스 구매 의향

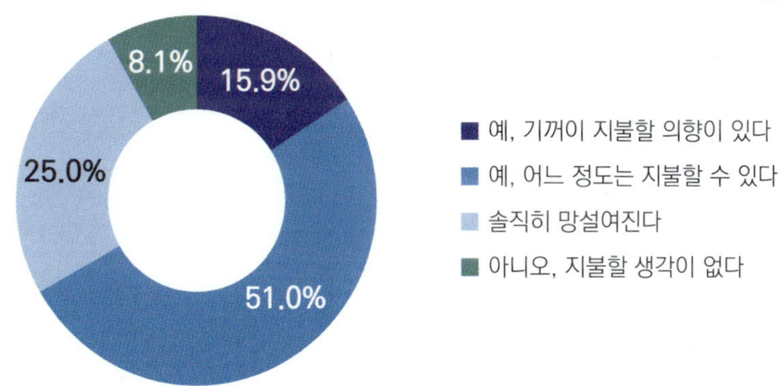

출처: Z세대의 ESG경영과 소비트렌드 인식조사. 대한상공회의소. 2025.

반대로, 기업의 비윤리적 행위나 ESG 관련 부정적 이슈가 불거지면 소비자들은 즉각적인 불매 운동에 나선다. 실제로 대한상공회의소 2025년 조사에 따르면, Z세대 소비자의 63.7%가 "기업의 비윤리적 행위 또는 ESG 관련 부정적 이슈로 인해 해당 기업 제품의 구매를 중단한 경험이 있다."라고 답변했다.[69] 대표적인 사례는 2022년 10월 SPC 계열사 제빵공장에서 발생한 20대 근로자 끼임 사망 사고다. 이 사고 이후 SPC 불매운동은 순식간에 확산했다. 온라인에서는 SPC 제품 여부를 판독해주는 사이트까지 등장해 공유되었고, SPC 멤버십 앱 '해피포인트' 이용자 수는 사고 발생 8일 만에 19% 감소하며 기업에 직접적인 타격을 입혔다. 이어서 2025년 5월, 사망 사고가 또 한 번 발생하며 3년 연속 중대재해를 발생시킨 SPC에 대한 불매 운동이 재점화되었다. SPC삼립의 주가는 사고 직전 연중 최고치를 기록했지만, 5월 19일 사고 발생 이후 급락세로 전환되며 같은 달 말에는 5만 1,000원대까지 떨어져 한 달 만에 25% 가까이 하락했다.[70]

4.7. 대학의 ESG 활용

대학 사회도 지속가능성에 대한 인식을 높이면서, 캠퍼스 운영 및 투자 방식에 ESG를 적극 고려하고 있다. 이는 대학이 단순한 교육 기관을 넘어, 사회적 책임과 윤리적 투자를 실천하는 주체로 변화하고 있음을 보여준다. 애리조나 주립대학교는 적극적인 ESG 전략을 펼치며 지속가능성 분야에서 선두적인 역할을 하고 있다. 2020년에 1억 달러 규모의 '지속가능 책임 투자 풀(Sustainable Responsible Impact Pool)'을 조성하고, 블랙록을 투자 최고 책임자(CIO)로 지정하여 ESG 투자에 본격적으로 나섰다.[71] 특히 기후와 정의, 형평성, 다양성, 포용성(JEDI)을 핵심 투자 우선순위로 삼고 있다.[72] 이러한 투자 전략은 2023년에 W. P. Carey 경영대학원 내에 설립된 '신(新) 거버넌스 랩(New Governance Lab)'을 통해 더욱 강화됐다. 이 연구소는 ESG 관련 노력을 통합하고 기업 거버넌스 개선에 초점을 맞추며, 실무자들에게 유용한 정보를 제공하고 있다. 하버드 대학교는 2020년 4월, Net-Zero 2050을 선언하며 온실가스 감축에 집중하고 있다. 2023년 업데이트된 내용에 따르면, 하버드대는 2026년까지 화석 연료 중립을 달성하고 2050년까지는 캠퍼스 내에서 화석 연료를 완전히 없애겠다는 목표를 세웠다. 또한, 2019년 쿨푸드 서약에 참여한 이후 2023년까지 식품 관련 탄소 배출량을 18.5% 감축하며 목표를 순조롭게 달성 중이다.[73] 캠퍼스 탈탄소화 프로젝트 자금 지원을 위해 그린 리볼빙 펀드 규모도 1,200만 달러에서 2024년에 3,700만 달러로 증액했다.[74]

기업들이 ESG 경영을 통해 지속가능성을 추구하듯, 대학들도 캠퍼스 지속가능성 수준을 객관적으로 평가하고 개선하기 위한 시스템을 적극 활용하고 있다. 그 대표적인 예가 STARS(Sustainability Tracking, Assessment & Rating System)이다. STARS는 미국 고등교육 지속가능성 증진협회(AASHE)가 운영하는 캠퍼스 지속가능성 평가 시스템이다. 대학의 지속가능성 노력을 측정하고 추적하기 위해 개발되었으며, 전 세계 대학들이 ESG 경영을 실현하는 데 중요한 지표로 활용된다. STARS는 학업(Academics), 참여(Engagement), 운영(Operations), 기획 및 행정(Planning & Administration) 등 총 네 가지 분야를 종합적으로 평가한다. 각 분야별로 세부적인 기준을 통해 대학의 친환경 교육, 학생 및 교직원의 참여, 에너지 효율성, 윤리적 거버넌스 등을 측정하여 플래티넘, 골드, 실버, 브론즈, 리포터 등급을 부여한다. UC 버클리는 STARS 평가에서 지속적으로 뛰어난 성과를 보여주고 있는 대표적인 대학이다. 2021년에 처음으로 최고 등급인 '플래티넘'을 획득했으며, 2025년에는 성과기반 지표의 비중을 대폭 확대하며 강화된 STARS 3.0의 기준을 충족해 두 번째로 플래티넘 등급을 받았다.[75] UC 버클리는 지속가능성 관련 교육 과정이 전체의 47%에 달하는 등 학업 분야에서 높은 점수를 기록하고 있다.[76] 또한, 캠퍼스 운영 전반에 걸쳐 지속가능성을 실현하기 위해 노력하며 2025년까지 탄소 중립성 달성을 목표로 삼고 있다.[77]

이러한 긍정적인 사례와는 반대로, 일부 대학은 비판에 직면하기도 한다. 2015년 5월, 옥스퍼드 대학교 졸업생 70여 명이 모교의 안이한 화석 연료 투자 정책에 반발하며 상징적으로 학위를 반납하는 시위를 벌였다. 이들은 대학이 기후변화 위기에 대해 더 책임 있는 자세를 보일 것을 강력하게 요구했다. 당시 옥스퍼드대는 환경과 사회적 기준에 따라 투자하겠다고 밝혔지만, 고위험 오일샌드와 석탄에 대한 직접 투자만을 제한했을 뿐, 모든 화석 연료 투자를 차단하지는 못했다. 이에 동문들은 "대학의 정책이 기후변화 문제 해결에 충분하지 않다."라고 비판하며 시위에 나섰다.[78] 이후에도 옥스퍼드대를 향한 비판은 계속되었다. 2022년 2월, <옥스포드 기후 정의 캠페인(OCJC)>의 보고서를 통해 대학이 2020년 8월 1일에서 2021년 7월 31일 동안, 화석 연료 산업으로부터 최소 160만 파운드 이상의 자금을 받은 것이 밝혀졌다.[79] 또한 2022년 대학의 간접 화석 연료 투자가 오히려 늘어나 2021년 대비 약 1,200만 파운드 증가한 연간 3,120만 파운드의 화석 연료 관련 투자가 이루어졌다는 것이 밝혀지며,[80] 비판의 목소리는 더욱 심화되었다. 특히 2023년에는 기후변화 운동 단체 '저스트 스톱 오일(Just Stop Oil)' 활동가들이 대학 건물에 오렌지색 페인트를 뿌리며 완전한 투자 철회를 요구하는 시위를 벌였다.[81] 최근까지도 옥스퍼드대는 ESG 경영에 대한 약속과 실제 투자 현실 사이의 괴리로 인해 학생과 동문들로부터 지속적인 도전에 직면하고 있다. 이는 대학이 사회적 책임과 윤리적 투자의 주체로서 어떤 역할을 해야 하는지에 대한 중요한 질문을 던지고 있다.

결론 및 요약

본 장에서는 기업의 성과와 지속가능성을 논하는 데 있어 재무적 성과와 비재무적 성과가 왜 모두 중요한지를 구체적으로 살펴보았다. 과거에는 기업의 성공을 판단하는 유일한 척도였던 매출, 영업이익 같은 재무적 지표가 이제는 기업의 진정한 가치를 온전히 설명할 수 없게 되었다. 코로나19 팬데믹 기간 동안 일부 기업이 보여준 단기적인 재무 성과는 뛰어났지만, 동시에 불거진 노동 환경 문제와 사회적 책임 결여 논란은 장기적인 성장 잠재력에 심각한 의문을 제기했다. 이는 재무적 견고함이 곧 지속가능성을 의미하지 않으며, 오히려 그 이면의 비윤리적 경영 활동이 언젠가는 기업 가치에 치명적인 손상을 입힐 수 있다는 점을 시사한다.

이러한 문제의식을 바탕으로, 우리는 기업의 지속가능성을 판단하기 위해서는 경영 활동의 '결과'뿐만 아니라 '과정'에 주목해야 한다. ESG(환경, 사회, 지배구조)는 바로 이러한 관점에서 기업 경영의 '품질'을 평가하는 강력한 도구로 부상했다. ESG는 단순히 재무 성과를 '만드는' 지표가 아니라, 그 재무 성과가 얼마나 공정하고 윤리적인 과정을 통해 창출되었는지를 세밀하게 들여다보는 세 가지 현미경의 역할을 한다. 이는 기업이 사회적 정당성을 확보하고 장기적인 가치를 창출하는 데 필수적인 요소이며, 앞으로 기업이 생존하고 번영하기 위한 핵심적인 원동력이 될 것이다. 다음 장에서는 이렇듯 중요한 역할을 하고 있는 ESG를 누가 실제로 어떻게 평가하고 있는지에 대해서 알아본다.

제 4 장

ESG: 평가방법론

최근 ESG 경영이 기업의 생존을 결정하는 핵심 요소로 부상했지만, 정작 기업의 ESG 성과를 객관적으로 측정하는 평가 시스템은 혼란에 빠져 있다. 평가기관마다 결과가 들쑥날쑥하여 등급 간 괴리가 심화되면서, 기업들은 누구의 기준에 맞춰야 할지 가늠하지 못하는 심각한 고충을 겪고 있는 실정이다. 이는 ESG 평가의 신뢰성을 저해하고 시장의 합리적인 의사결정을 방해하는 주요 원인으로 지목된다. 기업들은 국내외 ESG 평가기관으로부터 수시로 평가를 받지만, 그 결과는 기관마다 천차만별이다. 신용평가기관들의 신용등급 상관계수가 평균 0.99 수준으로 매우 높은 일관성을 보이는 것과는 대조적이다. 국내 주요 2개 ESG 평가기관의 상장기업 대상 평가등급 간 상관계수는 0.61에 불과했다는 분석 결과는 이러한 괴리를 극명하게 보여준다.[1] 실제로 국내외 대표 ESG 평가기관 3곳이 모두 등급을 발급한 국내 상위 기업들을 분석한 결과, 기관별 ESG 등급 평균 격차는 1.4단계였으며, 3단계 이상 차이가 나는 기업도 전체의 40%에 달하는 것으로 나타났다.[2] 이는 글로벌 기업을 대상으로 한 조사에서도 동일하게 나타나는 현상이다. 기업의 재무 성과를 평가하는 신용등급이 국경을 넘어 유사한 결과를 보이는 것과 달리, 비재무 지표인 ESG 평가는 기관별 방법론에 따라 그 결과가 현격히 달라지는 상황이다.

이러한 극심한 평가의 괴리는 기업 경영에 심각한 비효율성과 전략적 혼란을 야기한다. 실제로 대한상공회의소 등에서 2024년 조사한 기업 의견에 따르면, 'ESG 평가기관 가이던스'가 시행되었음에도 불구하고, 국내 기업의 57.1%가 국내 ESG 평가를 신뢰하지 못한다고 응답했을 정도로 평가 시스템에 대한 신뢰가 부족하다.[3]

이로 인해 기업들은 상충적 압박에 시달리게 된다. 예를 들어, 제약·바이오 업계를 대상으로 한 2024년 분석에서 동일 기업이 평가기관에 따라 최대 5등급까지 차이가 나는 사례가 확인되기도 했다.[4] 특정 기업이 국내 평가사로부터는 우수한 A 등급을 받았지만, 해외 평가사로부터는 BB 등급과 같은 평균 이하의 평가를 받아 투자 유치에 직접적인 타격을 입는 식이다. 이는 자본 조달 및 투자 유치의 불확실성을 증대시킨다. 더욱이, 자원의 비효율적 배분 문제도 심각하다. 한 글로벌 평가기관이 탄소 배출량 감축을 최우선 과제로 지적했으나, 다른 국내 평가기관이 지배구조 내 이사회 다양성 개선을 시급하게 요구할 경우, 기업은 제한된 예산과 인력을 어디에 투입해야 할지 전략적 우선순위를 정하는 데 극심한 혼란을 겪는다. 실제로 국내 기업들을 대상으로 한 설문조사에서, 응답 기업의 64%가 평가 체계와 기준, 가중치 미공개를 가장 큰 문제점으로 꼽았으며, 평가 결과에 대해 충분한 설명이 부족하다는 응답도 46%에 달했다.[5] 이는 기업이 상충하는 평가 기준 때문에 불필요한 중복 대응을 하거나, 어떤 기관의 요구를 따를지 '눈치 보기'식 경영을 할 수밖에 없는 실상을 보여주는 것이다.

장 목차

서론

기업의 지속가능성 성과를 측정하는 비재무적 지표인 ESG(환경, 사회, 지배구조)는 오늘날 투자자와 기업에게 더 이상 선택이 아닌 필수 요소로 자리 잡았다. 특히 기후 변화, 사회적 불평등, 기업 투명성 강화 등 시대적 요구가 커지면서, ESG 평가는 기업의 장기적 가치를 가늠하는 중요한 척도가 되었다. 하지만 급격히 성장한 ESG 평가 시장은 다양한 문제점을 노출하고 있다. 가장 큰 혼란을 야기하는 것은 평가 주체에 따라 동일한 기업에 대한 평가 결과가 극심한 차이를 보인다는 점이다. 이러한 불일치성은 시장의 신뢰를 떨어뜨리고, 기업과 투자자를 포함한 이해관계자들에게 혼란을 초래하고 있다.

본 장에서는 ESG 평가가 직면한 다양한 이슈들을 '평가의 목적(Why)', '대상(Whom)', '주체(Who)', '시기(When)', '방법(How)'이라는 5가지 핵심 요소로 나누어 심층적으로 분석한다. 또한, 평가 불일치와 같은 근본적인 문제점을 해결하고 국내 기업의 ESG 경영을 독려하기 위해 도입된 K-ESG 가이드라인의 주요 특징과 한계, 그리고 앞으로의 발전 방향에 대해 소개한다. 궁극적으로 이 장에서는 ESG 평가의 신뢰성과 투명성을 제고하기 위한 방안을 모색하고, 지속가능한 시장 생태계 구축을 위한 여건들을 체계적으로 논의한다.

사전 토론 사항

- 현재 ESG 평가 시장의 불일치 문제를 해결하기 위해 가장 우선적으로 논의해야 할 '평가의 목적'은 무엇인가?
- 중소·중견기업이 ESG 평가 대상에 포함되는 것이 기업 경쟁력에 어떤 긍정적 또는 부정적 영향을 미칠 수 있을까?
- ESG 평가의 투명성을 높이기 위해 어떤 변화가 필요한가?

1 ESG 평가와 관련된 다양한 이슈

기업의 지속가능성을 수치로 표현하는 ESG 평가와 관련된 다양한 이슈들은 크게 ESG 평가의 목적(Why), 대상(Whom), 주체(Who), 시기(When), 그리고 방법(How)의 5가지로 구분할 수 있다.

1.1. ESG 평가의 목적 (Why)

ESG 평가의 주요 목적은 이해관계자 시대의 대두와 함께 기업의 지속가능성을 판단할 수 있는 보편타당하고 투명한 비재무적 기준을 제공하는 것이다. 과거에는 기업의 가치를 재무 성과만으로 평가했으나, 이제는 이윤 창출 과정의 절차적 공정성까지 중요하게 여기는 공감대가 형성되고 있다. 기업의 장기적인 생존과 성장은 단순히 돈을 잘 버는 것을 넘어, 환경 보호, 사회적 책임, 투명한 지배구조 등 비재무적 요소들을 얼마나 잘 관리하는지에 달려 있기 때문이다.

ESG 평가는 이러한 시대적 요구에 따라 기업의 비재무 성과를 객관적으로 분석하는 도구로 활용된다. 투자자는 ESG 평가 결과를 바탕으로 기업의 잠재적 리스크와 기회를 파악하여 더 현명한 투자 결정을 내릴 수 있다. 또한, 소비자는 ESG 가치를 실천하는 기업의 제품을 선택하고, 지역사회는 기업이 사회적 책임을 다하고 있는지 감시하는 근거로 삼는다. 즉, ESG 평가는 기업과 사회의 지속가능한 발전을 위한 중요한 나침반 역할을 한다. 결론적으로, ESG 평가의 핵심은 다양한 이해관계자들이 기업의 지속가능성을 판단할 때 활용할 수 있는 비재무 성과를 '보편 타당한 기준'에 근거하여 '투명하고 객관적'으로 파악하는 것이다.

1.2. ESG 평가의 대상 (Whom)

ESG 평가는 누구를 대상으로 진행되고 있는가? 3장에서 언급한 것처럼,

ESG는 다양한 차원에서 활용되고 있다. 그럼에도 불구하고, ESG 평가는 근본적으로 '기업'의 지속가능성을 판단하는 정보를 제공하므로 ESG 평가의 주요 대상은 '모든 형태의 기업'이라고 말할 수 있다. 지속가능성은 대기업, 중소·중견기업, 신생기업 등 모든 형태의 기업에게 중요하기 때문이다. 하지만 존재하는 기업들을 모두 평가하는 것은 사실상 불가능하기 때문에, 특정한 기업들에 대해서만 선별적 평가가 이루어지는 것이 현실이다. 따라서, ESG 평가에서 연구 대상을 선정하는 방식인 샘플링(sampling)이 중요한 요소로 떠오르고 있다. 사회과학 분야에서 사용되는 샘플링 방법론을 활용해, ESG 평가의 목적에 맞는 기업을 선별함으로써 평가의 효율성과 정확도를 높일 수 있다. 특히, 평가 목적에 따라 대상을 의도적으로 선정하는 의도적 샘플링(purposive sampling) 방식이 주목받고 있다. 예를 들어, 미국 시장의 ESG 동향을 파악하고자 한다면 '미국 시가총액 100대 기업'을 평가 대상으로 선정할 수 있다. 이는 시장 전반의 흐름을 대표하는 기업들을 중심으로 분석함으로써 의미 있는 결과를 도출하기 위함이다. 마찬가지로, 특정 산업의 ESG 성과를 집중적으로 분석하고 싶다면 '금융업 분야 전 세계 자산 규모 상위 10대 기업'을 선정해 해당 산업의 리스크와 기회를 심층적으로 들여다볼 수 있다. 이처럼 ESG 평가 대상은 무작위가 아닌, 평가의 세부 목적에 따라 신중하게 결정된다. 의도적 샘플링을 통해 평가자는 특정 산업, 지역, 기업 규모 등 맞춤형 기준을 적용함으로써, ESG 평가의 실용성과 효용성을 극대화할 수 있다.

ESG 평가의 핵심은 객관적이고 신뢰성 있는 정보를 확보하는 것이다. ESG 평가 대상은 평가에 필요한 기본 조건 충족 여부, 특히 객관적인 평가가 가능한 관련 정보의 존재 여부에 따라 결정된다. ESG 평가 기관이 활용하는 자료는 크게 1차 자료와 2차 자료로 나뉜다. 1차 자료는 평가 기관이 기업의 지속가능성 성과를 파악하기 위해 직접 수집하는 정보를 말한다. 주로 기업의 이해관계자(직원, 공급망 파트너, 투자자 등)와 직접 인터뷰하거나 설문지를 이용해 자료를 확보한다. 이처럼 직접 소통을 통해 기업의 실제 ESG 경영 실태를 심층적으로 파악할 수 있다는 장점이 있다. 대표적인 예로 글로벌 지속가능성 지수인 DJSI(Dow Jones Sustainability Indices)는 기업이 직접 작성한 ESG 관련 설문지를 제출 받아 평가에 활용한다.[6] 하지만 1차 자료 수집은 시간과 비용이 많이 들고, 응답자의 편향으로 인해 객관성을 확보하기 어렵다는 단점이 있다. 반면 2차 자료는 기업이 이미 공개적으로 발표한 정보를 평가에 활용하는 방식이다. 지속가능성 보고서, 연차보고서, 홈페이지 공개 자료, 뉴스 기사, 정부 공시 등이 여기에 해당한다. 2차 자료는 이미 공개되어 있어 비용과 시간이 적게 들고, 다수의 기업을 효율적으로 평가할 수 있다는 장점이 있다. 그러나 2차 자료는 기업이 의도적으로 긍정적인 정보만 선별해 공개할 수 있어, 기업의 실질적인 ESG 성과를 파악하기에는 한계가 있다.

대표적 2차 자료인 지속가능경영보고서에 의존해 평가하는 경우, 또 다른 문제점이 있다. 보고서를 발간하지 않는 기업은 ESG 평가 대상에서 배제된다는 점이다. 한국의 중소·중견기업들은 여러 가지 이유로 지속가능성 보고서를 발간하지 않고 있다. 2023년 대한상공회의소 조사에 따르면, 중소기업이 ESG 경영에 어려움을 겪는 가장 큰 이유로 '비용 부담'(58.3%), '내부 전문인력 부족'(53.0%) 등이 꼽혔다.[7] 이러한 현실 때문에 ESG 평가는 주로 대기업을 중심으로 이루어지고 있다. 국내 대표 평가 기관인 한국ESG기준원(KCGS)의 평가 대상 기업 수는 2025년 기준 총 1,025개사에 그치며,[8] 이는 국내 상장사의 일부에 불과하다. 이러한 가운데, 최근에는 대기업(원청업체)이 협력업체(중소·중견기업)를 포함한 공급망 전체의 지속가능성을 관리하는 것이 중요해지고 있다. 예를 들어 EU는 기업 지속가능성 실사 지침(CSDDD)을 통해 일정 규모 이상의 기업에 공급망 내 인권 및 환경 실사를 의무화했다. 대기업의 환경 발자국, 인권 및 노동 이슈는 그들의 협력업체와 직접적으로 연결되기 때문이다. 따라서 ESG 평가 대상은 더 많은 기업으로 확대되어야 하며, 그 과정에서 정부의 역할이 중요해지고 있다. (InnoCSR의 ESG 사례 참조)

이노씨에스알(InnoCSR)의 ESG 사례

㈜이노씨에스알(InnoCSR)은 2008년 설립되어 혁신적인 재료 기술 기반의 사회적 가치를 창출하는 한국기업으로, 서울과 인도, 네팔, 파키스탄, 말레이시아에 각각 본사와 지사를 두고 있다. 설립 초기부터 10년 이상 ESG 컨설팅을 전문으로 기업을 운영했으나, 이후 기술 기반의 지속가능한 솔루션을 통해 보다 직접적이고 실질적인 변화를 만드는 방향으로 비즈니스 모델을 전환했다. 이에 따라 '굿브릭스 시스템(Good Bricks System)'과 'Good Soil Stabilizer'라는 InnoCSR만의 주력 기술을 바탕으로 2025년 기준 네팔, 인도 그리고 파키스탄에서 사업을 운영하고 있다. InnoCSR이 개발한 '굿브릭스 시스템'은 혁신적인 친환경 벽돌 제조 기술로, 석탄 사용과 가열 과정 없이도 고강도의 비소성 벽돌 생산이 가능하다. 소성은 내구성과 강도를 높이는 열처리 공정을 뜻하며, 비소성 공정은 친환경적인 생산과정을 통해 탄소 배출을 줄이고, 생산비용과 운영비용을 절감하여 비용 효율적이다. 또한 기존의 소성 벽돌보다 우수한 내구성과 강도를 지닌다는 측면에서 소성 벽돌에 대한 지속가능한 대안으로 평가받고 있다. 또한 'Good Soil Stabilizer'는 토양안정제로서 흙과 시멘트 사이의 결합을 가능하게 해주는 특수 화학물질로, 소성 과정이 없는 굿브릭스 제조의 핵심이라고 볼 수 있다.[9]

굿브릭스 기술은 단순히 한 기업의 제품 또는 기술이라는 차원을 넘어, 기존의 벽돌 사업이 지녔던 환경적·사회적 문제를 해결하는 데 기여한다. 해당 기술은 환경오염에 대한 영향력 최소화, 벽돌의 품질 표준화, 지역의 고용 창출, 그리고 나아가 실질적인 탄소감축 등 환경 및 사회 전반에 긍정적인 효과를 가져온다는 점에서, 다양한 이해관계자들에게도 중요한 의미를 지닌다. 먼저, 지역사회 및 근로자 관점에서 굿브릭스는 벽돌당 약 500g의 탄소 배출량을 감축함으로써 생산현장의 환경적 영향을 줄이고,[10] 노동력과 토지사용량을 전통 방식에 비해 1/10 수준으로 줄여 근로자의 근로 여건을 개선하는 데 기여할 수 있다. 또한 InnoCSR은 지역사회를 위해 약 230개의 일자리를 창출했다고 밝혔으며, 유압기계를 활용한 실내 생산 시스템은 날씨와 무관하게 제품을 생산할 수 있기 때문에 지역 벽돌 생산자들의 운영 안정성을 높이는 데 도움이 된다.[11] 건설사업자 및 소비자 관점에서 제품의 성능, 품질의 일관성 및 생산의 효율성은 중요한 요소인데, 굿브릭스는 벽돌을 굽는 기존의 과정

없이도 내구성과 고품질을 확보하여 네팔, 인도, 파키스탄에서 제시한 벽돌 기준치를 충족하고 있다.[12] 굿브릭스는 토양, 시멘트, 토양안정제를 혼합해 자동화 기계를 통해 제조하기 때문에 동일한 품질, 크기, 강도의 벽돌을 안정적으로 공급할 수 있으며, 소성벽돌 대비 약 3-10배 높은 생산능력을 가지는 반면 투자비용은 소성 벽돌의 약 20% 정도에 그친다는 점에서 생산성과 비용 효율성이 높다.[13] 나아가 정부 및 국제사회 관점에서 굿브릭스는 친환경적이고 지속가능한 개발과 조달의 가능성을 바탕으로 벽돌 산업과 건설 산업 전반의 지속가능한 운영 기반을 마련할 수 있다. 즉, InnoCSR의 사업 방향은 정부, 공공기관 및 국제사회등 여러 이해관계자가 추구하는 방향과 잘 어우러져 온실가스 저감이나 비용 효율성 증가 등 환경 및 경제적 목표에 부합하는 생산 방식을 보여준다.[14] 특히, 남아시아는 전세계 소성 벽돌 생산의 약 1/4이 집중된 지역(연간 3,000억 장)이며, 그 중에서도 네팔은 벽돌 생산에 매년 약 100만 톤의 석탄을 태우고 있다. 이는 네팔 전체 이산화탄소 배출량의 27%에 해당하며, 이를 통해 벽돌산업의 환경적 영향이 국가 단위에서도 매우 크기 때문에 굿브릭스를 통한 비소성 벽돌 생산이 국제사회에 미치는 영향력 역시 긍정적이라고 볼 수 있다. 더불어 투자자 및 파트너 입장에서는 굿브릭스 시스템의 경제성과 확장성이 투자와 협력에 있어 중요한 고려 요인이 된다. 굿브릭스 시스템은 기존 및 신규 벽돌 가마 소유자들에게 더욱 높은 소득을 가져다주며,[15] 환경을 해치지 않으면서도 비용적 측면과 생산성에서 모두 경쟁력을 가진 점을 투자자들로부터 높게 평가받아 적극적으로 투자 유치를 하고 있다. 실제로 Gandaki Eco Bricks and Tiles Industries Pvt. Ltd., Agastya Brick and Tiles Udhyog, Yatra Eco Bricks and Tiles Udhyog 등과의 파트너십을 통해 네팔 내의 전통 벽돌 가마를 굿브릭스 시스템으로 전환하는 사례가 늘고 있으며,[16] 2025년 기준 굿브릭스를 공급한 건축물의 수는 300개를 돌파하였다.[17] 또한 굿브릭스 기술을 도입하는 데 필요한 초기 투자금은 일반적으로 1년 이내에 회수 가능하다고 발표했으며, 현재는 토양을 주성분으로 한 벽돌만 생산 가능하지만 다른 종류의 벽돌(석탄회, 광산폐기물 등 주로 처리비용이 높은 폐기물을 활용) 및 블록 개발도 계획 중에 있다고 밝히며 적극적인 연구와 개발을 시도하고 있다는 점[18]에서 굿브릭스 시스템의 경제성과 확장성은 높은 것으로 보인다. 마지막으로 탄소배출권 사업이 가시권 안에 들어오면서, 많은 탄소배출권 수요 기업들에게 투자를 유치하고 있다. InnoCSR은 이를 다시 서남아시아에 재투자하여, 기술 도입 시 가장 큰 투자비용인 유압식 기계 장치를 무상으로 장기 임대해 줄 계획을 가지고 있다. 즉, 굿브릭스는 기존 벽돌 산업의 환경, 비용, 품질 문제를 동시에 해결하는 실질적 대안으로서, 앞으로 굿브릭스와 같은 비소성 또는 친환경 대체 기술에 대한 수요 역시 지속적으로 확대될 것으로 예상된다.

이처럼 InnoCSR은 ESG를 중심축으로 지속가능한 비즈니스 모델을 구축하고자 했으며, 개발도상국가가 직면한 다양한 문제와 이슈를 실질적으로 해결할 수 있는 기술의 개발 및 적용을 통해 사업 기회를 확보했을 뿐만 아니라 사회 전반에 긍정적인 영향력을 행사하며 성장 중에 있다. 즉, InnoCSR의 굿브릭스 기술은 중소기업이 지속가능성에 대한 고려와 ESG 경영을 단순한 의무의 이행이나 여러 규제로부터 리스크를 회피하기 위한 수단이 아니라, 그 자체를 사업 기회로 전환한 대표적인 사례이다. 이러한 사례는 중소기업도 ESG 경영을 통해 사회적 가치와 사업성을 동시에 달성할 수 있다는 것을 보여준다. 특히 InnoCSR이 ESG와 직접적으로 연계된 기술을 주도적으로 개발하고, 나아가 국제 사회가 직면한 환경적·사회적 문제를 기술적으로 해결하는 방법으로 글로벌 시장에 진출하여 시장성과 영향력을 모두 확보한 점은 눈여겨볼 만하다(17가지 UN SDG중 11개 문제를 다룸). 이는 중소기업 및 중견기업이 ESG를 사업 운영에 부담이 되는 요소로 볼 것이 아니라, 새로운 성장의 기회로 받아들일 필요가 있음을 시사한다. 또한 건설 산업 전반에 있어서, 기존의 고탄소, 고에너지 기반의 자재 및 건설 중심 구조에서 벗어나 기술 혁신을 통해 저탄소, 고효율 구조로 전환하는 것이 가능하며, ESG가 산업규제로서만 작용하는 것이 아니라 산업구조 자체를 변화시킬 수 있는 요소임을 보여준다.

현재 국내 다수의 중소기업 및 중견기업은 ESG 경영의 필요성을 인식하고 있음에도 불구하고, 자원의 제약이나 역량 부족 및 재무적 부담감 등으로 인해 ESG 경영의 실질적인 실행이 충분히 이루어지지 못하고 있다. 이러한 현실을 감안할 때, 정부는 ESG가 대기업을 중심으로 한 의무 이행 정도에 머물지 않도록 해야 하며, 중소기업이 제품 및 기술 차원에서 ESG를 실천할 기회를 발견하고 이를 비즈니스화할 수 있는 환경을 조성해야 한다. 예를 들면, ESG 기반의 기술 개발을 위한 정부의 R&D를 확대하고, ESG를 사업모델로 한 중소기업의 해외 진출을 지원하며, 탄소중립이나 ESG 인증 성과에 따라 기업의 인센티브 구조를 마련하는 방법 등이 있을 것이다. 또한 중소기업 및 중견기업이 적극적으로 ESG를 통한 사업 기회를 모색하고 그에 따른 전략을 수립할 수 있도록 ESG 컨설팅을 제공하고, 사회가 직면한 다양한 환경 및 사회 문제를 중소기업 및 중견기업이 협력하여 해결함으로써 ESG 선도기업으로 거듭날 수 있도록 프로젝트 등의 방식을 통해 기회의 장을 열어주어야 한다.

정부는 중소·중견기업이 ESG 경영을 도입할 수 있도록 다양한 지원 정책을 펼치고 있다. 예를 들어, 환경부와 중소벤처기업부는 중소기업을 대상으로 ESG 진단, 교육, 컨설팅 비용을 지원하는 사업을 진행하며, ESG 경영 역량 강화를 돕고 있다. ESG 평가의 사각지대에 놓였던 중소·중견기업들이 지속가능성 경영에 참여할 수 있는 토대가 공급망 전체의 지속가능성 강화 및 수출 경쟁력 확보라는 관점에서 구축되어야 한다.

1.3. ESG 평가의 주체 (Who)

이해관계자들이 기업의 지속가능성에 대해 직접 판단하는 것은 매우 어려운 일이다. 방대한 양의 지속가능경영보고서를 하나하나 검토하여 해당 기업의 ESG성과를 분석하는 것은 시간과 전문성이 요구되는 작업이기 때문이다. 이런 상황에서 투자자, 소비자, 정부 등 이해관계자들은 자연스럽게 ESG 평가사가 제공하는 결과에 의존하게 된다. ESG 평가사는 기업이 공개하는 다양한 데이터를 수집하고, 이를 전문적인 방법론으로 분석하여 하나의 등급이나 점수로 요약하는 역할을 한다. 이로써 이해관계자들은 복잡한 정보를 한눈에 파악하고 기업의 ESG 수준을 비교할 수 있게 된다. 결론적으로, ESG 평가사는 복잡하고 전문적인 정보를 일반화하고 요약하여 시장의 효율성을 높이는 중요한 역할을 수행한다. ESG 경영이 기업의 핵심 가치로 자리 잡은 오늘날, 평가사의 역할은 그 어느 때보다 중요하다.

하지만 ESG 평가는 특정 자격 요건이나 진입 장벽이 사실상 존재하지 않아 국내외적으로 수많은 평가 기관이 공존한다. ESG 평가 시장을 이끄는 글로벌 주요 평가 기관들은 저마다의 독특한 방법론으로 기업을 분석하며 투자자들에게 다양한 관점의 정보를 제공한다. MSCI는 기업의 ESG 성과를 평가해 AAA부터 CCC까지 7단계의 등급을 부여하는 기관이다. 이들의 평가는 산업별 특성을 깊이 고려하는 것이 특징이다. 예를 들어, IT 산업에서는 데이터 보안에 높은 가중치를 두는 반면, 제조업에서는 탄소 배출량을 더 중요하게 다룬다. Sustainalytics는 이와 달리 'ESG 리스크'에 중점을 둔다. 기업이 직면한 산업별 리스크에 얼마나 노출되어 있고, 이를 얼마나 잘 관리하는지를 측정하여 점수를 매긴다. 투자자는 이 평가를 통해 특정 기업의 잠재적인 ESG 리스크와, 그 관리 수준을 명확히 이해할 수 있다.[19] FTSE Russell은 단순히 총점을 매기는 것을 넘어, 14개 테마별 세부 평가를 제공한다. 환경, 사회, 지배구조로 나뉜 각 영역의 상세한 테마별 강점을 분석해 투자자들이 기업의 어떤 분야가 우수한지 구체적으로 파악하도록 돕는다.[20] Refinitiv(현 LSEG Data & Analytics)는 870개 이상의 ESG 측정 지표를 산출하여, 이 중 186개의 핵심 지표를 활용해 기업의 ESG 성과를 점수화하고 순위를 매긴다.[21] 기업이 공개한 2차 자료를 주로 활용하여 객관적인 수치 기반의 비교 정보를 제공하는 것이 특징이다. 반면에 탄소정보공개프로젝트(CDP, Carbon Disclosure Project)는 기후변화, 수자원, 산림보전 등 기업의 환경 관련 정보 공개에 특화된 비영리 단체로서, 기업의 자발적인 정보 공개를 유도하고 이를 바탕으로 평가 등급을 부여한다.[22]

국내 주요 평가사로는 한국ESG기준원(과거 명칭: 한국기업지배구조원)과 서스틴베스트가 있다. 한국ESG기준원은 국내 상장사를 대상으로 ESG를 평가하고, S부터 D까지 7개 등급을 부여하는 반면,[23] 서스틴베스트는 국내 주요 연기금의 의뢰를 받아 상장 및 비상장 기업의 ESG 리스크 관리 수준을 평가하는 데 중점을 둔다.[24] 이러한 전문 평가 기관들 외에, 신문사 및 경제 미디어들도 ESG 평가 시장에서 중요한 역할을 수행하고 있다. 이들은 정기적으로 ESG 관련 시상식을 개최하거나 자체적으로 ESG 지수를 발표하며, 기업의 ESG 경영을 독려하고 있다. 예를 들어, 매일경제신문이나 한국경제신문은 자체적인 ESG 평가 모델을 구축하고, 이를 바탕으로 우수 기업을 선정해 시상하고 있다.[25, 26] 이 밖에도 한국언론인협회와 고려대학교 ESG 연구원이 공동으로 주최하고 정부 부처들이 후원하는 '국가지속가능 ESG 컨퍼런스'에서는 정부 기관, 학계, 기업 관계자들이 모여 ESG 트렌드를 논의하며 '국가지속가능 ESG 대상'을 통해 ESG 경영 우수 기업을 선정하고 시상하며 기업의 ESG 성과를 널리 알리고 있다.[27]

1.4. ESG 평가의 시기 (When)

기업의 지속가능성에 영향을 미치는 경영 환경은 법규와 정책의 변화로 매순간 끊임없이 발생한다. 예를 들어, EU의 기업 지속가능성 실사 지침(CSDDD) 같은 규제는 지속적으로 정교화 및 구체화되며 공급망 전반에 걸친 법적 의무로 자리 잡고 있으며, 한국 정부 또한 'K-ESG 가이드라인'을 제정하여 61개 핵심 항목으로 공시 기준을 제공하는 등 관련 정책을 진행하고 있다. 이러한 경영환경 변화에 맞춰 기업들은 ESG 위원회를 설치하고, ESG 전담 인력을 확충하는 등의 노력을 통해 발 빠르게 대응하고 있다. 하지만 이러한 실시간 변화에도 불구하고, 기업의 ESG 평가는 대부분 1년 중 한 번만 이루어지고 있는 것이 현실이다. 이는 평가의 근거가 되는 지속가능경영보고서가 1년에 한 번 특정 시점에 발간되기 때문이다. 한국의 경우, 한국ESG기준원(KCGS)의 평가가 주로 하반기에 발표되는 등 대부분의 평가가 연례적으로 진행된다. 외국 역시 MSCI나 Sustainalytics 등 주요 평가 기관이 기업의 회계연도 종료 후 연 1회 평가하는 방식을 채택하고 있다.

이러한 평가 시점의 불일치는 심각한 문제를 야기할 수 있다. 만약 ESG 평가 실시 이후에 기업의 지속가능성에 엄청난 변화를 초래하는 현상이 발생했다면, 그 내용은 다음 해 평가에나 반영될 수밖에 없다. 기업에 중대한 ESG 이슈가 발생할 경우 분기별로 등급을 조정하기도 하지만, 그런 이슈가 발생한 시점이 평가 등급이 공표된 이후라면, 해당 이슈가 등급에 반영되기까지는 상당한 시차가 발생할 수밖에 없다. 이 때문에 사회적 물의를 일으킨 기업을 비난하는 과정에서, "어떻게 그런 기업이 최근의 ESG 평가를 잘 받을 수 있었냐"는 의문이 제기되기도 한다. 이러한 평가와 현실 간의 괴리를 보여주는 대표적인 사례가 바로 폭스바겐의 '디젤 게이트'였다. 2015년, 폭스바겐이 배출가스 조작 장치를 설치해 환경 기준을 속여 왔다는 사실이 폭로되자 전 세계적인 비난에 직면했다. 하지만 2015년 9월 초까지만 해도, 다우존스 지속가능성 지수(DJSI)가 폭스바겐을 세계 자동차 부문 최고 지속가능 기업으로 선정하였고, MSCI 평가에서는 BBB 등급을 획득하며 당시 폭스바겐은 ESG 평가에서 비교적 높은 등급을 유지하고 있었다. 이는 외부 평가가 기업의 실제적인 환경 위반 행위를 적시에 포착하지 못했음을 여실히 드러냈다. 결국 이 사건 이후 폭스바겐은 DJSI에서 제외되었고, MSCI 등급은 CCC로 조정되며 폭스바겐의 ESG 등급은 최하위권으로 추락했다.[28, 29]

따라서 기업의 지속가능성을 실시간으로 정확히 판단하기 위해서는 정보 공시의 주기가 단축되어야 한다. 1년에 한 번만 혹은 특정시점에만 지속가능성 보고서를 발간하고 그것을 평가하는 현재의 관행하에서는 기업의 지속가능성을 시의적절하게 판단하는 것이 불가능하다. 기업의 지속가능성 정보를 시의적절하게 제공하기 위해 기업들은 홈페이지나 전용 플랫폼을 통해 ESG 관련 정보를 실시간으로 업데이트하려는 노력을 기울이고 있다. 이러한 민간의 노력을 보완하고 시장의 투명성을 높이기 위해, 정부 차원에서 기업들이 ESG 정보를 실시간으로 업데이트하고 공시할 수 있는 전용 플랫폼을 구축하고 운영해야 한다. 이러한 전용 플랫폼은 공신력 있는 정보의 허브 역할을 하며, 기업들에게는 효율적인 정보 공개 채널을, 투자자 및 이해관계자들에게는 신뢰성 있는 최신 정보를 실시간으로 제공할 수 있다. 더 나아가 정부 주도의 통합 플랫폼은 ESG 정보 공시의 표준화를 이끌고, 데이터의 일관성과 접근성을 높이는 데 기여할 것이다.

1.5. ESG 평가의 방법 (How)

ESG 평가 방법이 평가 기관마다 다른 것은 각 기관이 ESG를 바라보는 관점과 평가하는 방식 자체가 근본적으로 다르기 때문이다. 이러한 차이는 다음과 같은 여러 요인에서 비롯된다.

조작적 정의의 차이: 무엇을 어떻게 측정할 것인가?

특정한 이슈에 대한 조작적 정의가 ESG 평가 기관마다 서로 다를 수 있다. 예를 들어, '산업재해'라는 동일한 이슈를 평가하더라도, 이를 측정하는 방식이 다르다. 특정 평가기관은 재해 발생의 빈도, 예를 들어 재해율(근로자 100명당 발생하는 재해자 수), 혹은 도수율(근로시간 100만 시간당 발생하는 재해 건수)로 측정한다. 반면에 다른 평가기관은 재해의 심각성, 예를 들어 사망만인율(근로자 1만 명당 발생하는 사망자 수), 강도율(근로시간 1,000시간당 재해로 인한 근로 손실 일수)을 통해 산업재해를 측정한다.

데이터 출처의 차이: 어디서 정보를 얻는가?

평가에 활용하는 데이터 출처 또한 ESG 평가 기관마다 다르다. '산업재해'에 대한 조작적 정의가 동일하더라도 일부 평가 기관은 기업이 공개한 지속가능성 보고서나 공시 자료 등을 통해 2차 자료 중심의 평가를 진행하는 반면, 어떤 기관은 기업에 직접 설문지를 보내거나 이해관계자를 인터뷰하는 등 자체적으로 정보를 수집하는 1차 자료를 활용하기 때문이다.

데이터 형태의 차이: 정량인가, 정성인가?

데이터의 출처가 같다고 하더라도 사용하는 데이터의 형태는 ESG 평가 기관마다 다를 수 있다. 예를 들어 산업재해의 심각성을 평가할 때, '근로시간 1,000시간당 재해로 인한 근로 손실 일수'와 같은 정량적 지표에 의존하는 평가 기관이 있는가 하면, '사고 후 근로자들이 느끼는 심리적 안전성'이나 '생산성 손실에 대한 인식'과 같은 정성적 지표를 중요하게 여기는 기관도 있다.

평가 배점의 차이: 무엇을 더 중요하게 보는가?

동일한 평가 항목에 대해서도 ESG 평가 기관들은 산업별 특성에 따라 가중치를 다르게 부여한다. 예를 들어 제조업, 건설업, 광업 등과 같이 물리적인 노동과 기계 사용이 많은 산업에서는 산업재해 항목의 배점을 높게 책정한다. 반면에 서비스업, 금융업, IT 산업과 같이 사무직 중심의 산업에서는 물리적 사고 발생 위험이 적기 때문에 산업재해의 중요도가 상대적으로 낮게 배정된다.

평가 잣대의 차이: 무엇을 기준으로 평가하는가?

ESG 평가 기관마다 평가 준거가 다를 수 있다. 일부 기관은 산업재해에 대해 법적 기준을 바탕으로 모든 기업에 동일한 잣대를 적용하는 '절대 평가'를 사용한다. 반면, 다른 기관은 동종 업계의 경쟁사들과 비교하여 기업의 순위를 매기는 '상대 평가'를 사용하여 업계 내에서 해당 기업의 상대적인 위치를 파악하는 데 초점을 맞춘다.

2 ESG 평가 결과

ESG 평가 방법의 다양성은 결국 평가 불일치(ratings divergence)로 이어질 수 있다. 실제로 국내외 평가 결과를 살펴보면 다음과 같다.

2.1. 국내외 평가 결과 비교

미국 주요 기업들에 대한 ESG 평가 결과가 기관마다 크게 다른 것으로 나타났다. 미국의 시가총액 상위 20개 기업에 대한 두 평가기관(Provider 1, Provider 2)의 ESG 점수 및 세부 항목(E, S, G)별 점수를 통해 동일 기업에 대한 평가가 얼마나 상이한지 확인할 수 있다.

도표 4-1 미국 시가총액 20대 기업 ESG평가 결과

Company	Sector	Weight	ESG Score		E Score		S Score		G Score	
			Provider 1	Provider 2	Provider 1	Provider 2	Provider 1	Provider 2	Provider 1	Provider 2
Apple	Technology	3.52%	0.41	0.43	0.69	0.96	0.10	0.42	0.54	0.19
Amazon	Cyclical	2.82%	0.23	0.07	0.25	0.13	0.15	0.20	0.51	0.06
Microsoft	Technology	2.78%	0.88	0.94	0.89	0.92	0.90	0.83	0.74	0.84
Alphabet	Technology	2.76%	0.33	0.48	0.54	0.67	0.50	0.75	0.10	0.10
Facebook	Technology	2.00%	0.29	0.20	0.77	0.23	0.32	0.63	0.07	0.01
Berkshire Hathaway	Financial	1.97%	0.04	0.04	0.06	0.07	0.04	0.24	0.04	0.04
JPMorgan Chase	Financial	1.53%	0.79	0.76	0.97	0.75	0.88	0.82	0.45	0.45
Johnson & Johnson	Health Care	1.34%	0.95	0.87	0.95	0.90	0.97	0.45	0.78	0.92
Bank of America	Financial	1.27%	0.59	0.81	0.86	0.79	0.58	0.88	0.29	0.54
Exxon Mobil	Energy	1.24%	0.70	0.53	0.45	0.35	0.65	0.91	0.86	0.37
Wells Fargo	Financial	1.10%	0.84	0.31	0.82	0.87	0.80	0.30	0.70	0.03
Visa	Financial	1.07%	0.75	0.65	0.67	0.63	0.53	0.37	0.98	0.71
Walmart	Cyclical	1.03%	0.72	0.35	0.64	0.77	0.61	0.10	0.73	0.42
Intel	Technology	0.89%	0.75	0.99	0.81	0.84	0.99	0.99	0.37	0.99
Cisco	Technology	0.86%	0.98	0.98	0.88	0.86	0.95	0.98	0.93	0.78
AT&T	Telecomm	0.86%	0.94	0.86	0.98	0.82	0.84	0.50	0.80	0.87
UnitedHealth Group	Health Care	0.84%	0.18	0.51	0.16	0.60	0.20	0.16	0.40	0.67
Pfizer	Health Care	0.84%	0.68	0.67	0.65	0.59	0.85	0.66	0.39	0.57
Chevron	Energy	0.82%	0.32	0.30	0.32	0.21	0.41	0.87	0.35	0.25
Boeing	Industrial	0.82%	0.51	0.24	0.48	0.42	0.38	0.08	0.63	0.47

Notes:
(1) The shaded areas indicate instances in which the two providers have ratings differences greater than 25%.
(2) In order to normalize ESG scores between the two providers, the scores in this table are determined by the percentile ranking of each company (with 0 being the lowest and 1.00 being the highest) by the respective provider's raw ESG score (or individual environmental, social, and governance score) and then taking the cumulative market-cap weight of that company relative to the overall universe. For example, Apple's ESG score of 0.41 by Provider 1 means that Apple's cumulative market-cap weight within the investment universe is 41% after ranking the universe by Provider 1's ESG scores.
Source: Research Affiliates, LLC.

출처: What a Difference an ESG Ratings Provider Makes!. Research Affiliates. 2020.

기술 섹터의 대표 기업인 애플의 경우, 두 평가기관의 점수 차이가 극명하게 드러난다. E(환경) 점수에서 한 기관은 0.69점을, 다른 기관은 0.96점이라는 매우 높은 점수를 부여했는데, 이는 애플의 친환경 정책에 대한 해석이나 평가 기준이 두 기관 간에 크게 달랐음을 보여준다. 한 기관은 친환경 제품 생산에 높은 점수를 준 반면, 다른 기관은 탄소 배출량 감축 노력에 더 높은 가중치를 부여했을 가능성이 높다. S(사회) 점수도 한 기관은 0.10점, 다른 기관은 0.42점으로 큰 차이를 보이며, 노동 환경, 공급망 관리 등 사회적 책임 부문에 대한 평가 기준이 달랐기 때문으로 풀이된다. G(지배구조) 점수 역시 한 기관은 0.54점, 다른 기관은 0.19점으로 상반된 결과를 나타냈다.

금융 분야의 대기업인 Wells Fargo는 특히 지배구조 점수에서 극심한 평가 편차를 보였다. 한 평가기관은 0.70점의 높은 점수를 부여한 반면, 다른 기관은 0.03점이라는 거의 최저에 가까운 점수를 주었다. 이처럼 지배구조 평가가 극단적으로 갈린 것은 과거의 리스크를 평가에 반영하는 방식이 달랐기 때문으로 추정할 수 있다. 과거 웰스 파고가 겪었던 불완전 판매 사태와 같은 지배구조 리스크에 대해, 두 기관이 서로 다른 관점을 가졌을 가능성이 높다. 한 기관은 해당 문제가 이미 해결되었거나 기업의 개선 노력을 높게 평가했을 수 있다. 반면, 다른 기관은 과거의 리스크를 기업의 근본적인 문제로 간주하고 낮은 점수를 부여했을 수 있다.

소매유통 기업인 Walmart는 사회 부문에서 가장 큰 점수 차이를 보였다. 한 평가 기관은 0.61점이라는 비교적 높은 점수를 부여했지만, 다른 기관은 0.10점이라는 매우 낮은 점수를 주었다. 이처럼 사회 부문 평가가 극명하게 갈린 것은, 월마트가 직원 복지, 임금 수준, 그리고 공급망 관리 등 사회적 책임과 관련된 논란에 직면해 왔고, 두 평가 기관이 이러한 이슈들을 바라보는 관점과 가중치가 달랐기 때문으로 추정할 수 있다. 한 기관은 월마트의 개선 노력이나 사회 공헌 활동 등을 긍정적으로 평가하여 높은 점수를 부여했을 수 있다. 반면, 다른 기관은 월마트가 과거에 겪은 노동 관련 리스크를 더 중요하게 여기고, 이러한 이슈들이 여전히 해결되지 않았다고 판단하여 낮은 점수를 부여했을 수 있다.

국내에서의 ESG 평가 결과도 기관마다 크게 다른 것으로 나타났다. 상장기업을 중심으로 환경, 사회, 지배구조 개별 부문에 대한 평가와 이를 종합한 통합 등급을 산출하는 국내의 대표적인 평가 기관인 한국ESG기준원(KCGS)은 매년 10월 정기 등급을 발표하며, 서스틴베스트(Sustainvest)는 상·하반기 연 2회 평가를 실시하고 상반기는 6월, 하반기 결과는 11월 발표한다. 2020년 10월에 발표된 등급을 기준으로 두 기관에서 공통으로 평가한 839개 기업의 종합 등급을 분석한 결과에 따르면, 두 기관의 평가결과는 매우 엇갈렸다.

도표 4-2 양 기관의 E, S, G 개별 점수 상관관계

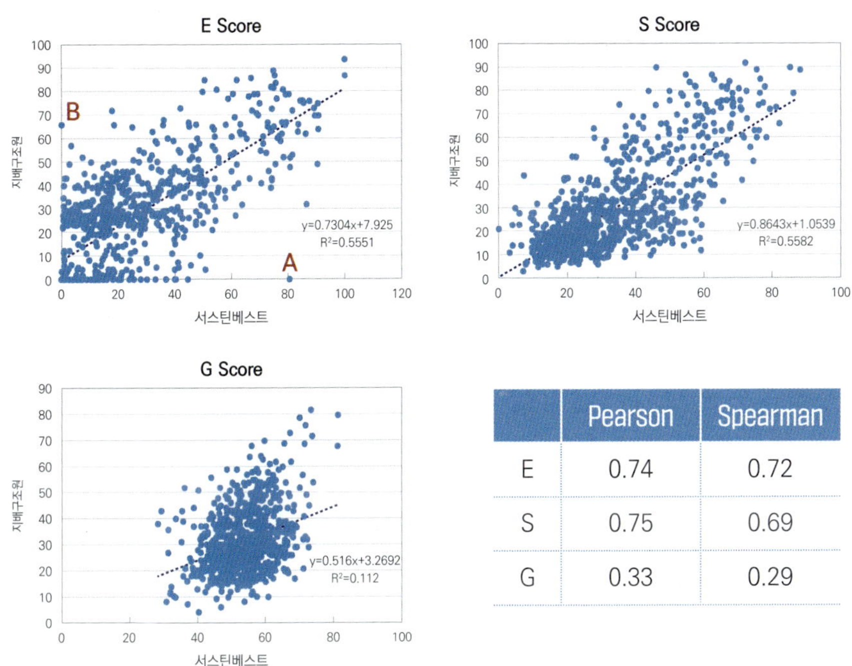

	Pearson	Spearman
E	0.74	0.72
S	0.75	0.69
G	0.33	0.29

주: 분포의 상이함과 극단값의 영향을 고려하여 순서통계량인 Spearman 상관계수도 함께 계산하였다.
출처: ESG 평가 체계 현황과 특성 분석 (이슈보고서). 자본시장연구원. 2022.

G(지배구조)에 대해서 두 기관의 평가결과는 상대적으로 큰 차이를 보인다.[30] G(지배구조)와 관련한 평가항목이 상대적으로 많고 감사위원회 역할, 이사회의 독립성 등과 같은 항목에 대해서 정성적인 판단이 필요한 경우가 많았기 때문으로 추론할 수 있다. 반면에 E(환경) 부문은 탄소 배출량, 에너지 사용량 등 평가 항목이 상대적으로 적고 객관화된 정량지표를 주로 사용하기 때문일 것이다. 또 다른 특징은 두 기관 모두 S(사회)나 G(지배구조)에 비하여 E(환경)에 대해서 상대적으로 낮은 점수를 부여했다는 것이다. 그럼에도 불구하고 표에서 볼 수 있듯이 두 기관이 E(환경)와 관련하여 A 기업에 부여한 점수는 각각 80점과 0점으로, B 기업에는 0점과 70점으로 극단적인 차이를 보인다.

2.2. 다른 평가 기관, 다른 평가 결과

특정 기업의 ESG 평가 결과가 평가 기관마다 다르게 나타나는 경우에 어떤 현상이 발생할 수 있을까? 동일 기업에 대한 여러 평가 결과가 공존하는 상황에서, 기업은 자신에게 더 유리한, 즉 더 좋은 평가 결과를 적극적으로 홍보할 가능성이 크다. 이는 이른바 ESG 워싱의 위험으로 이어질 수 있다. 한국 사회에 불어닥친 ESG 열풍의 허와 실을 비판적으로 다룬 한 방송에 따르면, 일부 언론사가 자체 ESG 평가 모델을 개발해 기업 순위를 매기고 있다. 그러나 그 평가 기준과 과정이 불투명해 신뢰성에 의문이 제기되고 있다. 특히, 기업이 거액의 협찬금을 지불하면 높은 등급을 받는 사례가 있어, 평가의 공정성이 훼손될 수 있다는 지적이다.[31]

기업의 지속가능성을 판단하는 평가 결과가 기관마다 다른 경우, 투자자들은 기업의 지속가능성에 대한 정확한 정보를 얻지 못하게 된다. 이로 인해, 잘못된 투자 결정을 내려 피해를 볼 수 있다. 겉으로 좋은 평가를 받은 기업에 투자했으나, 실제로는 숨겨진 리스크로 인해 손실을 볼 수도 있기 때문이다. 구직자들은 기업의 사회적 책임이나 노동 환경에 대해 잘못 판단하여, 입사 후 예상치 못한 문제를 겪을 수 있다. 좋은 ESG 평가가 실제로는 불투명한 노동 관행을 숨기는 수단일 수 있기 때문이다. 협력업체는 거래 기업의 ESG 리스크를 제대로 파악하지 못하고 계약을 진행하다가, 예상치 못한 평판 리스크나 사업 중단 위험에 직면할 수 있다. 소비자들은 ESG 경영을 표방하는 기업의 제품을 구매했으나, 실제로는 환경 파괴나 비윤리적 생산 방식을 이용하는 기업의 상품일 수 있어 윤리적 소비에 대한 기대가 좌절될 수도 있다. 따라서 평가 결과의 불일치의 궁극적 피해자는 기업의 지속가능성에 대해 잘못 판단하게 되는 이해관계자들이다.

기업의 지속가능성을 가늠할 수 있는 객관적 지표로서의 ESG 경영 성과가 평가기관별로 '10인 10색'인 경우, 특정 평가기관의 점수 하나만을 맹신하는 것은 금물이다. 복수의 평가 결과를 종합적으로 고려하거나, 해당 기업의 ESG 보고서를 직접 분석하는 등 다각적인 노력이 필요하다. 하지만 이러한 방식은 실현 가능성을 떠나 또 다른 사회적 비용을 초래한다는 점에서 근본적 해결책이 될 수는 없다. ESG 평가 결과의 차이를 단순한 측정상의 이슈가 아니라 ESG 생태계 전반의 근간을 뒤흔드는 중대한 문제로 인식해야 하는 이유이다.

2.3. 평가방법의 사전 공개

동일한 기업에 대한 ESG 평가 결과가 평가 기관마다 다른 이유를 파악하기 위해, 좀더 근본적인 질문을 던질 필요가 있다. 왜 다양한 평가 기관이 공존하고 있을까? 이에 대한 대답은 아주 간단하다. 앞에서 언급한 것처럼, 각 평가 기관이 사용하는 평가 방법(How)이 다르기 때문이다. 만약 모든 평가 주체들이 동일한 평가 방법을 사용하고 있다면, 똑같은 결과가 도출될 평가를 여러 평가 기관이 구태여 반복할 이유가 없다. 평가 기관들이 서로 다른 평가 방법을 사용하고 그에 따라 도출되는 평가 결과도 서로 다르기 때문에, 여러 평가 주체들이 공존하는 것이 가능한 것이다.

평가 기관들이 서로 다른 평가 방법을 사용하지만, 그 평가 방법들이 모두 정확히 공개된다면 어떤 일이 발생할까? 현존하는 다양한 평가방법들을 상호 비교하여 적절치 않다고 판단되는 것은 퇴출되는 과정을 거치면서 궁극적으로는 '좋은' 평가 방법으로 수렴될 것이다. 평가결과의 차이도 적어지고 그에 따른 혼란도 급격히 감소할 것이다. 하지만 각 평가주체들이 사용하는 평가 방법은 '지적재산권'이라는 미명하에 구체적으로 공개되지 않는 것이 현실이다. 평가 결과의 도출 과정에 대한 설명에서 "전문가의 의견을 바탕으로"라는 표현을 자주 접하게 되는 이유이다. 평가 방법을 정확히 공개하지 않는 것이, '다른 평가 기관, 다른 평가결과' 현상의 주요 원인이다.

이쯤에서 등장하는 것은, 평가방법 및 구체적 평가지표를 구체적으로 공개하는 것이 기업의 ESG 경영에 긍정적인지 혹은 부정적인지에 대한 논란이다. 평가방법의 비공개를 주장하는 사람들은, 평가방법이 구체적으로 공개되는 경우에는 기업들이 그 평가항목에만 관심을 기울이게 된다는 논리를 내세

운다. 예를 들어, 시험에 나올 만한 문제가 사전에 공개되는 경우, 그 문제만 공부하려 하기 때문에 학생들의 전반적 실력은 저하될 것이라는 논리이다. 하지만 앞서 언급된 것처럼 다양한 논의를 통해 '좋은' 평가 방법에 대한 공감대가 형성된다면, 그 평가 방법에서 활용되는 특정한 지표를 공개하여 기업경영활동의 개선을 우선적으로 유도할 수 있는 긍정적 효과가 오히려 더욱 클 것이다. 만약 평가방법이나 구체적 지표가 전혀 공개되지 않는 경우에는 어떤 결과가 초래될 것인가? 피평가자인 기업입장에서는 자사의 ESG 경영 결과를 객관적으로 판단하거나 향후의 개선방향을 도출하는 것이 사실상 불가능하다. 600개가 넘는 평가지표 중에서 어떤 것이 실제로 평가에 사용되었는지에 따라 전혀 다른 평가결과를 받게 될 가능성이 크기 때문이다. ESG 경영을 작년보다 전반적으로 확대해서 실천했음에도 불구하고, 아직은 미비한 부분이 평가 대상으로 새롭게 포함된 경우, 해당 기업의 ESG 경영은 오히려 퇴보했다는 평가를 받을 수도 있다. 반대의 경우도 발생 가능하다. 해당 기업의 ESG 경영이 전반적으로 퇴보했음에도 불구하고, 금년에 채택된 새로운 평가지표가 운 좋게 해당 기업에게 유리한 경우에는 오히려 ESG 경영이 개선되었다는 평가결과를 받게 될 것이다. 과대평가 혹은 과소평가와 무관하게, 해당 기업의 지속가능성을 정확히 판단하지 못하는 것은 결코 바람직한 것이 아니다.

3 K-ESG의 등장

3.1. K-ESG의 도입 배경

K-ESG 가이드라인은 국내 기업들이 ESG 경영을 추진하며 겪는 혼란을 줄이고자 탄생했다. 해외 평가기관들이 상이하고 불투명한 평가 기준을 사용하여 기업들이 비효율성과 신뢰성 문제를 겪어와, 이를 해결하기 위해 마련

된 것이다. 해외 글로벌 평가사들은 '지적 재산권'이라는 이유로 구체적인 평가 방법을 공개하지 않았고, 그 결과 기업들은 어떤 지표에 집중해야 할지 명확한 방향을 잡기 어려웠다. 불필요한 데이터를 구축하는 데 시간과 비용을 낭비하는가 하면, 열심히 노력해도 낮은 점수를 받는 이유를 알 수 없어 평가 결과에 의문을 품게 되는 경우가 많았다.

이러한 문제를 해결하고자 탄생한 K-ESG 가이드라인은 지속가능한 산업 발전을 위한 평가 기준 및 지표 설정을 목표로 하는 「산업발전법」 제18조 및 제19조에 법적 근거를 두고 있다. 이는 단순히 새로운 평가 시스템을 구축한 것이 아니라, 국내외 13개 주요 ESG 평가지표 및 공시 기준(DJSI, MSCI, GRI 등)을 심층적으로 분석하여 기업들이 공통적으로 대응해야 할 핵심적이고 공통적인 61개 항목을 제시한 것이다. 이를 통해 기업들은 다양한 평가 요청에 효율적으로 대응하고 ESG 경영의 기본 원칙을 수립할 수 있도록 돕는 실무 가이드 역할을 수행한다.[32]

K-ESG 가이드라인의 탄생은 정부의 ESG 인프라 확충 전략의 핵심적인 단계였다. 산업통상자원부는 2021년 8월 관계부처 합동으로 'ESG 인프라 확충 방안'을 마련한 이후, 같은 해 12월 1일 'K-ESG 가이드라인'을 발표하며 그 시작을 알렸다.[33] 이후 2022년 12월 7일에는 공급망 실사에 특화된 '공급망 실사 대응을 위한 K-ESG 가이드라인'을 추가적으로 발표하며 그 목적을 더욱 구체화했다.[34] 2023년 12월과 2024년 12월에는 업종별 K-ESG 가이드라인이 발표되며 현재 디스플레이, 바이오·제약, 반도체, 석유화학, 철강, 자동차 총 6개 업종에 대한 가이드라인이 공개되어 있다. 더불어 2024년 12월 개정된 K-ESG 가이드라인 2.0이 발표되며 최근 발표된 공시표준을 참고해 국내 기업에 적합한 진단항목을 추가하는 등 꾸준한 고도화 및 정교화가 진행중이다.[35]

이러한 정부 주도의 노력은 ESG 경영 확산에 필수적인 인프라를 구축하는 데 기여했다. K-ESG는 현재 총 4개 영역, 29개 범주, 69개 진단항목으로 구성된 ESG 가이드라인 체계를 바탕으로 '기본 진단항목 정의서' 및 '추가

진단항목 정의서'를 제공하여[36] 기업들의 평가 및 공시 부담을 경감한다. 또한, 정부가 공개적으로 제시하는 지표를 통해 ESG 평가 시장의 신뢰성과 투명성을 높이고자 했다.

3.2. K-ESG의 특징

K-ESG는 기존 평가 방식과 차별화되는 몇 가지 특징을 가지고 있다. 첫째, 공시의 중요성을 강조했다. 기존의 평가 기준들이 주로 E(환경), S(사회), G(지배구조) 부문에 집중하는 것과 달리, K-ESG는 기업이 ESG 정보를 얼마나 투명하게 공개하는지(공시)를 별도의 항목으로 포함했다. 이는 기업의 정보 공개 책임감을 높이고, 투자자 등 이해관계자들이 기업의 ESG 활동을 명확하게 파악할 수 있도록 돕는다. 예를 들어, 기업이 온실가스 배출량이나 산업재해 발생률 같은 구체적인 ESG 데이터를 공개하면, 투자자들은 이를 바탕으로 기업의 지속가능성을 더 정확히 평가할 수 있다. 이처럼 투명한 정보 공개는 평가 기관과 투자자 간의 정보 비대칭성을 해소하여 평가 불일치 문제를 자연스럽게 줄이는 핵심적인 역할을 한다.

둘째, 특정 산업에 국한되지 않는 일반적인 이슈에 초점을 맞췄다. 이는 K-ESG가 특정 산업군이나 대기업에만 적용되는 기준이 아니라, 모든 기업에 공통으로 적용 가능한 보편적인 지표를 제시했다는 의미이다. 이와 같은 접근 방식은 향후 특정한 산업이나 중소·중견기업에 특화된 새로운 버전의 개발을 위한 기초를 마련했다. 즉, '기본 원칙'을 먼저 제시함으로써 다양한 산업 환경에 맞게 기준을 확장할 수 있는 유연성을 확보한 것이다. 일례로, K-ESG 가이드라인 v1.0에는 '중견·중소기업 ESG 경영 성과 데이터 관리를 위한 K-ESG 가이드라인 기본 진단항목 세트'가 제시되어 있다. 대기업 중심의 기존 지표가 중소·중견기업에 적용하기 어렵다는 점을 고려해, 기업 규모와 특성에 맞는 실현 가능한 지표들을 중심으로 구성되었다. 이를 통해 중소·중견기업들도 ESG 경영에 쉽게 접근하고 도입할 수 있는 기반이 마련되었다.

셋째, K-ESG는 측정 가능성과 지속가능성을 핵심 기준으로 삼았다. 이는 평가 지표들이 기업의 실제 경영 활동에서 얼마나 구체적으로 측정될 수 있는지, 그리고 그 활동이 단기적인 성과를 넘어 장기적인 지속가능성에 얼마나 기여하는지에 중점을 둔 것이다. 예컨대, '탄소 배출량 감축' 같은 추상적인 목표 대신 '온실가스 배출량 측정 및 감축 계획 수립'과 같이 구체적이고 실증 가능한 지표를 포함하여 평가의 실효성을 높였다. 이러한 접근은 기업이 단순히 보여주기식 활동에 그치지 않고, 실제 경영 시스템에 ESG를 내재화하도록 유도하며, 그 성과를 객관적으로 검증할 수 있게 한다.

넷째, K-ESG는 국내 특수성을 반영했다는 점이 중요한 특징이다. 해외 글로벌 평가기관들이 사용하는 지표 중에는 인종 다양성과 같은 항목이 높은 비중을 차지하는 경우가 많다. 그러나 이는 국내 기업 환경과는 다소 거리가 있는 것이 사실이다. K-ESG는 이러한 해외 지표를 그대로 답습하기보다는, 한국 사회의 특수성과 법제도적 환경에 맞는 지표들을 포함하여 실질적인 ESG 경영을 유도한다. 예를 들어, K-ESG는 여성 및 장애인 고용 증진 노력이나 협력업체와의 동반성장 등 국내에서 중요하게 여겨지는 사회적 가치를 '여성 구성원 비율', '장애인 고용률' 항목, '동반성장' 범주의 '협력사 ESG 경영' 항목 등과 같은 구체적인 지표로 제시한다. 이를 통해 국내 기업이 실질적으로 개선해야 할 이슈를 명확히 제시하는 역할을 한다.

다섯째, K-ESG는 기업의 자가진단 가이드 역할을 강조한다. 이는 평가기관에 제출하기 위한 지표라기보다, 기업이 스스로 ESG 성과를 진단하고 개선 목표를 수립하는 데 활용할 수 있는 지침서의 성격이 강하다. 항목별 진단 기준과 상세한 설명을 제공함으로써 기업이 외부 평가에만 의존하지 않고, 내부적으로 ESG 역량을 강화하도록 돕는다. 이러한 접근은 기업의 자율적이고 능동적인 ESG 경영 참여를 유도하여, 단순히 보여 주기 식 활동에 그치지 않고 지속가능성을 내재화하는 실질적인 변화를 이끌어내는 데 기여한다. 결과적으로, 기업 스스로의 경쟁력을 높이는 동시에 ESG 평가 불일치 문제도 점진적으로 해소하는 효과를 기대할 수 있다.

3.3. K-ESG의 한계 및 발전 방향

국내 기업의 ESG 경영을 독려하고 평가하기 위해 도입된 K-ESG 지표가 한계를 드러내고 있어 개선이 시급하다는 목소리가 커지고 있다. 현재 K-ESG는 국제 표준과의 불일치, 평가 시스템의 투명성 및 객관성 부족, 그리고 규제와 자율성 사이의 모호한 경계가 가장 큰 문제로 지적된다. 특히, GRI나 SASB와 같은 국제 표준과의 괴리 때문에 국내 기업들이 해외 투자자들의 신뢰를 얻거나 글로벌 ESG 평가에서 좋은 점수를 받는 데 어려움을 겪고 있다. 이는 국내 기업의 경쟁력 약화로 이어질 수 있다는 점에서 심각한 문제다. 또한, 기업이 제출하는 자체 자료에 대한 의존도가 높아 데이터의 신뢰성을 담보하기 어렵고, 정부 정책에 따라 반강제적인 성격이 강해 '보여 주기 식' ESG 활동에 그칠 우려도 크다.

이러한 문제점을 극복하고 K-ESG가 진정한 의미에서 국내 기업의 지속가능성을 위한 나침반 역할을 하기 위해서는 과감한 변화가 필요하다. 우선, 국제적으로 통용되는 평가 기준을 적극적으로 수용하여 국제 표준과의 연계성을 강화해야 한다. 이를 통해 국내 기업들이 글로벌 시장에서도 통용될 수 있는 ESG 경쟁력을 갖추도록 유도해야 한다. 다음으로, 평가 시스템의 투명성과 객관성을 높여야 한다. 독립적인 제3의 기관이 평가에 참여하고, 기업이 제출하는 데이터의 신뢰성을 검증하는 시스템을 구축하여 공정성을 확보해야 한다. 마지막으로, 단순히 점수를 매기는 것을 넘어 기업의 자율성을 존중하고, ESG 경영을 내재화하고 혁신할 수 있도록 실질적인 지원과 인센티브를 제공하는 방향으로 나아가야 한다. 이러한 노력이 뒷받침된다면, K-ESG는 단순한 평가 지표를 넘어 국내 기업의 지속가능성을 견인하는 강력한 도구가 될 것이다.

결론 및 요약

ESG 평가가 기업의 지속가능성을 가늠하는 중요한 척도로 부상하면서, 그 신뢰성과 유용성에 대한 의문이 제기되고 있다. 2022년 ESG 컨설팅 기업 ERM에 따르면, 평가 기관들의 투명성이 과거에 비해 일부 개선되었지만,[37] 여전히 해결해야 할 여러 과제들이 남아있다. 과거에는 평가 방법론이나 데이터 출처를 공개하지 않는 경우가 많았지만, 최근에는 많은 기관들이 정보 공개를 강화하고 기업과의 소통 창구를 마련하는 등 긍정적인 변화를 보였다. 또한, 평가에 활용되는 데이터의 양과 질이 향상돼 더 넓고 깊이 있는 분석이 가능해졌다.

그럼에도 불구하고, 평가 등급의 일관성 부족이라는 근본적인 문제가 지속되고 있다. 같은 기업에 대해 여러 평가 기관이 서로 다른 등급을 매기는 경우가 흔한데, 이는 평가 기관마다 중요하게 여기는 요소나 가중치가 다르기 때문이다. 이 외에도 방법론의 불투명성, 양질의 데이터 부족 및 부정확성, 최신 정보를 즉각 반영하지 못하는 시간 지연, 평가와 컨설팅 서비스 제공으로 인한 이해 상충 문제, 그리고 장기적인 지속가능성보다 단기적 성과에 치중하는 경향 등이 주요 과제로 지적된다. 실제로, 〈Rating the Raters 2023: ESG ratings at a crossroads〉 보고서에서는, 기업들이 ESG 평가 기관에 대한 전반적인 신뢰도를 5점 만점에 2.91점으로 평가하며 ESG 평가사들이 이해관계자의 완전한 신뢰를 얻지 못하고 있다고 언급하였다.[38]

이러한 문제들을 해결하고 ESG 평가의 신뢰성을 높이기 위해서는 평가 기준의 표준화가 시급하다. 모든 평가 기관이 공통으로 활용할 수 있는 명확한 기준을 마련하고, 각 평가 기관은 자신들의 방법론을 더욱 투명하게 공개해야 한다. 투자자들 역시 평가 등급을 맹신하기보다는 여러 기관의 평가를 교차 비교하고, 기업의 특수성을 고려한 심층적인 분석을 병행하는 노력을 기울여야 한다. 이러한 다각적인 노력이 지속가능성 평가 시장을 한 단계 더 발전시킬 것이다. ESG경영의 구체적 실행방안에 대해서는 다음 장에서 논의한다.

제 5 장

ESG 경영: 실행방안

국내 기업들이 ESG 경영을 도입하는 과정에서 다른 기업의 사례를 맹목적으로 모방하는 것은 한계에 봉착했다는 지적이 잇따르면서, 각 기업의 고유한 특성과 산업 환경에 맞는 차별화된 접근 방식의 중요성이 강조되고 있다.

이러한 심층적인 전략 분석이 시급한 배경에는 두 가지 핵심 딜레마가 자리한다. 첫째, 형식적 'ESG 도입'으로는 더 이상 경쟁력 확보가 불가능하다는 점이다. 초기 ESG 도입기에는 공시 의무나 최소한의 평가 기준을 맞추기 위한 표면적인 활동이 용인되었으나, 이제 투자자와 소비자 요구가 고도화되면서 기업의 ESG 활동이 실질적인 재무 성과와 기업 가치 창출로 이어지는지 묻고 있다. 특히 MZ세대는 ESG를 소비와 취업의 주요 기준으로 삼으며, 진정성 없는 '그린워싱'에 강력히 반발한다.[1] 따라서 획일적인 모방 전략은 시장의 신뢰를 잃고 경쟁력을 약화시키는 결과를 초래할 뿐이다. 게다가 산업별 특성이 반영되지 않은 채 선도 기업의 사례를 그대로 따라할 경우, 기업이 실제로 직면한 고유한 ESG 리스크를 간과하게 되는 리스크 관리의 실패로 이어진다. 예를 들어, 금융업계는 G(지배구조)와 고객 데이터 보안(S)이 핵심인 반면, 제조업은 탄소배출량(E)과 공급망 실사(S)가 최우선 과제이므로, 차별화된 리스크 분석 없이 맹목적으로 따라가면 중요한 리스크를 방치하여 장기적으로 기업의 존속을 위협할 수 있다는 경고이다.[2]

둘째, 경영 프로세스 전반의 통합 부재로 인한 비효율성 심화 문제이다. 많은 기업이 ESG 전략을 수립했음에도 불구하고, 이것이 실질적인 경영전략 프로세스에 통합되지 못하고 별개의 업무로 존재하는 전략-실행 간 괴리 현상이 심각하다. 이로 인해 ESG 목표가 예산 편성, 인력 운영, 투자 결정 등 핵심 의사결정에 반영되지 못하며, 기업들은 자원의 비효율적 배분 문제에 시달리고 있다.[3] 더 나아가 전문가들은 ESG를 단순한 규제 준수가 아닌 기업의 미션과 비전에 내재화해야 한다는 미션 재정립의 필요성을 강조한다. 기업의 근본적인 존재 이유와 목표(Purpose)부터 ESG 관점으로 재정립하고, 이를 바탕으로 전략부터 성과 관리까지 이어지는 전사적 통합이 이루어져야만 지속가능한 경영이 가능하다는 것이다. 이는 곧 ESG 경영이 특정 부서의 업무가 아닌 전사적 의사결정 과정에 통합되어야 한다는 질문에 대한 해답이다.[4] 따라서, 이제 기업들은 '무엇을 해야 할지 모르는' 혼란에서 벗어나, 기업 미션부터 목표, 전략, 그리고 실행 및 성과 관리까지 이어지는 경영전략 프로세스 전반에 걸쳐 ESG 요소를 어떻게 통합하고 이를 통해 기업의 지속가능성을 높일 수 있는지를 심층적으로 분석해야 하는 단계에 접어들었다.

장 목차

서론

오늘날 기업 경영에서 지속가능성은 더 이상 선택 사항이 아닌 필수적인 요소로 자리 잡고 있다. 특히 기후 변화, 사회적 불평등, 그리고 지배구조의 투명성 요구가 커지면서, ESG(환경, 사회, 지배구조) 경영의 중요성이 그 어느 때보다 강조되고 있다. 하지만 중소기업과 벤처기업뿐만 아니라 많은 대기업들도 ESG 경영의 필요성을 인식하면서도, 구체적인 실천 방안에 대해 막막함을 느끼고 있다. 이들은 전문 인력과 자금의 부족, 그리고 경영진과 임직원 전반의 낮은 인식 수준과 같은 현실적인 문제에 직면해 있으며, 때로는 ESG 경영을 단순한 비용으로 인식하여 소극적인 태도를 보이기도 한다. 이렇듯 ESG 경영을 둘러싼 다양한 고민과 오해는 기업의 지속가능성을 위협하는 걸림돌이 되고 있다.

본 장에서는 기업들이 ESG 경영을 단순한 유행이나 보여 주기 식 활동이 아닌, 기업의 핵심 가치와 비즈니스 모델에 통합하는 구체적인 방법론을 제시한다. ESG 경영의 필요성에 대한 다양한 의문을 해소하고, 다른 기업의 사례를 맹목적으로 모방하는 것의 한계를 지적하며, 각 기업의 고유한 특성과 산업 환경에 맞는 차별화된 접근 방식의 중요성을 강조할 것이다. 나아가, 기업의 미션부터 목표, 전략, 그리고 실행 및 성과 관리까지 이어지는 경영전략 프로세스 전반에 걸쳐 ESG 요소를 어떻게 통합하고, 이를 통해 기업의 지속가능성을 높일 수 있는지를 심층적으로 분석한다.

사전 토론 사항

- 우리 기업은 ESG 경영을 새롭게 구축하는 것이 필요한가, 아니면 기존 전략을 보강해야 할까?
- ESG 경영이 특정 부서의 업무가 아닌 전사적 의사결정 과정에 통합되기 위해 어떤 변화가 필요할까?
- 글로벌 ESG 평가의 한계를 고려할 때, 우리 기업은 ESG 경영의 성과를 어떻게 측정하고 소통해야 할까?
- 강화되는 글로벌 ESG 규제와 MZ세대의 가치관 변화가 우리 기업의 전략에 미치는 가장 큰 영향과 이에 대한 선제적 대응 방안은 무엇일까?

1 지속가능성, ESG 경영으로 구현

"우리 기업의 ESG 경영, 어떻게 해야 하나요?" 지속가능성 증진방안으로 ESG의 중요성을 인지한 이후에도 많은 기업의 실무자들이 가질 수 있는 질문이다. ESG 추진 방법에 대한 이해 부족, 전문 인력 부족, 경영진 및 임직원의 인식 부족 등이 그 이유이다(대한상공회의소, 2021)([도표 5-1] 참고).[5] 그러다 보니 다른 기업들이 많이 하고 있는 것을 따라하는 경향이 발생하기도 한다. 하지만 두 회사의 ESG 경영이 같을 수는 없다. 경쟁하고 있는 산업의 특성이 다르고 동일 산업에서 경쟁하는 경우에도 기업마다 비즈니스모델이나 핵심 역량은 같지 않기 때문이다. 결국 ESG 경영에 있어서 주안점을 두어야 하는 대상은 기업마다 차이가 생길 수밖에 없다. 우리 회사가 ESG 경영을 수립하고 실행하는 과정에서 점검해야 할 다양한 이슈들을 질문의 형태로 정리하면 다음과 같다.

도표 5-1 ESG 경영 추진에 있어 어려운 점

귀사가 ESG 경영을 도입 및 실천하는 데 있어 가장 어려운 점은 무엇입니까?

보기	백분율	응답수
조직 내 ESG 전문가 부족(인적자원)	26.67%	80
제한된 재원(예산)	12.67%	38
ESG 도입 및 실천 관련 정보 부족	11.67%	35
신뢰할 만한 시장 내 ESG 서비스기관 부족(외부전문가)	10.00%	30
ESG 추진의 사업 효과성 확인 불가	9.67%	29
임원진 인식 부족(CEO 제외)	9.33%	28
CEO 인식 부족	8.33%	25
ESG 추진에 따른 인센티브 부족	6.67%	20

협업부서의 제한적 협조	4.33%	13
미응답	0.67%	2
합계	100.00%	300

출처: ESG 확산 및 정착을 위한 기업 설문조사 분석 결과보고서. 대한상공회의소. 2021.

1.1 ESG 경영, 우리 회사도 해야 하는가?

ESG 경영이 중요하다는 사회적 공감대가 형성되었다고 하지만, 우리 회사 입장에서 ESG 경영을 해야 하는지에 대한 의문이 드는 이유는 여러 가지가 있을 것이다. 첫째, 우리 회사는 'ESG 경영'이라는 단어를 사용하지 않았을 뿐, 이미 오랜 기간 동안 유사한 활동을 수행하고 있다고 믿기 때문이다. 창업 당시 내세웠던 경영 이념, 예를 들어 '정도경영', '인재경영', '고객 만족을 통한 사회 공헌' 등은 오늘날 ESG 경영의 핵심 가치와 크게 다르지 않고 자연스럽게 연결된다고 보는 것이다. 그러나 급변하는 경영 환경 속에서 이러한 경영 이념이 현재도 일관되고 적절하게 실행되고 있는지 검토할 필요가 있다. 둘째, 창업 당시의 경영 이념과 무관하게, 우리 회사가 현재 수행하고 있는 활동이 ESG 경영의 일환이라고 생각하기 때문이다. 특히 '기부', '봉사 활동', '사내 카페 운영' 등의 활동을 ESG 경영으로 간주하는 기업들이 있다. 하지만 이러한 활동이 기업의 핵심 사업 및 핵심 역량과 연계성이 약하다면 일관적이고 지속적으로 운영하는 것이 어렵기 때문에, ESG 경영의 본질과는 거리가 존재한다. 셋째, 우리 회사의 여건 때문에 당장은 ESG 경영을 할 수 없다고 느끼는 경우이다. ESG 경영에 필요한 인력이나 자금의 부족을 겪는 중소기업이나 벤처기업의 경우가 이에 해당한다. 실제로 중소기업은 지속가능경영보고서 작성에 대해서도 큰 부담을 느끼고 있다. 이러한 현실을 반영하여 대한상공회의소 등에서 중소기업 대상으로 ESG에 대한 다양한 교육 프로그램이 제공되고 있다. 이와 더불어 정부차원에서 중소기업의 ESG 경영 내실화를 위해 전문 인력 양성 및 금융 혜택 프로그램이 더욱 확대되어야 한다. ESG 경영의 중요성은 이제 벤처기업에게도 예외가 아니다. 중소벤처기업부가 '벤처기업확인요령' 개정안(2025년)을 통해 벤처기업 확인과정에서 ESG 경영 도입 실적을 명시적으로 평가하기로 했다.[6] 넷째, 우리 회사는 규모가 작기 때문에 ESG 경영을 할 필요가 없다고 느끼는 경우이다. 즉, ESG 경영은 대기업에게만 요구된다고 생각하기 때문이다. 하지만 공급망 관리 차원에서 대기업(원청 업체)은 자사의 ESG 경영뿐만 아니라 협력업체(중소기업)의 ESG 경영에 대해서도 관심을 가지고, 필요한 경우 기존 공급업체와의 거래를 중지하고 새로운 업체를 선정하고 있는 것이 현실이다. 실제로 중소기업중앙회에 따르면, ESG 평가결과 활용에 있어서, 계약·거래 시 인센티브를 제공하거나 페널티를 부과하는 기업 비중이 2023년 22.3%에서 2024년 42.2%로 두 배 증가했다([도표 5-2] 참고).[7] 대기업과의 상생을 위한 하나의 전제조건으로서 중소기업이 ESG 경영을 실천하는 것은 더 이상 옵션이 될 수 없다.

도표 5-2 협력사 ESG 평가결과 계약 및 거래 활용 비중

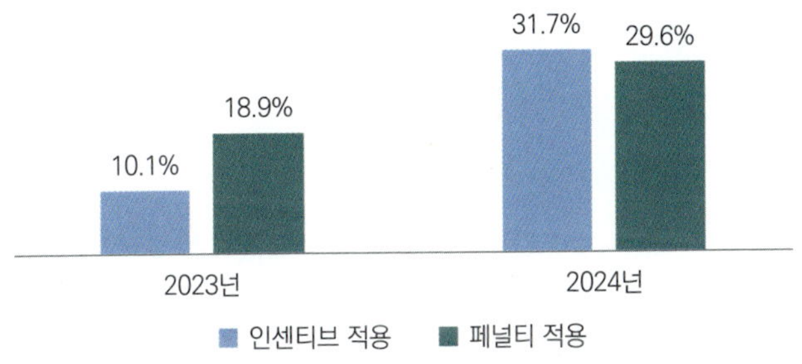

출처: 2025년 대기업 공급망 관리 실태분석 보고서. 중소기업중앙회. 2025.

이렇듯 ESG 경영을 해야 하는지에 대한 의문은 기업이 처해있는 상황에 따라 다양한 이유가 존재한다. 하지만 가장 보편적인 이유는 ESG 경영이 수익 창출에 도움이 되지 않는다는 인식일 것이다. 당장 수익을 창출해야 하는 상황에서, ESG 경영이 비용으로 여겨지기 때문이다. 이로 인해 실무진은 경영진의 눈치를 볼 수밖에 없는 경우가 많다. 이런 이유들 때문에 ESG에 대한 소극적 또는 부정적 태도가 형성되어 결국은 기업의 ESG 경영 추진에 걸림돌이 된다. 하지만 ESG 경영을 등한시하거나 그 결과가 좋지 못한 기업의 지속가능성을 기대할 수는 없다. 우리 회사가 이윤을 창출하는 과정이 절차적으로 공정한지 판단하고 개선하면서 그 결과를 다양한 이해관계자와 공유하는 것이 ESG 경영의 본질이다. 따라서 우리 회사의 지속가능성을 높이는 구체적 방법론인 ESG 경영에 대한 정확한 이해가 필요하다.

1.2. ESG 경영, 우리 회사도 다른 기업처럼 하면 되는가?

우리 회사가 ESG 경영의 필요성을 인지한 이후에도, 막상 실천에 옮기려면 부담을 느끼는 경우가 많다. 특히 ESG 경영을 체계적으로 추진하는 것에 대해서 막연함을 느끼거나 어떤 방향이 적절한지 판단이 쉽지 않은 경우, 다른 기업들이 주로 하는 것을 따라할 가능성이 크다. 한국경제인협회에 따르면, 기업들이 중점적으로 고려하는 지속가능경영 이슈 중 가장 높은 비중을 차지한 것은 환경(40.2%) 부문으로 나타났다. 그 중 온실가스 감축과 에너지 관리가 가장 주요 우선순위가 높은 이슈로 인식되고 있다([도표 5-3] 참고).[8] 실제로 '탄소배출 감축'은 대부분 기업들이 자사의 ESG 경영을 소개할 때 강조하는 내용이다. 하지만 ESG 경영은 단순히 탄소 배출을 줄이는 것만을 의미하지 않는다. 그렇다고 E(환경), S(사회), G(지배구조)와 관련된 모든 이슈들을 한꺼번에 할 수도 없다. ESG 경영을 담당할 부서를 선정하는 것도 쉽지 않다. 탄소 배출을 ESG 경영의 핵심 과제로 삼으면 흔히 생산부서의 업무라고 생각하기 쉽지만, 우리 회사의 비즈니스 모델과 가치사슬을 먼저 분석해야 한다. 같은 산업군에 속하더라도 기업마다 탄소 배출 저감 방식이 다르기 때문이다. 예를 들어, 제조 활동에 집중하는 기업과 구매 활동에 집중하는 기업은 ESG 경영 전략이 다를 수밖에 없다. 같은 제조업에 속한 기업이라도 ESG 접근방식은 같지 않다. 우리 회사는 친환경 생산 방식을 도입하는 전략을 선택할 수 있지만, 다른 회사는 기존 생산방식을 유지하면서 탄소포집·활용·저장기술(CCUS, Carbon Capture, Utilization, and Storage)을 활용해 탄소 배출량을 상쇄하는 전략을 택할 수도 있다. 더 나아가 같은 CCUS 활용 전략을 선택하더라도 기업의 핵심역량에 따라 접근방식이 달라질 수 있다. 관련 기술력을 갖춘 기업은 내부 R&D를 통해 CCUS 기술을 자체 개발할 수 있는 반면, 기술력의 부족을 느끼는 기업은 CCUS 기술을 보유한 외부 기업과 전략적 제휴를 맺거나 해당 기업을 인수(M&A)하는 방식을 선택할 수도 있다. 우리 회사의 지속가능성 증진을 위한 수단으로 ESG 경영을 하기 위해서는 우리 회사에 대한 이해가 선행되어야 한다.

도표 5-3 ESG 경영 활동 주요 이슈

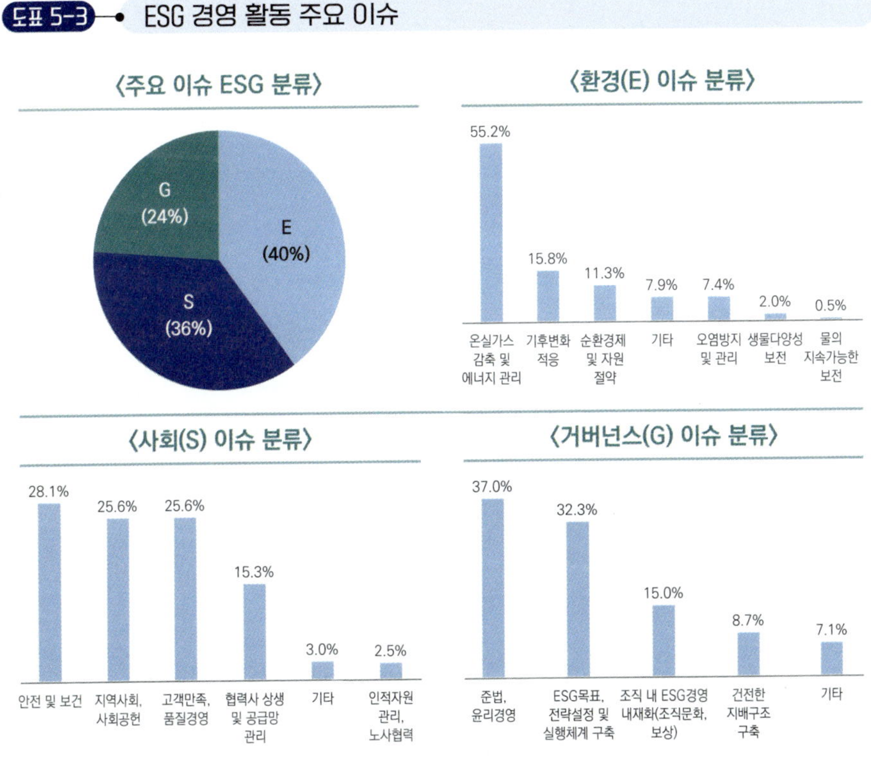

* 중요성 이슈를 표시한 89개사 이슈 3가지씩을 선별(총 267가지)해 카테고리화

출처: 주요 기업의 사회적 가치 보고서. 한국경제인협회. 2024.

1.3. 우리 회사의 ESG 경영, 어떻게 수립할 것인가?

ESG 경영은 특정한 부서의 관심사에 그치는 것이 아니라 우리 회사 전체의 의사결정 과정에서 체계적으로 검토되고 일관성 있게 추진되어야 한다. 즉 ESG 경영이 단순한 보여 주기 식 활동이 아닌 실질적으로 실행되고 있는지 여부는, 우리 기업이 꼭 고려해야 할 ESG 요소들이 경영 전반에 얼마나 내재되어 있는지를 통해 판단할 수 있다. 이를 위해 경영전략 프로세스 단계별로 우리 회사의 경영자체를 점검하는 것이 중요하다. 경영전략 프로세스는 기업이 지속가능한 성장과 경쟁우위를 확보하기 위해 체계적으로 전략을 수립하고 실행하는 과정으로, 미션 설정, 목표 수립, 외부 및 내부 환경 분석, 전략 선택, 전략 실행, 경쟁우위 유지 및 확보로 구성된다.

도표 5-4 경영전략 프로세스

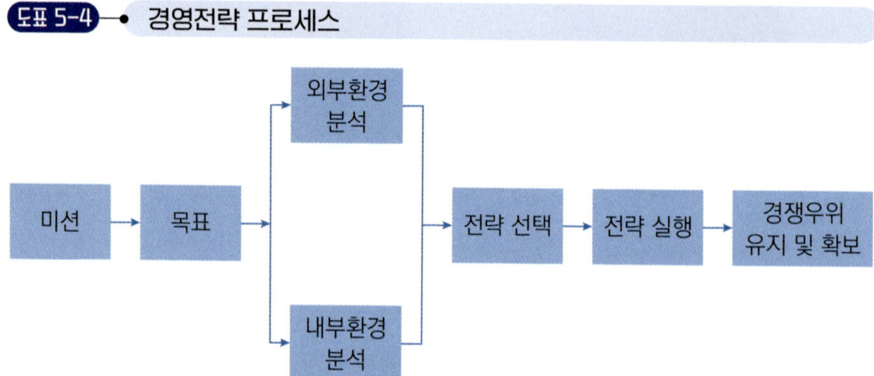

출처: 고려대학교 경영대학 이재혁 교수 연구실.

2 경영전략 프로세스 단계별 검토

우리 회사가 ESG 경영을 효과적으로 실천하기 위해서는 다음과 같이 경영전략 프로세스 단계 별로 체계적 검토가 필요하다.

2.1. 우리 회사의 미션으로부터 시작하자

미션(mission)은 '기업이 장기적으로 추구하고 실현하고자 하는 목표에 대한 최고 경영진의 견해'로 정의할 수 있다. 예를 들어, 스티브 잡스는 애플의 혁신 정신을 표현하기 위해 "Think Different(다르게 생각하라)"라는 캠페인을 추진하며 직접 광고 나레이션에 참여하기도 했다. 이는 기존의 틀에 얽매이지 않고 새로운 방식으로 사고하고 행동하는 혁신의 가치를 강조하는 것이다. 애플 공식적인 미션인 "지구상에서 최고의 제품을 창출하고, 우리가 발견했을 때보다 세상을 더 나은 곳으로 만드는 것"에서도 첨단 제품을 제조하는 기업의 자부심이 드러난다.

일반적으로 미션은 기업의 장기적 철학을 반영하기 때문에 쉽게 바뀌지 않는다. ESG 시대가 도래했다는 이유 때문에 미션을 굳이 바꿀 필요는 없다. 그럼에도 불구하고 미션 자체를 변화시키는 기업들이 등장하고 있다. 대표적인 사례가 파타고니아(Patagonia)다. 기존 미션인 "최고의 제품을 만들고, 불필요한 피해를 초래하지 않으며, 사업을 통해 환경 위기에 대한 해결책을 고취하고 구현합니다."는 오랫동안 유지되었지만, 2018년 "우리는 지구를 구하기 위해 사업을 하고 있습니다."라는 새로운 미션을 발표하며 큰 주목을 받았다.[9] 이를 두고 일부에서는 "파타고니아가 이윤 창출을 포기하고 환경 보호를 최우선 가치로 삼았다."고 해석했지만, 이는 적절한 해석이 아니다. 새로운 미션은 이윤 창출을 부정하는 것이 아니라, 기업 본연의 의무이자 존재 이유인 이윤 창출 과정에서 환경과의 동행을 강조하겠다는 의미가 담겨 있기 때문이다.

2.2. 우리 회사의 목표가 미션과 잘 연계되어 있는지 확인하자

목표는 미션의 구체적 기대치이다. 우리 회사의 새로운 혹은 기존의 미션이 ESG 시대에 부합한다고 판단된 이후에는, 그 미션이 적절한 목표로 구체화되어 있는지 검토해야 한다. 목표는 재무 목표(예: 매출, 수익성)와 비재무 목표(예: 고객 만족도, 직원 복지)로 구분되며, 설정된 시간적 범위에 따라 단기 목표와 장기 목표로 나누어진다.

미션(mission)은 단수로 표현되는 반면, 목표(objectives)는 복수형으로 표현되는 이유는, 하나의 미션이 다양한 목표를 통해 구체화되기 때문이다. 기업 규모가 아무리 크더라도 미션은 하나이지만 이를 실현하기 위한 여러 개의 목표가 존재하며, 이들이 모여 기업의 장기적 방향성을 형성한다. 예를 들어, 우리 회사의 미션이 '사랑받는 기업'이라면, 투자자에게 사랑받기 위해서 안정적인 재무성과와 장기적인 성장 가능성을 목표로 설정할 수 있으며, 소비자의 사랑을 받기 위해서는 혁신적인 제품과 서비스를 제공하는 것이 목표가 될 수 있다. 반면 직원에게 사랑받기 위해서는 공정한 보상 체계를 마련하고 일과 삶의 균형을 지원하는 정책을 시행해야 하며, 협력사의 사랑을 받기 위해서는 공정한 거래 관행을 유지하고 장기적인 협력 관계를 구축하는 것이 중요하다.

애플은 공식 웹사이트, 연례 보고서, 지속가능성 보고서를 통해 '기술과 디자인 혁신을 통해 최고 품질의 제품과 서비스를 제공', '사용자 개인 정보 보호와 데이터 보안을 중시', '교육, 건강, 인권 등 다양한 분야에서 사회적 기여를 강화', '2030년까지 자사의 공급망과 제품에서 탄소 중립을 달성' 등의 목표를 명확히 제시하고 있다.[10] 더욱이 이러한 목표들은 애플의 미션("지구상에서 최고의 제품을 창출하고, 우리가 발견했을 때보다 세상을 더 나은 곳으로 만드는 것")을 구체적인 재무 목표와 비재무 목표, 단기 목표와 장기 목표로 세분화하여 설정한 것이다. 하지만 몇몇 한국기업들의 홈페이지를 살펴보면 '전략목표'와 'ESG 경영목표'를 구분해서 제시하는 것을 쉽게 찾아볼 수 있다. 기존의 중장기 전략체계도 옆에 'ESG 전략체계도'를 병렬로 보여주는 경우도 있다. 만약 우리 회사가 이런 상황이라면, ESG 경영을 강조는 하고 있지만 기존의 경영철학 및 경영방식과는 별개로 운영되는 것으로 해석할 수 있다.

2.3. 우리 회사가 직면하고 있는 내외부환경을 분석하자

목표를 달성하기 위한 구체적 전략을 수립하기 전에 내외부환경에 대한 이해가 선행되어야 한다. 기업들은 정책 변화, 소비자 및 근로자 가치관 변화 등 ESG와 관련된 다양한 내외부환경에 노출되어 있기 때문이다. 유럽연합의 유럽 그린 딜(European Green Deal)과 탄소국경조정세(Carbon Border Adjustment Mechanism, CBAM)가 대표적인 정책 변화의 예이다. 유럽연합은 2050년까지 탄소 중립 달성을 목표로 하며, 이를 위해 탄소 감축 목표 강화, 지속가능한 산업 전환, 친환경 에너지 확산 등의 정책을 추진하고 있다. 이에 따라 기업들은 친환경 기술 개발 및 탄소 감축 노력을 통해 새로운 시장 기회를 확보할 수 있지만, 전환 비용과 투자 위험도 감수해야 한다. 또한, CBAM은 2026년부터 철강, 알루미늄, 시멘트 등 탄소 배출이 많은 산업에 적용되어 수입 상품의 탄소 배출량에 따라 세금을 부과할 예정이다. 관련 산업에서 경쟁하고 있는 회사들은 이러한 변화가 초래할 수 있는 실무적 시사점을 파악하고 대응해야 한다. 기업 내부 환경에 대한 이해도 필요하다. 특히 MZ세대의 가치관 변화가 중요한 요인으로 작용하고 있다. 글로벌 컨설팅 기업 Deloitte가 44개국 2만 2천 명의 MZ세대를 대상으로 실시한 설문조사에 따르면, 응답자의 60% 이상이 지속가능한 제품과 서비스에 대해 더 많은 비용을 지불할 의향이 있다고 답했으며, 40% 이상이 기후 문제로 인해 이직을 고려하거나 이미 이직한 경험이 있다고 밝혔다([도표 5-5], [도표 5-6] 참고).[11] 이는 기업이 ESG 경영을 실천하는 것이 단순한 브랜드 이미지 강화 차원을 넘어, 핵심 인재의 이탈 방지에도 필수적 요소로 작용하고 있음을 시사한다. 실제로 마이크로소프트는 탄소중립 목표를 달성하기 위해 직원들에게 친환경 출퇴근 보조금을 지원하고 있다.[12]

도표 5-5 MZ세대의 커리어 결정과 기후행동

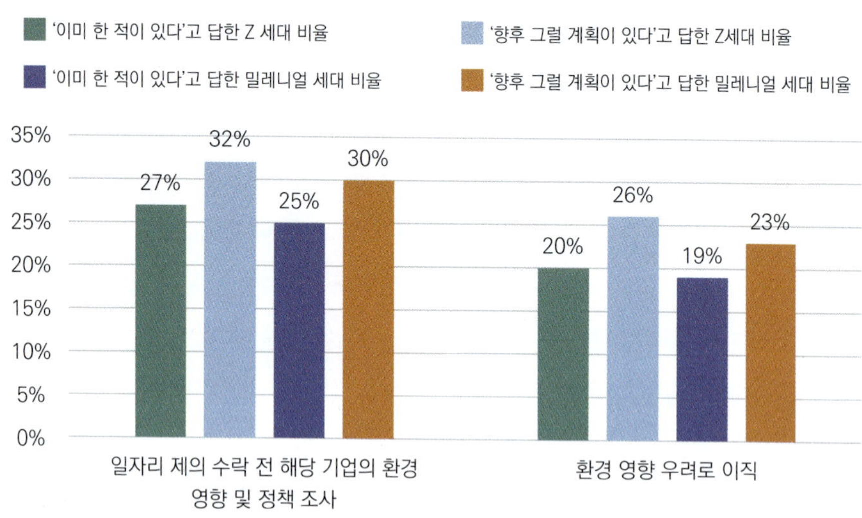

출처: 딜로이트 글로벌 2024 MZ 세대 서베이. 딜로이트 안진. 2024.

도표 5-6 MZ세대의 지속가능 제품 및 서비스 구매결정

지속가능 제품 및 서비스를 구매하기 위해 더 많은 비용을 지불할 의향이 있다고 응답한 비율

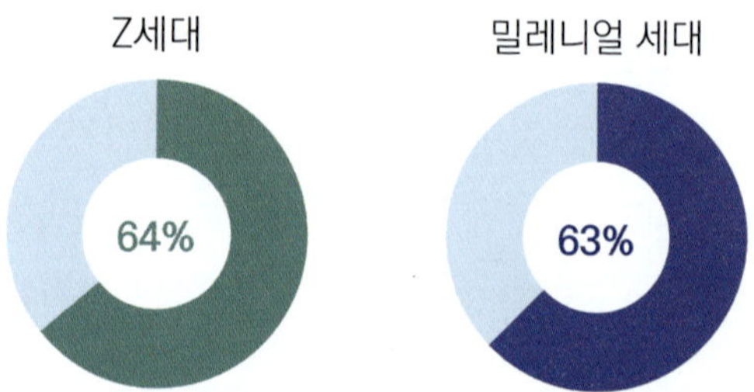

출처: 딜로이트 글로벌 2024 MZ 세대 서베이. 딜로이트 안진. 2024.

우리 회사의 내외부환경은 앞에서 언급한 것처럼, 국가, 소비자, 근로자 등 다양한 차원에서 분석할 수 있지만 경영전략분야에서 가장 강조하는 것은 산업 차원의 환경분석이다. 특히 ESG 경영을 실천하기 위해서는 우리 회사가 경쟁하고 있는 산업 차원에서 중요하다고 공감대가 형성된 이슈가 무엇인지 파악해야 한다. 제약산업에서는 PSCI, 자동차산업에서는 Drive

Sustainability, 의류산업에서는 Cascale(구 SAC), 화학산업에서는 TfS, 철강산업에서는 ResponsibleSteel, 소비재산업에서는 AIM-PROGRESS 등과 같은 글로벌 이니셔티브가 형성되어, 해당 산업에서 준수해야 할 ESG 경영의 기준과 방향성을 제시하고 있다([사진 5-1] 참고). 기업들은 이러한 산업별 환경 변화를 자사의 ESG 경영에 반영하고 있다. 예를 들어, H&M과 나이키(Nike)는 Cascale(구 SAC)기준에 따라 협력업체의 친환경 생산 여부를 평가하고 있으며,[13] 포스코 등 글로벌 철강업체들은 ResponsibleSteel을 기반으로 친환경 제철 기술을 도입하고 있다.[14]

사진 5-1 산업별 글로벌 ESG 이니셔티브

출처: 글로벌 ESG 이니셔티브. 대한무역투자진흥공사. 2025.

ESG 경영의 중요성이 강조되면서 E(환경), S(사회), G(지배구조)의 각각에 대해서 '균형' 있는 접근을 강조하는 경향이 있다. 하지만 우리 회사의 핵심역량이나 비즈니스모델, 특히 우리 회사가 경쟁하고 있는 산업의 특성을 고려한 '차별적' 접근방식이 필요하다. ESG 경영 구체화를 위해 우리 회사가 우선적으로 고려해야 할 이슈를 더욱 직관적으로 파악하는 방법은, 글로벌 ESG 평가사들이 선정한 산업별 평가지표를 검토하는 것이다. 글로벌 ESG 평가사들이 개별기업의 ESG 경영 성과를 평가할 때 일괄적으로 E(환경), S(사회), G(지배구조) 영역에 대해서 각각 1/3씩 동일한 비중을 부여하지는 않는다. 특정한 영역이 다양한 산업에서 경쟁하고 있는 모든 기업들에게 동일하게 중요할 수는 없다. 이런 이유로 글로벌 ESG 평가기관 MSCI가 기업의 ESG 성과를 평가할 때 E(환경), S(사회), G(지배구조) 영역별로 부여하는 '중대성(materiality)'은 산업마다 큰 차이를 보인다. 예를 들어, 엑슨모빌(Exxon Mobil)이 활동하는 에너지 산업에서는 탄소 배출 감소와 관련된 목표와 계획이 중요한 이슈이기 때문에, E(환경) 40.7%, S(사회) 26.3%, G(지배구조) 33%의 비중을 통해 ESG 경영 성과를 평가한다. 반면에 애플이 속한 산업에서는 인적 자본 개발과 공급망 노동 기준이 주요 이슈이기 때문에 S(사회) 영역에 42.5%라는 높은 비중을 부여하는 반면 E(환경)과 G(지배구조)에 대한 비중은 각각 21.6% 및 35.9%이다. 금융 산업에서는 인적자본 개발, 책임 있는 투자 방침, 개인정보 및 데이터 보안과 같은 S(사회)관련 이슈와 함께, 투명성과 관련된 규제가 많기 때문에 G(지배구조) 영역에서의 비중이 높을 수밖에 없다. 그 결과 제이피모간체이스(JP Morgan Chase)가 속해 있는 글로벌 자산 운용 및 수탁 산업의 경우에는 S(사회)와 G(지배구조)에 각각 52.4%와 42.4%라는 높은 비중이 부여된 반면 E(환경) 영역의 비중은 5.6%에 불과하다. 따라서 ESG 경영 구체화를 위해서는 우리 회사가 경쟁하고 있는 산업군에서 E(환경), S(사회), G(지배구조) 영역별 중대성 비중을 점검하여 어느 영역에 우선적으로 초점을 맞추어야 하는지 파악해야 한다.

우리 회사의 ESG 경영을 구체화하기 위해서는 특정 영역 내 지표들의 상대적 비중까지 함께 파악할 필요가 있다. 특히 E(환경) 영역의 중대성이 높은 산업 내에서도 세부 지표별 중요도는 큰 차이를 보인다. 예를 들어, LG화학과 한국전력이 속한 화학산업과 전기 유틸리티 산업은 E(환경) 영역의 중대성이 각각 52.1%, 47.5%를 차지한다. 그러나 세부 지표에서의 중요성은 상이하다. 예를 들어, 화학산업에서는 '클린테크 기회(Opportunities in Clean Tech)'가 10.7%의 중요도를 보이지만, 전기 유틸리티 산업에는 이 항목이 포함되어 있지 않다. 반대로, '재생에너지 기회(Opportunities in Renewable Energy)'는 전기 유틸리티 산업에서 12.6%의 중요도를 차지하고 있지만, 화학산업에서는 제외되어 있다. 이와 같은 경향은 S(사회) 영역에서도 마찬가지다. S(사회) 영역의 중대성은 삼성바이오로직스가 속한 헬스케어 장비 및 용품 산업에서 55.9%, 셀트리온이 속한 생명공학 산업에서 54.8%로 나타나며, 두 산업 모두에서 높은 비중을 차지한다. 그러나 '제품 안전성 및 품질(Product Safety & Quality)' 지표의 중요도는 뚜렷한 차이를 보인다. 헬스케어 장비 및 용품 산업에서는 해당 지표가 33.6%의 비중을 차지하지만, 생명공학 산업에서는 그 절반에도 못 미치는 15% 수준에 불과하다.

2.4. 우리 회사의 전략을 상황에 맞춰 유기적으로 재편하자

ESG 경영은 구체적 전략을 통해서 구현된다. 전략(strategies)은 목표를 달성하기 위한 수단이며, 기업이 수립하고 실행하는 여러 가지 전략들은 기업수준(corporate-level), 사업수준(business-level), 기능수준(functional-level) 전략으로 구분된다. 각 수준별로 수립할 수 있는 구체적 전략이 무엇인지 살펴보고, 우리 회사에게 필요한 전략을 선정하는 것이 중요하다.

● 기업 수준 전략을 변경할 요인

어디서 경쟁할지(Where to compete)에 초점을 맞춘 기업수준 전략은 다각화, 인수·합병(M&A), 전략적 제휴, 구조조정, 글로벌화 등의 방식으로 실행된다. 세계 3대 신용평가사 중 하나인 Fitch는 산업별 ESG 취약성 점수를 발표하며, 특정 산업이 ESG 요인에 의해 직면하는 위험 수준을 평가하고 있다. 석유 생산 및 정제 산업의 ESG 취약성 점수는 2025년 30점에서 2050년 80점으로, 원유 운송 산업은 같은 기간 동안 20점에서 80점으로 증가할 것으로 전망되고 있다([도표 5-7] 참고). 만약 우리 회사가 해당 산업에서 경쟁하고 있다면, 관련 리스크에 효과적으로 대응하고 새로운 성장 기회를 확보하기 위해 여러 가지 기업 수준 전략 중에서 어떤 옵션이 가장 효과적일지 판단해야 한다. 예를 들어, 우리 회사의 역량을 바탕으로 기후 변화 대응 기술을 자체적으로 개발하거나, 다른 회사의 역량을 활용하기 위하여 인수·합병(M&A)이나 전략적 제휴를 단행할 수 있다. Deloitte의 연구에 따르면, ESG 성과가 우수한 기업을 인수할 때 프리미엄을 지불할 의사가 있는 M&A 리더들의 비율이 83%에 달하며, 14%는 6% 이상의 프리미엄을 기꺼이 지불할 수 있다고 응답했다. 반면 ESG 평판이 낮은 기업의 경우에는 67%의 응답자가 최소 3% 이상의 할인된 가격을 요구하고 있는 것으로 나타났다.[15] 이는 ESG 성과가 단순히 기업의 사회적 평판에 그치는 것이 아니라, 인수·합병의 의사결정에서도 중요한 요소로 자리 잡고 있음을 보여준다.

도표 5-7 Fitch의 산업별 ESG 취약성 점수

		2025	2030	2035	2040	2045	2050
Old & Gas	Old Production	30	40	50	60	70	80
	Liquids transportation	20	30	40	50	60	80
	Oil refining	30	40	50	60	70	80
	Natural gas production	20	20	30	30	40	60
	Fuel retail	20	30	40	50	60	60
	Oilfield services	40	50	60	70	80	80
Chemicals	Petrochemicals	20	20	30	30	40	50
	Other chemicals	10	10	20	20	30	30
Integrated O&G producers – Indicative range		20~30	20~30	30~40	30~60	40~60	50~70

ESG Vulnerability Scores(ESG.VS) range from 90 (existential threat to a sector) to 10 (little disruption or potential benefits from evolving policies). These scores measure long-term risks that are typically outside of our rating horizon.

출처: 원출처(Fitch Ratings), 2차 출처(【이재혁교수의 ESG전략】 ESG, 이름에도 다 이유가 있다. 임팩트온. 2021.)

우리 기업이 경쟁하고 있는 산업 특유의 리스크를 축소 혹은 제거하는 목적으로 고려할 수 있는 또 다른 기업수준 전략은 다각화이며 그 결과 비즈니스 포트폴리오 변화에 따른 구조조정이 발생할 수 있다. BP와 Shell 같은 글로벌 석유 기업들은 기존 화석연료 중심의 사업 모델에서 벗어나 전기차 충전 인프라 및 재생에너지 프로젝트로 사업을 확대하고 있으며, 전기차 합동충전시스템(CCS) 기술에 대한 투자도 강화하고 있다.[16] 글로벌화는 RE100(재생에너지 100% 사용) 등 ESG 기준이 강화되는 상황에서 고려할 수 있는 또 다른 기업수준 전략이다. 한국의 재생에너지 공급 인프라가 충분하지 않은 상황에서 국내기업을 포함한 글로벌 기업들이 ESG 요구 사항을 충족하는 데 한계가 있을 수 있기 때문이다. 이러한 상황에서 국내 기업들은 글로벌 친환경 규제에 맞춘 사업 운영 방식을 도입하려는 목적으로 해외에 친환경 공장을 설립하거나, RE100을 이미 달성한 해외 현지 업체를 새로운 사업파트너로 영입할 수 있다. 하지만 이런 '탈한국' 목적의 글로벌 전략은 국내 고용 침체로 직결될 수 있다. 삼성전자, SK하이닉스, 현대차 등 주요 한국기업들은 RE100 목표를 달성하기 위해 해외 사업장에서 재생에너지 사용 비율을 높이고 있으며, 일부 제조업체들은 ESG 규제가 덜 엄격한 국가로 생산시설을 이전하는 방안까지 검토하고 있다.

사업 수준 전략을 변경할 요인

사업 수준 전략은 기업이 경쟁하는 시장에서 어떻게 경쟁할지(How to compete)에 초점을 맞추고 있다. 전통적으로 기업들은 원가 우위 전략과 차별화 전략을 활용하여 경쟁력을 확보해 왔으나, ESG 요소가 사업 환경에 미치는 영향이 확대됨에 따라 기존 전략이 지속가능한지 재검토해야 할 필요성이 커지고 있다.

원가 우위 전략은 비용 절감을 통해 가격 경쟁력을 확보하는 방식이지만, 노동 착취, 환경 파괴, 윤리적 문제 등 ESG 리스크를 초래할 경우 장기적인 지속가능성을 저해할 수 있다. 월마트(Walmart)는 대규모 유통망과 대량 구매를 통한 비용 절감 전략으로 시장을 지배해 왔으나, 중국 신장 지역에서의 강제 노동 이슈와 연결되면서 ESG 측면에서 비판을 받았다.[17] 이후 이에 반발한 중국 소비자들이 불매운동에 나서며 갈등을 빚기도 했다.[18] 세계적 식음료 기업 네슬레 또한 저개발국에서 저렴한 원자재를 조달하는 과정에서 노동 착취, 환경 파괴 등의 윤리적 논란이 제기되어 국제적 비판과 소비자 불매운동에 직면했던 적이 있다.[19] 원가 절감을 위한 조달 과정이 윤리적 문제를 초래할 경우, 기업의 ESG 리스크는 소비자 신뢰도 하락과 브랜드 이미지 훼손으로 이어질 수 있다. 원가 우위 전략이 ESG 원칙에 부합하는 방식으로 운영되고 있는지 검토하고, 윤리적 조달 및 친환경 공급망 구축을 통해 지속가능한 원가 절감 전략으로 전환해야 한다. 단순한 비용 절감이 아니라, 환경 및 사회적 책임을 고려한 원가 구조 개선이 요구되는 시점이다.

차별화 전략 또한 ESG 경영과 밀접하게 연결되며, 지속가능성을 고려한 수정이 필요하다. 차별화 전략은 품질, 디자인, 고객 서비스 등의 차별화를 통해 소비자에게 더 큰 가치를 제공하는 방식이지만, ESG 요소를 간과할 경우 오히려 지속가능성을 저해할 위험이 있다. 애플은 세련된 디자인과 혁신적인 기술을 바탕으로 강력한 브랜드 가치를 구축했으나, 제품 유지 보수가 어렵고 수리 비용이 높아 교체 주기가 짧아진다는 비판을 받고 있다. 제품의 수명을 의도적으로 단축시키는 '계획적 노후화(planned obsolescence)'는 환경 문제를 초래하고 소비자의 권리를 침해할 위험이 있다. 결국 애플은 2022년 'Self Service Repair' 프로그램을 도입하여 소비자가 직접 제품을 수리할 수 있도록 부품과 도구를 제공하는 정책을 확대하기로 했으며,[20] 2030년까지 공급망과 제품 전반에서 탄소 중립을 달성하기 위해 재활용 소재 사용 비율을 높이기로 했다. 이는 애플이 ESG 요소를 반영하여 기존 차별화 전략을 수정하고 있음을 보여준다. 하지만 제품 수명 연장, 업그레이드 가능한 모듈형 설계 등 ESG 친화적인 차별화 요소를 추가적으로 도입해야 할 필요성은 여전히 제기되고 있다.

국내 기업들도 ESG 요소를 반영한 차별화 전략을 고민해야 하는 상황이다. 스타벅스는 고품질 F&B와 감각적인 굿즈, 텀블러 사용 권장 등 친환경 이미지를 강조하며 소비자들에게 긍정적인 반응을 얻었지만, 시즌마다 잦은 MD(굿즈) 출시와 과도한 프로모션이 반복되면서, 오히려 과잉 생산이 환경에 더 큰 부담을 준다는 '그린워싱' 의혹이 불거졌다.[21] 또한, 대표적인 차별화 요소였던 '총알배송', '한집배송' 등이 ESG 경영 관점에서 지속가능한 전략인지에 대한 재검토가 필요하다. 빠른 배송은 소비자 만족도를 높이는 강력한 경쟁력 요소이지만, 탄소 배출 증가, 과도한 포장재 사용, 물류 노동자의 과로 문제 등을 초래할 수 있다. 이에 따라 국내 주요 이커머스 기업들은 기존의 차별화 전략을 ESG 관점에서 수정하는 방안을 모색하고 있다. 쿠팡은 '로켓배송' 전략을 유지하면서도 친환경 포장재 사용을 확대하고 포장재 사용을 절감했고,[22] 마켓컬리는 모든 포장재를 재활용 가능한 소재로 바꿔 비닐과 스티로폼 사용량을 줄이고 재사용 박스 활용을 확대하고 있다.[23] 그러나 장기적으로 '총알배송' 및 '한집배송'과 같은 차별화 전략이 ESG 요구를 충족하는 방식으로 변화해야 한다. 예를 들어, 탄소 중립 배송을 위한 전기차·수소차 물류 시스템 도입, 다회용 배송 박스 활용, 친환경 물류 센터 운영 등의 추가적인 전략이 필요하다. 또한, '빠른 배송'이 아니라 '지속가능한 배송'을 차별화 포인트로 설정하여, 소비자가 친환경 배송 옵션을 선택하도록 유도하는 전략이 ESG 시대에서 더욱 경쟁력을 확보할 수 있는 방향이 될 것이다.

이처럼 ESG 요소가 사업 수준 전략에 미치는 영향이 커지는 상황에서, 기존의 원가 우위 전략과 차별화 전략이 ESG 경영 원칙에 부합하는지 철저한 검토가 필요하다. 원가 절감을 목표로 하는 기업들은 윤리적 조달과 친환경 공급망 구축을 통해 지속가능한 비용 절감 모델을 마련해야 하며, 차별화를 통해 경쟁 우위를 확보하려는 기업들은 친환경 제품 설계, 지속가능한 생산 방식, 책임 있는 소비 촉진 등의 요소를 전략적으로 반영할 필요가 있다. 단순한 비용 절감이나 차별화가 아니라, ESG 요소를 반영한 지속가능한 경쟁 우위를 확보하는 방향으로 사업 수준 전략을 지속적으로 점검하고 필요한 경우 수정할 필요가 있다.

기능 수준 전략을 변경할 요인

기능 수준 전략은 사업 수준 전략을 실행하기 위해 구매, 조달, 생산, 마케팅, 인사관리, 재무, 회계 등 다양한 부서에서 실천 방안을 구체적으로 수립하는 것이다. 최근 ESG 요구가 강화되면서 기능 수준 전략에서도 기존의 방식이 지속가능한 방향으로 조정될 필요성이 커지고 있다.

구매 및 조달 부서에서는 우리 기업이 원청업체인지 N차 협력업체인지와 상관없이, 구매 및 조달의 전 과정에서 각종 규제의 대상이 아닌지 점검해야 한다. 최근 공급망의 환경 및 인권 기준이 전 세계적으로 강화되고 있다. 유럽연합(EU)의 경우 2024년부터 '기업 지속가능성 실사 지침(CSDDD: Corporate Sustainability Due Diligence Directive)'을 시행하여, 대기업들이 공급망 전반에서 환경 보호와 노동권을 준수하도록 강제하고 있다. 이에 따라 우리 기업도 ESG 리스크를 사전에 식별하여 구매 및 조달과 관련된 지속가능한 체계를 구축하여야 한다.

생산 전략에서도 기존의 생산 효율성과 원가 절감만을 고려하는 것이 아니라, 에너지 효율 개선, 탄소 배출 감축, 폐기물 최소화 등의 요소를 반영한 지속가능한 생산 방식이 요구된다. 실제로 글로벌 제조업체들은 재생에너지를 활용한 공장 운영, 친환경 원료 사용 확대, 순환 경제 모델 도입 등을 통해 ESG 요소를 반영한 생산 체계를 구축하고 있다.

마케팅 전략에서도 '그린워싱(Greenwashing)' 논란을 방지하기 위해 ESG 성과를 객관적인 데이터와 외부 검증을 통해 투명하게 공개하는 것이 중요하다. 기업이 단순히 친환경 이미지를 강조하는 것만으로는 소비자의 신뢰를 얻기 어려우며, ESG 성과를 명확하게 입증할 수 있는 근거를 제공하는 것이 필요하다. 일례로 이니스프리는 '페이퍼 보틀'이라는 명칭과 친환경 마케팅으로 소비자들의 호응을 얻었으나, 실제로는 종이 외피 안에 플라스틱 용기가 들어 있어 그린워싱 논란이 불거졌다. 소비자들은 환경성을 과장한 마케팅에 실망을 나타냈고, 기업도 제품명 선정과 홍보 방식에 문제가 있었음을 공식 인정했다.[24]

인적자원 관리와 보상정책의 변화도 고려해야 한다. 다양성과 포용성을 강화하고, 근로자의 건강과 복지를 증진하며, 근무 환경의 유연성을 확대하고 있다. 전략적 도구로서 보상 제도도 점차 강화되고 있다. KPMG의 2025년 글로벌 보고서에 따르면, 세계 주요 기업의 78%가 경영진의 보상 체계에 기후변화 대응(온실가스 배출 감축, 에너지 소비량, 재생에너지 사용 비율)과 기업 내부 인력 관리(직원 몰입도, 여성 관리자 비율, 성별 및 임금 격차, 산업재해율) 등의 ESG 요소를 반영하고 있다.[25]

3 우리 회사의 ESG 경영: 일관성 확보

다양한 부서가 ESG 경영에 참여하는 경우 그 방향성에서 일관성이 결여될 수도 있다. 지속가능한 성장과 장기적 경쟁력을 확보하려면 경영전략 프로세스 전반에 걸쳐 ESG 경영이 일관되게 실행되어야 한다.

3.1. 사례를 통해 일관성의 중요성을 파악하자

ESG 경영이 경영전략 프로세스 전반에 걸쳐 일관성을 가지고 실행되고 있는지를 애플의 사례를 통해 살펴보면 다음과 같다.

● 미션

애플의 미션은 "지구상에서 최고의 제품을 창출하고, 우리가 발견했을 때보다 세상을 더 나은 곳으로 만드는 것"이다. 이는 단순한 기술 혁신을 넘어 환경 보호와 사회적 책임을 강조하는 방향으로 설정되었다. 애플은 단순히 수익을 극대화하는 것이 아니라, 기업 활동을 통해 환경적·사회적 가치를 창출하는 것을 핵심 미션으로 삼고 있으며, 이를 모든 사업 운영의 중심에 두고 있다. 미션이 ESG 관점에서 변화함에 따라, 경영의 다음 단계인 목표 수립 과정에서도 이에 맞춰 ESG 요소를 반영한 구체적인 목표를 설정할 필요성이 커졌다.

목표 수립

미션이 ESG 가치를 내포하고 있기 때문에, 애플은 지속가능성 목표를 보다 구체적으로 설정하고 이를 경영 핵심 지표로 삼고 있다. <환경 진행 보고서(Environmental Progress Report)>를 통해 '2030년까지 모든 제품과 공급망에서 탄소 중립 달성', '재생에너지를 100% 활용한 공장 운영', '모든 제품의 핵심 소재를 재활용 또는 재생 가능한 원료로 대체' 등의 목표를 명확히 밝혔다.[26] 또한, 공급망 내 노동 환경 개선과 다양성·포용성(DE&I) 확대를 위한 목표도 설정하여 ESG를 단순한 선언이 아닌 실행 가능한 목표로 구체화시켰다.[27] 이러한 목표 수립은 기업 내부뿐만 아니라 외부 환경 및 산업 동향을 반영하여 더욱 현실적인 계획으로 이어져야 한다.

외부환경 및 내부환경 분석

애플은 새로운 목표를 설정한 이후 ESG 관련 외부 정책과 내부 요인을 지속적으로 분석하여 전략 변경의 필요성 및 방향성을 검토한다. 예를 들어, 유럽연합(EU)의 탄소국경조정세(Carbon Border Adjustment Mechanism, CBAM) 등의 글로벌 ESG 규제 변화에 대응하기 위해 공급망 내 탄소 배출 감축의 필요성을 인식하고 있으며, 글로벌 소비자 및 근로자의 가치관 변화를 반영하여 친환경 제품 개발과 지속가능한 소재 사용의 중요성을 인식하고 있다. 특히, MZ세대 소비자들이 지속가능성을 중시한다는 점을 고려하여, iPhone, MacBook, iPad 등의 제품에 재생 소재를 적극 사용하고, 제품 수명 연장을 위한 소프트웨어 지원 정책을 강화하는 등 ESG 경영을 실천할 필요성을 인지하고 있다. 이러한 외부 및 내부 환경 분석을 기반으로, 애플은 기업 수준에서 ESG 전략을 조정해야 할 필요성을 느끼고 있다.

기업 수준 전략 변경

외부 및 내부 환경 분석을 통해 ESG 요소가 기업의 지속가능성에 미치는 영향을 파악한 애플은 이를 기업 전략에 적극 반영하고 있다. 다각화, 인수·

합병(M&A), 전략적 제휴, 글로벌화 등의 전략을 추진하며, 친환경 기술을 보유한 기업과 협력하거나 직접 인수하는 방식으로 ESG 경영을 강화하고 있다. 2019년 탄소 배출 없는 알루미늄 제조 기술을 개발하는 Elysis와 협력하여 MacBook과 Apple Watch에 적용했으며, 탄소 포집 및 저장(CCS) 기술을 보유한 Climeworks에 투자하여 직접공기포집(DAC, Direct Air Capture) 기술의 확장과 상용화를 지원하고 있다. 전략적 제휴 측면에서도 변화를 추구하고 있다. 2020년 중국 최대 태양광 패널 제조업체인 LONGi Green Energy와 협력하여 공급망 내 태양광 에너지 사용을 확대했으며, 2021년에는 TSMC 및 Foxconn과 함께 제조 과정에서 탄소 배출을 줄이고 태양광 및 풍력 에너지를 도입하는 방안을 추진했다.

글로벌화 전략도 변화하고 있다.[28] 애플은 2023년부터 인도와 동남아시아로 생산 거점을 확대하면서, 현지 공급업체들에게 친환경 생산 기준 준수를 요구하며 글로벌 ESG 경영을 강화하고 있다. 인도에서는 생산 능력을 대폭 확대하여 약 1조 루피(약 120억 달러) 상당의 아이폰을 생산하며 현지 시장 점유율을 높이고 있으며, 2026년 말에서 2027년 초쯤 인도 생산이 미국 및 자국 내 수요를 모두 감당할 예정이다.[29] 동시에 공급업체들에게 재생에너지 사용과 탄소 배출 감축 등 친환경 생산 기준을 준수하도록 요구하고 있다. 이를 통해 생산 과정에서도 환경 영향을 최소화하고, 글로벌 탄소 중립이라는 목표를 달성하기 위해 노력하고 있다.

사업 수준 전략 변경

기업 수준 전략이 ESG 중심으로 변화하면서, 애플은 사업 수준에서도 ESG 요소를 반영하여 차별화 전략을 강화하고 있다. 제품 디자인, 성능, 사용자 경험뿐만 아니라 친환경 요소를 경쟁 우위의 핵심 요소로 삼고 있다. 15가지 우선 소재를 지정해 재활용 또는 재생 가능한 소재로만 제품을 제작하겠다는 목표를 세우고, 최신 MacBook과 Watch의 케이스 제품에는 100% 재활용 알루미늄이 사용되었다. iPhone의 경우 외장 85% 이상의 재활용 알루미늄을 사용하고 최신 모델의 경우 95% 이상 재활용 리튬을 사용한 배터리를 활용하였다.[30] 또한, 'Self Service Repair' 프로그램을 도입하여 소비자들이 직접 제품을 수리할 수 있도록 지원함으로써 제품 수명을 연장하고 전자 폐기물을 줄이는 노력을 기울이고 있다. 이는 단순한 친환경 이미지 구축이 아니라 장기적으로 소비자 신뢰를 확보하고 지속가능한 차별화를 통해 시장 내 경쟁력을 강화하는 전략이다. 이러한 사업 수준 전략이 효과적으로 실행되기 위해서는, 기능 수준에서도 ESG 요소를 반영한 구체적인 실행 방안이 마련되어야 한다.

기능 수준 전략 변경

애플은 각 기능별 전략에서도 ESG 요소를 반영하여 실행력을 강화하고 있다. 특히 공급망 조달 전략에 있어서 협력사들에게 재생에너지 전환을 요구해 2023년까지 320개 이상의 협력사가 애플 제품 생산을 위한 전력을 100% 재생에너지로 전환하도록 유도했다. 생산 전략에서는 친환경 원료 사용을 늘리는 방식으로 ESG 요소를 반영하고 있다.[31] 마케팅 전략에서는 '그린워싱' 논란을 방지하기 위해 ESG 성과를 객관적인 데이터와 외부 검증을 통해 투명하게 공개하고 있다. 인사관리 전략 또한 ESG 원칙을 반영하여 변화하고 있으며, 직원 다양성과 포용성을 강화하고 공정한 보상 체계를 구축하는 방식으로 운영되고 있다.

전략 실행

애플은 ESG 경영을 효과적으로 실행하기 위해 조직 구조, 통제 시스템, 보상 체계를 조정하고 있다. ESG 전략을 총괄하는 환경·정책·사회 이니셔티브 담당 부사장(VP of Environment, Policy, and Social Initiatives) 직책을 운영하며, 지속가능성 목표를 관리하고 있다.[32] 임원 보상 체계에서도 ESG 목표 달성 여부를 평가 기준에 반영하고 있다. 애플은 2021년부터 경영진의 성과 평가 항목에 ESG 지표를 포함하였으며, 상여금의 최대 10%가 ESG 목표 달성 여부에 따라 조정될 수 있도록 설정하였다.[33] 이와 함께, 애플은 탄소 중립 목표를 달성하기 위해 제품 수명주기 전반에서 탄소 배출을 75% 감축하고, 나머지 배출량은 고품질 탄소 제거 프로젝트를 통해 상쇄하는 전략을 추진하고 있다.[34]

경쟁 우위 유지 및 확보

애플은 ESG 경영을 통해 장기적인 경쟁 우위를 유지하고 있다. ESG 평가 결과를 단순히 외부 평가지표로 활용하는 것이 아니라, 자체적으로 설정한 ESG 목표 달성 여부를 핵심 기준으로 삼아 지속적인 개선을 추진하고 있다. 지난 3년간 제품 생산 과정에서 탄소 배출량을 꾸준히 줄이고 있으며, 2030년까지 모든 제품의 공급망에서 탄소 중립을 실현할 계획을 세우고 있다. 해당 목표는 2025년 4월, 60% 감축을 발표하며 순항 중이다.[35] 애플은 전 세계 소비자들에게 자사의 ESG 성과를 투명하게 공개하고 있으며, 이를 통해 브랜드 신뢰도를 높이고 장기적인 경쟁력을 강화하고 있다.

3.2. 우리 회사 ESG 경영의 일관성을 점검하자

우리 회사가 ESG 경영을 효과적으로 실천하고 있는지를 판단하기 위해서는, 단순히 개별 부서의 활동을 나열하는 것이 아니라, 전사적 경영전략 전반에 걸쳐 ESG가 어떻게 반영되고 있는지를 총체적으로 점검할 필요가 있다. 이를 위해 애플 사례와 같은 체계를 적용하여, 우리 회사의 ESG 경영이 경영전략 프로세스 전반에 걸쳐 일관성을 가지고 운영되고 있는지를 질문의 형태로 살펴보면 다음과 같다.

미션

우리 회사의 미션은 ESG 가치를 반영하고 있는가? 환경 보호, 사회적 책임, 투명한 지배구조 등 지속가능성과 관련된 가치가 명문화되어 있는지 점검할 필요가 있다.

목표 설정

ESG와 관련된 중장기적 목표가 수립되어 있는가? 예를 들어, 탄소 중립 달성 목표, 윤리적 공급망 관리, 다양성 및 포용성 확대 등이 구체적으로 설정되어 있는지를 점검해야 한다. 또한, 각 목표는 실제로 측정 가능한 지표와 연계되어야 있는지, 외부 이해관계자와의 신뢰를 구축하기 위해 공개되어 있는지도 점검해야 한다.

외부 및 내부 환경 분석

우리 회사는 ESG 관련 외부 규제와 산업 트렌드에 얼마나 민감하게 대응하고 있는가? 기후변화 리스크, 정부 규제, 소비자 행동 변화 등을 반영하고 있는지, 또한 내부적으로 조직의 문화, 인식 수준, 자원 등이 ESG 실행에 적합한지를 평가해야 한다.

기업 수준 전략 연계

ESG의 가치가 기업의 핵심 전략에 통합되어 있는가? 인수·합병, 글로벌 진출, 전략적 제휴 등이 적절하게 활용되고 있는지를 파악해야 한다.

사업 수준 전략 반영

각 사업 부문 또는 제품군에서 ESG 요소가 어떻게 반영되고 있는가? 원가 우위 전략 혹은 차별화 전략을 위해 제품 설계, 생산 공정 등이 효과적으로 추진되고 있는지 확인하여야 한다.

기능 수준 전략 실행

각 부서 또는 기능에서 ESG가 실제 전략으로서 실행되고 있는가? ESG 경영의 본질이 조달 과정이나 소비자 커뮤니케이션에서 적절히 반영되어 있는지 점검해야 한다.

전략 실행 체계

ESG 경영을 전사적으로 추진하기 위하여 조직, 리더십, 평가 및 보상 체계가 구축되어 있는가? ESG 경영 전담 조직 또는 위원회가 존재하는지, 주요 경영진의 핵심성과 지표에 ESG 요소가 반영되어 있는지, 내부 통제 및 평가 시스템이 갖춰져 있는지를 파악해야 한다.

성과 측정과 지속적 개선

우리 회사는 ESG 경영 성과를 주기적으로 측정하고 있는가? ESG 지표를 내부 경영성과 평가 및 외부 보고 기준으로 활용하고 있으며, 외부 인증 및 평가 기관으로부터 피드백을 받고 이를 개선에 반영하는 체계가 구축되어 있는지를 확인해야 한다.

이러한 총체적 점검을 통해 우리 회사의 ESG 경영이 단편적인 활동에 그치지 않고, 전사적 전략 체계 내에서 일관성과 실행력을 기반으로 한 통합적 경영 시스템으로 운영되고 있는지를 진단할 수 있다. 이를 바탕으로 각 부서의 실행계획과 리더십이 방향성을 공유하고 있는지를 확인하고, 지속가능한 성장을 위한 ESG 경영이 일관성을 가지고 운영될 수 있을 것이다.

4 우리 회사의 ESG 경영: 효과적인 실행 방안

경영전략 프로세스에는 '누가(Who)', '무엇을(What)', '어떻게(How)' 실행할 것인가를 구체적으로 정의하고, 이를 효과적으로 추진할 수 있는 체계를 구축하는 과정이 포함된다. 우리 회사에게 필요한 ESG 경영을 일괄적으로 수립한 이후에는 조직구조와 기업문화에 초점을 맞추어 실행방안의 토대를 마련해야 한다.

4.1. 조직부터 정비하자

우리 회사의 ESG 경영을 리드할 수 있는 조직 설계에 초점을 맞추어, ESG 전담 부서를 신설하거나 유사한 기능을 수행해오던 기존의 팀에 권한과 책임을 확대 적용해야 한다. 장기적으로 ESG 경영은 기업경영 전반에 걸쳐 전사적으로 내재화되어야 하지만, ESG 경영의 초기단계에서는 무엇보다도 추진 동력을 확보하는 것이 필수적이다. ESG 경영의 핵심 역할을 수행할 관련 부서를 CEO 직속으로 운영하여, 빠른 의사결정과 강력한 실행력을 확보하는 것이 바람직하다. LG그룹은 ESG 경영을 효과적으로 추진하기 위해 이사회 산하의 ESG 위원회를 통해 지속가능경영 전략과 성과를 감독하고 있으며, 전사 ESG 협의체를 통해 실행 조직 간 협의 및 이행 현황을 실무적으로 관리하고 있다.[36] 현대자동차 또한 이사회 산하의 C-level 경영위원회와 ESG 협의체(실무 Level)를 설치하여, ESG 목표의 설정과 이행상황 점검을 통해 전사적으로 ESG 경영이 신속히 추진될 수 있도록 운영하고 있다.[37] 하지만 아직도 국내 대기업의 ESG 위원회 설치 및 활용은 미비한 실정이다. 기업분석연구소 리더스인덱스가 2025년 매출 상위 500대 기업 중 사업보고서를 제출한 361개사를 대상으로 조사한 결과에 따르면, 국내 대기업의 ESG 위원회 설치율은 절반 수준에 머무르고 있다. ESG 위원회를 운영하는 비율도 산업마다 큰 차이를 보이고 있다. 예를 들어 철강과 제약 업종의 경우에는 3분의 1에도 미치지 못하고 있다. ESG 위원회를 운영하는 기업의 회의 수도 분기당 1회 이하인 연평균 3.8회에 불과했다([도표 5-8] 참고).[38]

도표 5-8 국내 매출 상위 500대 기업 ESG위원회 운영 실태

업종	기업 수	위원회 설립 기업 수	비중	위원장	
			2024	사내	사외
통신	3	3	100.0%	0	3
지주	5	5	100.0%	0	3
공기업	10	9	100.0%	0	3
조선·기계·설비	21	16	76.2%	0	11

증권	20	14	70.0%	0	3
상사	6	4	66.7%	0	1
생활용품	18	12	66.7%	1	6
서비스	23	15	65.2%	1	10
운송	11	7	63.6%	0	2
유통	20	12	60.0%	0	7
식음료	22	13	59.1%	2	5
IT전기전자	21	12	57.1%	0	6
보험	23	13	56.5%	0	8
2차전지	6	3	50.0%	0	2
은행	13	6	46.2%	0	1
석유화학	30	13	43.3%	1	6
건설 및 자재	31	13	41.9%	0	5
자동차	31	11	35.5%	0	4
에너지	12	4	33.3%	0	2
여신금융	13	4	30.8%	0	0
제약	8	2	25.0%	0	2
철강	14	3	21.4%	0	1
합계	**361**	**194**	**53.7%**	**5**	**91**

출처: 원출처(리더스인덱스), 2차 출처(【ESG 동향】 국내 상위 500 기업, ESG경영 실천 5년차...관심도 하락. 임팩트온. 2025.)

ESG 경영을 리드하는 전담 부서에서는 ESG 경영이 전사적 차원에서 조화롭게 운영되는지를 포괄적으로 점검해야 한다. 특히 대기업의 경우 계열사 간에 발생할 수 있는 경쟁이나 중복 투자를 방지하는 컨트롤 타워 역할을 ESG 전담 부서가 수행해야 한다. 삼성전자의 '지속가능경영추진센터'는 그룹 차원의 ESG 전략 수립 및 실행 과정에서 각 계열사가 추진하는 친환경 기술 개발, 탄소 저감 활동 등에서 발생할 수 있는 중복 투자나 불필요한 경쟁을 방지하기 위해 총괄적인 관리와 조정 역할을 수행하고 있다. 예를 들어, 반도체, 디스플레이, 전자 계열사가 개별적으로 진행하던 재생에너지 전환 프로젝트를 그룹 차원에서 통합 관리함으로써 비용 절감과 자원 효율성을 추구하고 있다.[39] SK그룹 또한 일찍부터 SK수펙스추구협의회 산하에 SV위원회를 설치하여 그룹 차원의 ESG 전략을 총괄하고 있다. 그룹의 중장기적 ESG 방향성을 설정하고, 각 계열사의 ESG 경영 활동을 심의 및 의결하며, 효율적인 자원 배분을 통해 시너지를 창출하는 데 중점을 둔다.[40] 각 계열사가 설정한 자원 배분 및 목표 우선순위 차이 등의 문제를 조정하는 것이 ESG 경영을 리드하는 전담 부서의 또 다른 중요한 역할이다. 특히 각 계열사가 설정한 ESG 경영 관련 주요성과지표(KPI)가 서로 상충되는지 여부 등을 사전에 점검하고 필요한 경우 조정하여야 한다. 주요성과지표가 확정된 이후에는 ESG 담당 임직원을 지정하여 명확한 책임과 역할을 부여하면서 진행과정을 지속적으로 모니터링해야 한다.

4.2. 기업 문화를 정립하자

ESG 경영을 효과적으로 수행하기 위해서는 조직 구조의 정비와 더불어 전사적인 기업 문화를 정립하는 것이 중요하다. 이는 단순한 제도나 규정 마련을 넘어, 조직 구성원 스스로가 ESG의 가치를 내면화하고 일상적인 업무 속에서 자발적으로 실천할 수 있는 환경을 조성하는 것을 의미한다. 이를 위해 먼저 구성원들이 ESG의 개념과 필요성, 그리고 시대적 흐름에 대해 충분히 이해할 수 있도록 교육 프로그램을 정기적으로 운영해야 한다. 국내외 ESG 동향과 산업별 사례를 학습하고, 이를 바탕으로 자신의 업무에 ESG를 어떻게 연결할 수 있을지 고민하는 기회를 제공해야 하며, 단순한 강의식 전달이 아닌 참여형 워크숍과 실무 연계형 콘텐츠 중심으로 구성하는 것이 효과적이다.

ESG 경영이 단기적인 캠페인으로 끝나지 않고 지속적으로 이어지기 위해서는 성과 평가 및 보상 체계에 ESG 요소를 반영하는 제도적 기반도 마련되어야 한다. 성과급 지급이나 승진 평가에 ESG 실적을 포함시키면, 구성원들의 동기를 유발할 수 있으며 조직 전체가 동일한 목표를 향해 나아갈 수 있는 환경이 조성된다. 일례로 포스코홀딩스는 2022년부터 ESG 앰배서더 제도를 운영하고 있다. ESG와 연계성이 높은 부서의 직원들을 대상으로 ESG 이해도와 실무 역량을 강화하고, 우수한 앰배서더에게는 경영진 포상을 수여함으로써 긍정적 동기 부여의 선순환 구조를 만들고 있다.[41] 더불어 모든 임원에게 ESG 혁신 과제를 발굴하고 실행할 것을 요구하고 있으며, 그 결과는 임원 평가에 직접 반영되고 있다.[42]

이처럼 ESG가 조직 내에서 실질적인 실천과제로 자리 잡기 위해서는 제도적 장치뿐만 아니라 자발적인 참여를 유도할 수 있는 문화 형성이 병행되어야 한다. ESG 챔피언 제도나 사내 포럼을 통해 각 부서의 실천 사례를 공유하고, 우수 사례를 발굴하여 전사적으로 확산시키는 것도 효과적인 방법이다. 나아가 ESG와 관련된 활동과 성과는 사내 구성원뿐 아니라 외부 이해관계자와도 적극적으로 공유되어야 하며, 이를 통해 ESG 실천의 정당성과 투명성을 높일 수 있다. 내부적으로는 사보나 사내 포털 등을 통해 구성원에게 ESG 추진 상황을 공유하고, 외부적으로는 지속가능경영보고서, 공식 웹사이트, 대외 발표자료 등을 통해 고객, 투자자, 지역사회와 소통함으로써 신뢰를 구축할 수 있다.

이렇듯 ESG 경영이 조직의 DNA로 자리 잡기 위해서는 단순한 제도 정비를 넘어서, 구성원의 자발적 참여와 실천을 촉진하는 문화적 기반 구축이 필요하다. 교육, 평가, 보상, 소통 등이 유기적으로 연결되고 반복되며 ESG 요소가 자연스럽게 일하는 방식의 토대가 될 때, 우리 회사의 ESG 경영은 흔들림 없이 지속될 것이다. 우리 회사의 ESG 경영 그 자체가 지속가능할 때 비로소, 외부의 평가나 규제에 대응하는 수준을 넘어 진정한 경쟁 우위로서의 ESG 가치를 실현하게 되며, 이는 기업의 지속가능성을 높이는 결과로 이어질 것이다.

5 우리 회사의 ESG 경영: 성과 파악 및 관리

ESG 경영을 실행한 이후에는 원래 설정했던 목표를 달성했는지 여부를 판단해야 한다. 우리 회사의 ESG 경영 성과를 평가하는 주체에 따라 크게 다음과 같은 두 가지 접근방식이 존재한다.

5.1. 글로벌 ESG 평가결과를 참조하자

우리 회사가 ESG 경영을 제대로 실행했는지 판단하는 가장 보편적인 방법은 글로벌 ESG 평가기관의 평가 결과를 참조하는 것이다. 대표적으로 MSCI(Morgan Stanley Capital International)와 같은 기관이 제공하는 ESG 평가를 들 수 있다. MSCI는 해당 기업의 E, S, G 측면의 리스크와 기회를 종합적으로 분석하여, 업계 내 상대적 성과를 7단계 등급(AAA, AA, A, BBB, BB, B, CCC)으로 평가한다. 이를 통해 우리 회사가 속한 산업군 내에서 어느 등급에 해당하는지를 쉽게 확인할 수 있다. 또한, 단일 시점의 평가 결과뿐만 아니라 최근 몇 년간의 등급 변동 추이가 제공되기 때문에, 우리 회사 ESG 경영의 성과가 어떤 추세를 보이는지 파악할 수 있다. 뿐만 아니라 평가에 영향을 미친 주요 이슈도 함께 제시한다. 이를 통해 우리 회사가 "Leader(선도 기업)", "Average(평균 수준)", "Laggard(후발 주자)" 중 어디에 해당하는지 구체적으로 알 수 있으며, 특히 어떤 항목(예: 수자원 관리, 개인정보 보호 및 데이터 보안, 이사회 구성의 다양성 및 독립성 등)이 강점 또는 약점으로 작용했는지도 분석할 수 있다.

하지만 MSCI를 포함한 주요 글로벌 ESG 평가기관이 우리회사의 ESG 경영 성과를 온전히 평가하는 것에는 일정 부분 한계가 존재한다. 2025년에 경제협력개발기구(OECD)가 전 세계 주요 ESG 평가기관들을 대상으로 2,000개 이상의 ESG 평가 지표를 수집·분석한 연구결과에 따르면, ESG 평가지표의 대부분(72%)은 정성적(qualitative) 기준으로 기업이 ESG 경영과 관련된 전략이나 방침을 갖추고 있는지, 즉 선언적 조치의 존재 여부를 평가한다([도표 5-9] 참고).[43] 예를 들어, E(환경) 영역에서 "탄소중립 목표를 수립했는가?"와 같은 정책의 존재 여부를 묻는 정성적 평가에 초점이 맞추어지는 반면, "직전 3년간 온실가스 배출량 변화율", "전체 에너지 사용량 중 재생에너지 비중"과 같은 정량적(quantitative) 평가 지표는 상대적으로 적은 비중을 차지하고 있다. 사회(S) 영역에서도 유사한 경향이 나타난다. 예를 들어 "인권 보호 방침을 수립했는가?", "공급망 내 인권 관련 윤리 강령이 존재하는가?"와 같이 기업의 인권 정책 마련 여부나 선언적 의지를 중심으로 평가가 이루어지는 반면, "인권 관련 내부 제보 건수 및 처리율", "공급망 내 아동노동 또는 강제노동 사례 수" 등에 초점을 맞춘 정량적 지표는 활용이 제한적이다. G(지배구조) 영역 역시 비슷하다. "부패방지 방침의 유무"나 "윤리경영 규범의 도입 여부"와 같이 조직 운영의 투명성을 제고하기 위한 제도적 장치의 존재 여부가 주요 평가 대상이지만, "내부 통제 위반 건수"나 "이사회 다양성 구성 비율" 등과 같은 정량적 기반의 평가는 상대적으로 부족한 상황이다.

도표 5-9 OECD ESG 평가지표 이슈 정성, 정량 평가비율

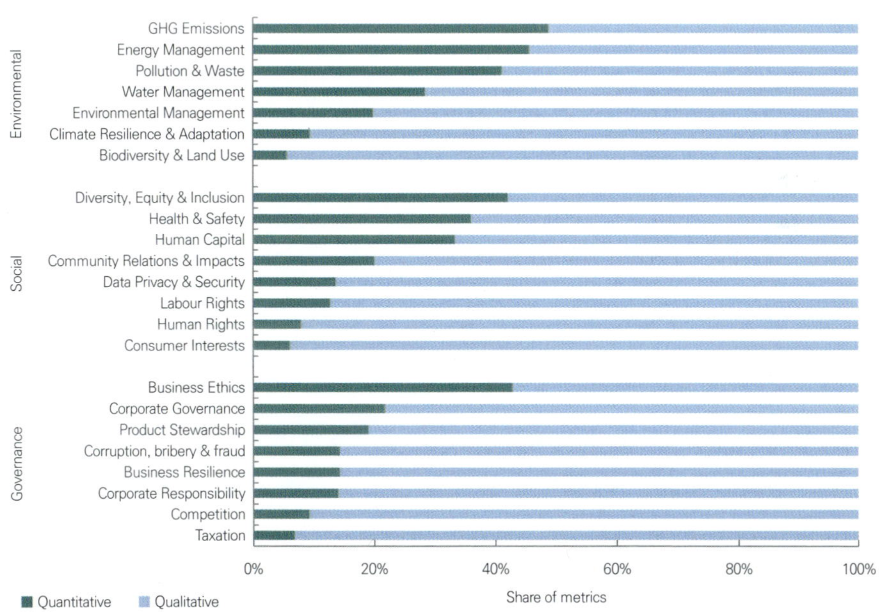

출처: Behind ESG ratings: Unpacking sustainability metrics. OECD. 2025.

글로벌 ESG 평가기관의 또 다른 특징은, 기업의 ESG 경영 결과를 평가할 때 대부분(68%)의 지표는 실질적 성과(output)보다는 계획이나 정책의 유무(input)에 초점을 맞추고 있다는 점이다. 이는 ESG 경영의 실질적인 성과보다 형식적인 준비 상태를 더 많이 반영하게 되는 구조적 한계로 이어진다. E(환경)에서는 예를 들어 "환경경영시스템(EMS)을 도입했는가?" 등의 정책 마련 여부 등은 자주 평가되지만, 에너지 효율 개선 정도와 같은 결과 항목은 상대적으로 적게 반영된다. S(사회)의 경우에도 예를 들어 "직원 만족도 향상을 위한 경력 개발 프로그램을 운영하고 있는가?"와 같은 의지 중심 항목이 우선시되지만, "최근 1년간 전체 직원 중 이직한 인원의 비율", "부서별 평균 이직률" 등의 실질적 성과는 일부 평가에서만 제한적으로 반영된다. G(지배구조)에서도 "경영진 보상에 ESG 성과를 반영하는 기준이 수립되어 있는가?" 등의 평가가 주를 이루지만, 보상금액이 ESG 실적에 따라 실제로 변동되었는지를 판단할 수 있는 "전년도 경영진 인센티브에서 ESG 관련 목표 달성률"과 같은 실질적 성과에 대한 평가는 상대적으로 부족하다.

이처럼 현행 글로벌 ESG 평가체계는 정량적 성과보다는 정성적 요소에 기반한 판단이 주를 이루고 있기 때문에, 우리 회사의 ESG 경영 결과를 파악할 때 실제 이행 결과보다 제도적 준비 수준에 대한 평가가 상대적으로 더 많이 반영된다는 사실을 감안해야 한다.

5.2. 우리도 자체적으로 평가하자

디지털 분석 방법의 비약적 발전 덕택에 정보의 비대칭성이 크게 줄어들고 있지만, 우리 회사 ESG 경영의 진면목을 외부에서 완벽하게 파악하기에는 한계가 존재한다. 평가에 필요한 정보를 제공하는 공시제도가 국가 및 산업별로 동일하지 않은 상황에서 우리가 실제로 하는 것을 모두 제대로 공시하는 것도 쉽지 않기 때문이다. 평가와 관련된 지표 정립의 복잡성과 측정 한계 등 복합적인 요인들 때문에 글로벌 ESG 평가기관의 평가 결과조차도 완벽할 수는 없다. 따라서 지속가능한 ESG 경영 체계 구축을 위해서는 외부 평가에 의존하는 수준을 넘어서, 우리 스스로의 성과를 점검하고 개선하는 내부 평가 역량을 강화해야 한다.

ESG 경영에 대한 자체 평가는 다양한 수준에서 시행될 수 있으며, 그 출발점으로 부서 단위의 ESG 실천 사례에 주목할 필요가 있다. 각 부서는 고유한 업무 특성과 역할에 따라 ESG 요소를 실천하고 있기 때문에, 이들의 활동은 회사 전체의 ESG 경영 성과를 파악하는 데 핵심적인 기반이 된다. 예를 들어, 생산 부서에서는 에너지 절감 및 자원 재활용과 관련된 구체적인 성과를 확인할 수 있고, 인사 부서는 다양성과 포용성 확대를 위한 정책 추진 결과를 평가할 수 있다. 구매 부서의 경우, 협력업체의 인권 준수 여부나 윤리적 공급망 관리 실태가 주요 점검 대상이 되며, 마케팅 부서는 ESG 워싱 발생 가능성을 사전에 예방하기 위해 실제 활동에 기반한 정확하고 투명한 정보 전달이 이루어지고 있는지를 점검할 수 있다. 이처럼 각 부서가 중점적으로 관리하는 ESG 관련 활동을 체계적으로 수집하고 분석하면, ESG 경영이 조직 전반에서 어떻게 실행되고 있는지를 보다 종합적이고 구체적으로 파악할 수 있다. 이는 내부 ESG 평가체계의 신뢰성을 높이는 역할도 할 수 있다.

ESG 경영에 대한 자체 평가는 임직원 개개인의 자발적인 실천과 ESG에 대한 인식의 변화를 통해서도 파악할 수 있다. 조직 차원의 ESG 경영이 실질적인 효과를 거두기 위해서는 임직원 개개인의 자발적인 실천과 ESG에 대한 긍정적인 인식이 필요하기 때문이다. 친환경 생활 실천, 직장 내 윤리적 의사결정, 포용적 조직 문화 조성 등 일상 업무 속에서 나타나는 개별 행동은 ESG 가치 실현의 중요한 축이며, 이러한 실천 사례를 파악하는 것이 필요하다. 아울러 임직원이 ESG의 의미와 중요성을 어떻게 인식하고 있는지, 자신의 업무와 어떤 연관성을 느끼는지, 조직의 ESG 방향성에 대해 얼마나 신뢰하고 있는지를 주기적으로 조사함으로써 인식 변화의 흐름을 파악할 수 있다. 이러한 데이터는 우수 실천사례를 발굴하고, ESG 참여 문화를 전사적으로 확산하는 데 기여할 뿐 아니라, ESG 경영의 성과를 점검할 수 있는 또 다른 방법이 될 수 있다.

이렇듯 조직 및 개인 차원에서 수집된 우리 회사의 ESG 경영에 대한 성과는 향후 ESG 전략 수립과 내부 평가체계의 고도화뿐만 아니라 외부 이해관계자와의 신뢰 기반 강화에 핵심적인 자료로 활용될 수 있다. 또한, 글로벌 ESG 평가체계의 한계와 정보 비대칭 문제를 보완하는 역할을 하기 때문에 우리 회사의 ESG 경영이 정착되고 있음을 입증하는 객관적 기준이 될 것이다.

결론 및 요약

본 장에서는 기업들이 지속가능성 증진을 위해 ESG 경영을 어떻게 수립하고 실행하며 관리해야 하는지를 심층적으로 다뤘다. 많은 기업이 ESG 경영의 중요성은 인지하고 있지만, 실제 추진에 있어 방법론적인 어려움, 전문 인력 및 경영진과 임직원의 인식 부족 등으로 인해 어려움을 겪는 현실을 지적했다. 또한, ESG 경영이 단순히 최신 유행을 따르거나 다른 기업의 사례를 맹목적으로 모방하는 것이 아닌, 각 기업의 고유한 특성, 비즈니스 모델, 그리고 핵심 역량에 맞춰 차별적으로 접근해야 함을 강조했다. 구체적으로, ESG 경영이 우리 회사에도 필요한지에 대한 다양한 의문을 해소하고, '기부 활동'이나 '사내 카페 운영' 같은 단편적인 활동을 ESG 경영의 본질로 오해하는 것의 한계를 명확히 강조했다. 특히 중소기업이나 벤처기업이 겪는 인력 및 자금 부족, 그리고 대기업 공급망 관리 차원에서 중소 협력업체의 ESG 평가가 중요해지는 현실 등을 반영하여, ESG 경영이 더 이상 선택 사항이 아닌 필수적인 요소임을 분명히 밝혔다. 이어서 다른 기업을 무작정 따라 하는 것의 한계를 지적하며, 탄소 배출 감축과 같은 특정 환경 이슈에만 초점을 맞추는 대신, 기업의 비즈니스 모델과 가치사슬을 분석하여 산업 특성을 고려한 차별적 접근이 필요함을 강조했다.

다음으로 경영전략 프로세스 단계별로 ESG 경영을 어떻게 수립해야 하는지를 미션, 목표, 내외부 환경 분석, 기업/사업/기능 수준의 전략 변경을 중심으로 상세히 설명했다. 애플의 사례를 통해 ESG 경영이 단순한 보여주기식 활동이 아닌, 전사적 의사결정 과정에 일관성 있게 통합되어야 함을 역설하며, 우리 기업의 ESG 경영 일관성을 점검하는 질문들을 제시했다. 특히 MSCI 평가 사례를 들어 산업별 ESG 중대성(materiality)이 다르다는 점을 강조하며, 우리 회사에 가장 중요한 ESG 영역이 무엇인지 파악하는 것이 중요하다고 언급했다.

또한, 효과적인 ESG 경영 실행을 위해 조직 정비와 기업 문화 정립의 중요성을 다루며, ESG 전담 부서의 필요성, CEO 직속 운영의 당위성, 그리고 계열사 간 경쟁이나 중복 투자를 방지하는 컨트롤 타워 역할의 중요성을 강조했다. 임직원 대상 ESG 교육 프로그램의 정기적 운영, 성과 평가 및 보상 체계에 ESG 요소를 반영하는 제도적 기반 마련, 그리고 자발적인 참여를 유도하는 기업 문화 형성이 ESG 경영의 성공적인 안착에 필수적임을 제안했다.

마지막으로 ESG 경영의 성과를 파악하고 관리하는 방법으로 글로벌 ESG 평가 결과를 참조하는 것의 한계를 지적하고, 정성적/정량적 지표의 불균형 및 실질적 성과(output)보다 계획/정책의 유무(input)에 초점을 맞추는 평가의 한계를 언급했다. 따라서 외부 평가에 의존하는 수준을 넘어, 기업 자체적인 내부 평가 역량 강화의 필요성을 강조했다. 각 부서 단위의 ESG 실천 사례와 임직원 개개인의 자발적인 실천 및 인식 변화를 파악하는 것이 내부 평가의 신뢰성을 높이고, 궁극적으로 기업의 지속가능성을 높이는 결과를 가져올 것이라고 결론지었다.

본 장의 논의를 바탕으로 다음 장에서는 한국기업들의 ESG 경영 사례를 E(환경), S(사회), G(지배구조)로 구분하여 소개한다.

제 6 장

ESG 경영: 한국기업 사례

한국기업 ESG 실천의 현실: 규제 강화와 현장 역량의 간극

2025년 포춘코리아가 'ESG KOREA 100'을 발표한 결과를 보면, ESG 경영이 의무화 시대에 진입하면서 한국기업들의 현주소가 적나라하게 드러났다. 2025년은 EU 옴니버스, 탄소국경조정제도(CBAM), 공급망 실사지침(CSDDD), 국제회계기준(IFRS S1·S2) 등 주요 글로벌 규제에 많은 변화가 있었으며 그 중대성과 글로벌 규제 충족 필요성에 대해 경종을 울린 해라고 볼 수 있다. ESG 경영은 선언이 아닌 의무가 되었지만, 많은 기업들이 여전히 실질적 이행과정에서 어려움을 겪고 있다는 사실이 확인되었다.

포춘코리아의 ESG KOREA 100은 국내 상위 500대 기업 중에서 ESG 경영 성과를 입체적으로 평가한 결과물이다. 그러나 이번 평가 결과는 표면적인 성과 지표 뒤에 숨어있는 현실적 간극을 여실히 보여주었다. 대한상공회의소의 2024년 설문조사에 따르면 국내 기업의 56%가 "기관마다 상이한 ESG 기준이 부담"이라고 답했으며, 중소기업중앙회 조사에서는 70%가 "ESG 지표는 복잡하고 실질적 경영과 동떨어져 있다."라고 응답했다. 특히 현행 ESG 평가 구조의 불균형이 두드러진다. KCGS 분석에 따르면 전체 평가에서 E(환경) 항목이 차지하는 비중은 60%를 넘는 반면, G(지배구조)와 S(사회) 관련 항목은 여전히 형식적이라는 지적이 많다. 대한상공회의소 조사에서 응답 기업의 67%가 "S와 G 항목이 현실과 괴리돼 있다."라고 답한 것은 이러한 문제점을 단적으로 보여준다.

ESG KOREA 100 랭킹에서는 이러한 현실적 어려움이 구체적으로 나타났다. 공동 1위를 기록한 GS리테일과 현대백화점이 종합점수 100점을 획득한 반면, 중위권인 45위에는 삼성전자, LG, KCC 등 대기업들이 다수 포진했다. 이들 기업은 ESG 전반에 대한 인식과 실행 수준은 일정 기준을 충족하고 있지만, 투명성, 보고서 품질, 공시의 정량·정성 요소 등에서 상위권 기업보다 보수적 접근을 취한 것으로 나타났다. 하위권에 포함된 기업들의 경우 더욱 명확한 한계를 드러냈다. 100위를 기록한 한국금융지주(62.5점)를 비롯해 메리츠금융지주, DB손해보험, KB금융, 한국전력공사 등이 하위권을 형성했는데, 이들은 ESG 전략이나 공시 체계가 비교적 취약하거나 지배구조와 이해관계자 관리 항목에서 아쉬움을 남긴 경우였다. 무엇보다 주목할 점은 ESG 공시의 질과 양이 평가에서 중요한 변수로 작용했다는 것이다. 일부 기업은 기본적인 ESG 체계를 구축하고 있음에도 공시 자료의 상세성과 신뢰도가 부족해 정량적 지표로 정확히 평가받기 어려운 상황에 처했다. 이는 "ESG는 있는 대로 보여주는 게 아니라 보여줄 수 있게 준비된 구조여야 한다."는 포춘코리아의 지적처럼, 많은 기업들이 ESG 경영의 본질보다는 형식적 대응에 머물고 있음을 시사한다.[1]

장 목차

서론

포춘코리아의 'ESG KOREA 100'이 주는 시사점은 명확하다. ESG 경영이 규제 준수를 위한 표면적 대응을 넘어 기업의 지속가능한 성장 전략으로 내재화되어야 한다는 것이다. ESG KOREA 100에 선정된 기업들의 평균 ROE는 비포함 기업 대비 15% 이상 높게 나타났고, 한국기업지배구조원의 2024년 분석에서도 ESG 상위 기업들이 일반 기업에 비해 신용등급 상승률이 30% 이상 높았다는 점은 ESG 경영의 필요성을 대변한다. 이와 함께 ESG 경영은 단순한 평가 점수나 외형적 성과를 넘어, 실질적으로 기업 경영 전략에 ESG의 철학을 통합시키는 과정으로 이해해야 한다.[2]

앞선 5장에서는 ESG 경영을 위한 구체적 실행방안을 외국기업 중심으로 설명하였다. 본 장에서는 한국기업들이 어떻게 ESG 경영을 실천하고 있는지를 해당 기업의 지속가능경영보고서에 포함된 내용을 중심으로 살펴본다.[3] 이를 위해 먼저 기업들의 ESG 경영이 E(환경), S(사회), G(지배구조) 중 어떤 영역에 주로 초점을 맞추었는지 파악한다. 그리고 대부분의 기업들이 특정 영역에서도 여러 가지 중대성 이슈를 동시에 다루기 때문에, 해당 기업의 ESG 경영을 포괄적으로 함께 소개한다.

1 E 영역 관련 사례

1.1 포스코인터내셔널: 클린테크 CCUS 및 탄소 배출 관리(E)[4]

포스코인터내셔널은 포스코그룹의 글로벌 사업 플랫폼으로, 철강·모빌리티·에너지·식량·바이오 등 핵심 산업 전반에서 초기 개발과 생산부터 중간 운송·저장·가공·조립, 그리고 최종 유통·판매에 이르는 통합 밸류체인을 운영하는 대한민국 대표 종합상사다. 2023년 상사업계 최초로 연간 영업이익 1조 1,631억 원을 기록하며 '1조 클럽'에 이름을 올렸고, 2024년에도 1조 1,169억 원의 영업이익을 거두며 2년 연속 좋은 실적을 이어갔다.[5] 이처럼 업계에서 독보적인 재무성과를 선보이며, 글로벌 밸류체인 전반에 영향력을 확장하고 있다.

2025년 기준 포스코인터내셔널의 MSCI ESG 등급은 BBB로, 동종업계 내에서 중위권 수준에 머물고 있다. 포스코인터내셔널이 속한 '무역 상사 및 유통업체(Trading Companies & Distributors)' 산업군의 중대성 평가 기준에 따르면 ESG 요소별 비중은 다음과 같다. E(환경) 영역은 전체 중대성의 33%를 차지하며, '생물다양성 및 토지 이용(Biodiversity & Land Use)' 13%와 '클린테크 기회(Opportunities in Clean Tech)' 20%로 구성된다. 사회(S) 영역은 총 20%를 차지하며, '인적자원 관리' 카테고리가 핵심 항목이다. 마지막으로 지배구조(G) 영역은 전체의 47%를 차지하며, 절반에 가까운 평가 비중을 갖는다.[6] 포스코인터내셔널은 매년 자체적으로 이중 중대성 평가를 실시하여 6개의 중대 이슈를 선정하는데, 2024년 평가에서는 '기후변화 완화(E)', '에너지 사용(E)', '생물다양성 및 생태계(E)', '근로자와의 소통 및 노동권 보장(S)', '안전 및 보건 관리(S)', 그리고 '공정거래 관행(G)' 카테고리가 선정되었다. 이를 통해 포스코인터내셔널이 특히 환경(E) 분야에 주력하고 있으며, 환경 영역에서의 주요 활동이 MSCI에서 제시하는 핵심 항목들과 높은 정합성을 보인다는 점을 확인할 수 있다.

MSCI의 세부 항목 평가 점수를 살펴보면, 동일 산업군 내에서 ESG 등급이 A 이상(A, AA, AAA)인 기업들의 E(환경) 점수 평균은 4.68점이지만, 포스코인터내셔널은 5.80점을 기록하며 업계 상위권을 유지하고 있다. 더불어, 포스코인터내셔널은 온실가스 처리, 대기환경 개선, 생활폐기물 재활용 등 다양한 분야에서 지속적으로 기술을 향상시키고, 환경친화적 기술을 선제적으로 도입한 성과를 인정받아 2024년 제8회 대한민국 에너지환경기술대상에서 환경부장관상을 수상하는 성과를 보이기도 했다. 이는 환경(E) 영역에서의 우수한 관리 역량을 방증한다. 특히 주목할 점은, 포스코인터내셔널이 CCS(Carbon Capture & Storage, 탄소 포집·저장) 사업 포트폴리오를 본격적으로 확대하고 있으며, 온실가스와 에너지 관련 수치 기반 관리 지표와 구체적인 KPI(Key Performance Indicators, 핵심성과지표)를 투명하게 공개하고 있다는 것이다. 더불어 기존 E&P(Exploration & Production, 자원 탐사 및 생산) 사업에서

축적한 기술력과 운영 역량을 바탕으로 CCS를 신성장 동력으로 육성하고 있다. 국내에서는 울릉분지 저장소 유망성 평가, 인천LNG복합발전소 CCS 도입 검토를 진행 중이며, 해외에서는 인도네시아 ONWJ 해상 광구 공동조사, 해양수산부 수주를 통한 이산화탄소 저장소 평가 및 플랫폼 전환 설계 역량을 강화하고 있다. 나아가, 온실가스 배출량, 에너지 사용량, 온실가스 배출 집약도, 에너지 집약도, 전기 판매량, 재생에너지 판매량, 재생에너지 사용량 등 온실가스와 에너지 관련 환경성과를 나타내는 KPI를 설정하고, 이들 지표를 지속적으로 모니터링하며 투명하게 공개하고 있다. 기준연도 2021년 대비 2030년까지 온실가스 배출을 37% 감축하는 중간 목표를 설정했으며, 2024년에는 기준연도 대비 온실가스 배출을 6% 감축하는 성과를 보였다(2021년 516만 tCO_2eq, 2024년 483만 tCO_2eq). 이는 2023년에 설정한 2024년 목표치에 근소한 차이를 보이는 실적이다(온실가스 배출량 원단위 2024년 목표: 0.394 tCO_2eq/MWh, 2024년 실적: 0.402 tCO_2eq/MWh). 그럼에도 Scope 1에서는 단계적 수소 연료전환과 발전소 CCS 적용을, Scope 2에서는 해상풍력 등 재생에너지 사업 확대를 통한 성장 전략을 제시하고 있다는 점에서 긍정적으로 평가된다. 포스코인터내셔널이 환경(E) 영역에서의 강점을 지키는 방향으로 전략을 구체화시킨다면, 글로벌 차원에서 ESG 경쟁력을 더욱 강화할 수 있을 것으로 보인다.

1.2 대한항공: 지속가능 항공유를 통한 탄소 배출 감축(E)[7]

대한항공은 여객사업, 화물사업, 항공우주사업을 주축으로 하는 대한민국 대표 항공사로, 아시아나항공과의 합병을 통해 규모의 경제를 달성하고 글로벌 차원의 운영 효율성과 서비스 품질을 제고하며, 나아가 국제 경쟁력을 강화하기 위해 주력하고 있다. 또한, 글로벌 지속가능성 평가지표인 '다우존스 지속가능경영지수(DJSI) Korea'에 3년 연속 편입되고, 2023년부터 2년 연속 MSCI ESG 평가에서 A 등급을 유지하는 등 국제적으로 인정받는 우수한 ESG 성과를 거두고 있다.

대한항공이 속한 '여객 항공사(Passenger Airlines)' 산업군의 중대성 평가 기준(Materiality Map)에 따르면, 2025년 말 기준으로 ESG 비중은 다음과 같다. E(환경) 영역은 전체 중대성의 19%를 차지하며, '탄소 배출(Carbon Emissions)'로 구성된다. S(사회) 영역은 총 48%의 중대성을 가지며 산업 내 가장 핵심적인 항목으로 자리잡고 있고, '노동 관리(Labor Management)'가 16%, '제품 안전성 및 품질(Product Safety & Quality)'이 16%, '개인정보 및 데이터 보안(Privacy & Data Security)'이 16%를 차지한다. 마지막으로 G(지배구조) 영역은 전체 중대성의 33%를 차지하고 있다.[8] 대한항공은 매년 자체적으로 이중 중대성 평가를 실시하여 핵심 이슈 6개를 선별하는데, 2024년 평가에서는 '기후변화 대응 노력(E)', '사업장 안전 및 건강관리(S)', '고객만족 노력 확대(S)', '고객의 건강 및 안전 보호(S)', '사회공헌활동 강화(S)', 그리고 '지배구조의 투명성 및 전문성 강화(G)'가 선정되었다. 이를 통해 대한항공이 S(사회) 분야 이슈에 중점을 두고 있으며, 선정된 핵심 이슈들이 MSCI에서 제시하는 주요 항목들과 높은 정합성을 보인다는 것 역시 확인할 수 있다.

최근 항공 산업에서는 지속가능 항공유(SAF, Sustainable Aviation Fuel) 상용화를 통한 온실가스 감축이 주요 화두로 부상하고 있다. SAF는 폐식용유, 옥수수, 곡물, 동물의 지방, 식물성 기름, 농업 잔류물, 폐기물 등 친환경 원료로 만든 대체연료를 의미하며, 기존 화석연료 기반 항공유 대비 탄소 배출량을 최대 80%까지 감축할 수 있다. 이에 따라, EU를 필두로 현재 해외 여러 국가에서 친환경 연료 전환을 가속화하기 위해 SAF 혼합 의무화 제도를 도입하거나 검토 중이며, EU는 2025년 SAF 2% 혼합 의무화를 시작으로 단계적 확대를 추진하고 있다. 국내에서도 SAF 혼합 의무화 제도 수립에 대한 논의가 활발하게 진행되고 있다. 그러므로 항공사들의 선제적 대응과 안정적인 수급망 확보의 중요성이 더욱 부각되고 있다. MSCI의 세부 항목 평가 점수를 살펴보면, 동일 산업군 내에서 ESG 등급이 AA 이상(AA, AAA)인 기업들의 '기후변화(Climate Change)' 테마 점수 평균은 5.34점이지만, 대한항공은 5.90점을 받으며 업계 상위권을 유지하고 있음을 알 수 있다. 특히, 대한항공은 우수한 SAF 운영 역량을 보이며 해당 부문에서 높은 점수를 기록한 것으로 분석된다. 우선, 대한항공은 2022년부터 시작하여, 점진적으로 SAF 사용량을 늘리고 있다(2022년 53,061 USG, 2023년 71,355 USG, 2024년 151,344 USG). 나아가 2024년에 국내 최초로 국산 SAF를 혼합 급유한 여객 상용노선 운항을 개시함에 따라, 전 세계에서 20번째로 SAF 상용운항을 실시한 국가로 지정되는 성과를 보였다. 대한항공은 SAF 혼합 운항을 늘리는 것과 더불어, 국내외 안정적인 SAF 공급망 구축에도 주력하고 있다. 2021년 6월 국내 정유사인 현대오일뱅크와 '지속가능 항공유 제조 및 사용 기반 조성 협력을 위한 MOU'를, 2022년에는 글로벌 에너지 기업 쉘(Shell)과의 협약을 통해 2026년부터 5년간 아시아 태평양 및 중동 지역 공항에서 바이오 항공유를 우선 공급받을 수 있는 기반을 마련하였다. 이어 2023년에는 정부 주관 '친환경 바이오연료 활성화 얼라이언스'에 참여하며, 국내외 기업과 정부 등 다양한 이해관계자와의 협력을 통해 안정적인 공급망 구축 성과를 거두고 있다. 이처럼 대한항공은 국내에서 선도적으로 SAF 도입과 공급망 구축을 동시에 추진함으로써, 글로벌 친환경 항공 연료 시장에서의 경쟁 우위를 선점하고 있다.

대한항공은 E(환경) 영역에서, 특히 SAF 운영·관리 역량 측면에서 국내 선도적 입지를 확보하고 있다. SAF 상용 운항 확대와 공급망 구축을 동시에 추진하며 글로벌 표준에 부합하는 친환경 전략을 실현하고 있다는 점은 ESG 전체 등급 유지 및 기후변화 대응 부문 경쟁력 강화의 핵심 기반이 된다. 한편, 현재 S(사회) 영역 등급은 양호한 수준이나 업계 상위 수준에 도달하기 위해서는 ESRS S1에 합치하는 정량 지표들을 추가 공시하거나 GRI 공시체계의 미공시 항목을 단계적으로 공개함으로써 MSCI 평가 대응력을 강화할 수 있다. 이러한 조치는 실제 내부 성과를 시장 표준에 부합하는 언어로 전달함으로써 인적자원 관련 공시의 신뢰성을 높이고 종합 ESG 등급 제고로 이어질 수 있다. 나아가 아시아나항공과의 합병으로 창출될 규모의 경제와 운영 시너지를 인적자원 측면에서 실질적 경쟁우위로 연결하는 기반이 될 것으로 기대된다.

1.3 현대자동차: 친환경 차량 클린테크 및 제품 탄소 발자국 관리(E)[9]

현대자동차는 내연기관차부터 하이브리드, 전기차, 수소전기차에 이르기까지 폭넓은 라인업을 갖춘 대한민국 대표 완성차 기업이자 글로벌 리더로 인정받고 있다. 산업 분류 체계인 GICS(Global Industry Classification Standard) 기준 '자동차 제조업체(Automobile Manufacturers)' 산업군에 속하며, 아이오닉(IONIQ)과 제네시스(Genesis) 등 독자적 브랜드를 통해 친환경차 및 프리미엄 시장에서 입지를 공고히 하고 있다. 2020년부터는 전동화 선도 및 모빌리티 서비스 역량 강화를 핵심 전략으로 추진해 왔으며, 2024년 연간 약 414만 대의 판매고를 올리며 세계 3위라는 괄목할 만한 실적을 달성했다.

자동차 산업에서는 전통적으로 제품의 안전성과 노동자 관리 부문이 중요한 평가 요소로 간주되어 왔으나, 최근에는 E(환경) 영역 중 탄소 배출 관리와 더불어 청정기술 역량, 즉 '클린테크 기회(Opportunities in Clean Tech)'가 핵심 요소로 부상하고 있다. 이는 차량의 생산부터 운행 전 과정에서 발생하는 다량의 탄소 배출을 줄이는 것이 산업의 주요 과제가 되었기 때문이다. 이에 글로벌 ESG 평가기관인 MSCI는 해당 산업군 평가에서 '제품 탄소발자국(Product Carbon Footprint)'과 '클린테크 기회(Opportunities in Clean Tech)' 이슈에 높은 비중을 부여하고 있다. 이러한 기준에 따라 2025년, 현대자동차는 MSCI ESG 평가에서 전년 대비 상승한 B 등급을 획득했다. 현대자동차는 다양한 글로벌 평가 지표에서 우수한 성과를 보이고 있는데, 2023년에는 세계적으로 공신력을 인정받는 DJSI(Dow Jones Sustainability Indices) 평가에서는 '월드(World) 지수'에 3년 연속 편입, 동종산업 1위로 평가받으며 글로벌 최고 수준의 지속가능경영 역량을 입증한 바 있다.

<2025년 현대자동차 지속가능성 보고서>에 따르면, 현대자동차는 2024년 전체 친환경(EV, HEV, PHEV, FCEV) 차량 판매량을 전년 대비 9% 상승한 75만 7천 대까지 확대하며 외형적 성장을 이뤘다. 이는 특정 차종에 국한되지 않고 전동화의 다양한 선택지를 제공하는 현대자동차의 유연한 생산 전략이 주효했음을 시사한다. 특히 현대자동차는 탄소중립 관점에서 전기차뿐만

아니라 수소연료전지차(FCEV) 분야에서도 독보적인 경쟁력을 확보하고 있다. 현대자동차는 수소연료전지차의 보급을 확대하며 2025년 상반기 기준 전 세계 시장 점유율 55%를 기록하는 등 수소연료 전지 기술 등의 기술력과 판매 측면에서 세계 1위의 위치에 있다. 또한 기술력 뿐 아니라 생산 능력, 시장 경쟁력 등 전 분야에서 선도적인 수준이다. 이는 전기차(EV), 하이브리드(HEV), 수소전기차(FCEV) 등 전 카테고리에서 최고 수준의 경쟁력을 확보한 유일한 글로벌 완성차 기업으로서의 면모를 보여준다.

이러한 성과는 동종 업계인 글로벌 종합 완성차 기업들과 비교할 때 더욱 두드러진다. 세계 자동차 판매 시장에서 현대자동차와 경쟁하는 토요타(Toyota)와 폭스바겐(Volkswagen)의 경우, 각기 다른 전동화 전략을 취하고 있다. 토요타는 전동화 전환 속도 측면에서 상대적으로 더딘 행보를 보이고 있으며, 폭스바겐은 전동화를 추진하고 있으나 판매 실적 면에서 시장의 기대에 미치지 못하는 측면이 있다. 반면, 현대자동차는 전동화와 전기차 생산 체제로의 전환을 기민하고 빠르게 추진하며 대외적으로 인정받는 친환경 성과를 창출하고 있다. 실제로 '2025 월드카 어워즈(2025 World Car Awards)'에서 현대자동차 캐스퍼 일렉트릭(현지명 인스터)이 '세계 올해의 전기차(World Electric Vehicle)'에 선정되는 등 외부 기관으로부터 전기차 전환 역량과 전동화 분야의 경쟁 우위를 높이 평가받고 있다.

또한 현대자동차는 제품 생산 과정의 탄소 감축을 위해 국내 사업장의 환경 오염물질 배출 저감 설비에 2024년 기준 507억 원을 투자하고, 2045년 RE100 달성을 목표로 PPA(전력수급계약)를 체결하는 등 인프라 구축에도 힘쓰고 있다. 더불어 유기성 폐기물을 수소로 전환하는 W2H(Waste-to-Hydrogen) 기술 개발을 통해 2024년 기준 500kg 규모의 자원순환형 수소를 생산하고 있으며, 폐배터리 재활용 등 자원 순환 체계 구축에도 다각적인 노력을 기울이고 있다. 이러한 활동들은 현대자동차가 단순한 완성차 제조를 넘어, 에너지의 생산과 소비, 그리고 재활용까지 아우르는 친환경 생태계를 주도하고 있음을 방증한다.

다만, 이러한 다각적인 노력에도 불구하고 글로벌 평가 기관의 세부 지표를 분석해 보면 현대자동차가 해결해야 할 과제가 드러난다. 현대자동차는 MSCI ESG 평가에서 전년 대비 등급이 상승했으나, E(환경) 영역의 핵심 지표인 '클린테크 기회(Opportunities in Clean Tech)' 이슈에서 평균(Average) 수준의 평가를 받았으며, 종합 등급 B를 획득한 점은 현대자동차의 선도적인 시장 위치나 전개하는 다양한 전동화 전략 및 노력에 비해 다소 아쉬운 결과로 볼 수 있다. 이는 글로벌 경쟁사들과 비교했을 때 시사하는 바가 크다. 세계 자동차 판매 시장에서 현대자동차와 경쟁하는 토요타(Toyota)의 경우 MSCI 종합 등급은 BBB로 현대자동차보다 높으나, '클린테크 기회(Opportunities in Clean Tech)' 이슈에서는 현대자동차와 동일하게 평균(Average) 수준에 머물러 있다. 반면, 현대자동차와 동일한 종합 등급 B를 기록한 폭스바겐(Volkswagen)은 '클린테크 기회(Opportunities in Clean Tech)' 이슈에서 선도기업(Leader) 등급을 획득했다. 이는 현대자동차가 종합적인 ESG 등급을 상향시키고 경쟁 우위를 확보하기 위해 일부 차원에서는 보완의 여지가 있음을 보여준다.

현대자동차가 해당 부문에서 평균 수준에 머무른 주된 원인은 '성과 제시의 구체성' 부족에서 찾을 수 있다. 현재 현대자동차는 전동화 판매량 등은 구체적으로 공개하고 있으나, 재생에너지 전환, 배터리 순환 생태계 구축, 수소 에너지 활용 등 기타 청정기술 영역에 대해서는 명확한 수치나 정량적인 성과(Output)보다는 실행 계획의 수립이나 투입한 노력(Input) 위주로 보고하고 있다. 즉, W2H 기술이나 자원 순환과 같은 실질적이고 선진적인 기술력은 보유하고 있으나, 이를 입증할 데이터 관리와 성과 지표 제시가 미흡했던 것으로 보인다. 따라서 향후 보고서에서 전동화 외 영역의 탄소 감축 효과를 정량적인 수치로 보완하고 실질적 성과를 구체화한다면, 등급 상승을 위한 충분한 모멘텀을 확보할 수 있을 것으로 전망된다.

이러한 과제에도 불구하고 현대자동차의 잠재력과 미래 전망은 밝다. 현대자동차는 내연기관(ICE) 중심의 전통적인 자동차 제조사에서 시작했음에도 불구하고, 소프트웨어 중심 자동차(SDV) 및 수소 사회를 선도하는 친환경 모빌리티 기업으로의 전환을 성공적으로 이뤄내고 있다는 점에서 긍정적인 평가를 받는다. 특히 전기차라는 단일 선택지에 집중하는 테슬라 등과 같은 기업들과 달리, 현대자동차는 전기차와 수소차, 하이브리드를 아우르는 포트폴리오를 통해 다양한 시장 수요와 환경 규제에 효율적으로 대응하고 있다. 기존의 거대한 산업 구조를 개편해야 하는 태생적 난관 속에서도 비약적인 속도로 기술 격차를 좁히며 글로벌 선도 기업으로서의 위상을 확고히 한 현대자동차의 저력은, 향후 글로벌 ESG 경영의 방향성을 선도하며 경쟁 우위를 확보할 것으로 기대된다.

1.4 SK하이닉스: 반도체 산업 클린테크 전략 및 재생에너지 사용(E)[10]

SK하이닉스는 1983년 창립 이후 국내 최초 16Kb S램 생산 성공을 시작으로 DRAM, SSD를 비롯한 반도체 소자 혁신을 선도해온 기업이다. 오늘날까지 업계 최고 수준의 미세공정 기술을 바탕으로 세계 최초 첨단 나노 기술을 개발해오며 그 영향력을 꾸준히 확장하고 있다. 국내에서는 삼성전자와 함께 반도체 선두주자로 자리 잡았고, 세계적으로는 삼성전자와 더불어 마이크론(Micron)과 같은 굴지의 기업들과 어깨를 나란히 하고 있다. 향상된 HBM 기술력을 바탕으로 2024년 사상 최고의 실적을 달성한 SK하이닉스는 경제적 가치와 사회적 가치를 동시에 추구하는 DBL(Double Bottom Line) 경영 철학을 바탕으로 지속가능경영을 실천하고 있다.

반도체 산업은 E(환경), S(사회), G(지배구조) 각 영역의 균형 있는 관리가 무엇보다 중요한 산업이다. SK하이닉스의 MSCI ESG 평가에서 SK하이닉스가 속한 '반도체(Semiconductors)' 산업군은 제조 공정에서 다량의 용수가 사용되는 특성을 가져, '물 스트레스(Water Stress)' 이슈가 20%로 가장 높은 평가 비중으로 나타났다.

하지만 2024년 MSCI의 이슈별 상세 평가에서 유일하게 후발주자(Laggard)의 판정을 받은 분야는 바로 '클린테크 기회(Opportunities in Clean Tech)'이다. 다만, 이 결과에 대해서는 평가 구조상의 현실적인 과제가 존재한다는 점을 함께 고려할 필요가 있다. MSCI의 '클린테크 기회(Opportunities in Clean Tech)' 평가는 섹터 내 Peer 그룹과의 상대평가로 진행되는데, 여기에는 메모리 반도체 기업뿐만 아니라 태양광 패널 기업이나 전력 효율을 직접 개선하는 GPU 생산 기업 등이 포함된다. 따라서 제조 공정 기반의 반도체 기업(IDM)인 SK하이닉스는 제품 특성상 태양광 기업이나 비메모리 반도체 기업 대비 평가에 불리할 수밖에 없는 구조적 한계가 작용하고 있다.

그럼에도 불구하고 '클린테크 기회(Opportunities in Clean Tech)' 이슈 역시 해당 산업군 내 E(환경) 영역에서 '물 스트레스(Water Stress)' 못지 않게 상당히 큰 비중으로 반영되고 있다. 이에 SK하이닉스는 MSCI의 클린테크가 환경에 기여할 수 있는 기술 개발 및 제품을 평가하는 영역임을 고려하여, 2025년 중대성 평가에서 '기술 혁신'을 핵심 이슈로 선정해 대응하고 있다. 더불어 '기술 혁신' 이슈와 연계해 2030년까지 주요 제품의 에너지 효율 증가 목표를 수립하고, 매년 그 성과를 공개하고 있다. 이러한 노력은 객관적인 성과로 이어지고 있다. 대표적으로 2023년 대한상공회의소 탄소감축인증표준에 따라 DRAM과 eSSD 제품의 전력 소모 감소 방법론을 인정받았으며, 2025년에는 업계 최초로 HBM 4세대(HBM3)와 5세대(HBM3E) 제품에 대해 Carbon Trust의 탄소 저감 인증을 획득하는 등 괄목할 만한 성과를 기록했다.

이러한 체계적인 대응과 구체적인 성과에 힘입어, SK하이닉스는 2024년까지 4년 연속 A 등급을 유지해오다가, 가장 최근인 2025년 11월 평가에서는 더 나아가 AA 등급을 획득하였다. 평가상의 구조적 한계에도 불구하고, SK하이닉스는 기술력과 체계적인 관리로 뚜렷한 개선 방향성과 ESG 경영의 역량 강화를 통해 '클린테크 기회(Opportunities in Clean Tech)' 분야를 강화하고 글로벌 리더 수준으로 도약하는 단계에 있다.

한편, 사업장 운영 측면인 재생에너지 사용 분야에서는 MSCI 동종사로 분류되는 NVIDIA(이하 엔비디아)와의 지표를 비교해보면, 향후 관련 역량을 더욱 집중하여 성과를 강화해 나갈 수 있는 분야임을 알 수 있다. 2025년 보고서에 따르면, 엔비디아는 FY24년(2023년 2월~2024년 1월)에 134,287MWh였던 재생 불가 에너지 구매량을 FY25년에는 0으로 줄였다. 같은 기간 재생에너지 구매량은 419,980MWh에서 779,316MWh로 증가하였고, 이에 따라 재생에너지 비율을 76%에서 100%로 늘리는 데 성공했다. 반면 SK하이닉스는 2024년 재생에너지 사용률이 29.9%로, 절대적인 비율 수치에서는 엔비디아와 격차를 보였다.

다만, 이러한 수치 차이에는 구조적인 배경이 존재한다. SK하이닉스는 설계부터 생산까지 전 과정을 수행하는 종합 반도체 기업(IDM)으로, 설계만을 전문으로 하는 팹리스(Fabless) 기업인 엔비디아와는 전력 소비 구조가 근본적으로 다르다. 따라서 동종사로 분류됨에도 해당 분야 역시 동종 업계와의 단순 비교가 어려운 측면이 있다. 실제로 2024년 실적 기준 엔비디아의 전력 사용량은 SK하이닉스의 약 6% 수준에 불과하며, 재생에너지 사용률이 아닌 절대 사용량 기준으로 보면 SK하이닉스가 엔비디아보다 약 4.8배 더 많은 재생에너지를 사용하고 있다. 또한, 재생에너지 조달이 수월한 미국과 달리 국내는 지리적 여건상 조달 환경이 상대적으로 열악하다는 점도 고려되어야 한다. 이러한 환경 속에서도 SK하이닉스의 2024년 재생에너지 사용량은 전년 대비 약 5% 증가하며 꾸준한 상승 곡선을 그리고 있다.

아울러 클린테크 외의 E(환경) 영역에서도 자체 투자를 통해 성과가 꾸준히 나타나고 있어 고무적이다. 특히 반도체 산업에서 가장 비중이 높은(20%) '물 스트레스(Water Stress)' 관리에서 탁월한 성과를 보이고 있다. 2021년부터 누적된 수자원 절감량은 2024년 기준 2억 2,594만 톤으로 목표치를 12.4% 초과 달성했으며, 용수 재이용률 역시 전년 대비 1%p 상승한 41%를 기록하며 해당 카테고리에서 긍정적인 평가를 받고 있다.

결론적으로 SK하이닉스의 ESG 경영 전략은 평가 지표의 단순한 관리를 넘어, 반도체 산업의 본질적인 친환경성 강화를 목표로 하고 있다. 상대적으로 불리한 평가 구조와 국내외 환경적 차이 속에서도, SK하이닉스는 '기술 혁신'을 통한 제품 경쟁력 강화와 '공정 효율화'를 통한 환경 영향 최소화를 동시에 추진하며 MSCI 평가 등급 상향이라는 가시적인 성과를 이끌어냈다. 이는 단순히 부족한 점수를 만회하기 위한 단기적 대응이 아니라, 제품의 생애 주기 전반에 걸친 탄소 감축을 이끌어내겠다는 장기적 로드맵의 실현 과정이라 할 수 있다. 평가상의 구조적 한계와 ESG 경영 추진과 성과 달성에 있어서 불리한 환경 및 대외 여건이 존재함에도 AA 등급을 달성한 SK하이닉스의 사례는, 현실적인 제약을 극복하고 실질적인 ESG 가치를 창출하려는 제조 기업들에게 시사하는 바가 크다.

1.5 강원랜드: 수자원 관리 체계 고도화를 통한 물 스트레스 대응 강화(E)[11]

강원랜드는 카지노를 중심으로 호텔, 콘도, 스키장, 골프장, 워터파크 등 다양한 여가·관광시설을 통합 운영하는 국내 최대 규모의 복합 리조트다. 2024년 기준, 전체 매출의 87.3%를 차지하는 카지노 사업을 기반으로 안정적인 수익 구조를 유지하고 있으며, 이를 토대로 숙박·레저·웰니스 등 비(非)카지노 부문에 대한 투자를 확대해 수익 다각화와 지역 관광산업과의 시너지를 도모하고 있다. 나아가 강원랜드는 '글로벌 복합리조트'로의 도약을 목표로 ESG 경영 고도화를 핵심 과제로 삼아 지속가능한 경쟁력을 강화하고 있다.

2025년 강원랜드의 MSCI ESG 등급은 B로 산정되어, 동종업계 내에서 중하위권에 머물고 있다. 강원랜드가 속한 '카지노 및 게임(Casinos & Gaming)' 산업군의 중대성 평가 기준(Materiality Map)에 따르면 E(환경) 영역은 전체 중대성의 30%를 차지하며, '천연자원 사용(Natural Resources Use)' 테마 20%와 '기후변화(Climate Change)' 테마 10%로 구성된다. 이 가운데 '천연자원 사용(Natural Resources Use)'의 핵심 이슈(MSCI ESG Key Issue)는 '물 스트레스(Water Stress)'로, 이는 '카지노 및 게임(Casinos & Gaming)' 산업군에서 지속가능한 수자원 관리가 E(환경) 영역에서 중대성이 가장 높은 핵심 과제임을 보여준다.

강원랜드의 2024년 ESG 하이라이트 가운데 가장 괄목할 만한 성과는 단연 '고도정수처리 기반 자원순환형 수자원 관리체계 구축'이다. 2025년 4월 고도정수처리시설을 완공함으로써, 강원랜드는 자원 재사용과 지속가능한 수자원 관리 측면에서 질적 도약을 이룬 점이 특히 주목할 만하다. 강원랜드의 고도정수처리시설 조성사업은 광해관리공단(한국광해광업공단) 수질정화 시설에서 방류되는 갱내수 처리수를 UF+RO공법으로 수처리 후, 기존 공급 관로를 통해 스키장 제설용수, 골프장 조경관수, 호텔 및 워터월드 공용용수 등으로 사용하는 것을 목적으로 한다. 이때, UF+RO 공법은 전처리 단계에서 가압식 초여과막(UF)을 사용해 입자성 불순물을 제거한 뒤, 주처리 단계에서 역삼투막여과법(RO)을 적용하여 목표 수질과 처리 안정성을 확보하는 방식으로, 계획성 및 경제성 평가와 처리수 용도별 목표 수질을 종합적으로 고려했을 때 가장 우수한 처리 성능을 보유한 공법으로 선정되었다. 해당 시설은 하루 8,133㎥의 원수를 정수하여 하루 5,000㎥의 고품질 재이용수를 생산할 수 있으며, 호텔, 스키장, 골프장 등 리조트 시설의 용수로 공급되어 기존 상수도 사용을 대체하고 있다. 이러한 자원순환 노력, 특히 수자원 재사용 성과를 인정받아 2025년 강원랜드 산하 하이원 콘도는 국내 리조트 최초로 휴양콘도미니엄 서비스부문 '환경표지 인증'을 획득했다. 해당 인증은 서비스의 전 과정에서 환경오염 저감 및 자원·에너지 절약 노력을 인정받을 때 부여되는 환경부 공식 인증 제도다. 또한 강원랜드는 재활용수 비율을 2023년 13.87%에서 2024년 14.49%로 확대하고, 지하수 사용량을 34,745톤에서 25,806톤으로 줄임으로써 원단위 용수 사용량을 151.33톤/억원에서 143.10톤/억원으로 절감하는 성과를 거두었다.

'물 스트레스(Water Stress)' 이슈에 대한 MSCI 세부 점수를 살펴보면, 강원랜드는 4.60점을 기록해 업계 평균(약 4.10점)을 웃도는 수준의 성과를 보이고 있다는 것을 알 수 있다. 강원랜드와 유사한 5.90~6.30점 수준의 '물 스트레스 노출 점수(Water Stress Exposure Score)' 를 기록하면서도, '물 스트레스(Water Stress)' 이슈에서 월등히 높은 점수를 받은 기업으로 미국의 카지노 중심형 리조트 기업인 MGM 리조트 인터내셔널(MGM Resorts International)을 들 수 있다. MGM 리조트는 수자원 관리 점수 6.0점을 기록하며 업계 내 최상위권에 올라 있다. 따라서, 강원랜드가 MGM 리조트의 사례를 벤치마킹하여 수자원 관리 역량을 개선시킴으로써, E(환경) 영역의 '천연자원 사용' 항목,

궁극적으로 강원랜드의 ESG 경쟁력을 강화하는 것이 바람직하다.

MGM 리조트는 자사의 수자원 포트폴리오를 비소모성 용수(Non-Consumptive Water Use) 76%와 소모성 용수(Consumptive Water Use) 24%로 구분하고 있으며, 실내 사용수와 같이 수처리 후 하천으로 환류되는 물은 비소모성 용수로, 반면 냉각탑 증발, 조경 관개, 수영장 및 수경시설 증발 등과 같이 공기나 토양으로 사라지는 물은 소모성 용수로 정의하고 있다. 비소모성 용수의 경우, MGM 리조트는 '물 집약도(Withdrawal Intensity)'라는 효율 지표(면적 1ft²당 쓰는 물의 양)로 전체 성과를 관리하고 있다. 기준연도(2007년) 대비 2025년까지 물 집약도를 33% 줄이는 것을 전사 목표로 두었으며, 2021년 48.1 gal/ft²를 기록해 2025년 목표(51.2 gal/ft²)보다 이미 낮은 수준, 즉 중장기 목표를 선제 달성하는 성과를 거두었다. 특히 MGM 리조트는 소모성 용수 24%의 절감에 주력하고 있는데, 'Schneider Resource Advisor'라는 유틸리티 데이터 관리 플랫폼을 활용한 전 시설 계량 데이터의 상시 모니터링이 그 기반을 이루고 있다. 예컨대, '서브미터링(설비별 보조 계량기)'을 사용하여 냉각탑의 보충수 및 배출수를 따로 계측해, 어디서 얼마나 증발과 손실이 발생하는지 추적한다. 계측 이후에는 수영장 필터 '백워시(역세척)' 주기 최적화, 냉각탑 '드리프트 엘리미네이터(바람에 실려 나가는 물방울을 포집해 손실을 줄이는 장치)' 설치, 비기능성 잔디 약 20만ft² 제거 후 내건성 식재·인공잔디 전환 등과 같은 방식으로 설비 및 운영개선을 거듭하고 있다. 이처럼 MGM 리조트는 '소비(소모)' 측면에 주력하여 증발·관개·수영장 등 물 손실이 큰 영역을 집중 관리해 사용량을 낮추고, 데이터 기반의 전사적 운영 체계를 확립하는 데 집중하고 있다. 또한 MGM 리조트는 측정–원인 진단–개선의 사이클을 전사적으로 반복하며, '물 스트레스(Water Stress)'의 관리 수준을 리스크 노출 수준보다 상회하는 수준으로 끌어올리고 있다.

강원랜드는 이미 구축한 갱내수 정화·재이용 인프라를 핵심 강점으로 유지하되, MGM 리조트의 사례를 참고하여 공급 고도화와 소비(소모) 관리를 병행하는 투트랙으로 전략 범위를 넓히는 것이 바람직하다. 이를 위해 물 집약도(예: ㎥/객실-박 또는 ㎥/영업㎡)와 같은 KPI를 도입하고, '기준년도 2024년 대비 2030년 -25%'와 같은 중기 목표를 대외 공시함으로써 성과의 기준선을 분명히 설정하는 것이 효과적이다. 동시에 물 사용 포트폴리오를 비소모/소모로 구조화하거나, 소모가 큰 구역(냉각탑·관개·수영장 등)을 서브미터링으로 계측·추적하여 우선관리 리스트를 운영하는 것이 필요하다. 이렇게 공급중심에서 소비(소모) 구간까지 관리 스코프를 확장하면, 관리의 비교가능성과 투명성이 높아져 MSCI '물 스트레스(Water Stress)' 평가에서의 개선 여지가 커질 것이다. 특히 해당 이슈의 가중치가 20%인 점을 감안하면, 수자원 관리 체계의 고도화가 강원랜드의 ESG 경쟁력의 직접적인 상승으로 이어질 것으로 기대된다.

1.6 아모레퍼시픽: '포장재 및 폐기물 관리' 개선 전략(E)[12]

아모레퍼시픽은 한류 열풍을 타고 빠르게 성장한 대표적인 대한민국 기업으로, 주요 브랜드로는 설화수, 라네즈, 코스알엑스, 이니스프리, 에스트라 등이 있다. 글로벌 산업 분류인 GICS(Global Industry Classification Standard)에 따라 '가정용품 및 개인용품(Household & Personal Products)' 산업군에 속하며 미주와 EMEA 등 성장 잠재력이 높은 지역을 중심으로 해외 사업을 다각화하며 세계적인 글로벌 뷰티 기업으로 자리잡고 있다. 이에 2016년 WWD(Women's Wear Daily)가 선정하는 세계 100대 뷰티 기업 중 국내 업계 최초로 7위를 차지하기도 했다. 한편, 동종 업계 경쟁사인 The Estee Lauder Companies Inc.는 스킨케어, 메이크업, 향수, 헤어 케어 제품을 제조 및 판매하는 미국의 대표적인 뷰티 기업으로, 약 150개 국가와 지역에서 제품을 판매하고 있다.

뷰티 관련 산업군은 제품의 위생과 안전성, 내용물의 변질 방지 등을 위해 다양한 형태의 포장재를 사용하며, 복합재질 및 이중포장 구성이 많아 사용 이후 폐기물로 전환되는 비율이 높다. 이로 인해 해당 산업군은 포장재 및 폐기물 발생비율이 높고 재활용 난이도 역시 높다. 이에 따라 MSCI는

2024년 해당 산업군을 평가할 때 E(환경), S(사회), G(지배구조) 세 영역 중 E(환경) 영역을 약 44%로 가장 비중 있게 고려하였으며, 특히 '포장재 및 폐기물(Packaging Material & Waste)' 이슈는 약 21%의 비중을 차지하며 가장 핵심적인 평가 요소로 고려되었다. 아모레퍼시픽은 2024년 기준 A 등급을 받았으며, E(환경) 영역과 '포장재 및 폐기물(Packaging Material & Waste)' 이슈는 각각 4.9점과 3.5점으로 평가받았다. The Estee Lauder Companies Inc. 역시 2024년 A 등급을 받았으나, E(환경) 영역과 '포장재 및 폐기물(Packaging Material & Waste)' 이슈에서는 각각 6.2점과 4.6점을 받았다. 이처럼 두 기업은 전체 등급은 동일하나, 세부 평가에서는 차이가 존재한다.

<2024 아모레퍼시픽홀딩스 지속가능성 보고서>에 따르면, 아모레퍼시픽은 지난 2021년, 2030 지속가능경영 5대 약속인 '2030 A MORE Beautiful Promise'를 선언하며 지속가능한 사회를 만들기 위해 노력하고 있다. 이에 따라 2030년까지 모든 플라스틱 포장재를 100% 재활용·재사용·퇴비화 가능하도록 설계할 것과 플라스틱 포장재 30%에 재활용 또는 바이오 플라스틱을 적용할 것을 제시하였다. 그 결과, 2024년 포장재 재활용 용이성 등급 '재활용 보통' 이상을 획득한 플라스틱 포장재의 비율은 2022년 47.1% 대비 감소한 38.2%를 기록했다. 다만 2024년 기준 재활용 플라스틱 사용량은 전년 수치인 23.8%(7,303톤 중 1,735톤) 대비 감소하여 18.4%(9,141톤 중 1,684톤)의 비율을 차지했다. 반면 The Estee Lauder Companies Inc.는 2025년까지 포장재에 사용되는 PCR(Post-Consumer Recycled) 소재의 비중을 최소 25%로 확대하겠다는 목표 아래, 2024년 PCR 소재의 비중 20%를 달성하였다. 특히, 2021년 초기 목표치였던 15%를 달성한 이후 더 높은 수치로 목표를 수정하며 꾸준히 노력하고 있다. 더불어 2030년까지 플라스틱 포장재 내 석유 함량을 50% 이하로 줄이는 목표 하에 재활용, 종이 등의 포장재 활용 등을 통해 2024년 82%를 기록하였다.

이러한 The Estee Lauder Companies Inc.의 사례를 참고할 때, 아모레퍼시픽은 기존의 '포장재 및 폐기물(Packaging Material & Waste)' 이슈에 대

한 목표 관리를 보다 구체적으로 보완 및 개선할 수 있을 것으로 보인다. 아모레퍼시픽은 자사가 제시한 포장재 및 폐기물 부문 관련 2030년 목표에 비해 2024년 기준 달성률이 낮은 편이며, 연도별 또는 주기별 구체적인 목표를 따로 제시하고 있지 않다. 또한 연도별 목표 달성 추이는 따로 제시하고 있지 않으나, 각 연도 보고서의 당해년도 목표 달성 수치를 검토했을 때 목표 달성률이 꾸준히 증가하고 있다고 보기는 어렵다. 따라서 The Estee Lauder Companies Inc. 처럼 중장기 로드맵과 목표를 제시하고 각 연도별 목표치를 구체적으로 설정하여 점진적으로 목표 달성을 해갈 수 있도록 하는 것이 투자자 및 소비자의 신뢰도 향상에 필요하다.

또한 아모레퍼시픽은 포장재 및 폐기물 관리를 위해 4R(Reduce, Recycle, Reuse, Return) 전략을 수립함으로써 불필요한 플라스틱의 사용 감축, 재활용성 향상, 용기의 재사용 및 회수를 통한 플라스틱 순환 모델을 구축하는 등의 노력을 지속하고 있다. Reduce의 경우, 재활용 플라스틱 적용 확대와 포장재 경량화 등을 통해 2024년 한 해 동안 신규 석유 유래 플라스틱 사용량을 총 1,696톤 감축하였다. 다만 이러한 포장재 경량화 성과는 긍정적이지만 많은 제품에 적용하지 못한 아쉬움이 존재한다. Recycle의 경우, 특정 제품의 알루미늄 캡을 폴리프로필렌 소재로 변경하고, 메탈프리 펌프를 적용함으로써 고객이 제품 사용 후에 한 번에 플라스틱으로 분리배출 할 수 있도록 하였다. 또한 플라스틱 포장재 재사용(Reuse)을 확대하기 위해 내부 용기만 교체하면 계속 사용할 수 있도록 설계하여, 리필 제품을 사용시 플라스틱 사용량을 전반적으로 절감하였다. 특히 특정 제품은 플라스틱 사용량을 약 81%까지 줄였다. 또한 아모레퍼시픽은 2009년부터 플라스틱 및 유리 화장품 용기를 회수해 재활용하는 공병 수거 캠페인을 운영하고 있으며 2024년 1월부터는 온오프라인 통합 용기 수거 캠페인인 '아모레리사이클'을 전개하여, 기존 오프라인 중심의 수거 서비스를 온라인 채널(아모레몰)까지 확대하였다.

반면, The Estee Lauder Companies Inc.는 5R(Recyclable, Refillable, Reusable, Recycled, Recoverable) 전략을 바탕으로 포장재 및 폐기물 부문을 관

리하고 있으며, 각 R에 부합하는 다양한 프로그램을 운영하여 포장재의 순환 경제 전환 노력을 가속화하고 있다. The Estee Lauder Companies Inc.의 이러한 접근방식은 아모레퍼시픽이 '포장재 및 폐기물(Packaging Material & Waste)' 이슈 대응을 위한 전략을 한층 더 발전시키는 데 참고가 될 수 있다. The Estee Lauder Companies Inc.의 포장 지속가능성 가이드라인처럼 전사적 차원에서 제품 전 생애주기에 맞춰 포장재 관련 가이드라인을 마련한다면, 개발, 마케팅, 영업 등의 모든 부서에 지속가능한 포장재의 연구 및 활용을 장려하고 그린워싱과 관련한 리스크도 예방할 수 있을 것으로 기대된다. 또한 기존 브랜드별 특정 상품에 한정된 리뉴얼을 핵심 제품 라인 전반으로 확대하고, 생산량 및 판매량을 고려하여 플라스틱 감축 효과가 큰 순서부터 순차적으로 포장재를 개선해 나가는 전략이 필요하다.

결론적으로 아모레퍼시픽은 지속가능경영체계를 정립하고 다양한 활동을 추진하며 글로벌 뷰티 기업으로 자리잡고 있다. 따라서 향후 2030 A MORE Beautiful Promise의 목표치 달성을 위한 적극적 방안 마련 및 실행, 브랜드별 인기 제품을 중심으로 재활용 플라스틱 활용 및 포장재 경량화 범위 확대, 전사적 차원의 가이드라인 마련 등의 노력을 해 나간다면, ESG 평가에서 등급 및 점수 상승과 더불어 글로벌 시장에서 신뢰받는 뷰티 기업으로 도약할 수 있을 것이다.

1.7 LG생활건강: 생활용품 산업 포장재 관리 및 자원 순환 전략(E)[13]

LG생활건강은 화장품, 생활용품, 음료를 제조·판매하는 대한민국의 대표적인 소비재 기업으로, 글로벌 산업 분류인 GICS(Global Industry Classification Standard)에 따라 '가정용품 및 개인용품(Household & Personal Products)' 산업군에 속한다. 주요 브랜드로는 '더후(THE WHOO)', '오휘', '페리오', '엘라스틴', '코카-콜라' 등이 있으며, 2024년 기준 전 세계 58개국에 진출해 있다. 특히 프리미엄 브랜드 중심의 글로벌 전략을 바탕으로 아시아 시장은 물론 북미, 유럽 등으로 사업을 확대하고 있다. 한편 동일한 산업군에 속한

P&G(Procter & Gamble Company)는 미국에 본사를 둔 글로벌 소비재 기업으로, 생활용품 및 개인위생용품 분야에서 대규모 유통망과 강력한 브랜드 포트폴리오를 기반으로 높은 글로벌 시장 점유율을 확보하고 있다. 대표 브랜드로는 질레트(Gillette), 오랄비(Oral-B), 다우니(Downy), 타이드(Tide) 등이 있으며, 전 세계 180여 개국에 제품을 공급하고 있다.

해당 산업군은 소비자의 일상에 밀접한 제품을 지속적으로 제공해야 하며, 유통 및 사용 과정에서 다량의 포장재가 사용되는 구조를 갖고 있다. 특히 복합 재질의 포장재 사용이 잦아 재활용이 어려운 경우가 많기 때문에, 포장재 및 폐기물 관리와 관련한 역량은 산업군 전반에서 핵심적인 지속가능성 이슈로 대두되고 있다. 이러한 중요성은 글로벌 ESG 평가기관인 MSCI의 평가 방법론을 통해서도 확인할 수 있다. MSCI는 산업별 핵심 이슈를 선정할 뿐 아니라, 산업 내 개별 기업의 특성을 반영하는 심화(Advanced) 적용을 통해 매년 중대성 이슈(Materiality Issue)와 비중을 산정한다. 이러한 기준에 따라 2024년 12월 기준 LG생활건강의 평가 가중치를 분석해보면, '포장재 및 폐기물(Packaging Material & Waste)' 이슈는 전체 평가 항목 중 가장 높은 19%의 비중을 차지하고 있다. LG생활건강의 경우, 2024년 MSCI 평가 결과 BBB 등급을 받았으며, E(환경) 영역이 LG생활건강의 평가에서 차지하는 상대적 비중은 2024년에 53%로 꾸준히 증가했다. 하지만 E(환경) 영역의 평가 점수는 2022년에 5.0점, 2023년에 4.8점, 2024년에 4.1점을 받으며 주춤했고, '포장재 및 폐기물(Packaging Material & Waste)' 이슈에서 후발주자(Laggard)로 평가되며 다소 아쉬운 결과가 나타났다. 특히, '포장재 및 폐기물(Packaging Material & Waste)' 이슈는 LG생활건강의 환경 영역 53% 중에서도 가장 높은 19%의 비중을 차지하는 핵심 카테고리였던 만큼, LG생활건강의 평가에도 중점적으로 작용했을 가능성이 높다.

그러나, LG생활건강은 2024년 DJSI(다우존스 지속가능경영지수) 평가의 패키징 부문에서는 100점 만점을 획득하는 등 타 글로벌 평가 지표에서는 매우 우수한 성과를 기록하고 있으며, 국내 시장 내 여러 평가에서도 긍정적으로 인식되고 있다. ESG 평가는 기관별로 방법론과 가중치가 상이하여 결과가 다를 수 있다는 점을 고려해야 하며, 본서에서는 한국기업들이 높은 관심을 갖는 평가사 중 하나인 MSCI의 평가 방법론과 결과를 기준으로 삼았다.

<LG생활건강 2024년 ESG 보고서>에 따르면, LG생활건강은 포장재의 환경 영향을 줄이기 위해 다양한 노력을 전개하였다. 용기 경량화를 통해 577톤의 플라스틱 사용량을 감축하고, 재생 플라스틱 사용 확대를 통해 전년 대비 28% 증가한 579톤의 재생 플라스틱 사용 실적을 달성하였다. 또한 국내 시장에서 발생하는 폐기물의 86%를 재활용하고 있으며, 폐기물 배출량 자체를 감축해 나가고 있다. 특히 플라스틱 포장재의 91%가 재활용 용이성 등급에서 '보통' 이상을 충족하는 등 자원 순환을 위한 실질적인 성과를 거두고 있다. 포장재 재활용성 향상 및 재활용 등급 개선 노력, 외부 기관과의 협력 등 정성적인 활동도 제시되어 있다. 예를 들어 4R(Recycle, Reuse, Reduce, Replace)에 기반한 포장재 개선 방향과 생분해성·단일소재 포장재 도입, 재활용성 향상 설계, 친환경 패키지 개발 사례 등이 다각도로 언급된다.

LG생활건강은 이러한 성과를 바탕으로 '포장재의 환경영향 감축'을 중대성 평가 3순위의 핵심 안건으로 선정하여 비중 있게 다루고 있다. 1위 이슈로는 '탄소중립'을 선정하며 ESG 전략의 최우선 순위로 설정하고 있고, 이는 포장재 이슈가 탄소중립이라는 목표 달성을 위한 필수적인 과정으로서 통합 관리되고 있는 것으로 분석된다. 다만 앞서 살펴본 바와 같이 MSCI 평가에서 포장재 관련 이슈에 가장 높은 가중치를 부여하고 있는 만큼, 현재의 노력을 바탕으로 포장재 및 폐기물 이슈를 더욱 집중적인 아젠다로 설정하여 전략적으로 관리한다면 대외적인 신뢰도 제고에 더욱 효과적일 것으로 기대된다.

이러한 맥락에서 글로벌 생활용품 및 개인위생용품 시장 내 LG생활건강과 유사한 사업 구조를 가진 P&G의 사례는 ESG 경영 경쟁력 강화를 위한 좋은 참고 모델이 될 수 있다. P&G는 2024년 MSCI 평가에서 AA 등급을 획득하며 '포장재 및 폐기물(Packaging Material & Waste)' 분야의 글로벌 선도주자로 평가받고 있다. P&G는 2030년까지 전체 소비자 포장재의 100%를 재활용 또는 재사용 가능하게 설계하겠다는 명확한 목표를 제시하였으며, 2023년 기준 78%를 달성하는 성과를 보였다. 또한 전 세계 제조 현장에서 '매립 폐기물 제로(Zero Waste to Landfill)'를 목표로 재사용, 사용량 감축 등의 조치를 통해 2023년 기준 약 676,000톤의 폐기물 매립을 방지했다고 밝혔다.

특히 주목할 점은 P&G의 기술적 접근과 공급망 협력 방식이다. P&G는 디지털 워터마크 기술을 도입해 플라스틱 선별의 정확도를 높이고, 70% 이상의 재활용 섬유로 만들어진 종이 포장재를 사용하는 등 플라스틱 폐기물을 줄였다. 이외에도 플라스틱 불순물을 제거하는 용해재활용(Dissolution Recycling) 기술 개발에 투자하고 있다. 그 결과 P&G의 면도기 브랜드는 2020년부터 2023년까지 전세계적으로 1억 7천만 개 이상의 플라스틱 생수병과 맞먹는 수준인 총 4,680톤의 플라스틱을 제거했다고 밝혔다. 또한 공급업체 지속가능성 평가제도(Supplier Sustainability Scorecard)를 통해 포장재 전주기(Life-cycle)에 걸친 관리 체계를 구축하며 협력사들이 폐기물 저감을 실질적인 경영 과제로 인식하도록 유도하고 있다. 더불어 포장재 설계 및 가공이나 화학소재 개발 등 주요 산업군의 공급사들과의 협업을 통해, 포장 전주기에서의 환경 영향을 줄이기 위한 기술적 접근 또한 확대하고 있다.

결론적으로 LG생활건강은 이미 국내 평가와 DJSI 등에서 입증된 바와 같이 우수한 포장재 관리 역량과 구체적인 감축 성과를 보유하고 있지만, 향후 글로벌 스탠다드에 부합하는 ESG 리더십을 더욱 확고히 하기 위해서는 '포장재 및 폐기물(Packaging Material & Waste)' 이슈에서 글로벌 기대수준을 충족할 전략적 접근이 유효할 것이다. 일례로, P&G의 사례를 참고하여 포장재 재활용률 및 재생원료 사용률에 대한 장기적인 정량 목표(Target)를 대외적으로 명확히 제시하고 수치 기반 성과를 공개하여 투명성과 신뢰성을 고도화하는 방안이 있다. 아울러 플라스틱 절감을 넘어, 혁신 기술의 도입과 공급망과 연계된 구조적인 감축 방안 등을 중심으로 현재의 전략을 지속적으로 확대해 나간다면, 글로벌 수준의 신뢰도를 더욱 공고히 하고 미래 시장에서의 지속가능한 경쟁력을 한층 더 강화할 수 있을 것이다.

1.8 CJ제일제당: 식품 제조산업 '물 스트레스 관리' 보완(E)[14]

CJ제일제당은 1953년 필수 기초소재식품인 설탕 생산을 시작으로 지난 70여 년간 국내 식품산업을 선도해 온 종합식품 기업이며, 글로벌 산업 분류인 GICS(Global Industry Classification Standard)에 따라 '식료품 제조업(Food Products)' 산업군에 속한다. '글로벌 사업 확장'과 '초격차 경쟁력'을 중심으로 수익성을 강화하기 위한 노력을 지속하며, 2024년 기준 BIO 분야와 사료·축산 분야까지 사업영역을 확장해 운영하고 있다. 또한 미국, 중국, 프랑스, 호주 등 전 세계 25개국에서 105개의 제조사업장, 62개의 판매 오피스, 17개의 지역 오피스, 3개의 R&D 센터를 운영하고 있다. 더불어 CJ제일제당은 원재료부터 생산, 소비, 폐기에 이르는 전 과정에서 환경적·사회적 가치를 창출하는 'Nature to Nature' 선순환 체계를 지속가능경영의 지향점으로 삼고 있으며, 2024년 기준 물류사업을 제외한 매출 중 식품 부문이 63.5%로 가장 높은 비중을 차지했고 BIO 부문이 23.6%로 그 뒤를 이었다. 한편, 미국의 'General Mills'는 시리얼, 간편식, 유제품, 스낵 등 광범위한 가공식품을 공급하는 글로벌 식품 제조 기업으로, 미국 내 유기농 및 천연 식품 분야에서 가장 큰 제품군을 보유하고 있다. 또한 'Making Food the World Loves'라는 목표 아래, 1866년에 설립되어 미국 19개 주에 시설 및 오피스를 두고 약 160년간 사업을 이어오고 있다. 상온 제품 위주로 포트폴리오를 구성하는 General Mills는 냉동 및 냉장 식품까지 취급하는 CJ 제일제당의 직접적인 경쟁자는 아니지만, 동일 산업군에서 ESG 경영을 성실히 수행하는 기업으로 평가할 수 있다.

식품 산업은 원재료 재배부터 가공 및 포장까지 생산의 전 과정에서 안정적인 수자원 공급이 필수적이다. 특히 최근에는 기후변화로 인한 가뭄이나 수질 저하 등의 문제로 원재료 수급과 생산환경 등이 영향을 받으면서 이와 관련한 ESG 이슈들의 중요성이 한층 더 부각되고 있다. 이에 따라 MSCI는 2024년 CJ제일제당을 평가할 때, E, S, G 세 부문 중 E(환경) 영역을 가장 높은 비중인 35%로 설정하였으며, 특히 '물 스트레스(Water Stress)'에 11%의 비중을 부여하여 이를 해당 영역의 핵심 이슈로 보았다. CJ제일제당은 2024년 기준 종합 AA 등급을 획득하였으며, '물 스트레스(Water Stress)' 카테고리에서는 4.8점을 기록하였다. 이 점수는 절대적인 수치상으로는 개선의 여지가 있어 보일 수 있으나, 기업의 리스크 노출도와 연계하여 해석할 필요가 있다. MSCI 평가는 리스크 노출도 대비 기업의 관리 수준을 측정하는데, CJ제일제당의 해당 항목 리스크 노출도는 6.1로 산업 평균(7.4)보다 낮은 '중위험' 수준에 해당한다. 즉, 현재의 점수는 상대적으로 낮은 관리 요구도에 비례하여 적절한 수준의 대응이 이루어지고 있음을 시사한다. 따라서 2024년 이중 중대성 평가 맵에 수자원 관리가 포함되지 않은 것 역시 이러한 리스크 판단이 반영된 결과로 볼 수 있다. 다만, MSCI가 해당 항목에 높은 가중치를 부여하고 있고 수자원 이슈가 장기적으로는 기업의 지속가능성과 연결될 수 있는 만큼, 현재의 효율적인 리스크 관리 기조를 유지하면서도 글로벌 기준에 부합하는 지속적인 모니터링을 병행하는 것이 바람직할 것이다.

<2024 CJ제일제당 지속가능성 보고서>에 따르면, CJ제일제당은 '물 스트레스(Water Stress)' 관리를 위해 매년 세계자원연구소와 세계자연기금의 수자원 리스크 분석 도구를 활용하여 국내외 사업장의 수자원 리스크를 체계적으로 파악하고 있다. 이에 따라 2024년 국내외 62개 제조사업장의 수자원 리스크를 분석한 결과, 24개 사업장의 물 스트레스 등급이 High와 Extremely high 등급으로 선별되었다. 특히, Extremely high 등급으로 분류된 사업장은 중국, 베트남, 필리핀, 인도네시아에 위치한 9개의 사업장으로 확인되었다. 또한 수자원 리스크 분석 결과를 바탕으로, CJ제일제당은 2020년 대비 2030년까지 용수 원단위를 10~20% 절감하기 위해 매년 사업장별 용수사용 현황과 원단위 실적을 관리하고 있다고 밝혔다. 현재 보고서는 국내 주요 15개 사업장의 취수량, 재활용량, 배출량 등 상세 데이터를 우선적으로 공개하고 있다. 향후 모든 사업장별 용수 정보를 이해관계자와 공유하고, 사업운영에 중대한 영향을 미치는 시점에 맞추어 공개 정보를 확장한다면, CJ제일제당의 글로벌 통합 관리 역량을 더욱 효과적으로 보여줄 수 있을 것이다.

해외 사업장의 수자원 관리를 위한 구체적인 계획 및 전략을 추가적으

로 제시하는 것 역시 사업 전반에 걸친 CJ 제일제당의 비전을 보여주는 수단으로 작용할 수 있다. CJ제일제당은 수자원 관리의 고도화를 위해 다각적인 노력을 기울이고 있다. 2024년 하반기부터 공급망 ESG 리스크 모니터링 플랫폼을 도입하여 협력사의 수자원 리스크를 선제적으로 점검하고 있으며, 물 부족 지역 내 농산물 생산 비중을 정기적으로 모니터링하는 등 공급망 전반의 안정성을 확보하고 있다. 또한, 수자원효율경영시스템(WEMS)과 GEMI(Global Environmental Management Initiative)의 물 지속가능성 툴을 활용해 용수 효율성 제고 전략을 체계적으로 수립하고 있으며, BIO 사업부문에서는 브라질, 인도네시아 등 해외 주요 거점의 폐수처리장에 고도 처리 기술인 MBR(Membrane Bio-Reactor) 공법을 적용하여 친환경 기술력을 입증하고 있다. 향후 이러한 친환경 공법이 적용된 사업장의 성과와 범위를 구체적인 데이터로 제시한다면, 당사의 글로벌 수자원 관리 역량이 시장에 더욱 명확히 전달될 것이다.

General Mills 역시 WRI Aqueduct, WWF Water Risk Filter와 같은 전문 분석 도구를 활용해 주기적으로 우선순위 관리 유역을 선정하고, 하겐다즈 프랑스 공장의 사례처럼 현장 맞춤형 감축 목표를 수립하는 등 세밀한 관리 체계를 운영하고 있다. 이러한 글로벌 트렌드는 CJ제일제당이 보유한 기존의 수자원 관리 역량을 한층 더 체계화하는 데 좋은 참고가 된다. 현재 CJ 제일제당은 리스크 분석을 통해 전체 사업장 중 집중 관리가 필요한 약 39%의 핵심 영역을 이미 파악하고 있는 만큼, 이를 기반으로 '선택과 집중'의 효율적인 관리 전략을 보여줄 수 있다. General Mills의 사례처럼 리스크 요인별 구체적인 대응 계획과 현장 특성을 고려한 맞춤형 솔루션을 보고서에 상세히 담아낸다면, CJ제일제당의 수자원 리스크 관리 시스템은 단순한 리스크 통제를 넘어 글로벌 수준의 정교한 지속가능경영 모델로 평가받을 수 있을 것이다.

결론적으로, CJ제일제당은 견고한 ESG 역량을 바탕으로 글로벌 지속가능경영의 모범 사례로 자리 잡고 있다. 향후에는 식품 산업의 핵심 경쟁력인

'물 스트레스(Water Stress)' 관리를 전략적 우선순위로 더욱 강화함으로써 이러한 리더십을 한층 공고히 할 수 있을 것이다. 특히 고위험 사업장의 지역적 특성과 리스크 요인을 세밀하게 반영한 현장 맞춤형 고도화 전략은 당사의 수자원 관리 시스템을 글로벌 최고 수준으로 끌어올리는 핵심 동력이 될 것이다. 아울러 현재의 우수한 관리 성과가 시장에서 온전히 평가받을 수 있도록, 국내외 전 사업장의 용수 사용 실적과 구체적인 연도별 절감 목표 등 정량적 데이터를 투명하고 적극적으로 커뮤니케이션하는 것이 바람직하다. 이러한 전략적 진화는 CJ제일제당이 단순한 우수 기업을 넘어, 글로벌 식품 산업 내 ESG 표준을 선도하는 기업으로 도약하는 확실한 발판이 될 것으로 기대된다.

2 S 영역 관련 사례

2.1 LG에너지솔루션: 전기차 배터리 제품 안전성 및 품질, 노사관계(S)[15]

LG에너지솔루션은 2020년 설립된 전기장비 제조 기업으로, 1992년부터 이어져온 LG그룹의 배터리 관련 연구 및 개발을 이어가고 있다. 2025년 8월 기준 시가총액은 약 91조 원 규모로, 삼성전자와 SK하이닉스에 이어 국내 3위이자 전기장비 제조업 전체 1위의 입지를 공고히 하고 있다. 주 사업 분야는 자동차 전지로 전기차 대중화 흐름에 기여하고 있으며, 이외에도 소형전지, ESS전지를 비롯한 여러 전기장비 분야에서 국내외 경쟁력을 확보하고 AI 기업들의 증가하는 전력수요에서도 영향력을 넓히고 있다. 배터리 사업 자체가 기존 화석연료를 사용하는 제품에 비해 친환경적 특성이 강한 만큼, LG에너지솔루션은 ESG 경영에도 꾸준한 노력을 기울이고 있다.

LG에너지솔루션은 2024년 MSCI ESG 평가에서 '자동차 부품(Automotive Parts & Equipment)' 산업군으로 분류되며 종합 BBB 등급을 기록했다. 이는 전년 대비 한 단계 상승한 수치이나, 국내 경쟁사 대비 아쉬운 결과로 보일 수 있다. 하지만 해당 평가 결과는 2023년 평가 직전 이루어진 산업군 분류 변경이라는 변수가 작용했음을 고려해야 한다. MSCI는 2023년 평가 결과 발표 약 2주 전, LG에너지솔루션의 산업군을 기존 '전기 장비(Electrical Components & Equipment)'에서 '자동차 부품(Auto Components)'으로 변경했다. 변경된 '자동차 부품(Automotive Parts & Equipment)' 산업군은 S(사회) 영역 내 '제품 안전성 및 품질(Product Safety & Quality)' 이슈에 높은 가중치를 부여한다. 기업 입장에서는 새로운 산업군 분류에 맞춘 대응전략을 수립하고 정량적 데이터 공시를 위한 기회와 시간 확보가 필수적임을 고려할 때, 평가 기준 변경에 따른 데이터 매칭의 과도기적 현상으로 풀이된다.

2024년 MSCI의 ESG 평가에서 LG에너지솔루션이 속한 '자동차 부품(Automotive Parts & Equipment)' 산업군의 비중을 더 자세히 보면, 산업 내 기업들의 상세 사업 분야에 따른 차이는 있으나 주로 S(사회) 영역의 비중이 크다. LG에너지솔루션에 개별적으로 부여된 가중치의 경우, E(환경) 영역은 26%, S(사회)와 G(지배구조) 영역은 각각 37%가 부여되어 있다. 구체적으로, E(환경) 영역에서는 '클린테크 기회(Opportunities in Clean Tech)'에 16%, '유해물질 배출 및 폐기물(Toxic Emissions & Waste)'에 10%의 가중치가 부여되어 있으며, S(사회) 영역에서는 '제품 안전성 및 품질(Product Safety & Quality)'에 21%, '노동 관리(Labor Management)'에 16%가 부여되어 있다.[16]

상세 카테고리에서 가장 큰 비중을 차지했던 '제품 안전성 및 품질(Product Safety & Quality)' 이슈의 경우, LG에너지솔루션은 1.9점이라는 상대적으로 낮은 평가를 받았다. 동일 부문 내 기업들의 평균 점수 역시 3.9점으로 높지는 않으나, 이를 감안하더라도 LG에너지솔루션이 가장 중요한 카테고리에서 저평가를 받았기에 전체적인 평가에 부정적인 영향을 주었을 것으로 분석된다. 하지만 LG에너지솔루션이 '제품 안전성 및 품질(Product Safety & Quality)' 이슈에 노력을 기울이지 않았다는 의미는 아니다. 2024년 <LG에너지솔루션 지속가능경영보고서(이하 보고서)>에 따르면, LG에너지솔루션의 이중 중대성 평가에서 '제품 책임'은 '기후행동'과 '자원 선순환'에 이어 3번째로 중대한 이슈로 선정되었다. 그 심각성과 발생 가능성 역시 '상' 등급의 평가를 받으며 LG에너지솔루션이 해당 이슈에 주목하고 있음을 확인할 수 있다. 실제로도 사내 자체 제품 품질경영시스템, 공급망 품질관리 및 품질 리스크 대응 프로세스에 관한 정보가 보고서에 포함되어 있다.

그럼에도 불구하고 LG에너지솔루션의 제품 품질 관련 점수가 낮게 산정된 이유 중 하나로, 관련 정량적 데이터가 평가 기준 변경 시점에 맞춰 보고서에 반영되지 못했다는 점을 꼽을 수 있다. MSCI '자동차 부품(Automotive Parts & Equipment)' 산업군에서 AAA 등급, '제품 안전성 및 품질(Product Safety & Quality)' 이슈에서도 8점을 받은 일본의 타이어 제조 기업 Bridgestone(이하 브릿지스톤)의 경우, 제품 안전성에 관한 직접적인 데이터를 제공한다. 브릿지스톤의 2025년 지속가능경영보고서에 따르면 브릿지스톤은 2022년부터 2024년까지 ISO 9001(품질경영시스템 국제표준) 인증을 받은 현장 비율을 100%로 유지했다. 제품 보증(Provision for product warranties)과 관련하여 연초 제품 보증 충당금 및 차감 금액에 대한 정보 역시 공개되었다. 리콜 건수의 경우 2022년 6건으로 상승한 이후 2023년 0건, 2024년 1건으로 하락한 수치를 유지했다.[17] LG에너지솔루션의 경우 ISO 45001(임직원 관련 안전보건경영시스템) 자료는 있으나, 제품의 안전성과 품질에 관한 상세 지표가 없다는 점이 대외적인 신뢰도 확보에 부정적인 영향을 준 것으로 판단된다.

LG에너지솔루션은 이러한 평가상의 불이익을 빠르게 개선했다. 상대적으로 낮은 점수를 기록했던 '제품 안전성 및 품질(Product Safety & Quality)' 점수를 1.9점에서 3.1점으로 향상시키는 등 지속적인 과제 개선과 공시 확대를 통해 2025년 8월 기준 MSCI 평가에서 A 등급을 획득하며 더욱 개선된 모습을 보였다. 또한 타 글로벌 평가기관에서도 긍정적인 성과를 거두고 있다. S&P Global 평가에서는 기후 전략, 공급망 관리 등에서 높은 평가를 받아 지속가능성 평가 점수가 5% 이상 향상된 기업에 부여되는 '인더스트리 무버(Industry Mover)'에 전기장비 산업군 내에서 유일하게 선정되었다. 이 외에도 DJSI 아시아 퍼시픽 편입 등 대외적인 신뢰도를 높여가고 있다.

S(사회) 영역에서 두 번째로 비중이 높았던 '노동 관리(Labor Management)' 이슈의 경우, LG에너지솔루션은 7.8점의 높은 평가를 받았다. 동종 업계 평균은 4.19점으로, 상대적인 수치에서도 크게 앞섰다. 인재관리 및 교육, 함께 가는 기업문화, 인권경영이 모두 이중 중대성 평가 10위 안에 위치하는 이슈로 선정되었고, 관련 데이터 역시 상세하게 제시되었다. 장애인 근로자 수가 2023년 253명에서 2024년 313명으로 증가했고, 고용률 역시 0.8%에서 1.1%로 0.3%p 상승하였다. 난임 관련 의료비 지급 기준 확대, 에너지플랜트 주택자금 운영 기준 확대를 비롯한 일과 가정의 양립과 관련한 적극적인 노동 관리 관련 정책도 확인할 수 있다.

결론적으로 LG에너지솔루션의 2024년 MSCI 평가 결과는 산업군 재분류 시점에 따른 일시적 영향이 반영된 것이었으며, 이를 보완하여 2025년 A 등급 달성 및 주요 글로벌 평가 지표의 우상향을 이끌어냈다. 그럼에도 2024년 MSCI에서 제품 안전성 및 품질에 관한 데이터와 관련해 낮은 점수를 받은 것에 대해서는 개선의 여지가 있으므로, 이를 위해 관련한 정량적 데이터를 폭넓게 공개할 필요가 있다. 이러한 과제를 해결해 나간다면, LG에너지솔루션은 동종 업계에서도 지속가능성 측면의 장기적인 고평가를 받을 가능성이 충분하다.

2.2 JYP엔터테인먼트: DE&I 및 인적자원 관리 프레임워크(S)[18]

JYP엔터테인먼트는 대한민국의 대형 엔터테인먼트 및 음반사 기업 중 하나로, K-POP을 대표하는 글로벌 아티스트 육성을 최우선 가치로 삼는다. 특히, 미국 시사 주간지 타임(TIME)과 독일 시장 조사기관 스태티스타(Statista)가 공동 발표한 'The World's Most Sustainable Companies 2025' 순위에서 전 세계 3위, 한국 1위에 선정되면서, 아시아 기업 중 유일하게 세계 상위 10위에 포함되는 우수한 ESG 성과를 거두기도 했다.

MSCI의 '미디어 및 엔터테인먼트(Media & Entertainment)' 산업군 중대성 평가 기준(Materiality Map)에 따르면, ESG 요소별 비중은 다음과 같다. E(환경) 영역에서 '기후변화(Climate Change)' 테마가 전체 중대성의 5%를 차지하며, 상대적으로 비중이 낮은 편이다. 반면, S(사회) 영역은 총 47%의 비중으로 상당히 높은 중요도를 보이며, '인적 자원 개발(Human Capital Development)' 27%와 '제품 안전성 및 품질(Product Safety & Quality)' 20%의 이슈로 구성된다. 마지막으로 G(지배구조) 영역은 전체의 48%를 차지하며, 가장 우선적으로 대응이 요구되는 항목이다.[19] JYP엔터테인먼트는 매년 자체적으로 이중 중대성 평가를 실시하여 핵심 중대 이슈들을 직접 선정하는데, 2024년 평가에서는 중대성이 높은 순서대로 '인권경영 확산 및 다양성 존중(S)', '지속가능한 콘텐츠 및 서비스 개발(E)', '인성과 실력을 겸비한 아티스트 육성(S)', '정보보안 및 개인정보보호(G)', 그리고 '정도·준법경영체계 확립(G)' 등이 선정되었다. 이처럼 JYP엔터테인먼트는 인적자원 관리 관련 핵심 이슈들(인권경영 확산 및 다양성 존중, 인성과 실력을 겸비한 아티스트 육성)에 높은 중대성을 부여하고 있다.

특히 JYP엔터테인먼트는 '인적 자원 개발(Human Capital Development)' 이슈에서 전 세계의 팬들과 공감하는 콘텐츠를 만들어가기 위해, 회사, 임직원, 아티스트 등 모든 구성원의 다양성(Diversity), 형평성(Equity) 그리고 포용성(Inclusion)을 가장 중요한 요소로 인식하며, JYP엔터테인먼트만의 DE&I 개념을 정의하고 있다. JYP엔터테인먼트의 DE&I는 글로벌 음악 시장의 다양한 팬으로부터 사랑받는 콘텐츠 제작을 위해 구성원 다양성을 확보하고, 구성원이 역량과 재능을 충분히 발휘하고 평가받을 수 있도록 기회와 절차의 형평성을 보장하고, 마지막으로 구성원이 소속감을 가지고 업무에 몰입하며 상호 존중하는 포용성을 조성하는 것으로 정의된다.

JYP엔터테인먼트는 총 72명의 아티스트 중 한국 외 국적 아티스트가 43% 이상을 차지하며(대한민국 41명, 일본 19명, 중국 7명, 호주 3명, 기타 2명), 아티스트의 인종적·문화적 다양성을 성공적으로 실현하고 있다. 또한, 2026년까지 외국인·장애인·보훈대상자의 임직원 채용 비율을 5%까지 상향하겠다는 중장기 목표를 제시하고 있으며, 2024년 기준으로 외국인 직원 비율은 11.1%, 장애인 직원 비율은 0.3%, 국가보훈자는 1.3% 수준으로 집계되었다. 이렇듯 목표치와 현황 수치 간의 차이를 점검하고, 이를 정기적으로 수집·관리되는 내부 지표들과 연결하여, 직접 수립한 'DE&I 관리 프레임워크'를 통해 추진 과제의 이행부터 결과 점검까지 유기적으로 관리하고 있다.

더불어, 유능한 인재를 발굴하기 위해 '해외 직접 방문 글로벌 오디션'과 '온라인 오디션 플랫폼(JYP Online Audition)'을 활발히 운영하고 있으며, 이를 통해 지역적 제약 없이 누구나 오디션에 참여할 수 있는 기회의 형평성을 보장하고 있다. 마지막으로 임직원 간 포용적 조직 문화 형성을 위해 각종 동호회 활동을 장려하고 있으며, 2024년 총 320명이 다양한 영역의 사내 커뮤니티에 참여하고 있는 것으로 집계되었다(스포츠 활동 150명, 문화예술 활동 109명, 취미 활동 61명).

이처럼 JYP엔터테인먼트의 DE&I는 국적과 문화의 경계를 넘는 아티스트 다양성 확보, 기회의 접근성을 보장하는 오디션 체계의 형평성, 그리고 자발적인 동호회 활동 운영을 통한 포용적 조직 문화 구축으로 정리할 수 있다. 이러한 가치들을 실현하기 위해 각종 프로그램들을 운영함에 있어 단순히 선언적 차원에 그치지 않고, 구체적인 KPI와 수치 기반의 관리 지표를 제시하고 있다는 점에서 주목할 만하다. 이를 통해 JYP엔터테인먼트의 DE&I 핵심 가치들이 실제 조직 내에서 얼마나 구체적으로 이행되고 있는지가 입증된다.

JYP엔터테인먼트와 동일 산업군에 속하는 Informa는 영국 소재의 미디어 및 학술 출판 기업으로, 2년 연속 MSCI ESG Rating AAA 등급을 획득하며 '미디어 및 엔터테인먼트(Media & Entertainment)' 산업군의 ESG 경영을 선도하고 있다. 물론 B2B 정보·지식 플랫폼을 주력으로 하는 Informa와 아티스트 육성을 핵심으로 하는 JYP엔터테인먼트는 비즈니스 구조상 명확한 차이가 존재한다. 그러나 사람과 콘텐츠의 연결을 업의 본질로 삼고 '인적 자원 개발(Human Capital Development)'을 이슈로 꼽고 있다는 점은 JYP엔터테인먼트의 경영철학과 일맥상통한다. 실제로 Informa 역시 자체적인 이중 중대성 평가를 통해 '우수한 인재 유치와 이탈 방지(Talent Attraction and Retention)'를 핵심 이슈로 선정하였다. 이는 세계적인 B2B 정보·지식 플랫폼 기업으로서 전시·출판·디지털 콘텐츠를 통해 사람과 지식을 연결하는 것을 핵심 사업으로 전개하고 있기에, JYP엔터테인먼트와 마찬가지로 다양한 분야에서 공감할 수 있는 콘텐츠를 창출하는 인재가 가장 중요한 자산이기 때문이다.

Informa는 2025년 Glassdoor가 선정한 '영국 대기업 중 근무하기 좋은 기업 3위'에 오르는 등 외부에서도 인정받는 근무환경과 브랜드 이미지를 구축하고 있다. 특히 Informa가 보여준 높은 내부 승진율과 유연한 직무 이동률, 그리고 대폭 감소한 자발적 이직률은 괄목할 만하다. 2024년 채용 공고 중 30%를 내부 인력으로 충원하였는데, 이는 전사 차원에서 운영 중인 '사내 이동 프로그램(Internal Mobility Program)'이 실효성을 거두고 있음을 입증한다. 또한 2024년에 개최된 첫 사내 커리어 위크에는 2,000명 이상의 임직원이 참여하였으며, 피드백 응답자의 90%가 차기 커리어 탐색 시 사내 전환 기회를 우선 고려하겠다고 답했다.[20]

엔터테인먼트 산업의 특성상 인적자원 관리는 매우 섬세한 접근이 요구되는 영역이다. K-POP 산업의 경우, 아티스트 연습생들은 통상 10대 중후반의 어린 나이에 트레이닝을 시작하게 된다. 한국콘텐츠진흥원의 '2023 대중문화예술산업 실태조사'에 따르면 연습생들의 평균 트레이닝 기간은 약 29개월로 확인되며, 업계 평균적으로 소속 연습생 중 데뷔하는 비중은 '60% 미만'인 경우가 38.3%로 가장 높게 나타났다.[21] 이처럼 업계 전반적으로 데뷔에 이르지 못하고 계약이 종료되거나 중도 탈락하는 경우가 발생할 수 있으며, 이는 엔터테인먼트 산업이 가진 구조적인 리스크 중 하나이다.

이에 JYP엔터테인먼트는 이러한 산업적 특성을 고려하여 체계적인 육성 시스템을 갖추고 있다. JYP엔터테인먼트는 연습생들이 학업 시간 이후에 트레이닝을 진행하도록 하여 학생으로서의 본분을 지키도록 장려하며, 음악 역량(보컬, 댄스, 작곡 등) 외에도 언어, 문화, 교양 등 전반적인 소양 교육을 함께 실시하고 있다. 이는 데뷔 여부를 떠나 연습생들이 사회의 건전한 구성원으로 성장할 수 있도록 돕는 책임 있는 교육 방식이다.

연습생은 근로기준법상 근로자가 아니므로 '인적 자원 개발(Human Capital

Development)' 이슈로 직접 분류되거나 MSCI 인적자원 평가 항목에 직무 전환 여부가 포함되는 것은 아니다. 하지만 엔터테인먼트 기업이 데뷔에 실패한 연습생이나 직무 전환을 희망하는 임직원들을 위해 체계적인 경력 개발 및 직무 트랜지션 프로그램을 마련한다면, 이는 산업 생태계의 건전성을 높이는 선도적인 ESG 활동이 될 수 있다. 예컨대 대형 엔터테인먼트사에서 출신 연습생이 강사·트레이너·스탭 등 내부 직무 전환에 성공하는 사례가 드물게 존재하긴 하지만, 전체 업계 현황을 살펴보면 공식적인 커리어 전환 지원이나 교육 시스템, 사회 진출 지원 프로그램 등은 개선의 여지가 큰 실정이다.

그러므로 JYP엔터테인먼트가 현재 시행 중인 전인적 교육 시스템에 더하여, Informa의 '사내 이동 프로그램(Internal Mobility Program)'을 참고하여 연습생들과 임직원을 위한 폭넓은 경력개발 프로그램이나 직무 전환 프로그램을 운영한다면, '인적 자원 개발(Human Capital Development)' 이슈에서의 직접적 연관성을 넘어 장기적인 관점에서의 우수성을 증진시킬 것으로 기대된다. 이는 아티스트 연습생에게만 국한되지 않고, 엔터테인먼트사 임직원 전체에게 적용될 수도 있다. 부서 간 인재 순환, 잡포스팅, 듀얼 커리어 트랙(전문직/관리직)과 같은 인사 시스템 도입이 Media & Entertainment 업계에서 이직률을 낮추는 실효성 있는 트렌드임을 Informa의 사례가 시사하기 때문이다. 이러한 인사 제도는 사내 인재 성장의 마중물 역할을 할 것이며, 직원 자율성과 장기근속률을 높여줄 것으로 기대해볼 수 있다.[22]

한국 엔터테인먼트 산업의 인력 구조상 연습생 단계부터 실제 데뷔 및 정착에 성공하는 인원은 소수에 불과하다.[23] 또한 업계 전반의 높은 이직률 수치는 임직원과 아티스트를 위한 사내 정착 및 커리어 다변화 지원이 필요함을 보여준다. JYP엔터테인먼트는 이러한 업계 리스크를 최소화하기 위해 연습생의 소양을 지키는 체계적 육성 프로세스를 보유하고 있음이 확인되며, 이는 엔터테인먼트 업계 내에서 선도적인 위치에 있음을 보여준다. 이에 더 나아가, JYP엔터테인먼트가 Informa의 사례를 참고하여 내부 승진이나 직무 이동 시스템, 그리고 연습생 커리어 보장 프로세스 등을 선제적으로 도입한다면, '인적 자원 개발(Human Capital Development)' 이슈에 있어 대외 ESG 경쟁력을 한층 향상시킬 수 있을 것이다.

2.3 SK바이오팜: 제약 제품 안전성과 품질 및 의료 접근성(S)[24]

SK바이오팜은 1993년 SK그룹의 성장 동력 발굴을 위해 신약 연구개발을 시작한 이후로 2011년 SK(주)에서 물적분할하여, 현재는 중추신경계(CNS) 질환 치료제 및 항암 신약 개발에 주력하고 있는 대한민국의 대표 제약바이오 기업이다.[25] 2024년 SK바이오팜은 세노바메이트 매출 성장을 기반으로, 2023년 대비 약 54% 증가한 5,476억 원의 총 매출액을 기록하며 제품 매출만으로 첫 연간 흑자를 달성하는 기념비적인 성과를 보였고, 국내 제약사 최초로 MSCI ESG Rating AAA 등급을 획득하였다. 더불어 2025년 2년 연속 AAA 등급을 유지하고 Global TOP 4 기업에 포함되는 등, 대외적으로 괄목할만한 ESG 성과 역시 달성했다.

MSCI의 '제약(Pharmaceuticals)' 산업군 중대성 평가 기준(Materiality Map)에 따르면, ESG 요소 중에 S(사회) 영역의 중대성 비중이 58%로 가장 높게 나타나고, S(사회) 영역 내에서는 '제품 안전성 및 품질(Product Safety & Quality)'이 전체 중대성 비중의 27%를 차지하며 가장 중요한 핵심 이슈로 자리잡고 있다. 이어서 '인적 자원 개발(Human Capital Development)'과 '의료 접근성(Access to Health Care)' 이슈는 각각 전체 중대성의 18%와 13%씩 차지하고 있다.[26] 한편, SK바이오팜은 매년 자체적으로 이중 중대성 평가를 실시하여 핵심 중대 이슈들을 직접 선정하는데, 2025년 평가에서는 중대성이 높은 순서대로 '혁신 관리', '공급망 관리', '인적자원 관리', '기업 지배구조', 그리고 '제품 품질 및 환자 안전'과 같은 5가지 이슈가 선정되었다. SK바이오팜은 특히, RPT(Radiopharmaceutical Therapy) 사업을 본격화하면서 '혁신 관리'에 집중하는 모습을 보이고 있다. 2025년 현재 외부 파이프라인 도입과 자체 개발을 병행하고, 안정적인 방사성 동위원소를 확보하며 (미국 테라파워 아이소토프스社 및 벨기에 판테라社와 연이어 공급 계약을 체결해 국내 최초로 Ac-225 공급망 구축) RPT 포트폴리오를 구축해 나가고 있다. 또한 인공지능을 활용하여 데이터 분석, 단백질 모델링, 실험 설계 등에 적용하여 신약 개발 프로세스의 효율성·정확성 향상을 도모하고 있다. 이렇듯 신약개발과 AI헬스케어 등, 혁신 관리에서 우수한 성과를 내는 것도 중요하지만, '제약(Pharmaceuticals)' 산업의 특성을 고려하여 상대적으로 더 높은 중대성을 가진 핵심 이슈들을 전략적으로 선별하고 집중하는 과정 역시 필요하다.

S(사회) 영역 내에서 가장 높은 중대성 비중을 차지하는 '제품 안전성 및 품질(Product Safety & Quality)' 이슈의 경우, SK바이오팜은 2024년 제품 품질 사고 및 리콜 건수 0건을 기록하며, 자사의 우수한 품질 관리 체계를 입증하고 있다. 특히 2024년 전자품질경영시스템(EQMS)을 구축함으로써 전사 품질시스템 고도화에 집중하고 있고, 체계적인 약물감시(Pharmacovigilance, PV) 시스템 운영을 통해, 의약품의 생애주기에 걸친 이상 사례 및 안전성 관련 정보를 관리하고 있다. 시판된 모든 제품들의 유효성과 안전성을 지속적으로 모니터링하며, 이상 사례가 발견될 경우 국내 식약처와 미국 FDA 등 국내외 규정에 따라 신속하게 보고하는 공시 시스템 역시 갖추고 있다. 해당 안전성 관리 정책은 본사에만 국한되지 않고, 모든 파트너사와 약물감시 계약(Pharmacovigilance Agreement, PVA)을 체결함으로써, 파트너사와 안전성 정보를 교환하며 지속적으로 모니터링하고 있다.

'의료 접근성(Access to Health Care)' 이슈의 경우, 다양한 환자 지원 프로그램들을 운영하며 구체적인 KPI까지 다수 제시하고 있다. 대표적으로 'PAP(Patient Assistance Program)'는 보험 미가입자, 불충분 가입자, 또는 재정적으로 어려움을 겪고 있음을 증빙한 환자가 XCOPRI를 제공받을 수 있도록 지원하는 프로그램이며, 2024년 PAP를 통해 무상으로 약 2,600명의 환자에게 23,000개가 넘는 XCOPRI를 지원했다. 이뿐만이 아니라, 환자의 첫 XCOPRI 처방을 무료로 제공하여 초기 치료를 지원하는 'Trial Offer(2024년 720건 지원)', 의료보험 구조상 약가에 대한 환자 본인부담금이 증가하는 구간에 진입할 경우 약가의 일부를 지원하는 '본인부담금 지원 제도(2024년

84,000건 이상 지원)' 등 다수의 환자 지원 프로그램들이 활발하게 운영되고 있다. 그러나 해당 지원 프로그램들은 대개 단일 제품(XCOPRI 등)에 집중되어 있어, 개발도상국을 포함한 글로벌 공중보건 의료 프로그램 운영이나 현지 의료 역량 강화 등 의료 접근성 개선 노력에 있어서는 아직 보완이 필요한 단계이다.

이러한 개선 방향성은 동종업계의 스위스 소재 글로벌 제약 회사, 노바티스(Novartis)와 비교해보면 더욱 명확하다. 노바티스는 자가면역질환, 항암, 유전자 치료제 등 혁신 신약 개발 및 투자에 상당한 노력을 기울이고 있으며, 전 세계적 의료 불평등 해소에 앞장서는 기업으로 평가받고 있다. MSCI ESG Rating에서도 꾸준히 AAA 등급을 유지하고 있으며, 특히 '2024 의약품 접근성 지수(Access to Medicine Index, ATMI)' 평가에서 1위를 차지해 의료 접근성 분야에서의 독보적인 리더십을 입증했다.

노바티스는 단순한 자선적 지원을 넘어, 비즈니스 모델 내에 접근성 전략을 통합하는 체계를 구축하고 있다. 대표적으로 말라리아 퇴치를 위해 WHO와 장기적인 파트너십을 맺고, 2001년 이후 9억 회분 이상의 항말라리아 치료제를 공급하는 등 공중보건 위기 해결에 실질적으로 기여해왔다. 또한, <Integrated Report 2024>에 따르면 노바티스는 출시되는 모든 신약에 대해 '글로벌 접근성 전략(Global Access Strategy)' 수립을 진행하고 있다. 이를 통해 연구 개발 단계부터 저소득 국가 환자들의 접근성을 고려하며, 2024년 한 해에만 전 세계 약 2억 9,600만 명의 환자에게 의약품을 공급하는 성과를 거두었다.

이뿐만이 아니라, 노바티스는 경제적 수준에 따라 약품 가격을 달리 책정하는 '차등 가격 정책(Tiered Pricing)'을 운영하고 있으며, 최빈개도국(LDCs), 저소득국(LICs) 및 대다수의 중저소득국(LMICs)에서는 특허 권리를 행사하지 않겠다는 원칙을 고수하여 의약품 공급을 통한 접근성 확대를 장려하고 있다. 이는 보험 청구 및 비용 지원 형태로 주로 이루어지는 SK바이오팜의 의료 접근성 향상 전략과 대비되는 지점이다. SK바이오팜의 ESG 경영은 현재 '혁신 관리'에 무게가 실려 있다. 반면 노바티스는 중대성 평가(Materiality Assessment)에서 '환자 건강 및 안전(Patient Health and Safety)'과 '의약품 접근성(Access to Medicines)'을 중대 이슈 1, 2위로 선정하여 다루고 있다. 이는 혁신을 통해 신약을 개발하는 것만큼이나, 개발된 약이 필요한 환자에게 닿을 수 있도록 접근성을 높이고 환자의 건강 및 안전까지 보장하는 것을 기업의 핵심 책무로 여기고 있음을 시사한다. SK바이오팜이 글로벌 제약사로서 의료 접근성 역량을 입증하기 위해서는, 이러한 구조적이고 거시적인 관점의 전략 보완이 유효할 것이다.

SK바이오팜은 국내 제약사 최초로 MSCI ESG Rating AAA 등급을 획득하고 최근 2년 연속 AAA 등급을 유지하면서 ESG 경영의 선두주자로 공고히 자리매김하게 되었다. 이미 E, S, G 각 부문에서 체계적인 관리 시스템이 자리 잡혀 있으며, 구체적인 KPI 역시 투명하게 공개되고 있다. 따라서 현재의 혁신 중심 전략을 유지하되, '제약(Pharmaceuticals)' 산업군의 특수성과 글로벌 ESG 평가 기준을 보다 정교하게 반영한 균형 잡힌 ESG 전략으로의 전환이 필요하다. 무엇보다도 MSCI Materiality Map상 중대성이 가장 높은 S(사회) 영역 내 '제품 안전성 및 품질(Product Safety & Quality)', '인적 자원 개발(Human Capital Development)', '의료 접근성(Access to Health Care)'과 같은 핵심 이슈들에 대한 적절한 안배가 중요하다. 특히, 노바티스의 사례처럼 제품 개발 단계부터 통합된 의료 접근성 향상 전략을 벤치마킹하고, 개발도상국 및 소외 계층을 포괄하는 공중보건 지원 프로그램 등을 보완한다면, SK바이오팜은 ESG 역량을 더욱 강화하고 글로벌 ESG 평가지표에서 현재와 같은 우수한 평가를 장기적이고 안정적으로 유지할 수 있을 것으로 기대된다.

2.4 셀트리온: 바이오테크 산업 인적자원 관리 현황 및 개선(S)[27]

셀트리온은 2002년 의약품 위탁생산(CMO) 사업으로 출발해, 세계 최초로 항체 바이오시밀러를 개발하며 글로벌 바이오의약품 시장에서 선도적 위치를 확보한 대한민국의 대표 종합 생명공학 기업으로, 현재는 바이오의약품 밸류체인을 통합적으로 운영하는 글로벌 기업으로 성장하고 있다. MSCI에 따르면, 셀트리온이 속한 산업군은 '바이오테크(Biotechnology)' 산업군으로 분류된다. 바이오테크 산업은 생명공학 기술을 활용해 신약 개발 및 질병 치료 등에 주력하는 첨단 산업이며, 산업 특성상 지속적인 연구개발과 전문인력 확보가 기업 경쟁력과 직결된다. 따라서 해당 분야에서 인적자원 개발의 중요성이 크게 부각되고 있는데, 이는 MSCI의 '바이오테크(Biotechnology)' 산업군 중대성 평가 기준(Materiality Map)에서도 확인해볼 수 있다. ESG 요소 중에 S(사회) 영역의 중대성 비중이 54.8%로 가장 높게 나타나고, S(사회) 영역 내에서는 '인적 자원 개발(Human Capital Development)'이 전체 중대성 비중의 25%를 차지하며 가장 중요한 이슈로 자리잡고 있다. 2025년 기준, 셀트리온은 MSCI '인적 자원 개발(Human Capital Development)' 이슈에서 글로벌 바이오테크 산업 내 상위 5개 기업(Top 5 Industry Leaders) 그룹에 포함되어 있다. 이는 동종 업계 평균을 크게 상회하는 수준으로, 인재 확보·육성·유지 체계 전반에서 경쟁력을 인정받았음을 의미한다. 또한 MSCI 종합 ESG 등급 역시 2025년 9월 기준 종전 B에서 A로 상향되며, '인적 자원 개발(Human Capital Development)'을 포함한 전반적인 ESG 관리 수준의 개선이 확인되고 있다. 한편, 동종 산업군에 속한 미국의 글로벌 바이오 기업 암젠(Amgen)은 Earn-and-Learn, ACRE 프로그램 등 다양한 인재 육성 프로그램을 운영하고 있다. 셀트리온 역시 자체적으로 구축한 인재 관리 체계와 프로그램을 갖추고 있는 만큼, 이를 바탕으로 필요 영역을 선택적으로 상호 보완함으로써 더욱 우수하고 완성도 높은 체계를 마련할 수 있을 것이다.

셀트리온의 인재 채용 및 유입 전략을 살펴보면, 전체 임직원 수(2,529명, 2023년 기준)는 꾸준히 증가하고 있고, 정규직 비율(93.2%)과 R&D 인력 비중(26.8%)이 높아 내부 인력의 안정성과 전문성 측면에서 강점을 보인다. 셀트리온은 우수 인재 및 지역 인재 풀을 확보하기 위해 주요 대학 및 지역사회에서 채용 상담과 설명회를 정기적으로 운영하고, 대학 및 공공기관 취업센터와의 협력을 통해 채용 공고를 적극적으로 홍보하고 있다. 또한 산학협력을 통해 직무 경험 기회를 제공하고 있으며, 예를 들어 중앙대학교 약학대학과의 산학협약을 통해 학생들이 자사 제품의 시장성 검토, 주요 국가 KOL(Key Opinion Leader) 조사 등 실제 프로젝트 기반 현장 실습에 참여하도록 지원하고 있다. 이러한 노력은 회사와 지원자 간 적합성을 높이고 바이오 전문 인재를 조기에 발굴하기 위한 전략으로, 이러한 인재 관리 체계가 인정되어 셀트리온은 고용노동부 주관 '2024 대한민국 일자리 으뜸기업'에 선정된 바 있다. 미국의 암젠은 4년제 학위가 없는 지원자를 대상으로 한 Earn-and-Learn 프로그램, 경력 단절 인력 재취업을 위한 ACRE 프로그램, HBCU·히스패닉계 대학·여성 STEM 단체와의 협력 등 미국의 인종·민족적 다양성 환경에 특화된 채용 및 육성 프로그램을 운영하고 있다. 셀트리온은 한국의 노동시장과 교육·규제 환경에 맞추어 정규직 중심 고용, 산학협력, 지역 인재 채용 및 다양한 복지제도를 통해 인재 유입 전략을 강화하고 있다는 점에서, 양사의 접근 방식은 상이하지만 각자의 제도적·사회적 맥락에 기반한 강점을 보이는 사례로 이해할 수 있다.

근로자의 권리 보호 및 조직문화 조성과 관련하여 셀트리온은 인권경영 전담 TF와 인권영향평가, 고충처리 시스템('통나무') 등 다양한 제도적 기반을 갖추고 있다는 것은 분명한 강점이다. 2023년에는 625건의 고충이 모두 처리되는 실적을 기록했다. 암젠의 경우 직원 자율조직(ERG) 중 하나인 ABLE이 주관하는 'Peer Connection Program' 등 심리적 안정과 정신건강 지원 프로그램을 다층적으로 운영하고, 유연근무제(2023년 기준 60% 이상 원격·탄력근무)를 통해 일과 삶의 균형을 실질적으로 지원하고 있다. 또한, 영국의 정신건강 비영리기관인 MIND로부터 2년 연속 골드 어워드를 수상하는 등 외부에서도 인정받는 수준의 직원 관리 시스템을 보이고 있다.

직무역량 개발 및 성장 지원 측면에서 셀트리온은 제조·연구개발·품질 분야 중심의 직무교육과 현장실습을 강화하는데 주력하고 있다. 셀트리온이 실시 및 공개한 2024년 교육 효과성 평가에 따르면, 2023년(종합 4.0점) 대비 크게 상승한 4.8점(5점 만점)을 기록했다. 특히 모든 영역(학습 성취도·업무 연계성·

교육 만족도)에서의 수치가 개선되어, 내부 역량 개발에 대한 뚜렷한 성과가 확인된다. 암젠에서는 글로벌 인재 개발 포털인 'Talent Marketplace'를 통해 직원 개개인의 선호도와 목표에 기반한 맞춤형 커리어 경로탐색을 돕고 있으며, 'Career Navigator'는 이 포털 내에서 AI를 활용해 프로젝트 및 정규직 기회까지 제안한다. 실제로 암젠의 2023년 ESG 보고서에는, 조합 제품 운영 부서의 한 수석 엔지니어가 해당 플랫폼을 활용해 데이터 분석 역량을 개발할 수 있는 프로젝트에 참여하고, 제안한 솔루션을 실제로 구현해 경영진과 성과를 공유한 사례가 소개되어 있다.

셀트리온은 다양성과 포용성 확보에 있어서는 여성 관리자 비율(30.2%)과 같이 성별에 국한된 일부 지표만을 공개하고 있다. 다양성과 포용성 정책을 형식적으로 갖추고 있으나 구체적 실적이나 참여 통계는 공개되지 않아, 실질적으로 포용적인 조직 문화 형성에 기여하는지 가시적으로 파악하기에는 다소 어렵다. 다만 한국은 인종·민족적 다양성이 상대적으로 낮은 노동시장 구조를 가지고 있어, 국내 기업의 다양성·포용성 정책은 성별, 경력단절자, 장애인, 가족친화 제도 등 한국의 사회·노동환경에 적합한 영역을 중심으로 운영되고 있다. 이에 맞추어 셀트리온 역시 다양한 지원 제도를 운영하고 있다. 탄력근무제, 선택적 근로시간제, 간주근로시간제 등 다양한 근무 형태를 지원하며, 가족친화적 근로 환경 조성을 위한 직장 어린이집, 모성보고 휴게실 등을 운영하고 있다. 더불어 보건실 운영, 정신건강 상담 등 의료 지원도 이루어지며 포용적 근무환경 조성을 위한 제도적 기반을 지속적으로 확대하고 있다.

한편 암젠은 인종, 성별, 성적 지향, 연령, 장애 등 다양한 배경을 아우르는 12개의 글로벌 ERG(Employee Resource Group)를 운영하고 있으며, 다양성과 포용성의 범주를 훨씬 넓게 인식하고 있는 모습을 보인다. ERG는 단순한 소속감을 넘어, 커리어 멘토링, 언어 교류, 다문화 교육 등 폭넓은 활동을 직원 주도로 수행하고 있고, 다양하고 포용적인 조직문화 형성에 크게 기여하고 있다. 이뿐만이 아니라, 포용성의 범위를 공급업체까지 확장시켜, 미국 내

'U.S. Supplier Diversity Program' 등을 통해 정기적으로 공급업체에게 멘토링과 교육을 제공하고 있다. 이렇듯 암젠에서는 ERG 중심의 활발한 문화 교류와 커뮤니티 활동을 통해 직원의 자율성과 조직의 포용성을 자연스럽게 내재화하는 모습을 보이고 있다. 2023년 글로벌 직원 참여도 조사에서 응답자의 79%가 암젠을 "일하기 좋은 직장"으로 추천한 점은, 조직문화의 체감도가 높음을 보여준다. 물론, 이러한 활동은 미국의 다인종·다문화 환경을 기반으로 한 제도로, 인종·민족 구성이 상대적으로 단일한 한국기업에 동일하게 적용하기는 어렵다. 따라서 셀트리온은 한국의 노동·사회 구조에 적합한 방식으로 가족친화 제도, 근무 유연성, 정신건강 상담, 고충처리 및 조직 소통 기반을 확장해 나가며 국내 맥락에 맞춘 포용성 기반을 점진적으로 강화하는 방향을 추진하고 있다.

한편, 셀트리온이 속한 바이오테크 산업군의 S(사회) 영역에서 가장 높은 중대성을 차지하는 카테고리는 '인적 자원 개발(Human Capital Development)'이지만, 향후에는 '의료 접근성(Access to Health Care)'의 중대성이 더욱 커질 것으로 예상된다. 고령화와 만성질환 증가, 팬데믹 이후 공중보건 중요성의 확대, 그리고 미국 IRA(인플레이션 감축법) 규제 강화와 같은 헬스케어 관련 여러 정세 변화가 일어나는 상황에서, 바이오테크 산업 내 의료 접근성 향상이 기업 역량의 핵심이 되어가고 있다. 2025년 기준 셀트리온은 세계 바이오시밀러 시장에서 매출 기준 5위(점유율 6.8%)를 기록하고 있으며, 국내 기업 중 유일하게 글로벌 5위권에 진입해 있다. 나아가 유럽과 일본, 중남미를 비롯한 지역에서 2024년 3분기 기준 자사 제품의 시장 점유율 1위도 달성했다. 바이오시밀러는 고가의 약보다 저렴한 가격에 동일한 효능을 제공하는 약품으로, 실질적인 의료 접근성 향상을 내포한다고 볼 수 있다. 이러한 측면에서 바이오시밀러 개발을 핵심 비즈니스로 삼는 셀트리온에게 앞서 언급된 환경적 변화들이 긍정적으로 작용할 것으로 보인다. 이에 따라 셀트리온은 해당 시장에서의 선도적 지위와 연구개발 역량을 바탕으로 추후 더 많은 환자들에게 치료 기회를 제공하여 관련 사회적 요구에 적극 부응할 것으로 기대된다. 인재 유입 전략의 다양성과 장기적 인재 육성 체계, 다양성과 포용성 정책을 비롯한 인적자원 개발 전략을 고도화하는데 주력한다면 향후 글로벌 바이오테크 기업으로서 셀트리온의 입지를 강화할 것으로 전망한다.

2.5 삼성전자: 공급망 및 인적자원 관리(S)[28]

삼성전자는 1969년 전자산업 진출 선언과 함께 '삼성전자공업'이라는 이름으로 시작되어, 1974년 반도체 사업으로 영역을 확장한 후 지금까지 그 역사와 영향력을 이어오고 있다. 명실상부 우리나라를 대표하는 기업 중 하나로, 2025년 8월 기준 약 425조 원의 시가총액을 기록하며 국내 1위의 지위를 유지하고 있다. 주 사업 분야는 스마트폰, 컴퓨터, 가전 사업 등을 포함하는 DX(Device eXperience) 부문과 메모리, 파운드리 등 반도체 부품 생산을 책임지는 DS(Device Solutions) 부문으로 나뉘어 애플, TSMC와 같은 세계적인 기업들과 경쟁하고 있다. 삼성전자는 2024년 말 기준 총 240개의 생산거점, 지역총괄, 판매거점, 구매센터, R&D 센터, 약 26만 명의 임직원, 약 2,500개의 협력사를 비롯한 대규모의 이해관계자와 상호작용하고 있기에 공급망 관리를 포함한 지속가능경영에 관심을 기울일 필요성이 커지고 있다.

MSCI의 ESG 평가에서 삼성전자가 속한 '기술 하드웨어, 저장장치 및 주변기기(Technology Hardware, Storage & Peripherals)' 산업군의 경우, 산업 특성보다도 개별 기업의 사업 영역 특성에 따른 차별화된 ESG 전략이 중요하다. 삼성전자의 경우, E(환경) 영역은 31%, S(사회) 영역은 36%, G(지배구조) 영역은 33%의 가중치가 부여되어 있으며, 세 영역의 균형 있는 관리가 핵심이다. S(사회) 영역의 세부 이슈별 가중치는 '인적 자원 개발(Human Capital Development)'이 14%로 가장 높으며, '공급망 노동 기준(Supply Chain Labor Standards)'이 10%로 그 뒤를 잇는다. '논란이 되는 원자재 조달(Controversial Sourcing)'과 '개인정보 및 데이터 보안(Privacy & Data Security)' 이슈에도 각각 6%의 가중치가 부여되어 있다.[29] MSCI의 평가에서, 삼성전자는 2024년 기준 AA 등급을 받아 전년도의 등급을 유지했다. 국내 주요 경쟁사인 LG전자,

SK하이닉스(각 A 등급), 그리고 해외 경쟁사인 애플(BBB 등급)보다 상대적으로 높은 평가를 받았다. 따라서, 일부 분야의 보완을 통해 삼성전자가 ESG경영에 있어 중장기적인 우위를 확보할 수 있다.

S(사회) 영역에서 가장 비중이 컸던 '인적 자원 개발(Human Capital Development)' 이슈의 경우, 삼성전자의 MSCI 점수는 5.1점으로, 산업 평균인 3.6점보다 높은 평가를 받았다. 해당 이슈의 점수 측정은 기업의 '전략 점수(Strategy Score)', '프로그램 및 이니셔티브 점수(Programs & Initiatives Score)' 그리고 '퍼포먼스 점수(Performance Score)'의 평균으로 구성된다.[30] 프로그램 점수와 관련한 삼성전자의 2024년 국내 임직원 경력개발 인당 교육비는 191만 9천 원으로, 전년도보다 10.9% 증가하였다. 인건비 대비 교육비 비율 역시 0.1%p 상승한 0.6%로, 전반적으로 개선된 성과를 보였다. 반면 인당 평균 교육시간에 있어서는 국내 임직원은 같은 기간 27.1% 감소한 61.2시간이었고, 해외 임직원은 14.7% 증가한 66.8시간으로 국내외 차이가 나타났다.

'기술 하드웨어, 저장장치 및 주변기기(Technology Hardware, Storage & Peripherals)' 산업군에서 2024년 종합 평가 AAA 등급 및 '인적 자원 개발(Human Capital Development)' 이슈에서 7점의 고평가를 받은 핀란드의 통신 네트워크 기업 노키아는 리더십 프로그램에 관한 자료를 별도로 제시한다. 2023년 노키아의 기업 리더십 프로그램 참가자는 2,256명으로, 전년도 대비 12% 상승하였다.[31] 나아가 2024년 정기 성과 및 경력개발 리뷰에 참여한 임직원의 비율은 95%였다.[32] 기업별 규모 및 여건이 다르므로 인적 자원 개발과 관련한 투자 규모 및 교육 시간의 절대적인 수치를 같은 기준으로 평가하기는 어렵다. 그럼에도 유사한 리더십 프로그램의 참가자 수와 비율, 임직원의 경력개발 리뷰 등의 수치를 높이는 활동이 삼성전자에게도 추후 긍정적인 평가를 받을 요인이 될 수 있다.

'공급망 노동 기준(Supply Chain Labor Standards)' 이슈에서 삼성전자는 3.1점의 평가를 받았으며, 이는 동종 산업군 평균 점수인 5.8점에 미치지 못하는 수치였다. 공급망은 삼성전자의 핵심 중대 이슈에 포함되었고, 협력회사와의 장기적인 비즈니스 관계를 가늠할 수 있는 카테고리이기에 추가적인 노력이 필요하다. 2024년 DX와 DS부문 전체 중 92%의 협력회사를 대상으로 한 종합평가 결과에 따르면, 75%의 협력회사가 우수 평가를 받았고, 2.3%의 협력회사가 개선 필요의 평가를 받았다. 전년도 71%의 협력회사가 우수 평가를 받은 것과 비교하여 4%p 오른 수치다. 같은 기간 협력회사 교육 참여업체의 비율 역시 70.1%로, 전년도 대비 1%p 상승하였다. 나아가 2025년 6월 기준 협력회사 근로환경 영역별 개선율에 따르면 1차사는 82%, 2차사는 70%의 부문별 합계 개선율을 보였다.[33]

삼성전자의 공급망 관리가 MSCI에서 저평가를 받은 이유 중 하나는 관리 시스템의 부재보다는 위구르 노동 인권 안건과 같은 특정 논란이 결정적인 영향을 미친 것으로 분석된다. 실제로 삼성전자는 보고서에 명시된 바와 같이, 신규 협력사 선정부터 기존 협력사 관리에 이르기까지 체계화된 실사 프로세스를 구축하여 노동인권, 안전보건, 분쟁광물 등의 리스크를 엄격히 관리하고 있다. 결과적으로 전반적인 공급망 지표는 전년도보다 개선된 모습을 보였다. '기술 하드웨어, 저장장치 및 주변기기(Technology Hardware, Storage & Peripherals)' 산업군에서 2024년 종합 평가 AAA 등급 및 '공급망 노동 기준(Supply Chain Labor Standards)' 이슈에서 9.1점의 고평가를 받은 스위스의 컴퓨터 주변기기 제조 기업 로지텍이 보여준 엄격한 감사 및 시정 조치와 유사하게, 삼성전자 또한 협력회사 실사 결과를 바탕으로 확실한 페널티와 인센티브 제도를 운영 중이다. 이러한 삼성전자의 공급망 관리 역량은 글로벌 평가 기관인 '노더체인(KnowTheChain)' 평가에서 업계 1위를 달성하며 객관적으로 입증된 바 있다. 따라서 삼성전자의 과제는 관리 시스템 자체의 개선보다는, 이미 구축된 고도화된 시스템을 바탕으로 대외적인 이슈들에 대한 신뢰도를 회복하는 데 있다고 볼 수 있다.

'논란이 되는 원자재 조달(Controversial Sourcing)'과 '개인정보 및 데이터 보안(Privacy & Data Security)' 이슈의 경우, 삼성전자는 각각 10점, 7.8점의 고득점을 받았다. '논란이 되는 원자재 조달(Controversial Sourcing)'의 산업 평균 점수는 5.35점으로 삼성전자가 특히 고평가를 받았으며, '개인정보 및 데이터 보안(Privacy & Data Security)'의 산업 평균 점수는 7.81점으로, 동 산업군에 속한 기업들의 점수가 전반적으로 높았다. 위 두 카테고리 모두 삼성전자가 종합 AA 등급을 받는 데 기여했음을 예상할 수 있다.

삼성전자는 전 세계적으로 알려진 산업 내 영향력만큼 ESG 경영에서도 경쟁력을 확보하기 위해 노력하고 있다. 국내외 주요 경쟁사 대비 뒤처지지 않는 평가를 받고 있지만, 각 카테고리별로 최우수 성과 기업과 비교할 때 발전의 여지도 존재한다. 특히 S(사회) 영역 등에서 인적자원 관리 현황을 보다 구체적으로 공개하고, 공급망 이슈에 대해 지속적으로 체계적인 대응을 이어가는 노력은 긍정적인 평가 요인이 될 수 있다. MSCI 평가는 다면적인 요소들을 포괄하는 만큼, 삼성전자가 기존의 강점을 바탕으로 미세한 취약점들까지 보완해 나간다면 글로벌 이해관계자들에게 더욱 높은 신뢰를 주는 지속가능경영 체계를 완성할 수 있을 것이다.

2.6 한화에어로스페이스: 항공 우주 산업 노동 관리 및 개선 방안(S)[34]

한화에어로스페이스는 1977년에 설립된 대한민국의 대표적인 첨단 방산 및 항공우주 기업으로, 글로벌 산업 분류인 GICS(Global Industry Classification Standard)에 따라 '우주항공 및 국방(Aerospace & Defense)' 산업군에 속한다. 미국, 호주, 유럽, 중동 및 베트남 등 해외 5개 권역을 중심으로 국내 본사, 제조사업장 및 R&D 캠퍼스 등 13개의 거점을 통해 운영하고 있다. 또한 지속가능한 혁신 기술을 바탕으로 초일류 방산기업으로의 도약을 목표로 하며 항공, 방산, 항공우주, IT 서비스 등의 영역에서 사업을 운영하고 있다. 나아가 2024년 기준으로 전년 대비 42% 성장한 11.2조 원의 매출과 191.4% 증가한 1.7조 원의 영업이익 실적을 달성하였으며, 40여년간 항공엔진 전문기업으로 쌓아온 기술력을 바탕으로 지속가능경영에 부합하는 친환경 신사업에도 매진하고 있다.

한편, Lockheed Martin은 미국의 대표적인 글로벌 보안 및 항공우주 기업으로, 2024년 기준 13,181개의 공급망을 보유하고 있다. 미국 국방부 및 연방 정부 기관과 협업하여 해당 기간 항공, 미사일, 우주 등 4개 사업 분야를 통해 약 710억 달러의 순매출과 53억 달러의 순이익을 기록했다. 또한, Chemring Group PLC는 영국의 전문 제조 및 기술 기업으로 방위, 항공우주, 보안 분야에서 독보적인 기술력을 바탕으로 정부 및 상업 시장을 공략하고 있다. 물론 이들 글로벌 기업은 한화에어로스페이스와 사업 규모나 비즈니스 모델의 세부 구성이 정확히 일치하지 않아 물리적인 일대일 비교를 수행하는 데에는 분명 한계가 존재한다. 그렇지만 이들 역시 정부 및 군사 기관, 글로벌 시장을 대상으로 사업을 영위하고 있으며, 동종 산업군 내에서 글로벌 스탠다드를 선도하고 있기에 이들의 ESG 경영 현황을 고려하는 것은 필요하다. 이 과정에서 요구되는 엄격한 공급망 관리와 지속가능성 기준에 한화에어로스페이스가 나아가야 할 중요한 지향점을 시사하기 때문이다.

'우주항공 및 국방(Aerospace & Defense)' 산업군은 국가 안보와 직결되는 장비와 시스템을 다루어 고도의 기술력과 숙련도를 요구할 뿐만 아니라, 생산과정에서 중장비와 폭발성 물질 및 화학물질 등을 다루기 때문에 인사 관리의 차원을 넘어 근로자의 안전을 적극적으로 보호하는 것이 중요하다. 이에 따라 MSCI는 2024년 E, S, G 세 영역 중 G(지배구조) 영역을 가장 높은 비중인 47%로 평가했으며, S(사회) 영역이 40%로 그 뒤를 이었다. 특히, S(사회) 영역 중 '노동 관리(Labor Management)' 카테고리를 20%의 비중으로 크게 평가함으로써 중대한 ESG 이슈로 보았다. 이러한 평가 기준을 바탕으로 한화에어로스페이스는 2025년 3분기 기준 종합 A 등급을 받고 있으며, 노동 관리 카테고리에서는 5.4점을 받고 있다.

한화에어로스페이스는 핵심 이슈인 '노동 관리' 카테고리에 관하여, 중대재해 및 환경사고 제로화를 목표로 안전보건경영 체계를 수립하고 있다. 사업장 내 모든 유해인자에 대해서 최신 MSDS(Material Safety Data Sheet)를 확보하여 임직원에게 정보를 제공하고 있으며 특정 유해인자에 노출되는 근로자들에게는 특수 건강검진을 시행하여 건강상태를 모니터링하고 있다. 또한 중량물 취급으로 인한 근골격계 질환 노출 가능성이 높기 때문에, 유소견자에 대한 사후관리를 진행하고 인력 배치 시 반영하고 있으며, 난청 위험이 높은 일부 사업장의 경우 청력 보존 프로그램을 진행하고 있다. 더불어 연차 및 직무별로 교육을 세분화하여 10여개의 자체 교육과 80여 개의 외부 교육과정을 통해 임직원의 안전교육을 시행하고 있다. 보고서에는 임직원 교육 전반에 대한 비용, 시간, 참여인원을 비롯한 수치를 명확하게 제시하였다. 또한 한화에어로스페이스는 임직원의 비상 상황에 대한 대처 능력을 향상시키기 위해 비상상황별 대응 훈련을 주기적으로 실시하고, 훈련 후에는 평가 및 분석을 통해 개선점을 도출하여 대응 프로세스를 보완하고 있다. 나아가 <한화에어로스페이스 지속가능경영보고서 2025>에 따르면, 2024년 산업재해율은 0.14%, 근로손실재해율(LTIR, 100만 근로시간당 근로손실 재해자 수)은 0.68%를 기록하였으며, 2027년까지 각각 0.10%와 0.61%의 수치를 달성하겠다고 목표를 밝혔다. 위와 같은 수치를 달성하기 위해 재해 원인 분석 결과와 재발 방지 대책, 목표를 공시하고 재해유형별로 맞춤형 개선활동을 실행할 필요가 있다. 또한 합병에 따른 미인증 근로자 비율이 일시적으로 증가하여 안전보건 인증 적용 근로자 비율이 2022년 79%에서 2024년 63%까지 감소 추세에 있기 때문에, 인증 적용 범위를 확대하겠다는 목표를 명확히 제시함으로써 근로자의 안전한 노동을 보장할 수 있다.

앞서 언급한 산업재해 발생 가능성을 실질적으로 감소시키기 위한 노력의 일환으로, 글로벌 기업인 Chemring의 안전 관리 활동을 참고할 필요가 있다. Chemring은 'Zero Harm'을 도덕적 책무로 규정하고, 정기적인 위험 식별 및 법규 준수 검토를 통해 중대사고 리스크를 관리하고 있다. 특히 2024년 기준 0.69를 기록한 총 기록가능 부상빈도(TRIF) 지표 관리와 더불어, 실제 사고로 이어지기 전의 근접사고와 잠재 위험 요인을 포착하는 데 주력하고 있다는 점은 눈여겨볼 만하다. 이러한 선제적인 관리 체계를 참조하여, 한화에어로스페이스 역시 근접사고 관리 시스템을 더욱 적극적으로 활용하여 사고를 미연에 방지하는 예방 효과를 높일 수 있다. 또한, 보고서 구성에 있어서도 기존의 산업재해율과 LTIR(재해율) 현황을 제시하는 것을 넘어, 잠재 위험 발굴 건수, 예방 조치 실행률, 임직원 안전 교육 이수율 등 안전 관리에 대한 성과 지표를 다각화하여 보완한다면, 임직원 보호를 위한 회사의 세심한 노력을 보다 효과적으로 전달할 수 있을 것으로 기대된다.

결론적으로, 한화에어로스페이스는 '지속가능한 내일을 위해 꼭 필요한 솔루션을 제공하는 기업'이라는 미션 아래 ESG 경영을 통한 책임 있는 성장에 주력하고 있다. 동종 산업군 내 모범사례를 참고하여 보고서를 더욱 전략적 및 체계적으로 작성한다면 모든 카테고리에 걸쳐 긍정적인 평가를 받을 수 있을 것이다. 특히, 이사회 구성의 다양성 확대, 윤리·준법 교육 관련 정량적인 수치 제시, 근접사고 관리체계 도입 등을 통해 해당 부문을 더 명확하게 보완할 수 있을 것이며, 향후 MSCI 평가에서 긍정적인 ESG 등급 평가와 더불어 해당 산업군 내 모범 기업으로 자리잡을 수 있을 것이다.

2.7 롯데월드: 관광 레저 산업 노동 관리 개선 방안(S)[35]

롯데월드는 테마파크, 아쿠아리움, 워터파크 등의 관광·레저 산업을 중심으로 디지털 콘텐츠 분야까지 아울러 운영하는 종합 엔터테인먼트 기업이며, 글로벌 산업 분류인 GICS(Global Industry Classification Standard)에 따라 '레저시설(Leisure Facilities)' 산업군에 속한다. 1989년 국내 최초로 실내 테마파크인 '롯데월드 어드벤처'를 개장한 이후, 2024년 기준 서울, 김해, 부산에 5개의 국내 사업장을 두고 있으며, 2023년 베트남 하노이에 '하노이 아쿠아리움'을 개장하면서 글로벌 사업을 확장하고 있다. 더불어 롯데월드는 캐릭터 IP를 활용한 유튜브 채널 '로티프렌즈' 등 영유아 온라인 콘텐츠 개발과 온라인 플랫폼 진출 등 디지털 콘텐츠 영역까지 사업을 넓히는 중이다.

롯데월드는 2021년 국내 테마파크 중 최초로 지속가능성 보고서를 발간하며, 장기적이고 책임 있는 기업의 성장을 추구하고 있다. 또한 'A Better World, 더 좋은 세상을 위하여'라는 신념을 바탕으로 롯데월드는 고객 참여형 사회 공헌 활동인 '놀면서 기부하자' 캠페인[36]과 보육시설에 롯데월드 대표

캐릭터와 함께 방문하는 '아이스크림 트럭'을 진행[37]하는 등 사회적 가치를 실현하기 위한 활동도 적극적으로 전개하고 있다. 한편, 월트 디즈니 컴퍼니(The Walt Disney Company)는 1923년 설립된 미국의 대표적인 종합 엔터테인먼트 기업으로, 테마파크인 디즈니랜드 및 디즈니월드를 미국, 일본, 프랑스, 중국 등에서 운영하고 있다. 또한 테마파크, 리조트 등의 오프라인 사업뿐만 아니라 영화나 방송 콘텐츠를 제작하고 OTT를 운영하는 등 디지털 콘텐츠 분야까지 확장하여 운영하고 있어, 롯데월드와 비슷한 사업 구조를 보인다.

테마파크, 아쿠아리움, 워터파크 등의 레저 산업은 사람 중심의 서비스 산업으로, 산업 특성상 고객이 체험하는 서비스 및 경험의 품질이나 고객의 안전이 직원의 영향을 많이 받기 때문에 인력 관리가 매우 중요하다. 이에 MSCI는 해당 산업군을 평가할 때 2024년 기준 E(환경) 29.4%, S(사회) 30.2%, G(지배구조) 40.4%의 비중으로 평가하고 있으며, 세부 항목 중에서는 S(사회) 영역의 '노동 관리(Labor Management)' 이슈가 22.4%로 가장 높은 비중을 차지하고 E(환경) 영역의 '물 스트레스(Water Stress)' 이슈가 17.4%로 그 뒤를 잇는다. 2025년 기준, 롯데월드는 현재 MSCI 평가 대상 기업은 아니지만 호텔 법인(호텔, 면세, 월드) 통합 지속가능성보고서에 대해 매년 서스틴베스트 ESG 평가 기관의 평가를 받고 있다. 이를 바탕으로, 롯데월드는 ESG 공시 강화 추세에 대응하며 지속적으로 ESG 전략을 보완하고 실행해 나가고 있다.

<롯데월드 지속가능성 보고서 2024>에 따르면, 롯데월드는 '노동 관리' 카테고리와 관련하여 인권경영 내재화를 목표로 인권경영원칙을 수립하고, 매년 인권영향평가를 실시하며 임직원 모두가 연 1회 이상 인권 교육에 참여하는 것을 의무화하였다. 인력 확보의 경우, 임직원 직무 공모제인 '월드 인 커리어'를 통해 임직원이 자발적으로 자신이 희망하는 직무에 지원할 수 있도록 함으로써, 직원의 업무 효율성과 몰입도 및 참여도를 높이기 위해 노력하고 있다. 또한 2012년부터 중증 발달장애인을 대상으로 채용 프로그램을 운영하며, 사내 카페 바리스타나 어트랙션 운영 보조 등의 직무를 장애인 근로자들에게 제공하고 있다. 또한 롯데월드는 분기별 정기 노사협의회를 열어

지속적인 소통을 해온 결과, 35년 연속 무분규 기록을 달성하고 노사문화 우수기업으로 인정받았다. 이 외에도 '사내 Add-Venture' 제도를 통해 임직원들이 부서에 국한되지 않고 창의적인 아이디어를 제안하고, 사업체로서 성장 가능성을 인정받을 경우 적극적인 지원을 통해 임직원들이 창업과 유사한 경험을 할 수 있도록 돕고 있다. 이러한 제도들은 롯데월드가 인권 존중 경영 및 임직원과 부서 간 소통과 복지를 위해 노력하고 있음을 보여준다. 다만 보고서에 명시된 '노동 관리' 카테고리 관련 내용은 정성적 활동 중심으로 기술되어 있어, 노동 만족도나 임직원의 커뮤니케이션 프로그램 참여율, 복지 만족도, 장애인 고용 비율 등 구체적이고 정량적인 수치 및 통계를 함께 제시하는 방안을 검토할 필요가 있다.[38]

<The Walt Disney Company: 2024 Sustainability & Social Impact Report>에 따르면, 월트 디즈니 컴퍼니는 매 분기마다 '디즈니 직원 경험 설문조사'를 시행하여 2023년 기준 약 80,000명의 임직원으로부터 응답을 받았다. 2024년 회계연도에는 사내 웹사이트를 통해 설문조사 결과에 대한 임직원들의 접근성을 높이고 정기적으로 설문조사 결과를 경영진 및 이사회에 공유하고 있다. 또한 직원지원프로그램(Employee Assistance Program)을 통해 직원과 가족이 대면·비대면 방식으로 심리치료사나 정신건강 전문가로부터 명상과 스트레스 관리 등의 도움을 받을 수 있도록 하고 있다. 임금의 경우, 직원들 대부분이 시간당 18달러의 기본급을 받았으며, 시간당 중위 임금은 21달러를 초과했다고 밝혔다. 또한 공정한 급여를 위해 매년 직원들의 기본급, 보너스, 장기 인센티브를 성별, 인종, 민족별로 비교하는 '임금 비율 분석'을 실시하고 있으며, 2024년 9월 기준으로 직무, 경력, 근무지 등을 고려했을 때 약 99%의 임금 평등이 이루어지고 있다는 결과를 공개하였다. 나아가 장애가 있는 직원들을 고려한 근무 환경을 만들기 위해 화상회의 중 화면 자막 표시 등의 다양한 접근성 기능을 제공할 수 있는 'Connected Space'를 전세계 사업장에 늘리고 있다.[39]

월트 디즈니 컴퍼니의 사례를 참고하여, 롯데월드는 '노동 관리' 카테고리

의 전략을 한층 발전시킬 수 있다. 예를 들면, 정기적으로 롯데월드의 직원 복지 만족도나 프로그램 참여도 및 프로그램 만족도, 또는 건의사항 등의 항목으로 구성된 설문조사를 직원 대상으로 진행하고 이에 따른 피드백을 적극적으로 반영하는 프로세스를 구축할 수 있다. 이를 통해 임직원과 경영진 간 연결고리를 강화하고 직원 만족도를 높일 수 있을 것이다. 또한, 단순한 장애인 채용 프로그램을 넘어 그들을 고려한 근무 환경을 체계적으로 만들어 나가는 것 역시 중요하다.

롯데월드는 인권경영, 복지제도 등 S(사회) 영역 전반에서 ESG경영을 실천하며 지속가능한 기반을 다져왔다. 향후에는 해당 산업의 주요 평가 요소를 중심으로 현재 공시하고 있는 정량적 지표와 통계를 한층 체계적으로 정리·확대하고, 정성적 추진 과정과 성과를 연계해 제시함으로써 보고서의 가독성과 비교 가능성을 높일 필요가 있다. 이와 함께 타 기업 사례에 대한 분석 결과를 체계적으로 반영하여 고도화된 전략을 수립한다면 외부 ESG평가에 효과적으로 대응할 수 있을 것이다.

3 G 영역 관련 사례

3.1 유한양행: 창립자의 경영철학이 이끈 우수한 지배구조 구축(G)[40]

유일한 박사의 경영철학은 오늘날 ESG 경영의 가치와 일치하며, 약 100년 전 유한양행 설립 당시부터 모든 이해관계자를 고려하는 선구적인 경영활동의 기반이 되었다. 그의 대표적인 경영철학인 애국애족, 납세보국, 청지기 정신 등은 현대 ESG 경영의 핵심 이슈와 긴밀하게 연결되어 있으며, 특히 기업의 근간을 이루는 G(지배구조) 영역에서 그 가치가 뚜렷하게 나타난다. 그가 실천한 종업원 지주제, 전문경영인 체제 등은 당시로서는 상상하기 어려운 혁신적인 활동이었으며, 이러한 철학은 현재 유한양행이 글로벌 ESG 평가에서 높은 성과를 거두는 근본적인 동력이 되었다.

MSCI ESG 평가는 이러한 역사적 배경의 결과를 명확히 보여준다. 유한양행은 2024년 6월 BBB 등급에서 A 등급으로 상향되었고, 2025년 5월에는 AA 등급을 획득하며 2년 연속 등급이 오르는 쾌거를 이루었다. 이는 ESG 선도기업(Leader)에 해당하는 등급으로, 제약 산업 내 241개 글로벌 기업 중에서도 상위권에 속하는 준수한 평가이다. MSCI의 G(지배구조) 평가는 크게 '기업 지배구조(Corporate Governance)'와 '기업 행동(Corporate Behavior)'의 두 가지 테마로 구성되며, 이는 다시 6개의 핵심 이슈(이사회, 보수, 소유와 통제, 회계, 기업윤리, 조세 투명성)로 나뉜다. 유한양행은 이 평가에서 전반적으로 높은 점수를 받았으며, 특히 기업 지배구조(Corporate Governance) 테마에서는 선도기업(Leader)으로 평가받아 더욱 우수한 성과를 보였다. 이는 유일한 박사가 창업 초기부터 구축해 온 투명하고 윤리적인 지배구조가 현재까지 성공적으로 계승되고 발전했음을 객관적으로 입증한다.

'이사회(Board)' 중심의 합리적 의사결정 체계는 유일한 박사가 "기업은 한두 사람의 손에 의해서 발전되지 않는다."는 신념으로 1936년 주식회사 전환 당시부터 5명으로 구성된 이사회를 운영한 데서 시작된다. 현대 ESG 경영에서 이사회는 G(지배구조) 영역의 가장 중요한 이슈로 여겨지는데, 그 이유는 이사회가 기업의 모든 ESG 전략과 실행을 감독하고 최종 책임을 지는 최상위 의사결정기구이기 때문이다. 당시 대부분의 기업이 창업주 개인의 카리스마와 독단적 결정에 의존하던 것과 달리, 유한양행은 초기부터 다양한 전문가가 참여하는 집단지성 기반의 의사결정 체계를 구축했다. 이러한 이사회 중심 경영의 중요성은 회사가 극심한 위기에 처했을 때 증명되었다. 당시 미국 유학 경력 때문에 일제의 지속적인 감시를 받던 유일한 박사는 해외 판로 개척과 독립운동(미국 OSS의 냅코 프로젝트 참여 등)을 위해 국내를 비우는 일이 잦았다. 특히 1940년대 태평양전쟁 시기에는 의약품 원료 수입 통제 등 회사의 존립 자체가 위협받는 상황이었다. 창업주이자 최고경영자가 부재한 이러한 위기 속에서도 유한양행이 흔들리지 않고 경영을 이어갈 수 있었던 것은, 전적으로 이사회가 실질적인 최고 의사결정기구로서 제 역할을 수행했기 때문이다. 이는 리더 개인의 역량이 아닌 시스템과 거버넌스를 통해 위기를 극복한 모범적인 사례로, MSCI가 높이 평가하는 이사회의 독립성과 효과적인 감독 기능의 중요성을 일찍이 실천한 것이다.

‘보수(Pay)’와 관련한 정책에는 “기업은 개인의 것이 아니며 사회와 종업원의 것이다.”라는 그의 철학이 혁신적으로 나타났다. 1936년, 회사의 모든 자산이 사실상 개인 재산이었음에도 그는 국내 최초의 ‘종업원 지주제’를 실시하여, 자신을 포함한 임직원 24명에게 주식을 배분했다. 이는 단순히 이익을 공유하는 차원을 넘어 직원들을 단순한 피고용인이 아닌 회사의 주인, 즉 주주로 인정함으로써 기업 성장의 과실을 함께 나누는 운명 공동체라는 인식을 심어주었다. 이는 직원들에게 강력한 동기부여가 되었을 뿐만 아니라, 주주총회 등을 통해 경영 의사결정 과정에 참여할 수 있는 권한을 부여함으로써 자연스럽게 내부 감시 기능을 강화하고 경영 투명성을 높이는 효과를 가져왔다. 더 나아가 그는 해방 이후 극심한 경영난 속에서 “주식 배당금으로 충분하므로 월급을 굳이 받을 필요가 없다.”며 급여를 일절 받지 않는 ‘무보수 경영’을 실천했다. 이는 단순한 비용 절감을 넘어, 리더가 위기 상황에서 가장 먼저 희생하는 모습을 보임으로써 조직 전체의 결속과 신뢰를 이끌어내는 강력한 ‘시그널’로 작용했다. 이러한 보수 정책의 의의는 오늘날 ESG 평가에서 중요한 지표로 다루어지는 ‘CEO와 직원 간 보수 격차’ 문제에 대한 선구적인 해답을 제시했다는 점이다. 과도한 경영진 보수가 사회적 위화감을 조성하고 기업의 장기적 가치를 훼손할 수 있다는 인식이 확산되기 훨씬 이전에, 그는 이미 보수의 공정성과 합리성을 실천하고 있었던 것이다.

‘소유와 통제(Ownership & Control)’ 구조에 대한 유일한 박사의 결정은 한국기업사에서 독보적인 사례로 꼽힌다. “유한양행은 대한민국 국민 모두의 것”이라는 생각으로, 대부분의 기업이 외부 간섭을 우려해 상장을 기피하던 1962년, 제약업계 최초로 기업공개(IPO)를 단행했다. 당시 주식의 시장가치가 액면가의 6~7배에 달했음에도, 액면가 100원이라는 파격적으로 낮은 공모가를 고집했다. 이는 소수의 자본가가 아닌 일반 대중, 즉 소액주주의 권익 보호를 최우선으로 고려한 결정이었다. 지배구조 혁신의 정점은 1969년 전문경영인 체제 도입이었다. 그는 혈연이 아닌 전문성을 기준으로 조권순 부사장에게 경영권을 승계했다. 모든 가족을 회사 경영과 분리시켰으며, 자신의 지분 역시 특정 재단에 집중시키지 않고 유한학원, 유한재단, 연세대학교 등 여러 공익단체에 분산 기부함으로써 '경영과 소유의 완전한 분리'를 실현했다. 이러한 결정은 한국기업의 고질적인 문제로 지적되는 '코리아 디스카운트'의 핵심 원인, 즉 가족 중심의 폐쇄적인 지배구조와 후진적인 승계 문화에 대한 근본적인 대안을 제시했다고 볼 수 있다. 지배주주의 사익 추구 가능성을 원천적으로 차단하고 투명한 지배구조를 확립한 그의 선택은 반세기가 지난 지금도 여전히 한국기업들에게 귀감이 된다.

'회계(Accounting)'에 있어서는 "기업의 생명은 신용이다."라는 그의 원칙을 제도적으로 구현했다. 유일한 박사는 주식회사 전환 초기부터 이사회 내에 2인의 상근감사역(유정근, 유순한)을 임명하여 강력한 내부통제시스템을 구축했다. 해당 조치의 중요성은 당시 시대적 배경을 고려할 때 더욱 분명해진다. 회계 투명성에 대한 인식이 희박했던 시절, 선제적으로 독립적인 감사기구를 설치하고 운영한 것은 '정직'이라는 그의 경영철학이 단순한 구호가 아니라, 실제로 작동하는 시스템임을 보여준다. 이 견고한 내부감사 시스템 덕분에 유한양행은 일제강점기부터 이승만, 박정희 정권에 이르기까지 정권의 표적이 되어 수차례의 강도 높은 세무조사를 받았음에도, 단 한 번도 탈세나 회계 부정과 같은 문제가 발견되지 않는 놀라운 기록을 남겼다. 이는 효과적인 내부통제시스템이 기업의 재무적 신뢰성을 담보하는 것을 넘어, 외부의 부당한 압력으로부터 기업을 보호하는 가장 강력한 방패가 될 수 있음을 증명했다. 즉, ESG 경영에서 강조하는 리스크 관리 및 준법경영의 초석을 다진 것으로 평가할 수 있다.

'기업윤리(Business Ethics)' 측면에서는 "기업의 이윤은 성실한 기업활동의 대가로 얻어야 하는 것이다."라는 신념 아래, 1930년대 즉각적인 효과를 위해 마약 성분을 첨가하는 것이 만연했던 강장제 시장에서 정직한 원료만을 고집했다. 당시 영업 담당 직원이 만주 시장 공략을 위해 소량의 아편 성분 첨가를 건의하자 크게 질책하며 이를 거부한 일화는 유명하다. 단기적 이익을 포기하더라도 국민 건강(사회적 책임)과 장기적인 소비자 신뢰(지속가능성)라는 더 큰 가치를 선택한 것이며 이는 결국 시장의 더 큰 호응으로 돌아와 기업 성장의 밑거름이 되었다. 또한, 사업 중단과 같은 불이익을 감수하면서도 부당한 정치자금 요구를 거부하며 부패의 고리를 끊고 기업의 독립성을 지키려는 확고한 의지를 보여준 것으로, 정경유착이 만연했던 당시 투명하고 윤리적인 경영을 몸소 실천한 대표적 사례이다. 이는 현대 ESG의 반부패 및 공정경쟁 이슈와 맞닿아 있다.

'조세 투명성(Tax Transparency)'과 관련해서는 "기업에서 얻은 이익은 그 기업을 키워준 사회에 환원해야 한다."라고 밝히며 성실한 납세를 국가 발전에 기여하는 기업의 가장 중요한 사회적 책임으로 여겼다. 이러한 일관적 철학의 효과는 회사가 위기에 처했을 때 더욱 드러났다. 그의 원칙적인 납세는 여러 정권에 걸친 정치적 탄압과 강도 높은 세무사찰을 극복하는 가장 강력한 무기가 되었다. 정권이 회사를 압박하기 위해 세무조사라는 칼을 빼 들었지만, 오히려 유한양행의 흠잡을 데 없는 회계와 성실한 납세 이력만 증명되는 역설적인 결과를 낳았다. 1968년, 정부는 유한양행을 '모범 납세업체'로 선정하여 그가 가장 명예롭게 여겼던 동탑산업훈장을 수여했다. 조세 투명성이 단순히 법적 의무를 이행하는 것을 넘어, 국가 재정에 기여하는 사회적 책임을 다하는 행위이며, 동시에 외부의 부당한 위협으로부터 기업을 보호하고 사회적 신뢰라는 가장 강력한 무형자산을 구축하는 길임을 증명했다는 의의를 가진다.

유한양행의 G(지배구조) 영역에서 나타나는 성과는 창업자인 유일한 박사가 약 100년 전 확립한 '정직과 신용', 그리고 '기업의 사회적 책임'이라는 경영철학에 깊이 뿌리내리고 있다. 그의 선구적인 결정들은 오늘날 ESG 경영이 요구하는 투명성, 공정성, 책임성의 기준을 선제적으로 충족하고 있었다. 앞으로 유한양행이 이러한 경영철학을 현대적으로 계승하여 발전시키고, 이

사회의 독립성과 전문성을 더욱 강화하며 다양한 이해관계자와의 소통을 확대해 나간다면, G(지배구조) 영역에서의 우수성을 지속적으로 인정받고 나아가 글로벌 차원의 우수한 제약회사로 성장해 나갈 것이다.

3.2 iM금융그룹(舊 DGB금융그룹): 지배구조 혁신을 통한 금융산업 ESG 경영 선도(G)[41]

iM금융그룹은 1967년 대한민국 최초의 지방은행인 대구은행으로 첫발을 내디뎠으며, 2011년 지주사 체제로 전환한 종합금융그룹이다. 2024년 5월, 핵심 자회사인 대구은행이 32년 만에 새로운 전국구 시중은행으로 전환되면서 iM뱅크로 사명을 변경하고, 2025년 그룹명도 DGB금융그룹에서 iM금융그룹으로 변경함으로써 전국을 무대로 새로운 도약을 시작했다. 그룹은 은행, 증권, 보험, 캐피탈 등 11개 계열사를 통해 다양한 금융 서비스를 제공하며, 2024년 말 기준 총자산 94조 원, 임직원 수 4,746명 규모로 성장했다.

글로벌 ESG 평가기관 MSCI는 금융-복합 기업(Financials - Multi-Sector Holdings) 산업군의 ESG 평가에서 E(환경) 6.2%, S(사회) 43.4%, 그리고 G(지배구조) 50.4%의 가중치를 부여하며 지배구조의 압도적인 중요성을 강조하고 있다. 그러나 한국기업들은 이 영역에서 취약점을 보여왔으며, ACGA(Asia Corporate Governance Association)에 따르면 한국의 기업 지배구조 수준은 아시아 12개국 중 8위에 머물러 있다. 이러한 배경 속에서 iM금융그룹은 선제적인 ESG 경영과 지배구조 혁신을 통해 국내 금융 산업의 모범 사례로 부상했으며, 2023년 MSCI ESG 평가에서 AA 등급을 획득하는 등 글로벌 평가기관으로부터 그 우수성을 인정받고 있다.

본 사례는 한국 정부가 발표한 K-ESG 가이드라인을 분석의 틀로 삼는다. K-ESG 가이드라인이 제시하는 지배구조 관련 6대 이슈, 즉 (1) 이사회 구성, (2) 이사회 활동, (3) 주주권리, (4) 기업윤리, (5) 감사기구, (6) 지배구조 관련 법규 위반 여부를 중심으로 iM금융그룹의 ESG 활동을 심층적으로 살펴본다.

'이사회 구성(Board Composition)'은 ESG 경영의 성패를 좌우하는 핵심 요소이다. iM금융그룹은 2021년 이사회 산하에 ESG 위원회를 설립하여 ESG 관련 안건이 조직의 최고 의사결정기구 차원에서 다뤄지도록 제도화했다. 2024년에는 총 4회의 ESG 위원회를 개최하여 인권경영 선언문 개정, 녹색경영방침 개정 등 주요 안건을 다루었다. 이러한 거버넌스 구조의 중요성은 ESG 이슈를 단기적인 실무 과제가 아닌 장기적인 기업 전략의 일부로 격상시킨다는 데 있다. 또한 iM금융그룹은 CEO(그룹 회장)를 제외한 이사회 전원을 사외이사로 구성하고 이사회 의장직을 사외이사가 맡도록 하여 경영진으로부터의 독립성을 확보했다. 이는 많은 아시아 기업들의 취약점으로 지적되는 경영진에 대한 견제와 감독 기능을 구조적으로 보장하는 장치이다. 학계, 산업계, 법조계 전문가들로 이사회를 구성하여 전문성과 다양성을 강화하였고, 2025년 3월에는 여성 사외이사 1인을 추가 선임하여 전체 사외이사 중 여성 비율을 25%로 높이는 등 다양한 이해관계자의 시각을 의사결정에 반영하기 위한 노력이 진행되고 있다.

'이사회 활동(Board Activities)'의 실효성 또한 중요하다. 2024년 iM금융그룹 이사회는 총 15회에 걸쳐 회의를 개최했으며, CEO를 제외한 전원이 사외이사임에도 불구하고 모든 이사가 단 한 번의 결석 없이 참석하는 100%의 높은 참석률을 기록했다. 이는 이사들이 자신의 역할과 책임을 무겁게 인식하고 적극적으로 경영에 참여하고 있음을 보여주는 지표이다. 또한 이사회 내에 위험관리위원회, ESG 위원회 등 9개의 전문 위원회를 설치하여 체계적이고 효율적인 운영을 도모하고 있다. 특히, 사외이사 간담회를 수시로 개최하여 경영 관련 주요사항을 사전에 사외이사에게 설명하고 다양한 정보를 제공함으로써 경영진과 이사회 간의 건설적인 논의를 위해 노력하고 있는 점이 돋보인다.

'주주권리(Shareholder Rights)'와 관련하여, iM금융그룹은 소수주주의 권리를 보장하기 위해 집중투표제, 서면투표제, 전자투표제를 도입했으며, 특히 매년 전자투표 시스템을 활용하여 주주들이 총회에 직접 참석하지 않더라도 의결권을 행사할 수 있도록 지원하고 있다. 이는 주주들의 의결권 행사 장벽을 낮추는 다양한 제도를 통해, 주주총회가 형식적인 절차에 그치지 않고 실질적인 주주민주주의의 장으로 기능하도록 한다. 또한, 보통주자본비율(CET-1)에 따라 구간별 총 주주환원율 정책을 운영하고, 배당기준일을 배당금 결정 이후로 조정하는 등 안정적인 배당정책을 통해 기업 이익을 주주와 공유하려는 노력을 보여주고 있다. 다만, 2023년 주주총회가 다른 여러 기업과 겹치는 '집중일'에 개최된 점은 개선이 필요한 부분이다. 여러 기업에 분산 투자하는 주주들의 물리적 참석을 어렵게 할 수 있기 때문에, 향후 주주총회 일정을 분산시키는 것은 주주 참여를 더욱 활성화하는 방안이 될 것이다.

'기업윤리 및 감사기구(Business Ethics & Audit Organization)'의 강화는 기업의 투명성과 신뢰도를 높이는 활동이다. iM금융그룹은 2018년 12월 국내 금융지주사 최초로 부패방지경영시스템(ISO 37001) 인증을 획득하여 2024년 11월 갱신했고, 2025년에는 내부통제 강화를 위해 규범준수경영 시스템(ISO 37301) 인증을 추가로 취득하였다. 이는 윤리경영에 대한 기업의 의지를 대내외에 공표하고, 체계적인 리스크 관리 시스템을 갖추고 있음을 객관적으로 증명한다는 의미이다. 또한, 이사회 산하 감사위원회를 지원하는 독립적인 내부감사부서를 운영하고, 감사위원회의 과반을 회계·재무 전문가로 구성하여 전문성과 독립성을 확보했다. 이러한 노력의 결과, iM금융그룹은 2023년 지배구조 관련 법규 위반 사례가 발생하지 않았다. 이는 MSCI ESG 평가에서 A 등급을 받은 기업들이 윤리 및 규정 위반 문제로 낮은 평가를 받은 것과 대조적으로, iM금융그룹의 견고한 지배구조 수준을 보여준다.

이처럼 높은 수준의 기업지배구조를 바탕으로 iM금융그룹은 지속가능경영의 책임성과 투명성을 강화하기 위한 선도적 ESG 활동을 진행하고 있다. 그 중 iM금융그룹의 지배구조 기반 혁신을 보여주는 대표적인 사례는 2024년, ESG 활동이 창출한 환경·사회적 가치를 화폐 단위로 환산한 <2023-2024 DGB Financial Group iMpact Report>를 국내 지역금융그룹 최초로 발간한 것이다. VBA, SROI 등 글로벌 가치평가 방법론을 활용하여 측정한 결과, 2023년 한 해 동안의 주요 ESG 활동이 약 6,412억 원에 달하는 재무적 임팩트를 창출한 것으로 나타났다. 이러한 시도는 '비용'으로만 인식되던 ESG 활동을 '투자'와 '가치 창출'의 관점으로 전환시켰다는 데 의의가 있다. 기업이 ESG 활동의 환경적·사회적 영향을 측정하는 것은 ESG 활동의 영향력을 이해하고 임팩트 투자를 확대하기 위한 주요한 방법이다. 더불어, iM금융그룹은 2021년부터 자산 포트폴리오에서 발생하는 금융배출량(financed emissions)을 자발적으로 공개하고 있다. 금융기관의 탄소 발자국에서 가장 큰 비중을 차지하는 것은 직접 배출(Scope 1, 2)이 아닌, 투자 및 대출 포트폴리오에서 발생하는 간접 배출(Scope 3)이다. iM금융그룹은 이러한 금융배출량을 선도적으로 측정하고 공개하며 금융기관으로서 기후변화 대응에 대한 가장 본질적이고 광범위한 책임을 인정하고, 이를 투명하게 관리하겠다는 의지를 보여주었다. 특히 배출량 데이터 확보가 어려운 중소기업 고객이 많음에도 불구하고, PCAF(탄소회계금융협회)에 가입하여 표준 방법론에 따라 배출량을 추정하는 등 보고의 정확성과 포괄성을 높이기 위해 노력했다. 2024년 기준 금융배출량은 약 492만 톤으로 집계되었고, 이는 기후 리스크 관리에 대한 강력한 의지를 보여주는 동시에 향후 저탄소 경제로의 전환을 지원하는 금융의 역할을 선도하겠다는 비전을 표명한 것이다.

iM금융그룹의 G(지배구조) 부문에서의 높은 성과와 다양한 노력은 ESG 경영을 그룹의 핵심 전략으로 삼고, 이를 실질적인 제도로 구현해 온 결과물이다. 이사회 중심의 독립적인 거버넌스 확립과 주주권리 보호를 위한 노력, 그리고 ESG 가치를 내재화하려는 혁신적인 시도들은 기업의 지속가능한 성장 기반이 되고 있다. 앞으로 iM금융그룹은 현재의 성과에 안주하지 않고, 이사회의 전문성과 다양성을 더욱 강화하며, 소수 주주를 포함한 모든 이해관계자와의 소통을 확대해야 한다. 나아가 금융배출량 관리와 같은 선도적인 ESG 활동을 지속적으로 고도화해 나간다면, G(지배구조) 영역에서의 우수성을 계속해서 인정받고, 한국을 넘어 글로벌 차원에서 경쟁력을 갖춘 우수한 금융그룹으로 성장해 나갈 것이다.[42]

결론 및 요약

본 장에서는 국내 주요 기업들의 ESG 경영 사례를 E(환경), S(사회), G(지배구조) 영역으로 나누어 심층적으로 살펴보았다. 각 기업은 소속 산업군의 특성과 글로벌 ESG 평가 기준에 맞춰 차별화된 전략을 추진하고 있었으며, 이를 통해 각자의 강점을 발전시키고 약점을 보완하려는 노력을 확인할 수 있었다.

E(환경) 영역에서는 '탄소 배출(Carbon Emissions)' 감축과 자원순환이 핵심 과제로 다뤄졌다. 포스코인터내셔널은 CCS 기술을, 대한항공은 SAF 도입을 통해 탄소 감축 노력을 구체화했으며, 현대자동차와 SK하이닉스는 각각 친환경차 기술과 반도체 공정에서의 에너지 효율 개선 등 '클린테크 기회(Opportunities in Clean Tech)' 이슈와 관련한 역량 강화에 집중했다. 또한 강원랜드, CJ제일제당은 '물 스트레스(Water Stress)' 관리를, 아모레퍼시픽과 LG생활건강은 '포장재 및 폐기물(Packaging Material & Waste)' 관리를 중요한 환경 이슈로 다루며 각 산업의 특성에 맞는 대응 전략을 펼쳤다.

S(사회) 영역에서는 '인적 자원 개발(Human Capital Development)', '공급망 노동 기준(Supply Chain Labor Standards)', '제품 안전성 및 품질(Product Safety & Quality)' 등 이해관계자 중심의 가치 창출이 중요하게 다뤄졌다. JYP엔터테인먼트와 셀트리온은 DE&I(다양성, 형평성, 포용성) 및 인적자원 개발 프레임워크를 통해 조직의 핵심 자산인 인재 관리에 집중했으며, 삼성전자는 방대한 공급망 내 협력사와의 상생을 위한 다양한 프로그램을 운영했다. 한화에어로스페이스와 롯데월드는 산업 특성상 강조되는 인적자원 관리를, LG에너지솔루션과 SK바이오팜은 안전성과 품질, 그리고 '의료 접근성(Access to Health Care)' 향상 등을 핵심 과제로 삼아 사회적 책임을 다하고자 했다.

G(지배구조) 영역에서는 유한양행과 iM금융그룹(구 DGB금융그룹)의 사례를 통해 투명하고 건전한 지배구조가 어떻게 기업의 ESG 경쟁력 전반을 이끌어가는지 확인할 수 있었다. 유한양행은 창업주의 경영철학을 바탕으로 일찍이 공정하고 투명한 지배구조를 확립했으며, iM금융그룹은 이사회의 독립성과 전문성을 확보하고 ESG 위원회를 중심으로 체계적인 관리 시스템 구축 및 ESG 활동의 재무적 영향 측정 등 혁신적 시도로 금융업계의 모범 사례를 제시했다.

사례 분석을 통해 드러난 공통적인 과제는 ESG 경영의 '내재화'와 '성과 측정의 투명성'이다. 많은 기업이 ESG 관련 정책과 시스템을 도입했음에도 불구하고, 글로벌 선도 기업과 비교했을 때 구체적인 정량 데이터 공개나 핵심 이슈에 대한 전략적 집중도 면에서 아쉬움을 남겼다. 따라서 국내 기업들이 글로벌 ESG 경쟁에서 한 단계 더 도약하기 위해서는, 단순히 규제에 대응하는 수준을 넘어 ESG 가치를 기업의 핵심 전략에 통합하고, 그 성과를 객관적이고 투명한 데이터로 증명하며 이해관계자와 소통하는 노력을 지속해야 할 것이다.

다음 장부터는 E(환경), S(사회), G(지배구조)별로 주요 핵심이슈를 살펴보고, ESG와 관련한 정책적 규제의 현황을 파악한다. 이를 바탕으로 지속가능성과 ESG경영의 미래는 어떻게 진화할지 살펴본다.

PART 03

지속가능성 증진을 위한 ESG 핵심 이슈 및 ESG 경영의 미래

제 7 장

E(환경) 핵심이슈

㈜영풍 석포제련소 환경 리스크

1949년 창립한 ㈜영풍은 아연 및 금속 제련, 정련 및 합금 제조를 주요 사업으로 이어왔다.[1] 특히, 1970년 국내 수급 안정화를 목표로 일본 도호아연의 기술을 이전받아 낙동강 최상류인 경상북도 봉화군에 석포제련소를 설립하였다. 석포제련소의 아연 생산량은 단일 공장 기준 세계 4위 규모였으며, 2023년 제련 부문 매출은 그룹 전체 매출 3조 7,617억 원 이상을 차지했다.[2] 그러나 1970년 가동한 1공장 외에도 2공장(1974년), 3공장(2015년)을 보유한 석포제련소는 대기, 수질 외에도 토양으로 오염물질 배출에 대한 우려가 끊임없이 제기되어 왔다. 2019년부터 2020년 사이 환경부 조사 결과, 석포제련소 1, 2공장의 지하수 오염이 심각하게 보고되었다. 공장 내부의 카드뮴 농도는 지하수 수질기준(생활용수 0.01 mg/L)의 25만 배를 초과하는 2,582 mg/L에 달했으며, 공장 외부에서도 714 mg/L의 오염이 확인되었다. 토양 오염 역시 심각하여, 1, 2 공장 부지 전반에서 토양오염 대책 기준(180 mg/kg)을 초과하는 카드뮴 오염이 확인되었고, 토양에 최대 2,691 mg/kg의 카드뮴 농도가 보고되었다([그림 7-1], [그림 7-2] 참고).[3] 환경부의 전신인 환경청이 환경오염 관리를 시작한 것이 1975년이었던 점을 감안할 때, 1970년 설립된 제련소는 환경 인식이 미비하고 환경법이 정립되지 않았던 시기부터 50년 이상 카드뮴을 포함한 오염물질을 주변 환경에 배출해왔다는 지적을 받았다.[4]

그림 7-1 영풍 석포제련소 토양 카드뮴 오염현황

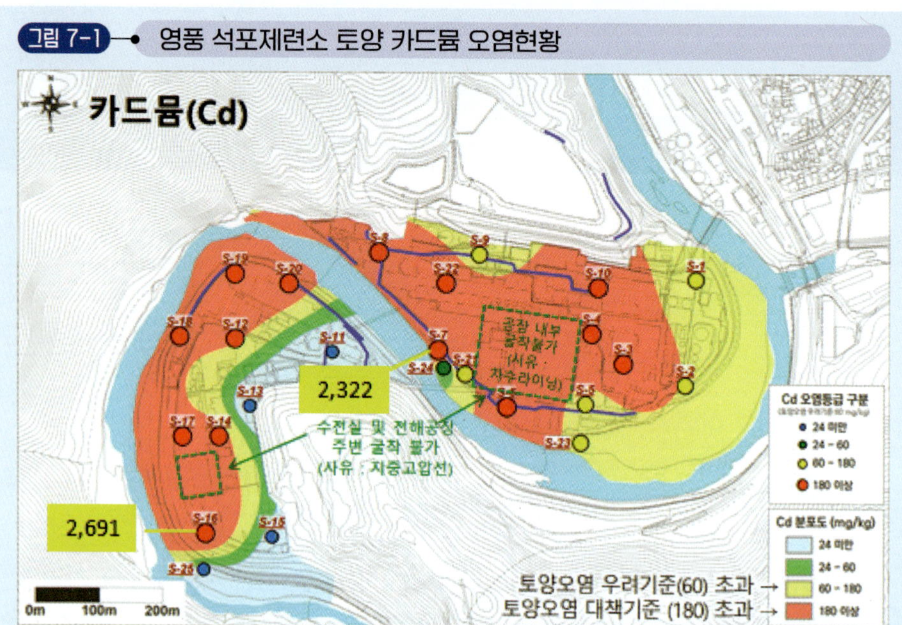

출처: 영풍 석포제련소 지하수 중금속 외부유출 확인, 차단·정화를 위한 후속조치 진행. 환경부. 2020.

그림 7-2 영풍 석포제련소 지하수 카드뮴 오염현황

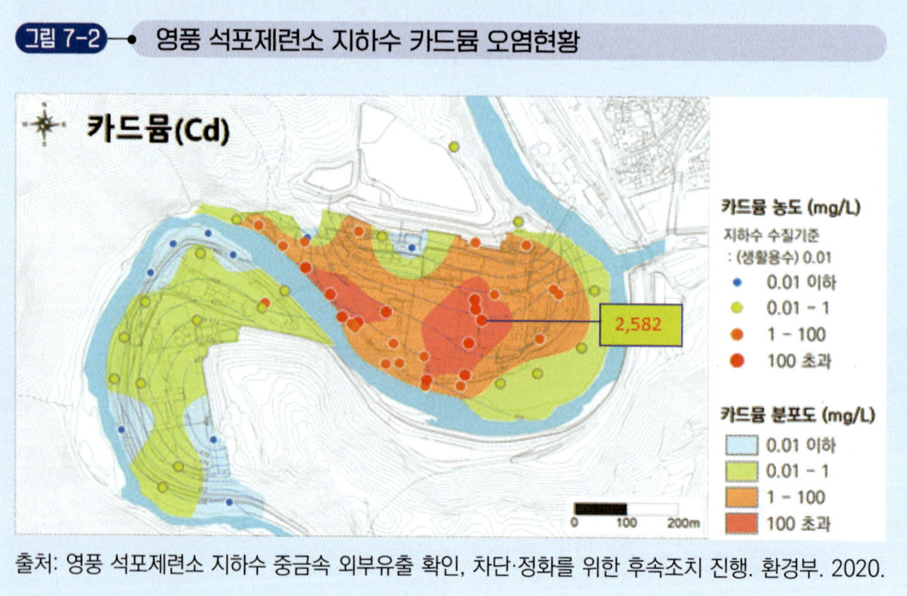

출처: 영풍 석포제련소 지하수 중금속 외부유출 확인, 차단·정화를 위한 후속조치 진행. 환경부. 2020.

〈2024년 영풍 지속가능경영보고서〉는 석포제련소가 1개월+30일 조업정지 처분을 받았음을 밝히면서, 총 8,000억 원 규모의 친환경 설비 투자 계획과 세계 제련소 최초로 폐수 배출량 제로를 3년 연속 달성하는 등 환경 투자를 확대하고 있음을 강조했다([그림 7-3] 참고). 그러나 중요 이슈를 살펴보면 환경 중 수질관리와 대기질 관리만 언급하고, 환경의 가장 중요한 구성요소 중 하나인 토양의 오염 및 관리에 대한 부문이 빠져 있어, 글로벌 리더 기업들에 비해 환경오염 관리에 대한 기업의 인식과 전문성이 아직 부족함을 알 수 있었다. 토양오염은 특히 대기 및 수질 오염과 달리 매우 심각한 수준의 오염이 진행되어도 국민적인 인지와 정화 대책 마련이 쉽지 않아, 기업 스스로 토양을 자원으로 인식하고 지속가능하게 관리할 꾸준한 교육과 함께 관련 환경법 및 글로벌 기업과 정부의 토양환경 관리 사례에 대한 면밀한 검토가 요구된다. 영풍 석포제련소에서 보고된 카드뮴은 환경부 토양환경보전법상 포함된 23종의 토양오염물질 중 하나로, 지속적인 모니터링과 관리가 필요했다([도표 7-1] 참고).[5] 실제 석포제련소는 2015년 처음 토양정화명령을 받았으나 이를 이행하지 않았고, 이후 토양정화명령 기간 연장 불허 처분 취소 행정소송 등을 제기하며 2025년 6월까지 연기시켰다. 그러나 최종 토양정화명령을 이행하지 못하여 「토양환경보전법」에 의거해 형사고발 등 행정처분 절차에 돌입했고, 같은 법에 따라 토양정화 재명령도 내릴 계획이라고 밝혔다.[6] 이어 김성환 환경부 신임 장관도 직접 석포제련소를 찾아 근본적인 문제 해결 방안으로 제기되는 사업장 이전을 이해관계자 의견을 수렴해 종합 검토할 것을 보고했다.[7]

사실 국내외에서 제련/광업 분야의 토양 오염 사례는 꾸준히 발생했다. 일례로 서천 옛 장항제련소 주변 지역은 1936년부터 1989년까지 54년간 구리 제련 공장이 가동되면서 중금속이 배출되어 주변 환경을 오염시켰다.[8] 정부는 2009년 토양오염 개선 종합대책을 수립 후 2020년 토양정화사업을 완료했으며, 2021년 옛 장항제련소 주변 오염정화토지를 활용하는 '서천 브라운필드 그린뉴딜 사업'을 추진함을 보도했다.[9] 이와 유사하게 해외에서도 많은 토양 오염 관련 사고가 보고되었으며, 2015년 브라질 광산 댐 붕괴사고로 엄청난 흙탕물이 하천과 연안 생태계를 파괴하고 주민들의 식수 오염을 야기했고, 관련 브라질 철광석 생산업체 발레와 호주 광산업체 BHP빌리턴에 대해 자산 동결 조치가 실시되었다.[10]

도표 7-1 환경부 토양환경보전법상 토양오염대책기준

물질	오염 기준 (단위: mg/kg, 다이옥신의 경우에는 pg-TEQ/g)		
	1지역	2지역	3지역
1. 카드뮴	12	30	180
2. 구리	450	1,500	600
3. 비소	75	150	600
4. 수은	12	30	60
5. 납	600	1,200	2,100
6. 6가크롬	15	45	120
7. 아연	900	1,800	5,000
8. 니켈	300	600	1,500
9. 불소	2,400	3,900	6,000
10. 유기인화합물	-	-	-
11. 폴리클로리네이티드비페닐	3	12	36
12. 시안	5	5	300
13. 페놀	10	10	50
14. 벤젠	3	3	9
15. 톨루엔	60	60	180
16. 에틸벤젠	150	150	1,020
17. 크실렌	45	45	135
18. 석유계충탄화수소(TPH)	2,000	2,400	6,000
19. 트리클로로에틸렌(TCE)	24	24	120
20. 테트라클로로에틸렌(PCE)	12	12	75
21. 벤조(a)피렌	2	6	21
22. 1, 2-디클로로에탄	15	20	210
23. 다이옥신(푸란을 포함한다)	500	1,000	3,000

출처: 토양오염대책기준(제20조 관련). 국가법령정보센터. 2025.

장 목차

서론

E(환경)와 관련된 대부분의 이슈는 지구 시스템의 변화와 직결되어 그 영향이 장기적이고 거시적으로 나타난다. 환경 리스크에 대한 인식이 높아지면서 탄소 중립 목표 설정과 자원 효율성 제고는 이제 단순한 윤리를 넘어 경영의 필수 요소가 되고 있다. 본 장에서는 E(환경)이슈가 지니는 특징을 살펴보고, MSCI 등 주요 평가 기관에서 설정한 중대성 이슈들을 파악한다. E(환경) 이슈 중에서도 토양오염 및 생물다양성 손실이 기업 재무에 미치는 불가역적인 위험과 이에 대응하기 위한 글로벌 프레임워크를 중심으로 한국기업의 생물다양성 공시 및 실천 현황을 분석한다. 먼저, 토양환경보전법상 토양오염의 정의와 함께 토양정밀조사 및 정화 책임자를 규정하는 법적 중요성을 살펴보고, 이어 생물다양성 손실이 기업의 현금 흐름과 장기 부채에 위험을 초래하는 불가역적인 재무 리스크로 인식되는 배경과 자연 관련 재무 공시 태스크포스(TNFD)가 권고하는 LEAP 접근법을 포함한 글로벌 실천 프레임워크를 살펴본다. 한국 상위 기업들의 생물다양성 보고 현황과 분석 결과를 바탕으로, 한국기업이 TNFD 통합 및 네이처 포지티브 목표 설정을 통해 글로벌 공급망 진입을 가로막는 새로운 무역 장벽을 극복하고 지속가능한 경쟁력을 확보하기 위한 시사점을 도출할 수 있을 것이다.

사전 토론 사항

- 기업은 E(환경)의 다양한 이슈 중 어떤 이슈에 우선순위를 두고 접근해야 할까? 또한 그 우선순위를 결정하는 기준은 무엇인가?
- 토양 지하수 오염을 방지하고 기업의 자율적 노력을 독려하는 데 필요한 정책은 무엇인가?
- 한국기업의 생물다양성 ESG 경영 한계를 해소하기 위해 기업과 정부가 수행해야 할 역할은 무엇인가?

1 E(환경): 특징 및 중요성

1.1. E(환경)의 특징

E(환경) 이슈는 기업의 존속을 위협하는 치명적인 리스크를 내포하며, ㈜영풍 석포제련소의 심각한 카드뮴 토양 오염과 장기간의 법적 공방 사례가 이를 명확히 보여준다. 이러한 환경 문제는 단지 국내만의 문제가 아니며, 기후 변화, 자원 고갈, 생물다양성 손실 등 E(환경)와 관련된 대부분의 이슈는 지구 시스템의 변화와 직결되어 그 영향이 장기적이고 거시적으로 나타난다.[11] 온실가스 배출 감축, 순환 경제로의 전환, 환경 오염 방지와 같은 문제는 기업이 생존을 위해 반드시 관리해야 할 물리적 및 전환적 리스크를 수반하며, 환경 리스크에 대한 인식이 높아지면서 탄소 중립 목표 설정과 자원 효율성 제고는 이제 단순한 윤리를 넘어 경영의 필수 요소가 되고 있다.

E(환경)는 사회적 트렌드에 즉각적으로 반응해야 하는 S(사회)와 달리, 그 변화와 규제가 과학적 근거와 국제 협약을 기반으로 장기적인 로드맵을 따라 움직인다는 점에서 구별된다. 여론에 민감하여 신속하고 유연한 의사결정이 요구되는 S(사회)와 달리, E(환경)는 규제 방향성이 확실하고 변화 속도가 안정적이라는 특징이 있다. 이런 특징은 규제 변화가 더디고 안정적인 G(지배구조)

와 유사하지만, E(환경)는 전 지구적 목표에 기반한다는 점에서 차이를 보인다. 예를 들어, EU의 탄소국경조정세(CBAM)와 같은 규제는 발효까지 유예 기간을 두거나 단계적으로 강화되어, 기업이 기술 개발과 설비 전환을 준비할 시간적 여유를 제공한다. 더 나아가, E(환경)는 S(사회)와 달리 측정 가능한 과학적 데이터를 기반으로 하여 정량적 평가가 용이하다는 특징을 가진다. 온실가스 배출량, 에너지 소비량, 폐기물 배출량 등은 객관적인 지표로 산출되며, 이를 통해 목표 달성 여부를 명확히 파악할 수 있다. E(환경) 이슈는 전 지구적 목표를 공유하므로, 법적 및 규제적 요구가 글로벌 표준화되는 경향이 강하다. 그러나 E(환경) 관련 의사결정은 복잡하고 자본 집약적인 특성을 보인다. 공정한 임금 지급이나 복지 확대처럼 초기 운영 비용 증가에 그칠 수 있는 S(사회) 이슈와 달리, 탄소 배출을 줄이기 위한 수소환원제철 기술 도입이나 달성을 위한 대규모 재생에너지 설비 투자는 비교할 수 없을 만큼 막대한 초기 투자 비용을 요구한다. 그럼에도 불구하고 이러한 투자는 장기적으로 에너지 효율성 증대, 운영 비용 절감, 신규 시장 선점, 그리고 규제 리스크 회피를 통해 기업의 지속가능한 경쟁 우위를 확보하는 결정적인 요소로 작용한다. 결국 E(환경) 투자는 단기적인 이익보다 장기적인 생존과 가치 창출에 초점을 맞추는 것이 핵심이다.

1.2. E(환경)의 중요성

E(환경)는 기업의 지속가능한 경영을 판단하는 핵심 요소이며, 그 범위는 광범위하다. 환경은 크게 자연환경과 생활환경으로 구분된다. 자연환경은 지하, 지표 및 지상의 모든 생물과 이를 둘러싸고 있는 비생물적인 것을 포함한 자연의 상태를 의미하며, 생활환경은 대기, 물, 토양, 폐기물, 화학물질 등 사람의 일상생활과 직접적으로 관계되는 환경으로 정의된다.[12]

환경오염이란 사업 활동 및 그 밖의 사람의 활동에 의해 발생하는 대기오염, 수질오염, 토양오염 등으로서 사람의 건강이나 환경에 피해를 주는 상태를 말한다. 이에 대응하는 환경보전은 환경오염 및 환경훼손으로부터 환경을 보호하고, 오염되거나 훼손된 환경을 개선함과 동시에 쾌적한 환경 상태를 유지 및 조성하기 위한 행위를 의미한다.[13] 앞서 영풍 석포제련소의 지하수 및 토양오염 사례에서 볼 수 있듯이, E(환경)와 관련된 이슈는 S(사회) 이슈와 달리 주로 점진적이고 장기적인 변화를 다루게 되는 것이 특징이다. 이는 환경 리스크가 표면화되는 데 시간이 오래 걸리지만, 일단 발생하면 기업에 치명적인 재무적, 법적 부담을 준다는 것을 의미한다.

E(환경)는 기업의 탄소발자국 외에도 자원 사용, 폐기물 관리, 독성 배출 등 측정이 가능한 환경 성과를 포괄하고 있다. 이러한 정량적 지표들이 기업의 재무적 성과와 장기적 가치에 미치는 영향을 반영하여, 주요 ESG 평가 기관들은 E(환경) 부문에 상당한 비중을 두고 있다. 특히 MSCI는 기업이 속한 산업별 특성에 따라 E(환경) 이슈의 중대성(Materiality)을 평가하여 비중을 차등 적용하는 것이 특징이다. MSCI를 포함한 주요 평가 기관의 E(환경) 부문 평가지표를 보면 탄소 배출, 물, 토지이용, 생물다양성 등이 포함되며, 이 요소들은 총 ESG 점수에 상대적으로 큰 기여를 하고 있다. 예를 들어, 제조업, 에너지, 유틸리티 등 고탄소 배출 산업에서는 기후 변화 및 탄소 배출 관리가 단연 가장 높은 중대성 이슈로 평가된다. 이들 산업에서는 E(환경) 부문 평가 비중의 40% 이상을 차지할 정도로 핵심적인 재무 리스크로 간주된다. 또한, 중공업, 소재, 운송업 등에서는 오염 및 폐기물 관리와 자원 효율성(물, 에너지 사용) 이슈가 중대하게 다루어지며, E(환경) 평가의 30% 내외를 차지한다. 영풍 석포제련소와 같은 제련업의 토양 오염 문제는 이 범주에서 가장 치명적인 리스크 중 하나이다. 이외에도 반도체, 화학 등 자원 집약적 산업의 자원 효율성과 농업, 부동산 등 토지 이용 및 생물다양성 관련 산업은 E(환경) 평가에서 15%~25%의 비중으로 중요하게 다뤄진다.

이처럼 E(환경) 이슈에 대한 평가가 정교해지면서, 기업의 책임 있는 공시를 촉진하는 국제 이니셔티브들이 등장하고 있다. TCFD는 기후 변화 리스크를 재무 정보에 통합하도록 요구하며, 최근 들어 TNFD가 출범하면서 기후변화 대응과 더불어 자연자본, 특히 토양오염에 대한 관심이 매우 높아지고 있다.[14] 이러한 E(환경) 이슈는 이제 단순한 평가지표를 넘어 탄소 감축, 순환 경제, RE100과 같은 핵심 경영 의사결정과 직결되고 있다. 따라서 국내 기업은 MSCI가 제시하는 산업별 중대성 이슈의 비중을 면밀히 분석하고, 이 분야에 대한 전략적인 관심과 투자를 확대하는 것이 장기적인 경쟁 우위를 확보하는 데 필수적이다.[15]

2 토양오염

2.1. 정의 및 중요성

토양은 물과 대기에 비해 그 오염의 정도와 위해성에 상대적으로 둔감하게 반응하는 특성이 있어 향후 기업이 더 관심을 갖고 관리해야 하는 환경의 구성요소이다. 토양환경보전법상 토양오염이란 사업활동이나 그 밖의 사람의 활동에 의해 토양이 오염되는 것으로 사람의 건강, 재산이나 환경에 피해를 주는 상태를 말한다.[16]

2.2. 토양오염물질

토양오염의 원인이 되는 물질을 토양오염물질로 명명하며, 현재 환경부에서는 [도표 7-1]과 같이 총 23종의 토양오염물질을 대상으로 토양오염을 평가한다. 이때 환경부에서 정한 우려기준을 넘거나 넘을 가능성이 크다고 판단되는 지역에 대해 오염물질의 종류, 오염의 정도 및 범위 등을 환경부령으로 정하는 바에 따라 조사하는 것을 토양정밀조사라고 한다. 정부는 토양오염물질의 누출, 유출, 투기/방치 또는 그 밖의 행위로 토양오염을 발생시킨 자, 토양오염의 발생 당시 토양오염의 원인이 된 토양오염관리대상시설의 소유자, 점유자 또는 운영자, 토양오염이 발생한 토지를 소유하고 있었거나 현재 소유 또는 점유하고 있는 자 등을 정화책임자로 분류하고 토양환경보전법에 따라 영풍 석포제련소 사례와 같이 토양정밀조사, 오염토양의 정화 또는 오염

토양 개선사업을 실시해야 한다. 여기서, 토양정화란 생물학적 또는 물리적, 화학적 처리 등의 방법으로 토양 중의 오염물질을 감소, 제거하거나 토양 중의 오염물질에 의한 위해를 완화하는 것을 말한다.[17]

2.3. 기업 사례 및 시사점

토양오염은 물이나 대기에 비해 오염의 심각성이 즉각적으로 드러나지 않아 그 위해성에 둔감하게 반응하는 특성이 있지만, 일단 발생하면 기업에 치명적인 재무적, 법적 부담을 안기는 불가역적인 리스크를 초래한다.[18] 토양환경보전법상 사업 활동 등으로 인해 사람의 건강이나 환경에 피해를 주는 상태를 토양오염으로 정의하며, 한국의 영풍 석포제련소 카드뮴 오염 사례가 보여주듯, 이는 장기간의 법적 공방과 함께 기업의 존속과 직결된 리스크를 내포한다.

해외의 주요 사례들 역시 부실한 환경 관리가 얼마나 광범위하고 장기적인 재앙을 초래하는지 경고하고 있다. 미국 러브 커낼(Love Canal) 사건은 1940년대부터 후커 케미컬이 매립한 2만 2천 톤의 독성 화학 폐기물이 수십 년 후 주택가 지하수를 오염시켜 주민들에게 심각한 암, 선천적 기형 등 건강 피해를 유발했고, 결국 연방정부 차원의 환경 재난 지역 선포와 이주 조치를 이끌어냈다.[19] 이 사건은 기업의 과거 행위가 수십 년 후 슈퍼펀드법 제정으로 이어지는 등 제도적, 사회적 비용을 초래함을 보여주었다.[20] 또한, 인도 보팔 가스 누출 사고는 독가스 참사뿐 아니라, 사고를 일으킨 공장 부지에 337톤의 유독성 폐기물이 장기간 방치되어 토양과 지하수를 오염시키고, 110만 톤 이상의 추가 오염물질이 현장에 잔존하여 주민들의 건강을 지속적으로 위협하며 40년이 지난 현재까지 기업의 장기적 책임 회피가 법적 분쟁을 끝없이 연장시키는 사례[21]로 남아있다. 더불어 이탈리아 세베소 사고의 다이옥신 토양 오염처럼,[22] 제련업이나 화학 산업에서 발생하는 중금속 및 독성 폐기물로 인한 토양 오염 문제는 기업의 장기적인 생존과 가치 창출을 위협하는 핵심적인 E(환경) 리스크로, 글로벌 ESG 평가 기관들이 중공업, 소재 산업에서 오염 관리를 핵심 중대성 이슈로 다루는 주요 근거가 되고 있다.

3 생물다양성과 자연자본

3.1. 정의 및 중요성

생물다양성(Biodiversity)은 특정 지역에 서식하는 모든 생명체의 다양성 정도를 의미하며, 이는 생태계가 인간에게 제공하는 필수적인 생태계의 기반[23]이다. 생물다양성협약 제2조에 따르면 생물다양성(Biological diversity; Biodiversity)이란 "육상·해상 및 그 밖의 수중생태계와 이들 생태계가 부분을 이루는 복합생태계 등 모든 분야의 생물체 간의 변이성을 말하며, 이는 종 내의 다양성, 종 간의 다양성 및 생태계의 다양성을 포함"한다고 정의하고 있다.[24] 지난 50년 동안 전 세계 야생동물 개체군 규모가 평균 73% 감소[25]하는 등 전 세계적으로 인간 활동은 역사적 수준과 비교할 때 상당한 생물다양성 손실을 초래했으며, 이러한 손실은 주로 증가하는 인구의 수요를 충족하기 위한 담수, 식량, 목재, 연료 등의 자원 확보 활동에 의해 가속화되었다.[26]

자연자본(Natural Capital)은 생태계가 인간 사회와 경제 활동에 제공하는 모든 자원 및 서비스(기후 조절, 수질 정화 등)를 포괄하는 개념이다. 기업 활동이 자연에 미치는 부정적인 영향은 더 이상 환경 문제에 국한되지 않고, 직접적으로 기업의 재무 건전성에 영향을 미친다. 경제적 증거는 기업이 초래하는 자연피해가 결국 기업의 현금 흐름과 장기 부채에 위험을 초래하는 재무적 손실로 이어진다는 것을 명확히 보여준다. 이러한 자연 관련 위험을 체계적으로 관리하기 위해, 자연 관련 재무 공시 태스크포스(TNFD)는 위험을 세 가지 주요 유형으로 분류한다. 물리적 리스크(Physical Risk)는 생물다양성 손실로 인해 발생하는 직접적인 영향(예: 생태계 서비스 붕괴로 인한 공급망 중단)이다. 전환 리스크(Transition Risk)는 정부 규제 강화, 소비자 선호 변화, 법적 책임 등으로 인해 발생하는 비용 증가이다. 시스템적 리스크(Systemic Risk)는 생물다양성 손실이 기후 변화와 결합하여 중앙은행과 금융 감독 기관의 금융 안정성에 광범위한 위험을 초래하는 경우이다.[27, 28] 생물다양성 손실이 기업 재무에 미치는 영향은 기후 변화 리스크보다 더 근본적이고 되돌릴 수 없는

(Irreversible) 특성을 가진다. 기후 변화 완화는 탄소 중립 기술이나 에너지 전환을 통해 가능하다고 가정할 수 있지만, 종의 멸종이나 핵심 생태계의 붕괴는 영구적인 공급망 상실을 의미한다. 따라서 기업이 생물다양성 영향을 무시하는 것은 단기적인 운영 비용 절감이 아니라, 기업 활동에 필수적인 자연자본을 영구적으로 상실할 수 있는 불가역적인 재무 리스크를 방치하는 것과 같다. 이는 TNFD가 단순한 ESG 공시를 넘어 기업의 재무적 의사결정 패러다임 자체의 변화를 요구하는 핵심적인 이유이다.

3.2. 글로벌 기업의 생물다양성 실천 프레임워크

글로벌 기업들은 생물다양성 위협에 대응하고 'Nature-Positive Outcome'을 달성하기 위해 UN의 지속가능발전목표(SDGs) 및 쿤밍-몬트리올 글로벌 생물다양성 프레임워크(COP15 GBF)와 연계된 전략적 프레임워크를 도입하고 있다. 네이처 포지티브는 현재보다 더 나은 미래의 자연 상태(예: 생물다양성, 생태계서비스 및 자연자본)를 나타내는 높은 수준의 목표 및 개념을 말한다. 자연 관련 위험을 재무 의사결정에 통합하는 데 가장 핵심적인 역할을 하는 것은 TNFD이다. TNFD는 기업이 자연 관련 위험 및 기회를 식별, 평가, 관리 및 공시하는 데 필요한 일관된 틀을 제공하며, 이는 재무 보고서에 자연 관련 공시를 통합하는 방안에 대한 통찰력을 제시한다.[29]

TNFD가 권고하는 핵심적인 평가 방법론은 LEAP 접근법이다. Locate(파악)는 기업이 자연과의 상호작용이 발생하는 지리적 영역과 생태계를 파악하는 것이다. Evaluate(평가)는 기업의 활동이 해당 생태계에 미치는 의존성 및 영향을 평가하는 것이다. Assess(진단)는 이 의존성과 영향을 바탕으로 기업이 직면한 자연 관련 위험 및 기회를 진단하는 것이다. Prepare(준비)은 진단된 위험 및 기회에 대응하기 위한 전략 및 성과 지표를 마련하고 공시를 준비하는 것이다. 이러한 체계적인 접근법은 기업이 단순히 '자연 친화적 활동을 한다'는 수준을 넘어, 자연 손실이 기업의 가치 사슬 전반에 걸쳐 현금 흐름과 장기 부채에 어떤 재무적 영향을 미치는지 측정하고 공시하도록 요구한다.[30] 이로 인해 생물다양성 관련 데이터의 측정 가능성과 일관성 확보가 글로벌 기업 경영진의 최우선 과제가 되고 있다. TNFD와 GBF는 기업들이 단순한 규제 준수를 넘어 'Nature-Positive Outcome'을 달성하도록 촉구한다. 네이처 포지티브는 2030년까지 생물다양성 손실을 멈추고 회복시키는 것을 목표로 하며,[31] 이는 기업 전략을 '피해 최소화'에서 '능동적인 보전 및 생태계 복원'으로 전환해야 함을 의미한다.

3.3. 한국기업의 현황

한국 상위 200대 기업을 대상으로 2017년부터 2021년까지의 생물다양성 보전 활동 성과를 분석한 결과에 따르면, 생물다양성 관련 보고서를 발간하는 기업의 수는 5년 동안 두 배로 증가했으며, 2022년에는 상위 200대 기업 중 70% 이상이 관련 보고서를 발간했다. 이 수치는 국내 기업들이 시장 및 규제 압력에 따라 생물다양성 이슈에 대한 인식을 빠르게 높이고, 외부에 보고하는 양적 측면에서는 상당한 발전을 이루었음을 시사한다. 그러나 이런 양적 성장과 달리, 실질적인 보전 노력은 매우 저조한 수준에 머물러 있다. 유의미한 생물다양성 보전 노력을 입증한 기업은 전체의 22%에 불과했기 때문이다.[32] 보고서 발간율 70% 이상과 실천율 22% 사이의 이 수치적 격차는 한국기업의 생물다양성 활동이 대외 보고서 발간이라는 형식적인 의무에 치중되어 있을 뿐, 실제 운영 및 투자 결정 과정에서 생태계 복원 목표와 일관되게 통합되지 못하고 있음을 시사한다. 이는 상당수의 기업이 실질적인 환경 개선 성과 없이 활동을 나열하는 형식적인 공시 또는 그린워싱(Greenwashing)의 가능성을 내포한다.

이와 함께, 기업들이 ESG 항목 중 가장 준비하기 어려운 부문으로 E(환경) 영역을 꼽고 있다. 대한상공회의소가 2024년 발표한 조사에 따르면, 국내 중소·중견기업들의 E(환경) 점수는 10점 만점에 2.45점으로 세 영역 중 가장 낮게 나타났다.[33] 이 수치는 생물다양성과 같이 영향 측정과 관리가 복잡한 환경 이슈에 대해 한국기업들이 여전히 충분한 내부 역량을 확보하지 못하고 있음을 시사하는 것이다. 즉, 공시를 통한 형식적인 대응은 늘어났으나, 이를 뒷받침할 구체적인 전략, 측정 시스템, 그리고 실행 역량이 부족한 것이 한국기업의 현주소이다. 이러한 공시의 질적 문제는 데이터의 방향성과 일관성 부족으로 이어질 수 있다. TNFD와 같은 국제 프레임워크가 요구하는 것은 단순한 활동 보고가 아니라 재무적 연관성을 갖춘 성과 추적이다. 따라서 한국기업은 공시의 목적을 단순한 '자연 친화적' 활동 목록 제시에서 벗어나, COP15 글로벌 생물다양성 프레임워크(GBF) 목표와 일관되게 정렬하고 성과를 추적할 수 있는 프레임워크를 시급히 마련해야 한다. 추가로 산림 조성을 기반으로 한 활동의 경우, 기업은 환경적 가치(예: 이산화탄소 흡수량)의 계산 방법과 기준, 조성된 산림의 정확한 위치와 수종 등을 상세히 공시하여 검증 가능성을 높여야 한다.[34]

3.4. 생물다양성 관리 시사점

한국기업이 글로벌 시장에서 지속가능한 경쟁력을 확보하기 위해서는 공시의 질적 전환 및 TNFD 통합 가속화가 무엇보다도 필수적인 전략적 전환이다. 단순히 활동을 나열하거나 환경 보호 예산을 보고하는 방식에서 벗어나, 생물다양성 손실 및 복원이 기업의 구체적인 재무적 위험(공급망 중단, 자산 가치 하락 등)과 기회에 어떻게 영향을 미치는지 분석하는 방향으로 공시의 초점을 전환해야 하며, 특히 TNFD의 LEAP 접근법을 공식적인 위험 관리 체계에 통합하여, 기업 운영이 생물다양성에 미치는 영향을 체계적으로 식별하고 재무적 위험으로 환산하는 프로세스를 구축해야 한다. 또한 기업은 피해 최소화를 넘어 '자연에 긍정적인 순 영향(Nature-Positive Net Gain)'을 창출하는 방향으로 전략을 수정하고, 공시를 COP15 GBF 목표에 명확하게 정렬함으로써 성과 중심의 전략을 수립해야 한다. 나아가 미국 IRA나 유럽 핵심원자재법 등 새로운 글로벌 규제 환경 속에서 생물다양성 관련 공시의 미흡함이 새로운 무역 장벽이 될 수 있기에, TNFD 정렬은 글로벌 공급망 내 생존을 위한 필수적인 전략적 대응으로 간주해야 한다. 마지막으로, E(환경) 부문 대응 난이도 해소를 위해 정부와 연구 기관은 생물다양성 영향 평가 도구 도입 등 기술적 지원을 강화해야 한다.

결론 및 요약

한국 상위 기업들은 생물다양성 관리에서 형식적 대응이라는 근본적인 한계를 드러내고 있다. 보고서 발간율은 70%를 상회하며 양적 성장을 이루었으나, 실제 의미 있는 보전 노력을 입증한 비율은 22%에 불과해 공시 내용과 실질적 행동 사이의 현격한 괴리가 확인된다. 이는 많은 기업이 실질적인 환경 개선 없이 활동을 나열하는 그린워싱에 노출될 위험을 높이며, 데이터의 방향성 및 일관성 부족을 초래하는 주요 원인이다.

특히, ESG 중 E(환경) 영역이 가장 어려운 대응 부문(47.7%)으로 인식되는 현실은 생물다양성처럼 복잡한 이슈에 대한 내부 측정 시스템 및 실행 역량의 부재를 명확히 보여준다. 궁극적으로 한국기업은 생물다양성 손실이 영구적인 공급망 상실을 의미하는 불가역적인 재무 리스크임을 명확히 인식하고 경영 패러다임을 전환해야 할 것이다. 이는 공시의 양적 증가를 넘어, TNFD의 LEAP 방법론 등을 위험 관리 체계에 깊이 통합하여 자연 관련 영향을 재무적인 맥락에서 평가하고 공시하는 시스템을 구축해야 함을 의미한다. 또한, 단순한 '활동 나열'에서 벗어나 네이처 포지티브 성과 추적으로 초점을 전환하고 COP15 GBF 목표에 부합하는 장기 전략을 수립해야 한다. 이와 함께, 미국 IRA, 유럽 핵심원자재법 등 새로운 무역 규칙 하에서 TNFD 정렬을 핵심 공급망 진입을 위한 필수 전략으로 삼아야 한다. 최종적으로, 정부와 협력하여 생물다양성 영향 평가(BIA) 도구 등 기술 지원을 확대하고 생태 전문가의 지식을 재무 의사결정 과정에 반영함으로써, 공시의 질적 수준을 끌어올리고 장기적인 글로벌 경쟁력을 확보해야 한다. 생물다양성 관리는 더 이상 선택적 활동이 아니라, 기업의 장기적 생존과 가치 창출을 결정하는 핵심 영역이다.

다음 장에서는 ESG 경영의 또 다른 핵심 요소인 S(사회)의 특징과 중요성을 분석한다.

제 8 장

S(사회) 핵심이슈

아마존 물류센터 노동 환경 논란

글로벌 이커머스 기업 아마존(Amazon)은 혁신과 성장을 상징하는 동시에, 노동 환경 문제로 지속적인 논란의 중심에 있다. 2024년 12월 미 상원 보건교육노동연금위원회에서 공개한 '부상-생산성 맞교환(Injury-Productivity Trade-off)' 보고서에 따르면, 아마존의 물류센터는 방대한 주문량을 처리하기 위해 높은 생산성을 요구하며, 이러한 작업 환경에서 노동자들은 극도의 신체적·정신적 부담을 겪고 있다. 특히, 미국 내 물류센터 노동자들은 평균적으로 하루 10시간 이상 근무하며, 작업 중 화장실 이용조차 제한되는 상황이 빈번하다는 증언이 이어졌다. 'Apollo'라는 내부 소프트웨어를 통해 성과를 모니터링하고, 특히 "하위 성과자(bottom performers)"를 판별한다. 노동 강도를 실시간으로 측정하는 이 시스템은 화장실에 다녀오는 시간까지 작업 이탈 시간으로 분류되어, 비효율적인 작업이 누적될 경우 징계나 해고까지 이어질 수 있어 노동자들에게 과도한 스트레스를 초래한다는 비판을 받고 있다.[1]

코로나19 팬데믹이 발생한 2020년에는 물류센터에서의 집단 감염 위험이 커지는 가운데, 아마존이 적절한 방역 조치를 시행하지 않았으며, 감염자 숫자를 축소해 보고했다는 비판이 제기되었다. 노동자들은 기본적인 개인 보호 장비가 부족했고, 사회적 거리두기가 소홀한 환경에서 근무해야 했다고 주장했다.[2] 이에 따라 노동자들은 작업 중단과 시위를 벌였으나, 아마존은 일부 조직자들을 해고하는 등 강경한 대응을 펼쳤다.[3] 이는 회사 측의 부당노동행위로 간주되며 논란이 확산되었다. 결국

700명 이상의 감염자가 발생한 뉴욕 스태튼아일랜드 물류센터에서는 2020년 3월 해고된 크리스 스몰스에 의해 2022년 최초로 노동조합이 결성되었다.[4] 하지만 아마존은 이후에도 노조 파괴 컨설턴트들에게 비용을 지급하고, 노조를 비판하는 공개 발언으로 연방법을 위반하는 등 노조 결성을 저지하기 위한 조직적 활동을 계속하며 비판을 받았고, 2025년에도 노조와의 단체교섭을 거부하고 있다.[5] 노동자 권리를 보장하려는 움직임에 대해 회사 측이 반대하며 불법적인 방해 활동을 했다는 의혹은 아마존의 윤리적 경영에 대한 신뢰를 훼손시켰다.

물류 및 유통업계에서는 비슷한 문제가 지속적으로 발생하고 있다. 월마트는 미국 최대의 민간 고용주로서, 물류센터 노동자들의 임금과 복지 수준에 대한 논란이 지속되고 있다. 2023년 1월, 월마트는 매장 직원들의 최저 시급을 기존 12달러에서 14달러로 인상한다고 발표했다. 이는 연방 최저임금인 7.25달러의 두 배에 해당하지만, 여전히 미국 전역의 평균 생활임금인 22달러에는 한참 미치지 못한다는 지적이 있다.[6] 또한, 2023년 9월에는 신입 시간제 노동자들의 임금을 하향 조정하는 새로운 임금 체계를 도입했다. 이는 노동시장이 둔화되면서 고용주들이 더 이상 높은 임금을 제시하지 않아도 되는 상황을 반영한 것으로 분석된다.[7] 복지 측면에서도, 월마트는 직원들에게 의료보험, 유급 휴가 등의 기본적인 혜택을 제공하고 있으나, 이러한 복지가 업계 평균에 비해 부족하다는 비판이 있다. 특히, 물류센터 노동자들은 고강도의 육체노동과 열악한 작업 환경에도 불구하고, 충분한 복지 혜택을 받지 못하고 있으며[8] 월마트는 2015년부터 2022년까지 미국에서 두 번째로 높은 중대 산업재해율을 기록하는 불명예를 안고 있다.[9] 미국의 대형마트인 트레이더 조 또한 노조 결성 투표가 여러 곳에서 가결되었음에도 불구하고, 노조 활동을 전략적으로 좌절시키고 교섭을 지연시킨다는 비판을 받고 있다. 직원의 불법 해고와 징계 등으로 2025년 1월 기준, 전미노동관계위원회에서 35건 이상의 부당 노동 행위 혐의가 처리되고 있으며 노조 결성 2년이 지난 2025년에도 단체 교섭이 이루어지지 않고 있다.[10]

장 목차

서론

ESG 경영은 더 이상 기업의 선택적 과제가 아닌 지속가능한 성장을 위한 필수 전략으로 자리 잡고 있다. 특히 환경(Environmental)과 지배구조(Governance)에 비해 사회(Social)는 우리 모두의 일상과 더 밀접한 관련이 있으며, 기업의 사회적 책임에 대한 중요성을 인식하는 계기가 되었다. '사회'는 근로자의 안전과 복지, 다양성, 인권 등 기업 활동의 핵심 이해관계자인 사람과 사회적 가치를 포괄하는 개념이다. 환경과 지배구조가 장기적이고 예측 가능한 변화를 다루는 반면, 사회는 사회적 트렌드와 여론에 민감하게 반응해야 하는 특징을 가진다. 이처럼 사회적 가치가 기업의 평판과 지속가능성에 미치는 영향이 커지면서, 기업들은 이를 체계적으로 관리하고 개선해야 하는 새로운 과제에 직면했다.

본 장에서는 ESG 경영의 핵심 요소인 S(사회)의 특징과 중요성을 심층적으로 분석한다. 먼저 MSCI와 같은 글로벌 평가 기관이 S(사회)를 어떤 관점에서 평가하는지 살펴보고, 근로자 안전과 다양성(Diversity), 형평성(Equity), 포용성(Inclusion)의 중요성을 구체적인 사례를 통해 파악한다. 라나플라자 붕괴 사고와 태안화력발전소 김용균 씨 사망 사고와 같이 위험의 외주화가 초래한 비극적인 사례는 근로자 안전 관리의 중요성을 부각시키며, 중대재해처벌법의 한계와 시사점을 함께 짚어본다. 또한,

글로벌 IT 기업과 국내 기업의 DE&I(다양성, 형평성, 포용성) 실천 사례를 분석하고, 한국기업들이 직면한 구조적 한계와 이를 극복하기 위한 방안을 제안한다. 이러한 분석은 기업이 S(사회) 가치를 효과적으로 실현하고 글로벌 경쟁력을 확보하는 데 필요한 통찰을 제공할 것이다.

사전 토론 사항

- 기업은 S(사회)의 다양한 이슈 중 어떤 가치에 우선순위를 두고 해결해야 할까? 또한 그 우선순위를 결정하는 기준은 무엇인가?
- 중대재해처벌법의 한계를 극복하고 기업의 자율적 노력을 독려하기 위해 필요한 규제와 정책은 무엇인가?
- 한국기업의 DE&I 관련 구조적 한계(성별 임금 격차, 인종적 다양성 부족 등)를 해소하기 위해 기업과 정부가 수행해야 할 역할은 무엇인가?

1 S(사회): 특징 및 중요성

1.1. S(사회)의 특징

아마존 물류센터의 노동 환경 논란이 시사하는 것처럼, S(사회)와 관련된 대부분의 이슈는 우리 모두의 일상에서 실질적으로 체감할 수 있는 상황과 밀접하게 연결되어 있다. 특히 노동자의 안전과 복지, 다양성과 포용성 증진 같은 이슈는 근로자로서 누구나 체감할 수 있는 영역이다. 직장에서 공정한 대우를 받는지, 안전한 환경에서 근무하고 있는지, 혹은 차별 없이 성장할 기회를 제공받고 있는지에 대한 문제는 우리 삶의 질과 직접적으로 연결된다.

사회적 트렌드와 여론 변화에 민감하게 반응해야 한다는 점에서 S(사회)는 E(환경) 및 G(지배구조)와 뚜렷이 대비된다. E(환경)는 점진적이고 장기적인 변화를 중심으로 다루며, G(지배구조)는 규제의 변화 속도가 느려 상대적으로 예측 가능하고 안정적인 관리가 가능하다. 반면, S(사회)는 다양한 이해관계자의 요구와 사회적 흐름에 즉각적으로 대응해야 하는 영역으로, 빠르고 유연한 의사결정을 요구한다. 예를 들어, 성폭력과 성희롱 경험을 고발하는 전 세계적인 사회 운동이었던 MeToo 운동은 2017년 확산되어 성평등과 직장 내 괴롭힘 문제를 전면에 부각시켰으며, 팬데믹 이후에는 사회적 고립감과 불안감 확산으로 직원 정신 건강 관리가 주요 의제로 떠올랐다.

S(사회) 관련 이슈들의 중요성 인식은 지역적, 문화적으로 큰 차이가 존재한다. E(환경) 및 G(지배구조)에 대한 법적, 규제적 요구가 상대적으로 표준화되어 있는 반면에 S(사회)는 주로 사람과 사회적 가치를 다루기 때문에 정량적 평가가 어렵고 정성적 측면이 강조되기 때문이다. 예를 들어 성평등은 그 중요성에도 불구하고 일부 개발도상국에서는 상대적으로 낮은 관심을 받고 있다. 근로 조건과 안전, 노동권 보호의 중요성 역시 국가별로 중요도의 차이가 존재한다. 직원 만족도나 고객 신뢰도 역시 문화적 맥락에 따라 그 중요도가 다르게 인식되고 있다.

S(사회)는 특정 이해관계자에만 국한되지 않고 기업의 모든 활동 영역에 걸쳐 영향을 미치며, 의사결정 과정이 복잡하고 다층적이다. 예를 들어 직원에게는 근로 환경과 다양성, 고객에게는 제품 안전성과 데이터 보호, 지역사회에는 사회적 공헌과 경제 활성화 등 이해관계자들의 다양한 기대를 충족시켜야 한다. 하지만 공정한 임금 지급이나 직원 복지 확대는 장기적으로는 우수 인재 확보와 업무 효율성 증대에 기여하지만, 초기에는 운영 비용이 증가하는 부담이 있을 수 있다. 윤리적 조달은 고객의 기대를 충족하는 데 있어 중요한 요소지만, 기존 협력업체와의 거래 중단으로 이어질 수도 있다. 따라서 S(사회)와 관련된 의사결정은 단순하지 않고 다층적인 고려가 필요하다.

1.2. S(사회)의 중요성

MSCI의 S(사회) 평가 항목은 산업별로 그 비중이 달라지며, 각 산업의 특성과 직결된 요소들에 따라 평가 가중치가 조정되는 것이 특징이다. 기술 산업에서는 데이터 보안과 개인정보 보호가 주요 평가 항목으로 설정되며, 이는 기술 기업의 S(사회) 평가에서 약 25%의 비중을 차지한다. 금융 산업에서는 고객 신뢰와 책임 있는 대출 관행이 핵심 요소로 꼽히며, 평균적으로 S(사회) 평가에서 20% 이상의 비중을 가진다. 제조업과 건설업에서는 근로자의 안전과 노동권 보호가 평가에서 중요한 위치를 차지하며, 이 항목이 전체 평가 비중의 약 30%를 차지하는 것으로 나타났다. 소비재 산업의 경우 윤리적 조달과 공급망 관리가 약 18%의 비중으로 중요한 평가 항목으로 자리 잡고 있으며, 이와 함께 제품 안전성도 주요한 평가 기준으로 설정된다. 특히, 근로자의 권리와 안전 보장은 MSCI의 S(사회) 평가에서 공통적으로 높은 비중을 차지하는 항목 중 하나다. 제조업과 건설업에서는 이 항목이 평균적으로 약 30%의 비중을 차지하며, 서비스업이나 유통업에서도 근로자 복지와 권리 보호에 대한 평가 비중이 15~20% 수준으로 나타난다. 이는 각 산업에서 근로자의 안전과 노동권 보호가 기업의 지속가능성에 미치는 영향을 반영한 결과다.

2 근로자의 안전

2.1. 정의 및 중요성

국제노동기구(ILO)의 2019년 보고서에 따르면, 매년 약 3억 7,400만 건의 작업 관련 사고가 발생하며, 약 278만 명이 사망하는데, 이는 하루 평균 약 7,500명에 해당한다([사진 8-1] 참고).[11]이러한 사고들은 노동자들의 삶에 심각한 영향을 미치고 있다. MSCI의 S(사회) 평가에서 근로자의 안전은 작업 환경에서의 물리적 안전과 정서적 안전을 포함하는 포괄적인 개념으로 정의된다. 물리적 안전은 작업장 내 위험 요소를 최소화하고, 산업 재해를 예방하며, 근로자들에게 개인 보호 장비를 제공하는 것을 중심으로 한다. 또한 안전 교육 프로그램과 체계적인 위험 관리 시스템을 통해 근로자들의 부상 위험을 줄이는 노력도 포함된다. 정서적 안전은 적정한 근로 시간 준수, 직무 스트레스 관리, 정신 건강 지원 프로그램 운영 등을 통해 근로자의 심리적 안정을 도모하는 것을 말한다. 특히 제조업과 건설업과 같은 고위험 산업에서는 현장 근로자의 안전을 보장하기 위한 적극적인 재해 예방 조치가 평가에서 높은 비중을 차지한다. 근로자의 안전은 단순히 법적 규정을 준수하는 수준을 넘어, 기업이 근로자 권리를 존중하고 작업 환경을 지속적으로 개선하기 위해 얼마나 적극적으로 노력하는지를 보여주는 중요한 지표로 간주된다. 이러한 관점에서 MSCI는 근로자의 안전을 기업의 지속가능성과 직결되는 핵심 항목으로 평가하며, 이는 기업 신뢰도와 장기적 성장 가능성을 결정짓는 중요한 요소로 작용한다. 고용노동부의 '재해조사 대상 사망사고 발생 현황'에 따르면, 사고사망자는 2022년 644명, 2023년에는 598명, 2024년에는 589명으로 집계되어 감소 추세이나, 여전히 높은 수준을 유지하고 있다. 특히 2024년 기준 50인(억) 미만 사업장에서 중대재해 사망 건수의 60% 이상이 발생하고 있으며, 50인(억) 미만에서의 사고사망자 수는 5인(억) 미만 사업장에서 약 45%를 차지한다.[12]

사진 8-1 일평균 산업재해 및 업무 관련 사망자 수

출처: Safety and Health at the heart of the Future of Work: Building on 100 years of experience. International Labour Organization. 2019.

2.2. 글로벌 의류산업과 위험의 외주화

글로벌 의류산업은 전 세계적으로 의류를 설계, 생산, 유통 및 판매하는 복잡한 공급망으로 구성된 거대한 산업이다. 이 산업은 주로 저임금 노동력을 활용해 대량 생산된 의류를 빠르게 소비자에게 제공하는 패스트패션 모델로 운영되며, 비용 절감과 속도에 초점을 맞춘 구조적 특징을 지닌다. 주요 생산 거점은 방글라데시, 파키스탄, 인도, 베트남, 모로코와 같은 저개발국 혹은 개발도상국으로, 이 지역들은 풍부한 노동력과 낮은 임금, 완화된 규제를 통해 글로벌 브랜드의 생산 비용을 최소화하는 역할을 한다.[13]

이 산업의 또 다른 특징은 복잡한 하청 구조로, 글로벌 브랜드들이 직접 공장을 운영하기보다는 하청업체와 협력해 생산을 외주화하는 방식을 선호한다는 점이다. 이러한 구조는 비용 효율성을 극대화하지만, 공장 내 노동 환경과 안전 기준에 대한 관리 책임을 회피하게 하며, 위험의 외주화를 초래하는 원인으로 작용한다. 더불어, 이 산업은 계절별 또는 주 단위로 트렌드에 빠르게 반응하며, 지속적인 신상품 출시를 통해 소비자 수요를 유도한다는 특징이 있다. 그러나 이러한 시스템은 비용 절감과 생산 속도를 우선시하는 과정에서 저임금, 장시간 노동, 열악한 작업 환경 등 심각한 노동 인권 문제를 야기하고 있다. 특히, 공급망 내 공장들이 안전과 복지 기준을 무시한 채 운영되는 경우가 많아, 의류산업은 사회적 책임 부족에 대한 글로벌 논란에서 자유롭지 못하다.

2013년 4월 24일, 방글라데시 다카 외곽 사바르 지역에서 발생한 라나플라자(Rana Plaza) 붕괴 사고는 현대 산업사에서 가장 참혹한 노동자 사망 사건으로 기록되었다. 불과 몇 초 만에 8층짜리 건물이 무너져 내렸고, 그 잔해 속에서 1,134명의 노동자가 목숨을 잃었으며, 2,500명 이상이 부상을 입었다. 건물이 붕괴할 당시 약 5,000명의 노동자가 안에서 일하고 있었다.[14] 사고 하루 전, 건물 벽에 균열이 생겼다는 경고가 있었지만, 공장 소유주는 이를 무시한 채 노동자들에게 다음 날 아침 정상적으로 출근할 것을 강요했다. 그 결과, 희생자 대부분은 임금이 하루 2달러에도 미치지 못하는 환경에서 일하던 여

성 노동자들이었다.[15]

라나플라자 사고와 관련된 세계적 패스트패션 브랜드로는 H&M, Zara, Primark, Benetton 등이 언급되었다. 이들 브랜드는 라나플라자 내 의류 공장과 직접 또는 간접적으로 협력하며, 저임금 노동자들을 통해 대량 생산된 제품을 전 세계로 공급했기 때문이다.[16, 17] 특히, Primark는 라나플라자에서 생산된 제품이 명확히 확인된 브랜드 중 하나로, 사고 직후 비난의 중심에 섰다.[18] 이 사건은 글로벌 패스트패션 브랜드들이 비용 절감을 이유로 하청업체에 대한 위험의 외주화가 초래한 비극이었다. 이 사고 이후 방글라데시 의류산업은 2013년 방글라데시 의류공장 안전협약(Accord on Fire and Building Safety)을 체결하며, 공장 안전 기준 강화와 정기 점검을 의무화했다.[19] 2021년부터 해당 협정은 국제 협정으로 전환되어, 꾸준히 국제 회의를 개최하며 확대된 국가들에서의 작업장 안전을 관리하고 있다.[20]

이처럼, 저개발국 의류산업 현장에서는 노동자 사망 사건과 열악한 노동환경 문제가 자주 발생하고 있다. 예를 들어, 2012년 파키스탄 카라치의 알리 엔터프라이즈 의류 공장에서 발생한 화재로 289명 이상이 사망하며, 이는 파키스탄 역사상 최악의 산업재해로 기록되었다. 비상구와 환기 시설 부족, 폐쇄된 창문 등이 피해를 키운 주요 원인으로 지적되며, 노동자들은 대피하지 못한 채 질식하거나 화염에 갇히는 비극을 겪었다.[21] 2019년 인도 델리의 아나즈만디 지역 의류 공장에서 발생한 화재에서는 43명이 사망하였는데, 좁은 건물 안에서 방화 설비가 전무했고, 비상구와 창문이 봉쇄된 상태였기 때문에 대부분의 사망자는 질식사한 것으로 확인되었다.[22] 2021년 미얀마 Hlaing Thar Yar 지역에서는 의류 공장 노동자들이 더 나은 임금과 환경을 요구하며 시위를 벌이다 군부의 강경 진압으로 수십 명이 목숨을 잃었다.[23] 또한 2021년 모로코 탕헤르 지역의 불법 의류 공장이 침수하며 미성년자를 포함한 최소 28명이 익사 혹은 감전으로 사망했다. 해당 공장은 지하 공간에서 운영되었으며, 노동자들은 환기와 안전 장비 없이 비위생적인 환경에서 일하고 있었음이 밝혀졌다.[24] 2024년 12월에는 방글라데시의 다국적 의료기업 벡심코가

16개 공장을 폐쇄하며 수개월분의 임금이 체불된 상태로 40,000명 이상의 노동자들을 해고했다. 이에 시위에 나선 노동자들 중 5,000명이 2025년 1월 사측으로부터 고소당하며, 여전히 노동 환경의 개선이 필요함을 보였다.[25]

2.3. 중공업 에너지 산업과 위험의 외주화

산업현장은 각종 제품의 생산, 가공, 유통, 에너지 공급 등 다양한 경제 활동이 이루어지는 공간으로, 경제 성장을 뒷받침하는 핵심 인프라다. 건설업과 제조업, 에너지 산업은 한국 경제의 근간을 이루는 대표적인 산업으로, 고위험 작업 환경을 특징으로 한다. 특히, 건설업은 건물과 기반 시설을 조성하는 과정에서 고소 작업, 중장비 운영, 대규모 인력 투입이 이루어져 사고 위험이 높다. 제조업은 자동화된 기계와 복잡한 설비를 활용한 대량 생산이 이루어지는 가운데, 장비 오작동과 인력의 부주의로 인한 재해가 빈번하다.

에너지 산업은 전력 공급을 목적으로 화력발전소, 원자력발전소 등 대규모 시설에서 이루어지는 작업이 중심으로, 석탄 운반, 설비 유지보수 등 고위험 작업이 많아 위험 요소가 상존한다. 이들 산업은 경제에 필수적이지만, 비용 절감과 생산성 극대화를 우선시하는 구조적 특성상 위험한 작업이 외주화되고, 노동자의 안전이 충분히 보장되지 않는 사례가 많다. 특히, 비정규직 노동자들은 상대적으로 낮은 임금과 불안정한 고용 상태 속에서 더욱 열악한 작업 환경에 노출되는 경우가 많다. 이는 산업재해 발생률을 높이는 요인으로 작용하며, 노동자의 생명과 안전이 충분히 보호받지 못하는 현실을 낳고 있다. 이러한 구조적 문제는 반복적인 산업재해와 사회적 논란을 초래하며, 안전한 노동 환경 조성과 체계적인 관리의 중요성을 더욱 부각시키고 있다.

2018년 12월, 태안화력발전소에서 24세의 비정규직 노동자 김용균 씨가 야간 근무 중 석탄 컨베이어 벨트에서 설비 상태를 점검하다가 장비에 끼여 숨진 채 발견되는 비극적인 사고가 발생했다. 사고 당시 김용균 씨가 근무하던 작업장은 컨베이어 벨트와 같은 고위험 장비가 가동 중이었지만, 기본적인 안전 설비와 보호 장치가 제대로 갖추어져 있지 않았다.[26] 그의 죽음은 비용 절감을 이유로 위험한 작업을 외주화하고, 안전 관리에 소홀했던 관행의 문제점을 적나라하게 드러냈다. 김용균 씨가 사망한 태안화력발전소는 한국의 수많은 산업 현장 중 하나일 뿐이었다. 고용노동부 발표에 따르면, 2018년 산업재해로 인한 사고사망자는 총 871명에 달했으며, 이 중 485명이 건설업과 같은 고위험 업종에서 발생했다.[27] 특히, 한국산업안전공단의 실태조사 결과 비정규직 노동자는 정규직 노동자에 비해 산업재해를 당할 확률이 약 6배 이상 높다는 조사 결과[28]는 김용균 씨 사고가 단지 개인적인 비극이 아니라 구조적 문제임을 증명했다.

이런 이유로 김용균 씨의 사망은 한국 사회에 큰 충격을 주었고, 위험한 산업현장에서 비정규직 노동자들이 겪는 부당한 구조적 현실을 조명하는 계기가 되었다. 그의 죽음 이후 노동계와 시민단체들은 "위험의 외주화"를 철폐하고 모든 노동자가 안전하게 일할 수 있는 환경을 만들기 위한 목소리를 더욱 높이게 되었다. 2019년 시행된 '김용균법(산업안전보건법 개정안)'은 이러한 논의의 결과물이었다.[29]

2.4. 중대재해처벌법의 한계 및 시사점

「중대재해처벌법」(중대재해 처벌 등에 관한 법률)이 시행되었지만 여전히 여러 한계점이 지적되고 있다. 가장 큰 문제는 적용 범위의 제한이다. 법은 초기 시행 당시 상시 근로자 50인 이상 사업장에만 적용되고, 5인 미만 사업장은 제외되면서 전체 사업장의 약 80%가 적용 대상에서 빠졌으며, 2024년 1월 적용 범위가 50인 이하 사업장까지 확대된 후에도 5인 미만 사업장은 여전히 적용 대상에서 제외된다. 이는 안전 관리가 취약한 소규모 사업장에서 실질적인 개선 효과를 기대하기 어렵게 만든다. 또한, 책임 소재의 모호성도 한계로 꼽힌다. 법은 사업주와 경영책임자에게 책임을 묻지만, 대규모 기업에서는 복잡한 의사결정 구조로 인해 실제 책임자를 특정하기 어렵다. 또한, 법이 사고 예방보다는 사고 발생 후 처벌에 초점을 맞추고 있어 기업들이 법적 처벌을 피하기 위해 형식적인 대책만 마련하는 경우가 많다. 법 집행의 부족 역시 문제다. 2022년 1월 27일부터 2025년 1월까지 3년간 선고된 판결문은 35건으로, 경영책임자가 실형을 선고받은 비율은 약 14.3%(5건)에 불과했다. 3년간 전체 수사대상(866건)으로 넓히면 0.5%의 경영책임자만 처벌을 받았다.[30] 중대재해처벌법이 실질적인 변화를 이루기 위해서는 소규모 사업장 지원 강화, 예방 중심 정책 전환, 책임 소재의 명확화 등이 필요하다. 중대재해처벌법의 취지 및 한계는 ESG 경영에서 근로자 안전을 강화해야 할 필요성을 드러낸다. 안전 관리 체계의 개선과 공급망 전반의 책임 강화는 기업 신뢰도와 지속가능성의 핵심 요소로 작용하며, 글로벌 경쟁력과 ESG 평가 향상을 위해 필수적이기 때문이다.

3 DE&I(다양성, 형평성, 포용성)

3.1. 정의 및 중요성

앞서 논의한 근로자 안전은 물리적 환경에서의 위험 요소 제거, 보호 장비 제공, 사고 예방 등 직원들의 신체적 안전을 보장하는 데 중점을 둔다. 이는 법적 기준과 윤리적 책임을 충족하기 위한 기업의 필수적인 역할이다. 근로자 안전이 주로 물리적이고 가시적인 위험 요소를 제거하는 것이라면, DE&I는 조직 내 모든 구성원이 공평한 기회를 제공받고 존중받는 문화를 만들어가기 위한 통합적 접근이다. 다양성(Diversity), 형평성(Equity), 포용성(Inclusion)을 의미하는 DE&I는 ESG 중 특히 S(사회) 항목과 밀접하게 연결된다.

다양성(Diversity)은 조직이 인종, 성별, 나이, 장애 여부, 성적 지향, 민족성 등 다양한 정체성을 가진 사람들을 존중하고 수용하는 것을 의미한다. 맥킨지의 <Diversity Wins: How Inclusion Matters(2020)> 보고서에 따르면, 성별 다양성이 높은 기업은 동종 업계 평균 이상의 수익을 달성할 가능성이 25% 더 높고, 인종 및 문화적 다양성이 높은 기업의 경우 36%가 더 높다.[31] 이는 다양한 성별 구성원이 조직 내에서 균형 잡힌 의사결정을 촉진하고, 더

넓은 관점과 창의적인 해결책을 제공하며, 소비자의 다양한 요구를 효과적으로 반영할 수 있기 때문으로 분석된다. Equity(형평성)는 개인의 출발점과 배경이 다르다는 점을 인정하고, 모두가 공정한 기회를 가질 수 있도록 필요한 지원을 제공하는 것을 의미한다. 이는 단순히 같은 대우를 제공하는 평등(Equality)과는 다르며, 각 개인이 성공할 수 있는 맞춤형 자원과 환경을 조성하는 데 초점을 맞춘다. 포용성(Inclusion)은 조직 내 모든 구성원이 존중을 받고 소속감을 느끼며, 자신의 목소리를 자유롭게 낼 수 있는 환경을 조성하는 것을 뜻한다. 이는 다양성과 형평성을 효과적으로 실현하기 위한 필수 조건으로, 조직이 진정으로 다양한 인재들이 기여할 수 있는 문화를 만드는 데 중점을 둔다.

따라서 DE&I는 조직 내에서 다양성을 인정하고 공평성을 보장하며 포용적인 환경을 조성하기 위한 세 가지 상호 보완적인 개념이다. 레피니티브(Refinitiv)의 '글로벌 다양성·포용성 지수', 톰슨 로이터(Thomson Reuters)의 '다양성 및 포용성 지수', 가트너(Gartner)의 '포용성 지수' 등 DE&I와 관련한 다양한 평가가 진행되고 있다.

3.2. 정보기술(IT) 산업의 DE&I 실천 사례

정보기술(IT) 산업은 급격히 변화하는 기술 환경 속에서 혁신과 창의성이 핵심 경쟁력으로 작용하는 분야다. 소프트웨어, 클라우드 컴퓨팅, 데이터 분석, 인공지능(AI) 등 첨단 기술을 활용해 글로벌 연결성을 강화하고, 다양한 비즈니스와 사회 문제를 해결하며 디지털 경제를 주도하고 있다. 특히, 이 산업은 다양한 관점과 배경의 인재 협업이 필수적이기 때문에, 선도 IT 기업들은 DE&I를 적극 실천하며 혁신 역량과 글로벌 경쟁력을 강화하고 있다.

미국의 IT 기업 세일즈포스(Salesforce)는 성별 및 민족적 다양성 확대, 급여 평등, 포용적 문화 구축을 통해 DE&I를 실천하는 데 앞장서고 있다. 2025년 1월 기준 세일즈포스의 전 세계 직원 중 약 36%가 여성으로, 이는 2020년 29%에서 상승한 수치이다. 경영진 내 여성 비율도 2019년 23.7%에서 약

30%로 크게 증가해 리더십 다양성을 강화했다.[32] 2015년 처음으로 성별 및 민족 간 급여 격차를 조사한 이후, 누적 2,200만 달러 이상을 투입해 왔으며, 2024년에는 전 직원 중 3%의 급여가 조정되었다. 이에 유사한 직무를 수행하는 직원들은 전 세계 모든 성별과 미국 내 모든 인종 및 민족에 걸쳐 동등한 임금을 받았다고 밝혔다. 세일즈포스는 이러한 성과를 유지하기 위해 지속적으로 데이터를 검토하며 급여 격차를 방지하고 있다. 또한 Equality Groups(평등 모임)을 운영하고 지원하며 LGBTQ+, 소수자, 여성, 참전용사, 장애인 등 소외 그룹의 커뮤니티를 위한 정책과 네트워크를 강화해 직원들이 자신의 정체성을 자유롭게 표현할 수 있는 포용적 문화를 조성하고, 정기적인 직원 설문조사를 통해 조직 문화를 점검하며 개선하고 있다.[33, 34]

메타(구 페이스북)는 다양성과 포용성을 강화하기 위해 매년 '다양성 보고서(Diversity Report)'를 발간하며, 직원 구성과 관련된 데이터를 공개하고 이를 바탕으로 지속가능한 변화를 추진하고 있다. 2022년 기준, 메타의 글로벌 직원 중 여성 비율은 36.4%로, 2016년 31%에서 꾸준히 증가했으며, 리더십 역할에서 여성 비율은 36.7%로 성별 다양성 확대의 성과를 보여준다. 기술직 내 여성 비율도 26.2%로 상승하며, 기술 분야의 성별 격차 해소를 위한 노력이 지속되고 있다. 미국 내 민족적 다양성도 개선되어 2022년 아시아계 직원 비율은 46.5%, 히스패닉과 흑인 직원 비율은 각각 6.4%와 4.2%로 증가했다. 메타는 원격 근무 정책을 통해 흑인, 히스패닉, 원주민 등 기존에 저평가되었던 집단의 채용을 확대하며, 여성 비율 또한 증가시키며 성별과 민족적 다양성을 강화하고 있다.[35] 전체 팀의 약 75%가 여러 지역에 분산되어 운영되며, 이는 다양성과 포용성 증진에 중요한 역할을 하고 있다. 또한, 메타는 2021년 미국 내 다양한 공급업체와 12억 6천만 달러 이상 거래하며, 이 중 3억 6백만 달러는 흑인 소유 기업과의 거래에서 발생해 비즈니스 파트너십에서도 다양성을 실천하고 있다.[36]

사진 8-2 성별 및 문화적 다양성과 기업 수익

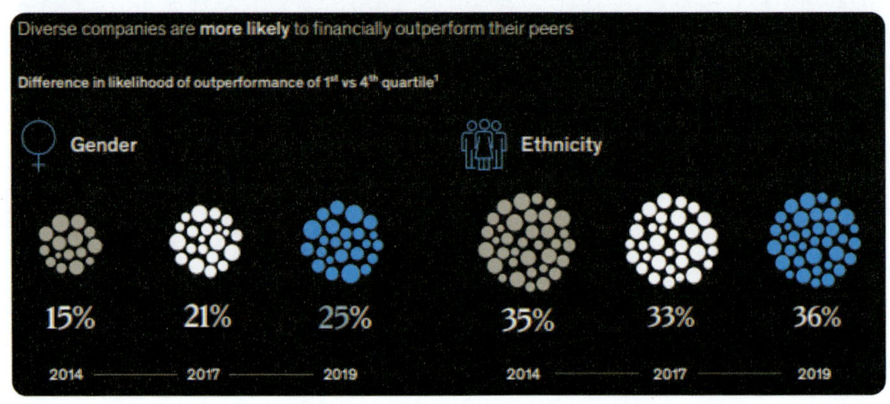

출처: Diversity Wins: How Inclusion Matters. McKinsey & Company. 2020.

마이크로소프트의 신경다양성(Neurodiversity) 채용 프로그램은 DE&I를 실현하는 대표적인 사례로 평가된다. 신경다양성은 인간의 뇌 구조와 기능이 다양한 방식으로 작동한다는 점을 강조하며, 자폐 스펙트럼, ADHD, 난독증 등을 장애로만 간주하지 않고 고유한 특성으로 인정하고 존중하자는 접근 방식이다. 다양한 신경다양성을 가진 인재들이 조직에 참여할 수 있는 기회를 제공함으로써 직원 구성의 다양성을 확대하는 데 기여하고 있다. 이는 전통적으로 고용에서 배제되거나 평가받기 어려웠던 신경다양인을 조직에 통합하며, 다양한 배경과 관점의 가치를 실현하려는 마이크로소프트의 노력을 보여준다. 또한, 신경다양성을 가진 지원자들이 기존 채용 절차에서 겪는 장벽을 없애고 맞춤형 평가 방식을 도입함으로써 형평성을 보장한다. 전통적인 면접 대신, 실무 중심의 평가 과정을 적용해 지원자들이 공정하게 평가받을 수 있도록 설계된 이 프로그램은 형평성의 핵심 원칙을 구현하는 데 중점을 두고 있다. 더 나아가, 이 프로그램은 직원들이 조직에 참여한 이후에도 존중받고 자신의 잠재력을 발휘할 수 있도록 포용적 환경을 조성한다. 마이크로소프트는 신경다양성에 대한 인식을 높이기 위해 전 직원 교육을 시행하며, 신경다양성을 가진 직원들이 소속감을 느끼고 성과를 낼 수 있는 문화적 기반을 마

련하고 있다.[37, 38] 이 프로그램을 통해, 2020년 기준 다양한 신경 장애를 가진 100명 이상의 직원이 소프트웨어 엔지니어, 데이터 과학자, 콘텐츠 작가 등 다양한 직무로 팀에 합류했고, 92%의 높은 유지율을 보이고 있다.[39]

3.3. 국내 기업 사례

삼성전자는 다양성, 형평성, 포용성을 강화하기 위해 DEI 사무국을 설립해 전사 전략을 수립하고, 사업부 및 지역 총괄, 사업장 담당자들과 협력하여 프로그램을 운영하고 있다. 2023년에는 외부 전문가와 협업해 임원 등 100여 명을 대상으로 리더십 세미나를 진행했으며, 전 직원 대상 DEI 교육 영상도 개발해 배포했다. 또한 매년 39개 항목, 159개 세부 지표를 기반으로 각 사업장의 DEI 수준을 평가하고 있다. 2014년 대비 2024년에는 직무별 여성 비중이 영업 및 마케팅 분야는 30.5%에서 35.2%로, 개발 분야에서는 16.7%에서 19.7%로 상승했다. 여성 리더십 중 간부 비중은 12.4%에서 18.2%로, 임원 비중은 4.2%에서 7.4%로 늘어나며 전반적인 여성 참여율이 점진적으로 확대되고 있다. 또한, DS부문에서는 외부 전문가와 협력해 리더와 임직원의 DEI 이해도를 높이는 자문단을 운영하고 있다.[40] 삼성전자는 2024년 기준 국내 100대 기업 중 여성 임원이 81명으로 가장 많은 기업이기도 하다([도표 8-1] 참고).[41]

도표 8-1 삼성전자 여성 입직원 비중

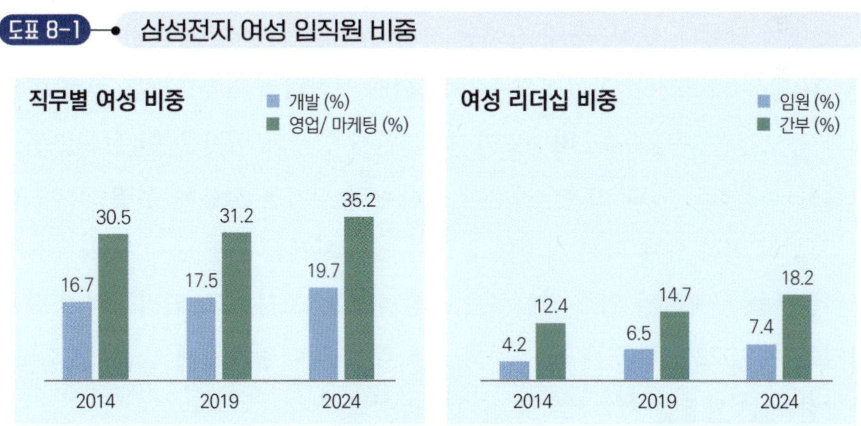

출처: Women at Samsung. 삼성전자 공식 홈페이지. 2025.

현대자동차는 2022년 “다양성 및 포용 정책”을 제정하고 이를 기반으로 다양성, 형평성, 포용성을 강화하기 위한 다양한 활동을 추진 중이다. 예를 들어 ‘Employee Resource Groups(ERG)’ 프로그램을 통해 직원들이 성별, 문화, 연령, 출신지역 등 다양한 배경을 공유하며 소통할 수 있는 환경을 조성하고 있다. 이러한 ERG 활동 중 하나로, 북미권역본부에서는 아시아계와 흑인 및 아프리카계 미국인 임직원을 대상으로 각각의 문화적 배경을 반영한 전략 개발과 네트워크 강화를 지원하는 ‘Hyundai @ Soul’이 운영되고 있다. 또한 여성 임직원 지원 그룹인 ‘Women @ Hyundai’는 커리어 개발과 멘토링 활동을 통해 여성 임직원의 역량을 강화하고 있다. 이러한 활동들의 결과, 2024년 기준 여성 임직원 비율은 2022년 9.7%에서 11.2%로 증가했으며, 여성 임원 비율은 2022년 6.6%에서 7.9%로 늘어났다.[42]

LG에너지솔루션은 2023년 1월 ‘DEI 정책’을 공식 제정한 이후 다양성, 공정성, 포용성의 각 요소별로 다양한 정책과 프로그램을 실행하며 그 성과를 체계적으로 보고하고 있다. 다양성 측면에서는 성별, 장애, 인종, 국적, 성 정체성 등 개인의 특성을 존중하며 전 세계에서 인재를 채용하고 있으며, 2024년 기준 해외 임직원 비율은 약 63%에 달한다. 여성 인재 유치를 위해 여성 리더를 위한 특화 교육, 모성 보호 제도, 난임 치료 지원 등 정책을 운영하고 있으며, 2024년 국내 여성 임직원 수는 2022년 대비 약 23% 증가한 2,282명에 달했다. 또한, 국내 장애인 직원 수도 2024년 전년 대비 20% 증가한 240명을 기록했다. 공정성을 높이기 위해 산학협력 프로그램을 통해 인턴십과 공모전을 운영하며, 비수도권 지역 인재 양성과 입사를 연계하는 프로그램을 추진하고 있다. 또한, 공정한 인사관리 원칙을 적용해 성별, 국적, 신앙, 사회적 신분 등에 따른 차별이 없도록 인사 체계를 운영 중이다. 포용적인 조직문화를 구축하기 위해 자유로운 소통 환경을 조성하고, 임직원의 의견을 반영하며, 2022년 발표한 ‘조직문화 6대 과제’를 바탕으로 자율근무문화 등 다양한 개선 활동을 지속적으로 전개하고 있다.[43]

3.4. 한국형 DE&I의 한계 및 시사점

많은 한국기업들이 다양성, 형평성, 포용성(DE&I)을 단순한 인재 관리 전략이 아닌 지속가능경영의 핵심 요소로 삼아 글로벌 기준에 부합하는 변화를 추구하고 있다. 그러나 관련 정책 실행의 구체적인 수치와 성과 공개가 부족하다는 점에서 여전히 한계가 드러난다. 국내 30대 기업 중 89.7%가 지속가능경영 전략의 일환으로 DE&I 관련 정책을 고려하고 있지만, 지속가능경영보고서에 DE&I를 명시한 기업은 26곳에 불과하다.[44] 한국기업지배구조원(KCGS)의 ESG 평가에서도 구성원의 다양성과 관련된 정보를 공개한 기업은 평가 대상의 17%에 그쳤으며, 직급별 근로자 다양성 정보를 공개한 경우는 4.6%에 불과하다([도표 8-2], [도표 8-3] 참고).[45] 공시제도는 기업의 경영활동과 성과를 이해관계자들에게 투명하게 공개함으로써 신뢰를 구축하는 중요한 도구이다. 이를 통해 기업은 단순히 규제를 준수하는 것을 넘어, 다양한 이해관계자들과 정보를 공유하며 지속가능성을 강화하고 장기적인 가치를 창출할 수 있다. 그러나 현재 DE&I 관련 공시는 주로 정책 시행 의지나 계획 등 투입(input)측면에 초점을 맞추는 경우가 많고, 실행 결과(output)나 실질적 영향(impact)에 대한 정보는 부족하다. 이러한 한계는 이해관계자들이 기업의 DE&I 노력이 실제로 어떤 변화를 가져왔는지 판단하기 어렵게 만든다.

도표 8-2 국내 상장기업 다양성 정보 공개 현황

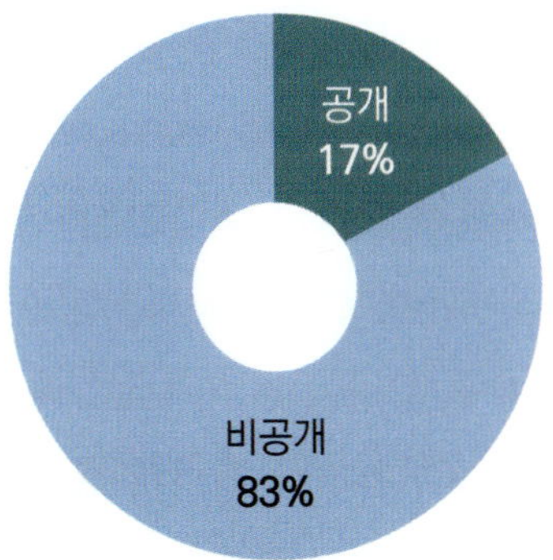

출처: KCGS 리포트 11권 12호. 한국ESG기준원. 2021.

도표 8-3 국내 상장기업 직급별 다양성 정보 공개 현황

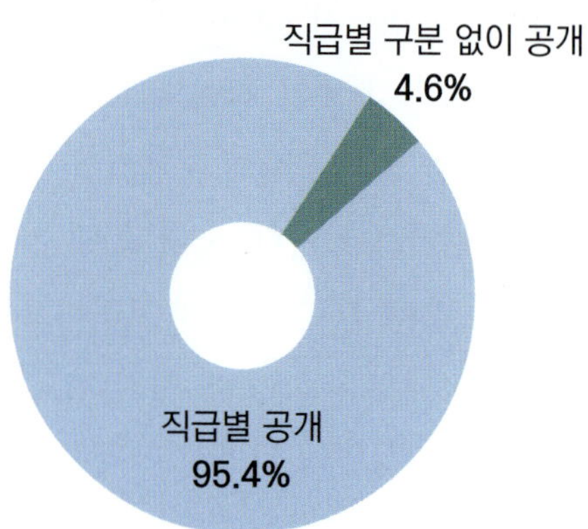

출처: KCGS 리포트 11권 12호. 한국ESG기준원. 2021.

한국기업들이 DE&I 관련 정책을 수립하고 이행하는 데 있어 또 다른 한계점은 일부 지표가 한국의 사회적·문화적 환경 속에서 발생하는 구조적 제약으로 인해 개별 기업의 노력만으로는 해결하기 어렵다는 점이다. 대한민국의 성별 임금 격차는 OECD 회원국 중 가장 높은 수준인 31.2%로, 글로벌 평균인 12.1%를 크게 웃돈다.[46] 이러한 격차는 경제적 불평등, 직업 선택의 제한, 교육 및 경력 개발 기회의 차이, 경력 단절 등 다양한 요인이 복합적으로 작용한 결과이자 원인이다. 이 같은 구조적 문제는 여성 임직원 비율이 낮은 상황과도 직결된다. 국내 주요 기업들의 여성 임직원 비율은 여전히 낮은 수준이다. 예를 들어, 2024년 기준 국내 500대 기업의 여성 임원 비율은 7.3%에 불과하며,[47] 삼성전자의 여성 임원 비율도 7.4%로 글로벌 기업인 메타(35.5%), 애플(23.0%), 인텔(20.7%)에 비해(2022년 기준) 큰 차이를 보인다([도표 8-4] 참고).[48] 이러한 낮은 비율은 여성의 경력 개발 기회 부족과 유리천장(glass ceiling) 문제를 여실히 드러내며, DE&I가 강조되는 현실에서 한국 상장 기업 주식이 저평가되는 현상인 코리아 디스카운트(Korea Discount)를 심화시키는 요인으로 작용할 수 있다. 이를 해결하기 위해 기업은 유리천장을 없애고 여성의 경력 개발 기회를 적극적으로 확대해야 한다. 임원 및 관리자 비율 목표를 명확히 설정하고, 이를 달성하기 위한 구체적인 로드맵을 수립하는 것

이 중요하다. 하지만 이러한 변화는 국가적 차원의 지원이 함께 이루어질 때 가능하다. 육아휴직, 유연근무제, 돌봄 지원 등 가족 친화적 제도를 확대하고, 특정 성별이 과소 대표되는 산업이나 직종에서 교육 및 훈련 기회를 강화해야 한다. 또한, 성평등 지표를 개선하기 위한 국가적 목표를 설정하고 이를 체계적으로 관리해야 한다. 세계경제포럼(WEF)이 발표한 성 격차 지수(Gender Gap Index)에서 한국은 2024년 146개국 중 94위를 기록하며 2023년에 비해 등수가 11계단 떨어졌다.[49]

도표 8-4 연도별 매출액 기준 상위 500대 기업 남녀 임원 비중 현황

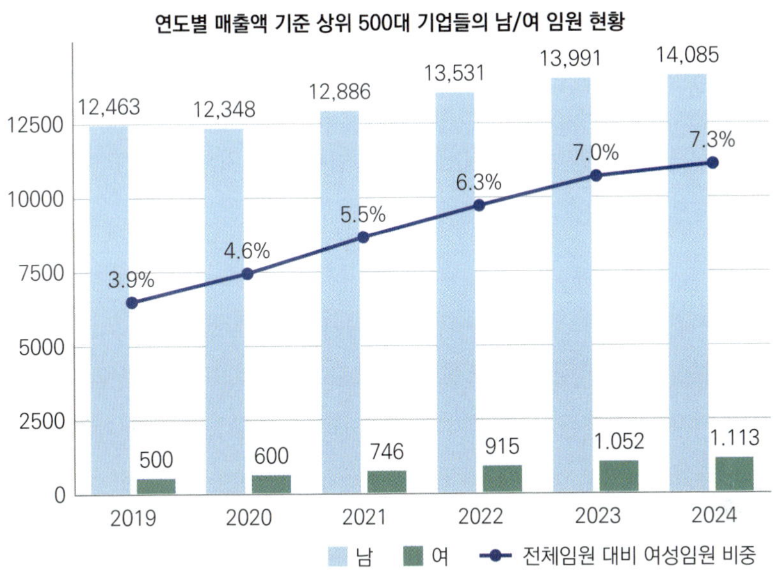

출처: 원출처(리더스인덱스.2024), 2차 출처(여성 임원 비중 늘었지만… 연봉은 남성의 60% 그쳐. 매일경제. 2024.)

DE&I 관점에서 코리아 디스카운트를 심화시킬 수 있는 또 다른 중요한 요인은 인종 및 민족적 다양성의 부족이다. BIPOC는 Black, Indigenous, and People of Color의 약자로, 흑인(Black), 원주민(Indigenous), 그리고 유색인종(People of Color)을 포함하는 용어이다. 여기에는 소수 인종(minority race)

과 소수 민족(minority ethnic group)도 포함되며, 인종적·문화적 배경으로 인해 사회적으로 차별받거나 불평등한 대우를 경험하는 집단을 포괄적으로 지칭한다. 세계경제포럼(2021)은 포용적 정책이 소수 인종 및 소수 민족의 경제적 참여를 촉진하여 글로벌 GDP를 2조 달러 이상 확대할 수 있다고 전망했다. 맥킨지가 2020년에 발표한 "Diversity Wins: How Inclusion Matters" 연구에 따르면, 상위 25%의 민족적 다양성을 가진 기업은 하위 25%의 기업보다 수익성이 36% 더 높은 것으로 나타났다.[50] 글로벌 시장을 대상으로 활동하는 다국적 기업들은 민족적 다양성을 적극 활용해 제품과 서비스의 현지화를 효과적으로 구현하고 있기 때문이다. 나이키는 2023년 기준 본사 직원의 41%가 BIPOC로 구성되어 있으며, 이들은 회사의 리더십 참여를 통해 제품 개발과 소비자 접근성 측면에서 차별화된 강점을 제공하고 있다.[51] 스타벅스는 BIPOC 구성원을 확대하기 위해 리더십 개발 프로그램과 멘토링을 통해 고위직 진출을 지원하며, 2025년까지 임원진의 30%를 BIPOC로 구성하겠다는 목표를 세웠다.[52]

한국에서 소수 인종 및 소수 민족은 전체 인구의 약 4.8%에 불과하며,[53] 이는 미국(42%)이나 유럽 주요국(10% 이상)과 비교해 매우 낮은 수준이다. 특히, 이 수치는 모든 연령층을 포함한 것으로, 기업의 DE&I 전략에서 핵심인 경제활동 인구의 비율은 더욱 미미하다. 이러한 인구통계학적 제한은 한국기업들이 글로벌 DE&I 평가에서 불리한 위치에 놓이는 중요한 이유 중 하나다. 이와 같은 상황에서 정부의 역할은 더욱 중요하다. 소수 집단의 경제적 기회를 확대하고, 이들의 경제활동 참여를 촉진하기 위한 정책적 지원이 필요하다. 더불어, 한국의 인구 구조와 특수성을 글로벌 평가 기관과 이해관계자들에게 정확히 알리는 것이 필수적이다. 소수 인종 및 소수 민족 비율이 낮은 현실이 기업의 노력 부족이 아닌 구조적 한계에서 비롯된 것임을 강조하고, 이를 바탕으로 평가 기준의 조정이나 현실적인 기대치, 혹은 새로운 대안을 제안해야 한다. 이러한 다각적인 접근이 병행될 때, 한국은 글로벌 DE&I 트렌드에 부합하며 코리아 디스카운트를 극복할 수 있을 것이다.

결론 및 요약

본 장에서는 ESG 경영의 핵심 요소인 S(사회)의 특징과 중요성을 살펴보았다. S(사회)는 근로자 안전, 노동권, DE&I(다양성, 형평성, 포용성) 등 우리 일상과 밀접한 이슈들을 다루며, E(환경)나 G(지배구조)와 달리 사회적 트렌드와 여론에 민감하게 반응해야 하는 특징을 지닌다. 또한, S(사회) 이슈에 대한 중요성 인식은 지역적, 문화적으로 큰 차이가 존재하며, 특정 이해관계자에 국한되지 않고 기업의 모든 활동에 영향을 미친다. MSCI와 같은 글로벌 평가 기관은 산업별 특성에 따라 근로자 안전과 노동권 보호, 데이터 보안 등을 주요 평가 항목으로 설정하며, S(사회)가 기업의 지속가능성과 신뢰도를 결정하는 중요한 요소임을 강조하고 있다.

근로자 안전은 기업의 가장 기본적인 책임으로, 물리적·정서적 안전을 모두 포함하는 포괄적인 개념이다. 글로벌 의류산업의 라나플라자 붕괴 사고나 한국의 태안화력발전소 김용균 씨 사망 사고는 비용 절감을 위한 위험의 외주화와 열악한 노동 환경이 초래한 비극적인 사례로, 안전 관리의 중요성과 비정규직 노동자 보호의 필요성을 부각시켰다. 한편, DE&I는 기업의 혁신 역량과 경쟁력을 강화하는 핵심 동력으로 작용하며, 글로벌 IT 기업들은 다양성 증진과 급여 평등, 포용적 문화 구축을 위한 적극적인 정책을 추진하고 있다. 그러나 국내 기업들은 DE&I 관련 정보 공개가 부족하고, 높은 성별 임금 격차 등 구조적 한계를 겪고 있어 글로벌 기준과의 격차를 보이고 있다.

한국기업들이 S(사회) 가치를 효과적으로 실현하기 위해서는 여러 도전 과제를 극복해야 한다. 중대재해처벌법은 그 취지에도 불구하고 적용 범위의 제한과 책임 소재의 모호성, 낮은 처벌 실효성 등의 한계를 드러내고 있다. 또한, DE&I 측면에서는 정책 시행 의지보다 실질적인 성과와 영향에 대한 투명한 정보 공개가 부족하며, 낮은 여성 임원 비율과 높은 성별 임금 격차 같은 사회 구조적 문제가 '코리아 디스카운트'를 심화시키는 요인으로 작용할 수 있다. 이러한 한계를 극복하기 위해 기업은 자율적인 안전 관리 체계를 강화하고, DE&I를 위한 구체적인 목표와 로드맵을 수립해야 한다. 더불어 정부는 소규모 사업장 지원과 성평등 지표 개선을 위한 정책적 노력을 병행하고, 한국의 인구 구조적 특수성을 글로벌 평가 기관에 적극적으로 알려야 한다. 이러한 다각적인 접근을 통해 한국기업들은 S(사회) 경쟁력을 높이고 지속가능한 성장을 달성할 수 있다.

다음 장에서는 ESG 경영의 또 다른 핵심 요소인 G(지배구조)의 특징과 중요성을 분석한다.

제 9 장

G(지배구조) 핵심이슈

페이스북 창립자의 친누나, 그리고 허위 공시

2021년 2월, 이즈미디어(Ezmedia)는 페이스북(Facebook) 창립자 마크 저커버그(Mark Zuckerberg)의 친누나이자 비즈니스 리더인 랜디 저커버그(Randi Zuckerberg)를 사외이사로 영입했다고 발표했다. 이 발표는 투자자들의 뜨거운 관심을 받으며 주가 급등을 이끌었지만, 이후 랜디 저커버그가 실제로 이즈미디어의 사외이사로 선임되지 않았다는 사실이 밝혀지며 허위 공시 논란이 불거졌다. 그녀는 이미 다른 회사의 이사직을 맡고 있어 상법상 추가 선임이 불가능했으며, 이즈미디어의 이사회에 한 번도 참석하지 않았던 것으로 드러났다. 이러한 발표는 사외이사의 독립성과 전문성을 마케팅 수단으로 활용하려는 의도를 보여주며 기업 투명성과 신뢰성을 심각하게 훼손했다. 이 사건은 경영진이 무자본으로 회사를 인수한 뒤 자기 자본으로 인수했다고 허위 공시한 사례와도 연결되며, 결국 전 공동대표 2명이 자본시장법 위반과 특정경제범죄 가중처벌법상 배임 및 자본시장법 위반 혐의로 구속 송치되고 회사는 상장폐지 처분을 받았다. 이즈미디어의 상장폐지로 인해 약 15,000명의 소액주주가 투자금을 대부분 잃었으며, 총 피해 규모는 약 320억 원에 달하는 것으로 추산된다. 특히, 허위 공시로 인한 일시적 주가 상승에 현혹된 개인 투자자들이 큰 타격을 받았다.[1]

장 목차

서론

ESG 경영의 세 가지 핵심 요소인 E(환경), S(사회), 그리고 G(지배구조)는 모두 기업의 지속가능한 성장에 필수적인 영역이다. 특히 G(지배구조)는 기업 운영의 투명성과 윤리성을 담보하는 구조적 기반으로, 장기적인 가치를 창출하고 모든 이해관계자와의 신뢰를 구축하는 데 결정적인 역할을 한다. 허위 공시와 같은 기업 윤리 문제는 G(지배구조)의 부실이 초래할 수 있는 심각한 결과를 보여주며, 이는 단순히 도덕적 결함에 그치는 것이 아니라 기업의 생존과 시장 신뢰를 근본적으로 위협하는 요인으로 작용한다. 따라서 G(지배구조)는 기업이 예측 불가능한 리스크에 효과적으로 대응하고, 글로벌 시장에서 지속적으로 성장하기 위한 필수적인 토대가 된다.

본 장에서는 G(지배구조)의 특징과 중요성을 심층적으로 탐구한다. 먼저 글로벌 평가 기관인 MSCI가 G(지배구조)를 평가하는 주요 항목과 그 비중을 살펴보고, 독립성과 전문성을 갖춘 사외이사 제도의 중요성을 설명한다. 또한, 엔론 사태와 삼성물산-제일모직 합병 논란 등 역사적 사건들을 통해 부실한 G(지배구조)가 가져온 비극적인 결과를 분석하고, 주주 권익 보호의 중요성을 강조한다. 마지막으로, 한국기업들이 직면한 G(지배구조)의 한계와 이를 극복하기 위한 '코리아 밸류업 플랜'의 시사점을 종합적으로 논의하며, 투명하고 책임 있는 경영이 기업 가치를 제고하는 핵심이라는 것을 설명한다. 이러한 논의를 통해 기업이 단순한 규제 준수를 넘어, 적극적인 G(지배구조) 개선을 통해 글로벌 경쟁력을 확보하는 것이 필수적이라는 사실을 강조한다.

사전 토론 사항

- 기업의 규모와 소유 구조에 따라 G(지배구조) 개선을 위한 최우선 과제가 달라져야 하나?
- 밸류업 플랜이 한국기업의 G(지배구조)를 실질적으로 개선하고 '코리아 디스카운트'를 해소할 수 있을까?
- 주주 환원 정책과 장기적인 기업 성장은 상충되는 목표일까, 아니면 상호 보완적인 관계일까?

1 G(지배구조): 특징 및 중요성

1.1. G(지배구조)의 특징

허위 공시로 드러난 이즈미디어의 사례는 기업 윤리 문제를 적나라하게 보여주며, G(지배구조)가 왜 기업 경영에서 중요한지를 명확히 입증한다. G(지배구조)는 기업 운영의 투명성과 윤리성을 보장하기 위한 구조적 기반으로, 책임 있는 경영과 장기적 안정성을 실현하는 데 핵심적인 역할을 한다. 이는 기업이 내외부 이해관계자들과의 신뢰를 구축하고 법적 리스크를 최소화하며, 지속가능한 성장을 도모하는 데 필수적인 요소다.

G(지배구조)의 주요 구성 요소는 이사회 구성, 내부 통제 시스템, 윤리적 리더십, 주주와의 소통으로 요약될 수 있다. 이사회는 조직의 전략적 방향을 설

정하고 경영진을 감독하는 핵심 역할을 담당하며, 독립적인 사외이사 비율 유지와 같은 규정은 의사결정의 공정성과 투명성을 강화하는 데 기여한다. 내부 통제 시스템은 재무 리스크와 법적 규정 준수 문제를 관리하며, 기업 내 부패나 비윤리적 행동을 방지하는 데 중요한 역할을 한다. 윤리적 리더십은 경영진이 기업의 사회적 책임을 실천하고, 조직 내 올바른 문화와 가치를 형성하도록 한다. G(지배구조)는 또한 주주와의 관계를 체계적으로 관리하는 데 중점을 둔다. 이는 주주총회의 투명한 운영, 소수주주의 권리 보호, 주주와의 열린 소통을 포함한다. 예를 들어, CEO와 이사회 의장의 역할 분리는 의사결정의 독립성을 보장하고, 주주총회를 통해 주요 전략에 대한 주주의 의견을 반영함으로써 경영의 투명성을 높인다.

G(지배구조)는 글로벌 규범과 법적 요구를 준수해야 하는 영역으로, 구체적인 기준과 규정을 통해 관리된다. 독립적인 감사위원회 운영, 내부 고발 시스템 도입, ESG(환경, 사회, 지배구조) 보고서의 정기적 공개 등은 이러한 기준을 충족하기 위한 대표적인 사례다. 이러한 체계는 단순한 규정 준수를 넘어, 기업의 신뢰도와 윤리적 경영을 강화하고 투자자 및 이해관계자들로부터 긍정적인 평가를 받을 수 있도록 돕는다. G(지배구조)의 강화는 글로벌 시장에서 기업이 신뢰받고 존속할 수 있는 필수적인 조건으로 자리 잡고 있다.

1.2. G(지배구조)의 중요성

세계경제포럼(WEF)의 2022년 보고서에 따르면, 매년 전 세계 GDP의 약 5%가 부패로 인해 손실되고 있다.[2] 뇌물 수수, 횡령, 자금 세탁 등 다양한 형태의 부패는 기업의 신뢰와 시장 경쟁력을 심각하게 훼손하며, 경제 성장에도 부정적인 영향을 미친다. 이러한 문제는 단순히 도덕적 결함에 그치지 않고, 글로벌 투자 환경의 불확실성을 높이는 주요 요인으로 작용하고 있다. 머로우 소달리(Morrow Sodali)의 "기관투자자 설문조사 2021"에 따르면, 90% 이상의 기관투자자가 기업관여 및 투자의사결정, 의결권 행사 시 ESG 위험과 기회를 작년보다 더 중시하며, 그 중 95%가 ESG 성과와 재무성과 간 연계성을 그 원인으로 꼽았다. 특히 ESG 성과와 재무성과의 연계성은 ESG를 중시하게 된 가장 큰 원인으로, 법령의 변화 및 고객 요청보다 더 높은 비중을 보였다([도표 9-1], [도표 9-2] 참고).[3]

도표 9-1 기업관여 및 투자의사결정, 의결권 행사 시 ESG 고려 비중

코로나19를 제외하고, 귀사에서는 기업관여 및 투자의사결정 시, 그리고 주주총회에서의 의결권 행사 시 ESG 위험과 기회를 작년보다 더 중시하십니까?

출처: 기관투자자 설문조사 2021. Sodali & Co. 2021.

도표 9-2 기업관여 및 투자의사결정, 의결권 행사 시 ESG 고려 이유

더 중시하신다면 그 이유는 무엇입니까?

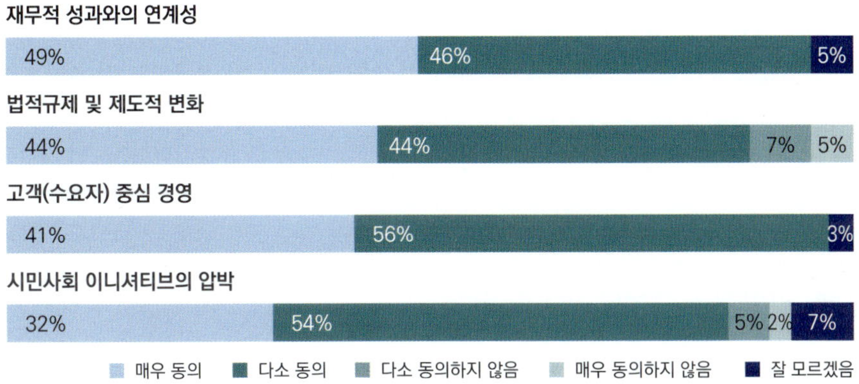

	매우 동의	다소 동의	다소 동의하지 않음	매우 동의하지 않음	잘 모르겠음
재무적 성과와의 연계성	49%	46%			5%
법적규제 및 제도적 변화	44%	44%	7%	5%	
고객(수요자) 중심 경영	41%	56%			3%
시민사회 이니셔티브의 압박	32%	54%	5%	2%	7%

출처: 기관투자자 설문조사 2021. Sodali & Co. 2021.

G(지배구조)는 기업 운영의 안정성과 신뢰 구축의 핵심 요소로, MSCI의 ESG 평가에서도 중요한 비중을 차지한다. MSCI는 기업의 G(지배구조)를 평가할 때 이사회 구성, 경영진 보수의 투명성, 내부 통제 시스템, 주주 권리 보호 등 다양한 항목을 종합적으로 분석한다. 특히, 이사회 구성의 독립성과 다양성은 G(지배구조) 평가에서 약 40%의 비중을 차지하며, 이는 기업의 의사결정 체계가 얼마나 투명하고 책임감 있게 운영되는지를 평가하는 주요 기준이다. 이사회 구성에서 전문성 또한 점점 더 중요하게 평가되고 있다. 재무, 법률, 산업별 전문성을 보유한 이사회 구성원은 기업이 규제 변화와 시장 불확실성에 대응하고 전략적 결정을 내리는 데 핵심적인 역할을 한다.

감사위원회의 독립성과 경영진 보수 정책의 투명성은 각각 20%와 15%의 비중으로 기업의 장기적 신뢰와 안정성을 평가하는 데 중요한 역할을 한다. 주주 권리 보호와 내부 통제 시스템은 각각 15%와 10%의 비중을 차지하며, 이는 기업이 이해관계자들의 권익을 어떻게 관리하고 보호하는지를 평가한다. 특히, 전문성을 보유한 이사회 구성원은 ESG, 디지털 전환, 리스크 관리와 같은 주요 영역에서 기업의 경쟁력을 강화하고 글로벌 투자자들의 신뢰를 높이는 데 기여한다. 이처럼 MSCI의 G(지배구조) 평가 항목은 기업의 지배구조가 단순한 내부 관리 차원을 넘어, 글로벌 투자자들에게 신뢰와 지속가능성을 제공하는 중요한 지표로 활용된다. 특히, 이사회의 독립성 및 전문성과 주주 권익 보호는 이러한 평가에서 핵심적 역할을 하며, 기업 지배구조의 수준을 결정짓는 핵심 요소로 자리 잡고 있다.

2 이사회의 독립성 및 전문성

2.1. 정의 및 중요성

이사회는 기업의 최고 의사결정 기구로, 경영진에 대한 감독과 주요 정책 승인 등 중요한 역할을 수행한다. 그러나 이사회가 구성원 간 관점이 지나치게 동질적일 경우, 의사결정의 한계가 발생할 수 있다. 이사회가 경영진을 효과적으로 견제하고 기업의 투명성과 책임성을 강화하기 위해서는 독립성과 전문성, 다양성이 필수적이다. 특히 사외이사는 경영진과 독립된 시각을 제공함으로써 이사회의 한계를 보완하고, 주주와 이해관계자의 신뢰를 강화하는 데 중요한 역할을 해야 한다.

사외이사 제도의 기원이 1920년대 미국에서 시작된 이후, 이 제도는 기업 비리와 내부 비효율성을 방지하기 위한 독립적 감독 기구로 발전했다. 1950년대 이후 형성된 현대적 기업 지배구조에서는 사외이사가 경영진을 견제하고 주주의 이익을 보호하는 핵심 역할을 수행하도록 설계되었다. 특히, 1970년대에 등장한 '감시 이사회(monitoring board)'는 경영진에 대한 독립적 감시와 조언 기능을 강화하는 데 초점을 맞췄다. 사외이사는 경영진과 지배주주로부터 독립적인 위치에 있어, 경영진의 의사결정을 효과적으로 감독하고 외부의 시각에서 객관적인 조언을 제공할 수 있다는 점에서 주목받는다. 이러한 독립성을 강조하기 위해 사외이사 제도가 처음 발현된 미국에서도 'Independent director(사외이사)'라는 용어를 사용하며, 사외이사가 단순히 외부 인사가 아니라 독립적이고 공정한 시각을 제공하는 중요한 존재임을 부각하고 있다.[4]

사외이사의 독립성이 경영진 감시와 주주 권익 보호의 근간이라면, 전문성은 이러한 역할을 실질적으로 수행하는 데 핵심적인 요소다. 사외이사는 경영진의 전략과 운영을 감독하며, 주요 의사결정 과정에서 독립적이고 균형 잡힌 견해를 제시하기 위해 높은 수준의 전문 지식을 요구받는다. PwC의 2022년 이사회 설문조사에 따르면, 이사들은 서로의 성과에 대해 점점 더 비판적이며, 투자자와 이해관계자들은 이사들의 능력을 확인하고 싶어한다고 언급한다. 또한 거의 절반(48%)의 응답자가 이사회 동료 중 한 명 이상이 교체되어야 한다고 응답했다.[5] 이는 단순한 감시 기능을 넘어, 사외이사가 경영 환경에서 실질적인 가치를 제공해야 한다는 요구를 반영한다([도표 9-3] 참고). Harvard Business Review의 2021년 보고서도 비슷한 내용을 제시했다.

조사에 따르면, 이사회의 52%는 특정 산업 분야에서의 전문 지식 부족이 기업의 장기적 경쟁력에 부정적 영향을 미칠 수 있다고 지적했다. Deloitte의 2024년 보고서에 따르면, 신규 이사 오리엔테이션 및 온보딩 프로그램에서 시장 및 산업 정보(핵심 성과 지표, 동종 업계, 경쟁사, 공급업체, 고객층 포함)가 제공된다고 응답한 비율은 63%였다.[6] 변화하는 시장 환경에서 사외이사의 전문성이 기업의 기회 포착과 위기 대응 역량을 강화하는 데 필수적이다. 이는 페이스북 창립자 친누나의 사례에서도 드러난다. 기업이 이들의 상징적 위치와 전문성을 통해 신뢰도를 높이고자 한 의도가 가짜 공시로 이어졌다는 점에서, 사외이사의 전문성이 얼마나 중요한 가치로 평가되는지를 역설적으로 보여준다.

도표 9-3 이사회 구성원을 교체해야 한다고 생각하는 비율

Q. 이사회에서 몇 명의 이사를 교체해야 한다고 생각하는가?

48%의 이사가 적어도 한 명의 동료 이사가 교체되길 바란다.

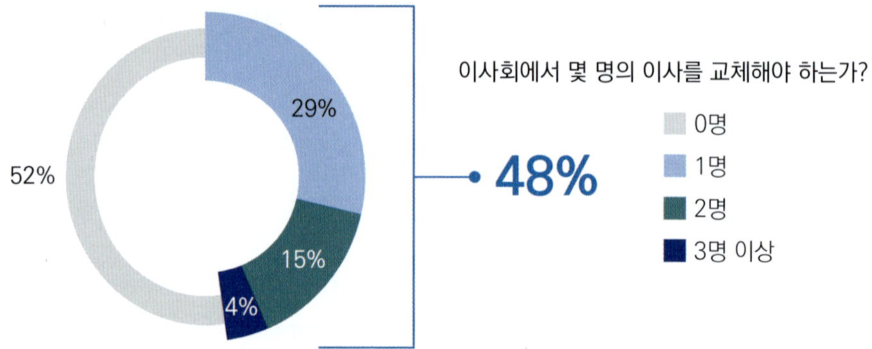

출처: PwC's 2022 Annual Corporate Directors Survey: 변화하는 거버넌스 환경에서 길 찾기. PwC. 2022.

2.2. 외국 사례

글로벌 선진국에서는 사외이사 선임 시 전문성이 점점 더 중요한 기준으로 부각되고 있다. 미국 S&P 500 기업의 2024년 신규 임명된 사외이사 406

명 중 29%가 금융·회계·재무 분야 전문 경력자로, 이는 10년 전보다 45% 증가한 수치이다. 또한 첫 임기 신규 사외이사 중 35%가 금융 경력자이고, 전체 감사위원장 중 40%가 금융 전문성을 보유하고 있다.[7] 이는 재무 안정성과 투명성 확보를 위한 전략으로 평가된다. 영국 FTSE 100 기업들은 54%가 ESG 위원회를 보유하고 있을 정도로 ESG와 리스크 관리 전문성을 중점적으로 고려하며, 지속가능성과 윤리적 공급망 관리 등 글로벌 이슈를 다룰 역량을 갖춘 인재를 선호한다.[8] 독일 DAX 40 기업에서는 디지털 전환과 기술 혁신이 핵심 과제로 떠오르며, 사이버 보안과 빅데이터 전문성을 갖춘 사외이사가 중요한 역할을 맡고 있다. 일본 닛케이 225 기업은 ESG와 디지털 기술 전문성을 보유한 사외이사를 선임하는 추세를 보이며, 프랑스 CAC 40 기업은 성별 다양성과 규제 준수를 충족하면서 지속가능성을 감독할 수 있는 사외이사를 선호한다.

이처럼 국가별로 사외이사 선임 기준은 다소 차이가 있지만, 각 산업의 특성이 사외이사 전문성 요구를 결정한다는 점에서 공통된 흐름을 보인다. 금융 산업에서는 재무 안정성과 리스크 관리가 핵심이며, JP모건 체이스(JP Morgan Chase)는 재무 및 리스크 전문가를 포함시켜 3명 이상의 비상임 이사로 구성된 이사회 리스크 위원회를 운영하는 등[9] 규제 대응과 전략 강화를 추구하고 있다. 기술 산업에서는 데이터 보안과 혁신 관리가 중점적으로 다뤄지며, 애플은 이사회 하에 감사 및 재무 위원회(Audit and Finance Committee)를 두어 개인정보 및 데이터 보안에 대한 이사회의 감독과 모니터링을 지원한다고 명시하고 있으며,[10] 이를 통해 기술 환경 적응력을 높이고 있다. 헬스케어 산업은 ESG와 의료 규제 준수를 중시하며, 화이자(Pfizer)는 최고 지속가능성 관리자(Chief Sustainability Officer)를 두어 지속가능성과 사회적 책임을 강화하고 있다.[11] 소비재 산업에서는 윤리적 조달과 공급망 관리가 핵심이며, 유니레버(Unilever)는 최고 공급망 및 운영 책임자(Chief Supply Chain and Operations Officer)를 통해 ESG와 공급망 전문가를 이사회에 포함해 환경과 사회적 요구를 균형 있게 반영하고 있다.[12]

산업별 특성에 따라 요구되는 사외이사의 전문성이 세분화되는 가운데, E(환경) 관련 전문성을 보유한 사외이사에 대한 수요가 급증하고 있다는 점이 주목된다. 세계경제포럼(WEF)의 2023년 Global Risks Report에 따르면, 향후 10년 동안 발생할 주요 글로벌 리스크 중 상위 10개 중 6개가 환경 문제와 직결된다. 기후 변화 대응 실패, 자연재해 및 극한 기상현상, 생물다양성 손실, 자연 자원 위기, 대규모 환경 오염, 물 부족 등이 포함되며,[13] 이는 기업이 환경적 지속가능성을 중심으로 전환하고 있음을 시사한다. 이러한 리스크에 대응하기 위해 다국적 기업들은 환경 전문성을 갖춘 이사진을 적극적으로 영입하고 있다. PwC의 2025년 글로벌 보고서에 따르면, 미국 내 고위 임원들 중 38%가 12개월 내에 이사회에 보강이 필요한 전문 분야로 환경/지속가능성 분야를 꼽았다.[14] 이는 E(환경) 분야가 기업 전략에서 점점 더 중요한 위치를 차지하고 있음을 보여준다. 환경 전문성은 탄소 배출 감축, 에너지 전환, 순환 경제 등 지속가능성과 관련된 핵심 과제를 다룰 능력을 포함하며, 글로벌 규제 변화와 투자자 요구에 효과적으로 대응하는 데 중요한 역할을 한다. 반면, CDP Worldwide와 한국사회책임투자포럼의 2024년 보고서에 따르면, 국내 기업 중 92%가 이사회·경영진이 기후변화 거버넌스를 구축하여 환경 요소를 관리하고 있으나, 그중 52%의 기업만이 이사회·경영진 전문성을 보유한 것으로 분석된다. 이는 글로벌 기업 평균인 87%에 비해 현격히 낮은 수준이다([도표 9-4] 참고).[15]

도표 9-4 이사회 및 경영진 기후변화 거버넌스와 전문성 보유 현황

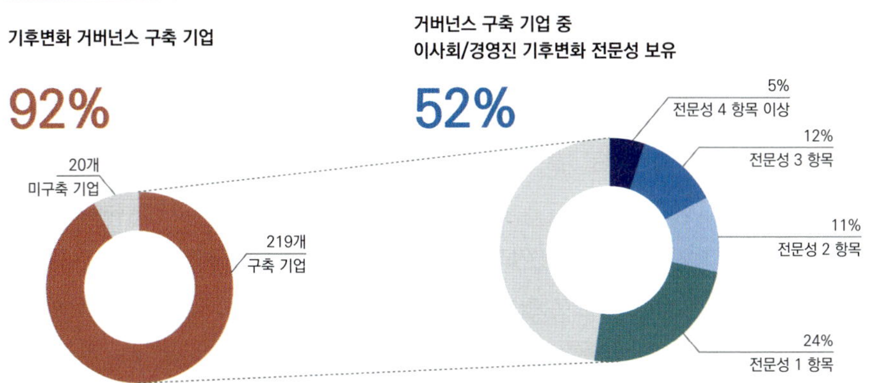

출처: CDP climate change and water report 2024 – Korea. CDP한국위원회. 2024.

PwC의 2024년 글로벌 투자자 설문조사에 따르면, 투자자들은 환경 전문성이 강화될수록 기업이 글로벌 리스크에 대해 더 큰 회복탄력성을 갖추고 투자자의 신뢰도 높아진다고 평가하고 있다. 실제로 응답자의 약 3분의 1은 앞으로 12개월 동안 투자 및 분석 대상 기업이 직면할 최대 위협 중 하나로 기후 변화를 꼽았으며, 이는 인플레이션, 거시경제 불안정성, 기술 혁신과 거의 비슷한 수치다. 또한, 기후 리스크에 대응해 회복탄력성을 강화하는 기업에 대해 투자자의 73%가 투자를 확대할 의사가 있다고 답변해, 지속가능경영과 기후 대응 역량이 투자 유인에 실질적으로 영향을 미친다는 점을 알 수 있다.[16] 산업별 특성과 글로벌 리스크에 맞춘 이사회 구성 등 기업의 이러한 조치들은 이미 가시적인 성과로 이어지고 있다. BP(British Petroleum)는 환경 정책 전문가의 참여를 통해 저탄소 및 에너지 전환 사업 투자 비중을 2019년 3%에서 2023년 23%로 확대하며, 에너지 전환 목표에 실질적으로 기여하고 있다. 이 과정에서 BP는 새로운 기술 파트너십을 구축해 저탄소 에너지 프로젝트를 추진하며 시장 신뢰를 강화했다.[17] 애플은 탄소 중립 목표 달성을 위한 전략적 의사결정에서 전 미국 환경보호청장을 역임한 환경 전문가의 기여

로, 2015년 대비 2024년 글로벌 온실가스 배출량을 60% 감축하며 2030년 75%까지 감축하는 것을 목표로 하고 있다. 또한 공급업체는 2024년에 약 18기가와트의 재생 에너지를 공급받아 약 2,200만 톤의 온실가스 배출을 예방하였으며, 공급망을 재생 가능한 전력으로 지속적으로 전환하고 재활용 소재를 더 많이 사용하는 제품을 설계하는 등 종합적인 노력으로 약 4,100만 톤의 온실가스 배출을 감축했다고 밝혔다.[18] 이러한 노력은 소비자 신뢰와 브랜드 가치를 높이는 데 직접적인 영향을 미쳤다. 독일 다임러(Daimler, 메르세데스-벤츠 그룹)는 전기차와 배터리 기술 전문가를 영입한 이후, 2023년 메르세데스-벤츠 전기차 판매량이 전년 대비 73%의 성장률을 보이며 브랜드 전체 판매량의 11%를 차지했다.[19] 미국에서는 2023년 248%의 증가세를 보이며 전체 판매량의 15.3%를 차지했다.[20] 다임러는 전기차 시장 점유율 증가와 함께 ESG 투자자들로부터의 긍정적인 평가를 받으며, 지속가능성을 기반으로 한 브랜드 이미지 강화에 성공했다. 프랑스의 토탈에너지(TotalEnergies)는 재생 에너지 담당 수석 부사장인 빈센트 스토쿼트의 주도로 태양광과 풍력 프로젝트에 대규모 투자를 단행하며, 2020년 7GW였던 재생에너지(태양광·풍력 중심) 총 설치용량을 2024년 26GW까지 약 3배 확대했다.[21] 이를 통해 유럽 내 에너지 전환을 주도하는 기업으로 자리 잡았으며, 글로벌 에너지 시장에서 경쟁 우위를 확보했다. 이처럼 환경 전문성을 갖춘 사외이사의 선임은 기업들이 지속가능성과 경쟁력을 동시에 강화하며, 변화하는 시장 환경에서 가시적인 성과를 창출하는 데 중요한 역할을 하고 있다.

2.3. 국내 현황

한국기업들도 글로벌 트렌드에 발맞춰 사외이사 선임 시 E(환경) 관련 전문성을 점점 더 중요하게 고려하고 있다. SK그룹은 2024년 기준 ESG 경영 강화를 위해 환경 및 지속가능성 분야 전문가를 사외이사로 영입했다.[22] 삼성전자는 탄소 중립과 에너지 효율성 강화를 목표로 ESG 및 디지털 전환 전문가를 이사회에 포함하며,[23] 전사적 지속가능성 전략을 수립하고 있다. 현대자동차는 전기차와 수소차 전환 전략을 가속화하기 위해 자동차 산업과 ESG 전문성을 겸비한 인재를 사외이사로 선임했다.[24] 포스코는 순환 경제와 자원 효율성을 강화하기 위해 환경 정책 전문가를 이사회에 재선임하며,[25] 철강 산업의 지속가능성을 선도하고 있다. LG그룹은 ESG 전문성을 보유한 사외이사를 선임하며 지속가능성 강화를 위한 노력을 기울이고 있다.[26] HD현대중공업그룹은 조선업의 탈탄소화와 친환경 선박 개발을 목표로, 해양 환경에 대한 전문성을 가진 인재를 이사회에 포함시켰으며, 이사회 산하 ESG 위원회를 꾸준히 개최하고 있다.[27] 한화그룹은 재생 가능 에너지와 탄소 감축 기술에 주력하기 위해 환경 및 신재생 에너지 분야 전문가를 이사회에 포함하며, 글로벌 에너지 전환 흐름에 발맞춘 전략을 추진하고 있다.[28]

이처럼 한국 주요 기업들은 ESG 경영 강화를 위해 산업별 특성과 전략에 적합한 환경 및 지속가능성 분야의 전문성을 가진 사외이사를 적극적으로 영입하며, 글로벌 시장에서의 경쟁력을 확보하려는 움직임을 보이고 있다. 그럼에도 불구하고 국내 기업들은 여전히 글로벌 기준에 비해 ESG 전문성이 부족한 상황이다. 기업분석연구소 리더스인덱스의 2025년 발표에 따르면, 국내 30대 그룹 계열사 237곳을 분석한 결과, ESG 관련 전문성을 가진 사외이사는 전체의 4.2%에 불과한 것으로 나타났다. 그룹별로는 포스코가 ESG 전문성 사외이사 비율 13.6%로 가장 높았고, 농협(13.5%)과 영풍(13.5%)이 뒤를 이었다. 작년(3.5%)에 비해 소폭 오른 결과이지만, 30대 그룹 가운데 약 절반 정도인 13곳(43%)에서 단 한 명의 환경·ESG 전문가도 없었다. 이는 미국 이사회 내의 ESG 전문가가 30%에 이르는 것과 상반되는 결과이다. 미국 포춘 100대 기업의 이사회 구성원 중 29%가 ESG 자격증을 보유하고 있는 것으로 나타났다. 이를 고려하면, 국내 기업들의 환경 전문성 확보는 국제적 수준에 크게 미치지 못하고 있다.[29]

3 주주 권익 보호

3.1. 정의 및 중요성

앞에서 언급한 G(지배구조)의 대표적 두 이슈, 허위 공시와 사외이사의 전문성 부족은 결국 개인 투자자들에게 막대한 손실을 초래하며, 이는 주주 권익 보호 실패라는 전형적인 결과로 나타난다. 주주 권익 보호는 기업 경영에서 주주의 경제적 이익과 권리를 공정하게 보장하며, 기업의 투명성과 책임성을 강화하는 핵심 원칙이다. 주주의 의결권, 정보 접근권, 이익 배당권 등을 포함한 다양한 권리를 보장함으로써 기업의 장기적 지속가능성과 시장 안정성을 유지하는 데 중요한 기반을 제공한다. MSCI의 ESG 평가에서도 주주 권익 보호는 중요한 기준으로 다뤄진다. MSCI는 이사회 독립성, 주주 의결권 보호, 소통 투명성, 경영진 보수 정책, 소수 주주 보호, 배당 정책 등 다양한 요소를 평가하며, 이를 산업별 특성에 따라 다르게 적용한다. 금융 산업에서는 주주 의결권 보호(30%)와 경영진 보수 정책(25%)에 높은 비중이 주어지며, 기술 산업에서는 이사회 독립성(35%)과 소통 투명성(20%)이 강조된다. 소비재 산업에서는 배당 정책(20%)과 소수 주주 보호(15%)가 핵심으로, 에너지 및 자원 산업은 이사회 독립성(30%)과 소수 주주 보호(25%)를 중점적으로 평가한다.

주주 권익 보호는 대부분의 기업 경영에서 핵심 과제이며, 이사회 독립성과 투명한 의사결정 절차는 기업 신뢰 구축에도 결정적인 역할을 한다. Deloitte의 2023년 글로벌 이사회 프로그램 보고서에 따르면, 신뢰할 수 있는 기업은 시장가치에서 동종 기업보다 최대 4배 더 우수한 것으로 나타났으며 모든 응답자가 신뢰가 사업 성과에 영향을 미친다고 답했다. 더불어 61%가 향후 3년간 기업 내 이해관계자의 신뢰 구축을 위한 주요 영역으로 환경, 사회 및 거버넌스(ESG)를 꼽았다([도표 9-5] 참고).[30] 이는 주주 권익 보호가 단순히 원칙적 요구가 아니라 기업의 지속가능성과 신뢰 구축의 기반임을 보여준다. 특히, 소수 주주의 권리 보호는 지배구조의 중요한 요소로 부각되고 있다. 소수 주주가 보호받지 못할 경우, 지배주주와 경영진의 독단적 의사결정으로 인해 기업의 투명성과 책임성이 훼손될 가능성이 크다. 이를 방지하기 위해 글로벌 기업들은 사외이사 제도와 독립적인 감사위원회를 도입해 이사회의 객관성과 공정성을 강화하고 있다.

도표 9-5 향후 3년간 이해관계자의 신뢰 구축을 위한 주요 영역

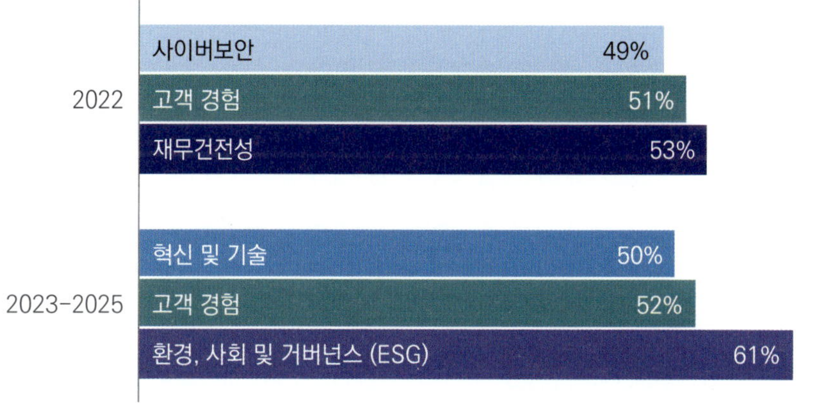

출처: 이사회의 이해관계자 신뢰 제고 및 측정 방법. Deloitte. 2023.

3.2. 엔론(Enron) 사태

미국 역사상 가장 충격적인 기업 스캔들 중 하나는 2001년 대규모 회계 부정과 부실한 내부 통제가 결합되어 발생한 엔론(Enron) 사태이다. 1985년 설립된 엔론은 전통적인 에너지 기업에서 출발해 금융 파생상품과 에너지 거래 시장으로 사업을 확장하며 급성장했다. 2000년 기준 매출은 1,000억 달러에 달하며 포춘 500대 기업 순위 7위에 오를 정도로 성공적인 기업으로 평가받았지만, 그 이면에는 회계 부정과 비윤리적인 경영 방식이 숨겨져 있었다. 엔론은 특수목적법인(SPE)을 이용해 부채를 외부로 전가하고 자산을 과대평가하는 방식으로 재무제표를 조작했다. 1997년부터 2000년까지 약 14억 달러의 수익을 과대 계상했으며, 파산 당시 숨긴 부채는 130억 달러에 달했다. 이러한 조작은 엔론의 주가에 직접적인 영향을 미쳤다. 2000년 중순 90.75달러였던 주가는 회계 부정이 드러난 2001년 11월 1달러 이하로 폭락했다. 결국 2001년 12월 엔론은 총 자산 634억 달러 규모로 파산을 신청했고, 이는 당시 미국 역사상 최대 규모의 파산으로 기록됐다.[31]

엔론의 파산은 수많은 피해자를 낳았다. 전 세계 40개국 약 2만 명의 직원이 일자리를 잃었고,[32] 퇴직연금으로 보유했던 엔론 주식이 무가치해지면서 직원들의 경제적 손실은 막대했다. 엔론의 파산보호 신청으로 주주는 630억 달러, 채권자는 176억 달러, 파생상품 거래 파트너는 40억 달러의 손해를 입은 것으로 추정된다.[33] 또한 신뢰를 잃은 엔론의 외부 감사기관 아서앤더슨(Arthur Andersen)은 부정에 연루된 책임으로 해체되었다.[34] 이 사건은 엔론 경영진의 부적절한 리스크 관리와 투명하지 못한 의사결정 과정, 그리고 이사회의 견제 기능 부족이 결합된 구조적 문제의 결과로 평가된다. 엔론 사태는 단순한 회계 부정 사건을 넘어 기업 지배구조의 실패를 상징하는 대표적 사례가 되었으며, 기업 경영의 투명성과 윤리성이 기업의 생존과 투자자 신뢰 회복에 필수적이라는 교훈을 남겼다. 이 사태를 계기로 다른 나라에서도 기업 지배구조와 관련된 다양한 논의와 함께 여러 가지 제도적 발전이 촉발되었다.

엔론 사태 이후에도 지배구조와 윤리적 경영 부족으로 인한 문제가 지속적으로 발생하고 있다. 예를 들어, 2008년에는 리먼브라더스(Lehman Brothers)가 과도한 레버리지와 부실한 리스크 관리로 인해 파산하였으며, 파산 당시 자산 규모는 6,390억 달러(약 850조 원)에 달해 미국 역사상 최대 규모의 기업 파산을 기록했으며,[35] 이로 인해 글로벌 금융위기가 촉발되었다. 국제통화기금(IMF)에 따르면 2009년에 개발도상국 경제는 2.8% 성장하는 데 그쳤고, 선진국 경제는 3.4% 축소됐다. 이에 미국 정부는 7,000억 달러 규모의 구제금융을 투입해 금융 시스템 붕괴를 막아야 했다.[36] 2015년에는 폭스바겐 디젤게이트 사건이 발생해 경영진이 배출가스 테스트를 조작한 사실이 밝혀지면서, 전 세계적으로 약 300억 유로(약 40조 원)에 달하는 벌금과 합의금을 지불하고, 디젤게이트에 연루된 차량 약 1,100만 대를 리콜하면서 폭스바겐은 "신뢰할 수 없는 기업"이라는 오명을 얻게 되었다.[37]

3.3. 삼성물산-제일모직 합병 논란

한국기업 역사상 가장 논란이 된 사건 중 하나는 2015년 삼성물산-제일모직 합병 과정에서 발생하였다. 삼성물산은 1938년 설립되어 삼성그룹의 핵심 계열사 중 하나로 자리 잡았고, 제일모직은 삼성의 지배구조에서 중요한 역할을 담당하던 계열사로 알려져 있었다. 두 회사의 합병은 경영권 승계를 위한 핵심 전략으로 평가되었으며, 이를 통해 이재용 부회장의 삼성전자에 대한 지배력을 강화하려는 의도가 반영되었다는 해석이 지배적이었다. 합병 비율은 삼성물산 1주당 제일모직 0.35주로 설정되었는데, 이는 제일모직의 기업가치를 과도하게 높게 평가한 반면, 삼성물산의 가치를 낮게 책정한 것으로 보였다. 삼성물산의 소액주주들은 이 비율이 자신들의 경제적 이익에 불리하다며 강하게 반발했지만, 최대 주주인 국민연금공단이 합병에 찬성하면서 합병이 성사되었다. 당시 국민연금은 삼성물산 지분의 11.21%를 보유하고 있었고, 국민연금의 결정이 결과적으로 합병 성사를 이끌어냈다. 하지만 국민연금의 결정 과정에서 외부적인 압력이 작용했다는 의혹이 제기되면서 논란은 더욱 확산되었다.[38]

이 사건은 삼성그룹의 지배구조뿐 아니라 한국 대기업 전반의 의사결정 투명성 문제를 부각시켰다. 합병 과정에서 이사회의 역할이 대주주의 이익에 편향되어 있었고, 소액주주와 일반 투자자들의 권리는 충분히 보호받지 못했다는 비판이 제기되었다. 특히 국민연금이 국민의 자산을 운용하는 기관으로서 재정적 이익보다는 특정 기업의 경영권 승계를 돕는 방향으로 의사결정을 했다는 의혹은 한국 사회 전반에 걸친 기업 지배구조에 대한 불신으로 이어졌다. 삼성물산-제일모직 합병 논란은 수많은 피해자를 낳았다. 소액주주들은 합병 비율의 불공정성을 주장하며 법적 대응에 나섰지만, 결과적으로 이들의 주장이 받아들여지지 않아 경제적 손실을 감수해야 했다.[39] 더불어 국민연금의 결정 과정에서 독립성과 책임성이 결여되었다는 비판이 제기되었고, 이는 국민연금과 같은 기관 투자자의 역할과 윤리성을 다시금 논의하는 계기가 되었다. 이 사건은 이후 스튜어드십 코드의 도입 등 기관 투자자의 책임을 강화하려는 정책적 논의로 이어졌으며, 특히 대주주 중심의 지배구조와 소액주주 권익 보호의 부족이라는 구조적 문제에 대한 관심을 이끌어 내었다.

삼성물산-제일모직 합병 논란 이후에도 대주주의 이익이 우선시되면서 소액주주 권익 보호와 기업 운영의 안정성이 크게 훼손될 수 있음을 보여주는 사례는 여전히 발생하고 있다. 예를 들어 2015년 롯데그룹에서는 신동빈-신동주 형제 간의 경영권 분쟁이 발생하며 순환출자 구조와 복잡한 지배구조 문제가 표면화되었다.[40] 2018년에는 현대자동차그룹의 지배구조 개편 과정에서 엘리엇 매니지먼트가 합병 비율이 대주주에게 유리하게 설계되었다며 반발했고, 소액주주 권익 침해 논란이 불거졌다.[41] 2019년에는 조양호 한진그룹 회장의 별세 이후 조원태 회장과 조현아 전 부사장 간의 경영권 다툼이 본격화되었고, 외부 투자자들이 개입하면서 한진칼 경영권 분쟁으로 확대되었다.[42] 2020년에는 SK바이오팜 상장 과정에서 모회사 SK케미칼의 소액주주들이 불리한 영향을 받았다는 비판이 제기되며 지배구조와 이익 배분의 공정성에 대한 논란이 있었다. 2024년 기준 총주주수익률이 마이너스인 기업 중 대표이사 보수가 증가한 기업 비중은 60%에 이르며, 주주와 경영진 이해관계 간 불일치는 해소되지 않고 있다([도표 9-6] 참고).[43]

도표 9-6 총주주수익률이 마이너스인 기업 중 대표이사 보수가 증가한 기업 비중 추이

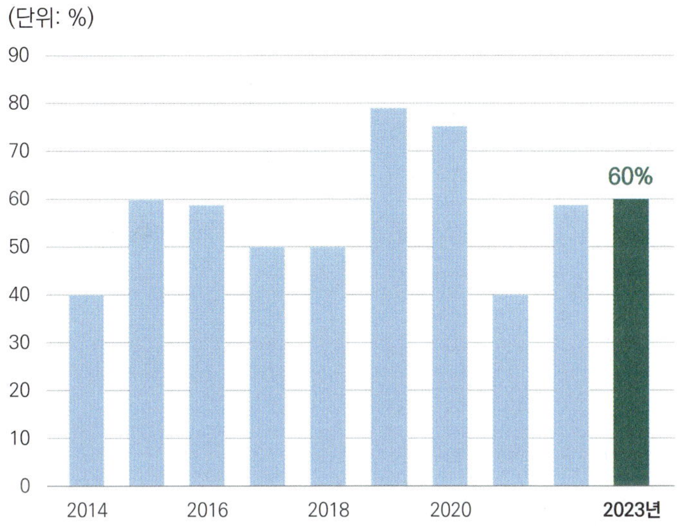

출처: 원출처(각 사 사업보고서, 한국거래소), 2차 출처([단독] 주주 울린 '쪼개기 상장'이 경영진 성과로… 재벌 불신 더 키운다. 한겨레. 2024.)

3.4. 한국기업의 주주 권익 보호의 한계 및 시사점

한국기업들은 주주 권익 보호 측면에서 개선이 필요하다. 전자 투표 시스템은 주주들이 시간과 장소의 제약 없이 기업의 주요 의사결정 과정에 참여할 수 있도록 지원하며, 이는 특히 소액 주주들이 자신의 권리를 행사하는 데 있어 중요한 역할을 한다. 미국 S&P 500 기업 중 약 85%는 전자 투표 시스템을 도입하였다. 이러한 시스템은 주주총회 참석률을 높이고, 기업 운영에 대한 주주의 실질적인 영향력을 강화하며, 투명한 의사결정 절차를 보장한다. 예를 들어, IBM과 애플 같은 기업들은 전자 투표 시스템을 통해 주주들이 주요 의제에 대해 쉽고 효율적으로 의견을 제시할 수 있도록 하고 있으며, 이 과정에서 주주의 목소리를 기업 전략에 반영하려는 노력을 강화하고 있다. 국회도서관 보고서에 따르면, 2023년 기준 정기주주총회 전자투표 이용사는 약 31%(상장사 2,670 중 827개사)로, 미국 S&P 500 기업의 85%에 비해 상당히 낮

다([도표 9-7] 참고). 이는 주주들이 주주총회에 직접 참석하지 않으면 의결권을 행사하기 어려운 구조를 여전히 유지하고 있음을 보여준다. 특히 소액 주주들이 의사결정 과정에 실질적으로 참여할 기회가 제한되어 있으며, 이러한 점은 기업 경영의 투명성과 책임성을 약화시키는 요인이 된다. 앞으로 2027년부터 일부 상장사에 전자주주총회 의무화가 시행될 예정이지만, 상장사들 사이에선 시스템 안정성과 비용 부담을 우려하는 목소리도 적잖이 나오고 있다.[44]

도표 9-7 **정기주주총회 전자투표 이용 회사**

현재 우리나라는 주주총회의 전자화에서 사전 의결권 행사로 전자투표·전자위임장제도가 도입되어 있다. 전자투표는 주주가 주주총회에 직접 출석하지 않고 사전에 전자 방식으로 의결권을 행사하는 방법이다. 전자위임장제도는 의결권 행사를 위한 위임장 권유를 전자적으로 가능하도록 하는 것이다.

(단위: 사)

* 전자투표 이용 회사수는 한국예탁결제원 전자투표시스템을 이용하는 상장회사 기준임(타 전자투표시스템 이용회사수 제외). 전자투표를 이용하는 회사의 경우 대부분 전자위임장을 이용함.

** 섀도보팅제도: 정족수 미달로 주주총회가 무산되지 않도록 하기 위해 참석하지 않은 주주들의 투표권을 행사할 수 있는 일종의 의결권 대리행사 제도.

출처: 데이터로 보는 전자주주총회. 국회도서관. 2024.

한국의 상장사 대다수는 정보 공개의 상세성과 투명성에서도 글로벌 스탠다드에 미치지 못하고 있다. KPMG 2024년 조사에 따르면, 글로벌 상위 100대 기업(N100) 중 62%가 연례 보고서에 ESG 및 지속가능성 정보를 포함하고 있다.[45] 연례 보고서는 단순한 재무 데이터에 그치지 않고, 기업의 지속가능성 목표, ESG 성과, 향후 계획 등을 포함하여 주주들에게 기업의 전반적인 운영 상황과 비전을 명확히 전달한다. 예를 들어, 유니레버는 연례 보고서에서 ESG 목표 달성 현황을 구체적인 수치와 사례로 설명하며, 탄소 배출 감축, 윤리적 공급망 관리 등의 성과를 투명하게 공개해 투자자들로부터 긍정적인 평가를 받고 있다. 이러한 정보 공개는 주주들이 기업의 경영 방침과 장기적 목표에 대한 신뢰를 형성하는 데 기여하며, 동시에 글로벌 투자자들에게 기업의 지속가능성을 어필할 수 있는 기회로 작용한다. 반면 한국기업들이 발간하는 연례 보고서의 상당 부분은 기본적인 재무 정보에 초점을 맞추고 있으며, ESG 전략과 성과에 대한 구체적인 데이터나 사례는 상대적으로 미흡한 경우가 많다. 결과적으로, 한국기업들은 주주 권익 보호와 관련된 글로벌 스탠다드에 부합하기 위해 더 많은 노력이 요구된다. 전자 투표 시스템의 도입 확대, ESG 정보의 투명한 공개, 그리고 소액 주주를 포함한 모든 주주의 참여를 보장하는 제도적 장치의 강화가 필요하다.

4 한국기업의 G(지배구조), 그리고 밸류업

사외이사의 독립성과 전문성은 경영진을 견제하고 전략적 조언을 제공함으로써 기업 경영 전반의 개선을 목표로 한다. 반면, 주주 권익 보호는 주주가 기업 의사결정에 실질적으로 참여하며 공정한 대우를 받을 수 있도록 보장하는 제도적 기반을 강조한다. 따라서 이 두 요소는 상호 보완적으로 작용하면서 G(지배구조) 개선의 밑거름이 될 것이다. 아시아 기업 지배구조협회(ACGA)가 발표한 <CG Watch 2023> 보고서에서 한국은 지배구조 제도와 상장사 관행 부문에서 각각 9위를 기록하며, 전체 12개 주요 아시아 국가 중 8위에 그쳤다. 즉 한국보다 낮은 순위를 기록한 국가는 태국, 중국, 필리핀, 인도네시아로 4개국뿐이다. 상위권을 차지한 국가들은 주주 권익 보호를 중심으로 지배구조를 강화하며 높은 평가를 받았다. 호주, 싱가포르 등은 주주 권리 보호와 기업 투명성에서 우수한 성과를 보였으며, 특히 싱가포르는 이사회 독립성을 강화하고 강력한 법적 프레임워크를 통해 기업 신뢰도를 유지하고 있다. 일본은 사외이사 비율을 늘리고 기업 투명성을 강화하며 지배구조 개선 노력을 지속하고 있다. 아시아 기업 지배구조협회(ACGA)는 한국이 지배구조

제도와 상장사 관행을 국제적 기준에 부합하도록 개선할 필요가 있다고 지적했다. 특히, 대주주 중심의 경영 구조와 순환출자 문제로 인해 소수 주주의 권리가 제대로 보장되지 못하고 있다는 점을 강조하며, 이사회 독립성을 강화하고 사외이사 선임 기준을 높이는 등의 개선 방안을 제시했다. 또한, 시민사회와 언론의 감시 역할을 확대해 기업의 윤리적 책임을 높이고 투명성을 강화하는 노력이 필요하다고 언급했다.[46]

지배구조 관점에서 한국기업들이 직면한 구조적 문제를 해결하기 위한 정책적 대응 방안의 일환으로 정부는 2024년 '밸류업 플랜'을 발표하였다. 대주주 중심의 의사결정 구조와 순환출자 문제는 한국기업들의 투명성과 책임성을 약화시켜 글로벌 투자자들 사이에서 신뢰 저하를 초래했기 때문이다. 특히, 주주의 의결권과 권익 보호가 충분히 이루어지지 않아 공정성과 효율성이 부족하다는 평가를 받고 있으며, 이는 '코리아 디스카운트'로 불리는 시장 저평가 현상의 주요 원인으로 지적된다. 이와 함께 ESG 경영이 글로벌 투자와 규제의 핵심 기준으로 자리 잡으면서, 투명하고 공정한 지배구조는 기업 지속가능성을 평가하는 중요한 척도가 되었다. 한국기업들이 글로벌 스탠다드에 부합하지 못한다면 투자 회피와 경쟁력 약화로 이어질 가능성이 크다는 인식이 확산되었다. 밸류업 플랜은 이러한 배경을 바탕으로 설계된 정책으로, 한국기업의 자본시장 저평가 문제를 해소하고 기업 가치를 장기적으로 증대시키는 것을 목표로 한다. 주요 내용은 장기 성장 전략 공개, 이사회 책임 강화, 주주 환원 정책 확대의 세 가지 축으로 구성된다. 장기 성장 전략 공개는 ESG 리스크와 경영 과제를 해결하도록 기업을 유도하며, 이사회 책임 강화를 통해 독립성과 전문성을 확보하고, 배당 확대와 자사주 매입을 통해 투자자 신뢰를 회복하려는 의도를 담고 있다.

정책의 방향성에 대해서는 공감대가 형성되었지만, 실효성에 대한 비판도 적지 않다. 첫째, 자율성에 의존한 정책 설계가 실질적인 변화를 이끌어내지 못하고 있다는 지적이 있다. 많은 기업이 여전히 대주주 중심의 경영 구조를 유지하며, 형식적인 대응에 그치는 경우가 많다. 둘째, 이사회 독립성 강화와 책임성 확보가 기대만큼 이루어지지 않았다. 사외이사의 독립성과 경영진 견제 역할이 여전히 미흡하며, 일부 기업은 형식적으로 사외이사를 선임하거나 대주주와 밀접한 관계의 인물을 임명하고 있다. 셋째, 주주 환원 정책의 효과도 제한적이다. 배당 확대와 자사주 매입은 단기적인 주가 상승에는 기여했지만, 장기적인 기업 가치 상승과 소수 주주의 권리 보호에는 한계가 있다는 평가를 받고 있다.[47]

이럼에도 불구하고, 밸류업 플랜을 한국기업들이 장기적이고 지속가능한 성장을 실현할 수 있도록 돕는 종합적인 지배구조 개선 전략으로 활용하여 글로벌 투자자들의 신뢰를 회복하는 것이 절실하다.

결론 및 요약

본 장에서는 ESG 경영의 근간이자 투명 경영의 기반인 G(지배구조)의 특징과 과제를 분석하였다. G(지배구조)는 장기적 가치 창출과 리스크 대응의 토대이며, 이즈미디어 사태에서 보듯 그 부실은 상장폐지와 투자자 피해라는 치명적 결과를 초래한다. 이에 따라 MSCI 등 글로벌 기관은 이사회의 독립성과 전문성, 주주 권익 보호를 핵심 지표로 삼아 기업을 엄격히 평가하고 있다. 독립성과 전문성을 갖춘 이사회는 경영진을 견제하고 주주 이익을 대변하는 핵심 기구다. 글로벌 선진 기업들은 기후 변화 등 E(환경) 전문가를 사외이사로 영입해 대응력을 높이고 있으나, 한국기업은 여전히 ESG 전문가 비중이 낮아 전략적 대응 역량 강화가 시급한 실정이다. 주주 권익 보호는 시장 신뢰 유지의 핵심 원칙이다. 그러나 한국기업은 낮은 전자투표 도입률과 공시 정보의 미흡함으로 소수 주주의 목소리를 반영하는 데 한계를 보이며, 이는 '코리아 디스카운트'의 주요 원인이 되고 있다. 결론적으로 한국기업이 G(지배구조)의 한계를 극복하려면 '밸류업 플랜'을 실질적인 체질 개선의 기회로 삼아야 한다. 자율 공시를 넘어 이사회의 실질적 독립성을 확보하고 주주 환원 정책으로 신뢰를 회복해야 한다. G(지배구조)의 개선은 단기적 주가 부양을 넘어, 투명하고 책임 있는 경영을 통해 지속가능한 성장을 실현하는 중요한 동력으로 작용할 전망이다.

ESG 경영을 수립하고 실천하는 과정에서 관심을 기울여야 하는 ESG 관련 정책적 규제의 현황은 다음 장에서 논의한다.

제10장

ESG 정책적 규제

1980년대의 자발적 수출 규제(Voluntary Export Restraint, VER)

미국의 '빅3(포드, 제너럴 모터스, 크라이슬러)'는 1970년대까지 미국 내수 시장의 약 80% 이상을 점유하며 명실상부한 글로벌 자동차 산업의 중심에 있었다. 특히, 제너럴 모터스(GM)는 단독으로도 미국 시장 점유율의 약 45%를 기록하며 독보적인 우위를 자랑했다.[1] 그러나 1973년과 1979년 두 차례의 오일 쇼크로 석유 가격이 급등하면서 글로벌 자동차 산업의 흐름은 급속히 변하기 시작했다. 연비 효율성이 낮고 대형차 중심의 제품군을 고수했던 미국 완성차 기업들은 점차 경쟁력을 상실했다. 반면 토요타(Toyota), 혼다(Honda), 닛산(Nissan) 등 일본 자동차 제조사들은 연비 효율성과 가격 경쟁력을 앞세워 미국 내 수입차 시장과 글로벌 전체 자동차 시장에서 두드러진 성장을 보였다. 미국 전체 승용차 시장에서 일본 자동차 제조사들의 점유율은 1970년대 초 5% 미만에서 1979년 21%로 급격히 상승하며, 미국 자동차 산업에 큰 타격을 입혔다.[2] 미국의 '빅3' 제조사는 생산량 감소와 시장 점유율 하락으로 인해 수익성이 악화되었으며, 이는 대규모 구조조정으로 이어졌다. 이런 결과는 자동차 부품 공급업체 및 관련 산업으로도 연쇄적인 영향을 미쳤으며, 결국 디트로이트를 포함한 미국 중서부의 '자동차 벨트' 지역의 쇠퇴로 이어졌다.

이 상황에서 미국 정부가 꺼낸 정책적 카드는 일본과의 자발적 수출 규제(Voluntary Export Restraint, VER)였다. 1981년, 미국과 일본 정부는 오랜 협상 끝에 합의안에 도달했으며, 일본은 3년간 미국으로의 자동차 수출을 연간 168만 대로 제한하기로 동의했다. 이후 미국 측의 추가 요청에 따라 이 규제는 1990년대까지 연장되었다.[3] '자발적'이라는 표현과 달리 일본은 미국 시장에 대한 높은 의존도로 인해 협상 과정에서 선택의 여지가 많지 않았다. 이 규제는 사실상 미국 정부가 자국 자동차 산업을 보호하기 위해 일본 자동차 제조사들에게 강력히 압박을 가한 비공식적인 무역 규제였다. 이 규제에 대응하기 위하여 일본 자동차 제조사들은 생산 전략의 변화를 단행했다. 도요타와 혼다 등은 캘리포니아와 오하이오에 생산기지를 설립하며 현지 생산 체계를 강화했고, 이를 통해 수출 제한으로 인한 영향을 최소화하는 동시에 현지 시장에 깊이 뿌리내릴 수 있는 기반을 마련했다. 또한, 고급차와 중대형 차량으로 제품 포트폴리오를 다변화하며 프리미엄 시장에 성공적으로 진출, 브랜드 가치를 높이는 전략을 펼쳤다. 이 규제는 일본 자동차 제조사들만큼이나 미국 자동차 제조사들에게도 중요한 영향을 미쳤다. 일본 차량의 수출 제한으로 인해 일본산 자동차의 가격이 상승하면서, 미국의 '빅3' 제조사는 시장 점유율을 방어할 기회를 얻었다. 이들은 규제로 인해 얻어진 시간을 활용해 소형차 개발과 연비 개선에 투자를 확대하며, 대형차 중심의 제품 라인업을 다각화하는 데 집중했다. 또한, 일본차와의 직접적인 가격 경쟁이 완화되면서 수익성을 어느 정도 회복할 수 있었다. 이러한 여건은 미국 자동차 제조사들이 기술 혁신과 시장 재편을 도모할 여유를 제공했다.[4]

장 목차

- 서론
- 사전 토론 사항
- 주요 목차
  1. 산업 정책과 ESG 관련 정책적 규제
  2. 공급망 실사법
  3. 생산 단계에서 탄소국경조정세를 통한 환경 규제
  4. 해운 운송의 환경 규제 강화
  5. 항공 운송의 환경 규제 강화
  6. RE100
  7. 공시제도
- 결론 및 요약

서론

오늘날 글로벌 시장은 기존의 산업 정책 방향을 따르면서도, 기후 변화와 인권을 강조하는 ESG 정책적 규제에 의해 근본적인 변화를 강요받고 있다. 과거 유치산업 보호론을 기반으로 정부가 철강, 자동차 등 특정 산업의 성장을 주도하여 국가 경쟁력을 확보했다면, 현재의 정책적 규제는 탄소 국경 조정세(CBAM)와 같은 환경 통제 수단을 통해 재생에너지와 같은 비교 우위 산업의 경쟁력을 더욱 공고히 하는 양상으로 진화하고 있다. 특히, 유럽연합의 공급망 실사 지침(CSDDD)과 기업 지속가능성 보고 지침(CSRD)과 같은 공시제도는 기업의 책임 범위를 협력사까지 확장하며 막대한 재무적 제재를 수반하는 강력한 법적 의무로 자리 잡았다. 해운 및 항공 운송 분야에서도 저탄소 연료 사용 강제를 앞두고 전 공급망에 걸친 탈탄소 전환을 압박하고 있다. 또한, RE100은 자발적 캠페인을 넘어 글로벌 공급망 및 금융 시장을 통해 사실상의 규제로 기능하며 기업의 전력 조달 방식까지 좌우하고 있다. 이러한 복잡하고 급변하는 규제 환경 속에서, 한국기업들은 규제 완화를 ESG 경영의 퇴보로 오인하는 대신, 선제 대응과 시스템 고도화를 통해 후발 주자로서의 격차를 줄일 수 있는 경쟁력 확보의 기회로 삼아야 하는 중대한 시점에 놓여 있다. 이 장에서는 이러한 산업 정책과 ESG 규제의 주요 동향을 분석하고, 한국기업이 생존 및 성장을 위해 반드시 갖춰야 할 실무적 대응 방안을 논의한다.

사전 토론 사항

- ESG 관련 규제 완화는 ESG 경영의 퇴보를 의미하는가?
- RE100 vs CF100 논쟁 속에서 한국 정부와 기업의 실질적인 에너지 전환 로드맵은 무엇이 되어야 하나?
- 실효적인 공급망 ESG 시스템은 어떻게 구축할 것인가?

1 산업 정책과 ESG 관련 정책적 규제

글로벌 시장에서 기업 간 경쟁은 치열하지만, 이는 단순히 시장 점유율을 넘어선 국가 경제의 문제이다. 특정 산업의 성장은 국가 경제의 동력을 강화하고 국제적 위상을 높이는 반면, 쇠퇴는 대규모 실업과 경제 침체를 초래해 사회 전반에 심각한 영향을 미친다. 이러한 상황에서 정부는 특정 산업을 보호하고 경쟁력을 강화하기 위해 규제와 지원을 통해 적극적으로 개입한다. 1980년대 미국과 일본 정부 간의 자발적 수출 규제는 자동차 산업이 정부의 산업 정책 대상이었음을 보여주는 좋은 예이다. 이처럼 산업 정책은 특정 산업의 성장과 국가 경제 경쟁력 강화를 위해 정부가 주도적으로 자원을 배분하고 전략을 실행하는 정책이다.

산업 정책은 단순히 특정 기업이나 산업을 지원하는 데 그치지 않는다. 산업 정책을 통해 기술 혁신, 고용 창출, 수출 경쟁력 강화 등 다양한 국가적 목표를 달성할 수 있기 때문이다. 특히 반도체나 친환경 에너지 산업과 같은 핵심 분야는 국가 안보와 기술 주권, 일자리 창출에 직접적으로 연결되며, 이들 산업의 경쟁력이 국가의 경제적 위상을 결정한다. 반면 특정 산업의 쇠퇴는 대규모 실업과 지역 경제 붕괴를 초래하여 경제적, 사회적 리스크를 동반하기 때문에 산업 정책의 중요성은 더욱 커진다.

1.1. 산업정책의 이론적 기반

산업 정책의 중요한 이론적 배경 중 하나는 유치산업 보호론(Infant Industry Argument)이다. 이 이론은 경제적으로 성숙하지 못한 '유치(infant) 산업'이 이미 기술력과 자본력을 갖춘 선진국 기업과의 경쟁에서 스스로 살아남기 어렵다고 본다. 따라서 정부는 이 산업이 자립할 수 있는 역량을 갖출 때까지 관세, 보조금, 수입 규제와 같은 보호 조치를 통해 일시적으로 지원해야 한다고 주장한다.[5] 이러한 보호를 통해 해당 산업은 충분한 생산량을 확보해 규모의 경제를 달성하고, 기술력을 축적하여 결국 국제 경쟁력을 갖추게 된다.

이 이론은 18세기 말 알렉산더 해밀턴과 19세기 프리드리히 리스트에 의해 체계화되었다. 미국의 초대 재무장관이었던 해밀턴은 1791년 <제조업에 관한 보고서(Report on Manufactures)>를 통해, 당시 농업 중심이던 미국이 제조업을 육성하기 위해 정부의 보호 정책이 필요하다고 주장했다. 독일의 경제학자인 리스트는 저서 《정치경제학의 국민적 체계(The National System of Political Economy)》에서 자유무역이 이미 산업이 발달한 국가에만 유리하다는 점을 지적하며, 후발 산업국은 일시적인 보호무역으로 산업을 육성해야 한다고 강조했다. 그의 주장은 19세기 독일의 산업화 정책에 큰 영향을 미쳤다.

유치산업 보호론을 바탕으로 강력한 산업 정책을 추진한 경우는 쉽게 찾아볼 수 있다. 일본은 1950~60년대에 통산성(MITI)을 중심으로 철강, 자동차, 전자 산업을 전략적으로 육성했다. 정부는 저금리 자금 지원, 기술 도입 통제, 수출 인센티브 등을 제공하며 자국 기업들이 글로벌 시장에서 경쟁력을 갖추도록 도왔다. 그 결과, 도요타(Toyota)나 소니(Sony) 같은 기업들이 세계적인 경쟁력을 확보할 수 있었다. 한국 정부가 1970년대 시행한 중화학공업 육성 정책도 경제 성장의 주요 동력이 되었다. 특히 정부는 철강, 조선, 자동차, 석유화학 등 전략적 산업을 선정하고, 이 분야의 기업들에게 정책금융, 세제 혜택, 독점권 등을 지원했다. 이러한 정부의 집중적인 지원 덕분에 한국의 대기업들은 빠른 속도로 성장할 수 있었다. 소수의 기업에 자원이 집중되면서 한국의 재벌이 탄생하고 거대 그룹으로 발전하게 된 것이다. 이 과정에서 재벌은 정부의 정책 목표를 달성하는 데 중요한 역할을 수행했으며, 오늘날까지 한국 경제에서 막대한 영향력을 행사하고 있다.

1.2. ESG 관련 정책적 규제

전통적인 산업 정책이 경쟁 열위에 있는 특정 산업을 전략적으로 육성하여 국가 경쟁력을 높이는 데 주력했다면, 최근의 ESG 관련 산업 정책은 그 양상에서 큰 차이를 보인다. 우선, 이러한 정책들은 단순히 산업 성장을 목표로 하기보다 사회적 목표를 달성하기 위한 규제적 성격을 강하게 띤다. 기업의 환경 오염 물질 배출을 제한하는 환경 규제처럼, 시장의 자율적인 메커니즘만으로는 해결하기 어려운 문제를 해결하는 것이 주된 목적이다. 기존 산업 정책과의 가장 큰 차이점은 정책의 대상이 되는 산업이 비교 열위가 아닌 오히려 경쟁 우위에 있다는 점이다. 예를 들어 탄소 배출 감축을 목표로 하는 정책적 규제는 표면적으로 생태계 보호를 외치고 있지만, 이러한 규제에 가장 적극적인 국가가 재생에너지 분야에서 이미 비교 우위를 점하고 있는 서유럽이라는 사실은 시사하는 바가 크다. 이러한 현상을 일각에서는 "기울어진 운동장"이라고 비판하기도 한다. 하지만 환경보존이라는 대의명분이 존재하기 때문에, 재생에너지 분야에서 충분한 역량을 갖추지 못한 국가에게는 강력한 통제의 수단으로 작용하는 반면, 이미 비교 우위를 확보한 국가에게는 오히려 기존의 경쟁 우위를 더욱 공고히 하는 수단으로 대두되고 있다.

2 공급망 실사법

ESG 관련 정책적 규제 중에서 가장 대표적이고 포괄적인 것은 공급망 실사법이다. 공급망 관리(Supply Chain Management)는 제품이나 서비스가 원자재에서 최종 소비자에 이르기까지의 전 과정을 효율적으로 관리하는 기법이다. 공급망 관리 규제는 기업이 이 모든 과정에서 발생하는 환경 파괴 및 인권 침해와 같은 사회적, 환경적 위험 요소를 관리하고 책임지도록 의무화하는 법적 프레임워크이다.

이러한 규제의 핵심은 공급망 실사법(Due Diligence Act)이다. 도입초기의 공급망 실사제도는 주로 인권에 초점을 맞추었으며, 강제력이 부족하였다. 초기 공급망 실사제도는 인도적 이슈에 중점을 두어, 주로 아시아와 개발도상국 생산 기지에서의 인권 문제 해결을 최우선 목표로 삼았다. 이는 1990년대 후반 글로벌 기업들의 하청 공장에서 발생했던 아동 노동, 강제 노동, 부당한 노동 조건 등 심각한 인권 침해에 대한 대응이었다. 따라서 당시의 실사 노력은 E(환경) 이슈보다는 S(사회) 이슈에 무게 중심이 있었으며, 공급망 내 노동자의 권리 보장과 안전한 작업 환경 마련에 주력했다. 하지만 이러한 초기 실사 노력은 법적 의무가 아닌 기업의 자발적인 윤리 강령이나 평판 관리 차원에서 이루어진 경우가 많았다. 기업들은 주로 자체적인 행동 강령(Code of Conduct)을 발표하고 협력업체에 준수를 요구하는 방식이었으며, 외부 감사(Audit)를 도입하기도 했지만 이는 법적 처벌이나 벌금으로 이어지지 않는 경우가 대다수였다. 결과적으로 법적 구속력이 없어 규정 위반 시 처벌은 계약 해지나 평판 하락 수준에 머물렀다. 이처럼 경제적 제재가 미약했기 때문에 기업들이 실사를 형식적으로 수행하거나 규정을 회피하기 쉬웠다는 한계가 있었다.

2.1. 최근 동향

공급망 실사제도는 진화를 거듭하고 있다. 무엇보다도 실사 대상이 과거 인권 문제 중심에서 환경, 노동 조건, 윤리적 경영 등으로 대폭 확대되면서 법적 강제력 역시 강화되고 있다. 이는 기업의 자발적 노력을 넘어 법적 의무를 부과하는 새로운 흐름이다. 가장 대표적인 것이 유럽 공급망 실사 지침(CSDDD)이다. CSDDD는 유럽연합(EU)이 기업의 지속가능한 공급망 관리를 법적으로 의무화한 핵심 규제이다. 이 지침은 기업이 자체 사업과 공급망 전반에서 발생하는 인권 및 환경 관련 부정적 영향을 식별하고, 예방 및 완화 조치를 취하도록 강제한다. CSDDD는 2024년 4월에 통과되었으며, 2028년 중순부터 기업의 규모에 따라 순차적으로 적용될 예정이다. 기업들은 하청업체까지 포함하는 포괄적인 실사(Due Diligence)를 수행해야 하며, 파리협정 1.5°C 목표에 부합하는 기후 전환 계획을 수립하고 해당 계획에 이행 조치 또한 포함할 것이 의무화된다. 더불어 추후 위원회가 회원국과의 협의를 거쳐 마련될 가이드라인을 통해 이러한 규정을 위반할 경우, 벌금이 부과되는 등 강력한 제재가 수반될 예정이다. CSDDD는 유럽 시장에 진출한 기업들에게 직접 및 간접적으로 영향을 미치고 있으며, 한국기업도 예외가 아니다.

2025년 9월경, 미국 조지아주에 건설 중이던 현대자동차그룹과 LG에너지솔루션 합작 배터리 공장 건설 현장에서 대규모 이민 단속 및 구금 사태가 발생하여 글로벌 공급망 규제 리스크의 심각성을 다시 한번 드러냈다. 이 사태는 미국 이민세관단속국과 국토안보수사국 주도로 이루어졌으며, 불법 체류 혐의 등으로 475명의 근로자가 체포 및 구금되었다. 특히 구금된 인원 중 300여 명이 한국 국적자였으며, 현지 언론을 통해 이들이 쇠사슬 등으로 결박된 채 연행되는 충격적인 모습이 공개되어 한국 사회와 외교가에 큰 파장을 일으켰다. 이 사건은 현대차그룹의 직접 고용 직원은 구금 인원에 포함되지 않았다는 공식 발표에도 불구하고, 기업의 리스크 관리가 직접 고용 관계를 넘어 협력사, 하도급 업체 네트워크 전체로 확대되어야 함을 상기시켰다.[6] 유럽연합의 CSDDD와 같은 규제가 요구하는 포괄적 실사 의무를 기업이 제대로 이행하지 못했을 때 발생하는 최악의 상황을 미리 보여준 것이기 때문이다. CSDDD가 순차 적용되면, 이와 유사한 인권 침해 문제가 발생할 경우 해당 기업은 벌금을 통한 재무적 제재는 물론, 경영진의 법적 책임까지 지게 될 수 있다. 공급망 실사법으로 대변되는 ESG 관련 정책적 규제가 요구하는 수준으로 ESG 경영 체계를 고도화하는 것이 한국기업에게 더 이상 선택이 아닌 필수적인 생존 전략임을 강력하게 시사한다.

2.2. 온실가스 배출량 감축

인권 침해 문제뿐만 아니라 기후 변화에 대한 위기감이 커지면서, 최근 글로벌 기업들의 공급망 관리에서 가장 큰 화두가 되는 것은 온실가스 배출량 감축이다. 기업이 관리하는 배출량은 일반적으로 '탄소 배출'로 통칭되지만, 실제로는 이산화탄소(CO_2)뿐 아니라 메탄, 아산화질소 등 7가지 온실가스 전체를 포함하며, 이들을 이산화탄소 환산톤(CO_2e) 단위로 측정한다. 이러한 온실가스 배출은 발생원에 따라 Scope 1, Scope 2, Scope 3로 구분된다. Scope 1은 조직의 경계 내에서 직접 배출되는 온실가스 배출, Scope 2는 외부 전력 및 열 소비로 인해 배출되는 온실가스 배출을 의미한다. 최근 기업들은 조직의 경계 외 가치 사슬에서 발생하는 간접적 온실가스 배출인 Scope 3에 대해 집중적인 관심을 쏟고 있다.[7] 이는 조달, 생산, 유통, 판매, 폐기 등의 사업 운영을 자사가 직접하기보다는 협력업체에 의존하는 경향이 커지고 있기 때문이다. 이에 따라 협력업체에서의 온실가스 배출량이 자사의 전체 온실가스 배출량에서 차지하는 비중도 점차 커지고 있다. 실제로 탄소정보공개프로젝트(CDP)의 2024년 보고서 <Strengthening the chain>에 따르면, 기업의 공급망 배출량(Scope 3)은 평균적으로 운영 배출량(Scope 1, 2)보다 무려 26배 더 많다는 통계도 발표된 바 있다. 이러한 이유들 때문에, 어떤 협력업체를 선정하느냐가 지속가능한 공급망 구축의 시작이라고 말할 수 있다.

3 생산 단계에서 탄소국경조정세를 통한 환경 규제

탄소국경조정세(CBAM: Carbon Border Adjustment Mechanism)는 탄소 배출량이 많은 제품을 생산하는 과정에서 발생하는 온실가스 배출량에 대해 수입국이 세금을 부과하는 제도이다. 이는 기후 변화 대응을 위해 탄소 가격을 높게 책정하는 국가들의 산업 경쟁력 약화를 막고, 생산 시설이 탄소 규제가 약한 국가로 이전되는 현상인 '탄소 누출'을 방지하는 것을 주된 목적으로 한다.

CBAM이 대두된 배경에는 선진국들의 높은 수준의 환경 규제가 있다. 유럽연합(EU)은 자체적으로 탄소 배출권 거래제(EU ETS)를 통해 기업의 탄소 배출량을 강력하게 규제하고 있다. 이로 인해 유럽 내 기업들은 높은 탄소 비용을 부담하게 되었고, 상대적으로 규제가 느슨한 국가에서 생산된 저렴한 제품이 수입되면 경쟁에서 불리해질 수 있다는 우려가 커졌다. 이에 EU는 자국 기업을 보호하고, 국제적으로 탄소 중립을 위한 노력을 확산시키기 위해 CBAM을 도입하기에 이르렀다. CBAM은 파리협정 이후 강화된 각국의 탄소 감축 목표와 맞물려, 전 세계 무역 질서를 근본적으로 변화시키는 핵심 요소가 되었다.

3.1. 탄소 가격 경쟁에서 정책적 규제로

CBAM은 본래 환경적 목표를 가진 정책이지만, 그 작동 방식 때문에 사실상의 정책적 규제로 기능하고 있다. 이 제도는 2023년 10월 1일부터 전환 기간에 돌입하여, EU로 수출하는 기업들에게 수입품의 탄소 배출량을 의무적으로 보고하도록 했다. 아직 세금이 부과되지는 않지만, 기업들은 데이터를 수집하고 시스템을 구축해야 하는 중요한 단계이다. 2026년 1월 1일부터는 실질적인 세금 부과가 시작되며, 수출 기업들은 수출품에 대한 탄소 배출량에 따라 'CBAM 인증서'를 구매해야 한다. 이 인증서 가격은 EU의 탄소 배출권 거래제(ETS) 가격을 기준으로 책정된다. CBAM의 적용 대상 품목은 철강, 알루미늄, 시멘트, 비료, 수소, 전력 등 6개 품목으로, 모두 탄소 집약적 산업들이다. 이는 해당 품목을 EU로 수출하는 기업들에게 직접적인 비용 부담을 안겨주며, 국제 무역에서 새로운 형태의 무역 장벽으로 작용한다. 따라서 기업들은 CBAM 세금을 회피하거나 줄이기 위해 탄소 감축 노력을 강화해야 하는 상황이다. 이는 사실상 강력한 정부 규제나 다름없는 압박으로 다가오고 있다.

3.2. 국내 기업에 대한 영향 및 대응 현황

CBAM은 국내 수출 기업들에게 새로운 과제를 던지고 있다. 특히 유럽 시장으로 철강, 알루미늄 등 탄소 집약적 제품을 수출하는 국내 기업들은 CBAM 인증서 구매에 따른 새로운 비용 부담을 피할 수 없다. 이는 기업의 수익성을 악화시키고, 가격 경쟁력을 잃게 만드는 요인이 될 수 있다. 이에 따라 국내 기업들은 CBAM 대응을 위해 탄소 배출량 측정 및 보고 시스템을 구축하고, 생산 공정에서 탄소 배출을 줄이는 기술 개발에 집중하고 있다. 예를 들어, 국내 주요 철강 업체들은 석탄 대신 수소를 사용하는 수소 환원 제철 기술을 개발하고 있으며, 화학 업체들은 공정 효율을 높여 탄소 배출량을 줄이는 노력을 강화하고 있다. 그러나 이러한 기술 개발 및 설비 전환에는 막대한 투자가 필요하다는 현실적인 어려움이 존재한다. 또한, 글로벌 공급망에서 유럽 기업들의 요구에 부응하지 못하는 협력사들은 거래 관계에서 배제될 위험에 직면해 있다. 이는 단순히 EU 수출 기업뿐만 아니라, 그 공급망에 속한 모든 국내 기업들에게 영향을 미치며, 결국 산업 전반의 탄소 감축을 요구하는 강력한 동력이 되고 있다.

CBAM은 한국 정부의 정책에도 중대한 영향을 미치고 있다. CBAM이 부과하는 세금은 수출국의 탄소 가격을 고려하여 산정된다. 따라서 한국 정부가 탄소 배출권 거래제(K-ETS)의 가격을 EU ETS 수준으로 높일수록 국내 기업이 CBAM에 납부해야 할 세금은 줄어들게 된다([도표 10-1] 참고).[8] 하지만 이는 국내 산업의 비용 부담을 가중시킬 수 있어, 정부는 기업 경쟁력을 고려하며 신중한 접근을 취해야 한다. 정부는 CBAM에 대응하기 위한 다양한 정책을 추진 중이다. 기업의 탄소 배출량 측정 및 보고, 검증을 위한 컨설팅, 설비 개선 등 지원사업을 추진하고 있으며,[9, 10] 저탄소 기술 개발에 대한 R&D 지원을 확대하고 있다.[11] 그러나 여전히 한국의 탄소 배출권 가격은 EU에 비해 낮고,[12] 산업 부문의 탄소 감축 속도 역시 국제 기준에 미치지 못한다[13]는 한계가 있다([도표 10-2] 참고). 궁극적으로 CBAM은 국내 탄소 감축 정책의 시계를 빠르게 돌리게 하는 강력한 외부 요인이다. 정부는 기업의 부담을 최소화하면서도 탄소 감축이라는 국제적 흐름에 뒤처지지 않도록 정책을 조정해야 한다.

도표 10-1 CBAM 의무 비용 계산

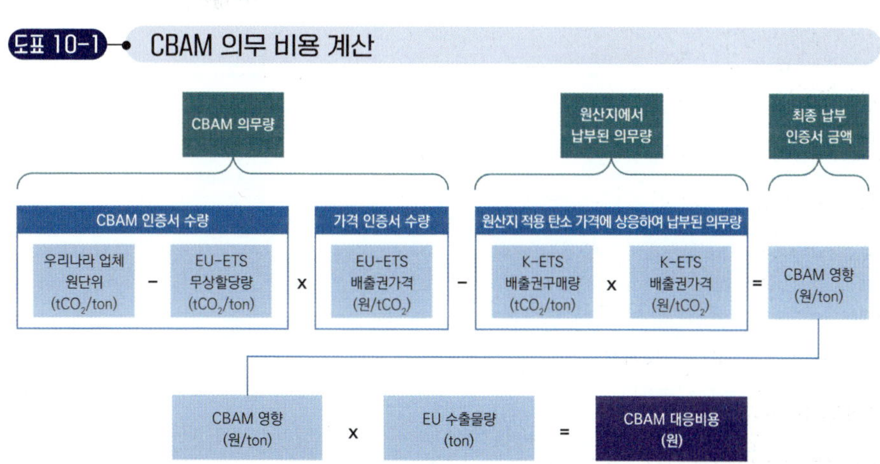

출처: 원출처(CBAM 국내 영향 분석 방안, 김성진 외 p.40. 2023), 2차 출처(EU 탄소국경조정제도 대응 방안. 법무부. 2024.)

도표 10-2 주요국 ETS 장내 거래실적 및 거래가격 비교

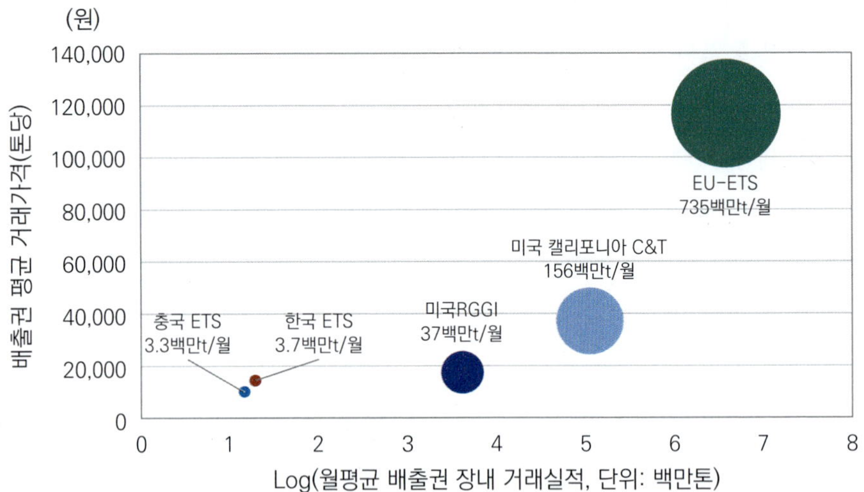

주 1) ETS별 지표물의 장내 선물 · 현물 · 경매거래 합산 기준 (2022~2023년 반기)
2) EU는 EEX와 ICE Europe, 미국은 ICE, 중국은 텐진기후거래소 기준

출처: 한국 배출권 거래시장 발전 방향. 자본시장연구원. 2025.

4 해운 운송의 환경 규제 강화

해양운송 산업은 전 세계 교역 물동량의 대다수를 담당하는 핵심 물류 수단이다. 전 세계 무역 물동량의 80% 이상이 해상을 통해 운송되고 있으며, 무게(ton) 기준으로도 75%가 해상에서 처리되는 등 글로벌 공급망에서 절대적인 비중을 차지하고 있다.[14] 하지만 이러한 막대한 운송량은 필연적으로 심각한 환경 문제를 야기하고 있다. 해운 부문은 전 세계 이산화탄소(CO_2) 배출량의 약 3%를 차지하는 거대 오염원이며,[15] 이는 중국, 미국 등 세계 5대 탄소 배출국을 제외한 대부분 개별 국가의 배출량을 능가하는 수준이다. 따라서 해양운송 산업은 온실가스 감축을 위한 매우 강력하고 구체적인 국제적 요구에 직면하고 있으며, 국제 규제를 통해 강도 높은 탈탄소 전환이 강제되고 있다.

국제해사기구(IMO)는 국제 해운을 관장하는 UN 전문기구로서 해운업계의 탄소 감축 목표를 지속적으로 강화하고 있다. 예를 들어, IMO는 2023년에 국제 해운의 온실가스 순배출 '제로(Net-Zero)' 달성 시점을 2050년경으로 공식 설정하고, 중간 목표를 대폭 상향 조정했다. 구체적으로, 2030년까지 최소 20%(30% 노력) 감축과 2040년까지 최소 70%(80% 노력) 감축을 2008년 대비 달성하도록 의무화한 것이다.[16] 이를 이행하기 위해, 선박의 '설계 효율'을 검사하는 기술적 의무인 EEXI(현존선 에너지효율 지수)와 선박의 '운영 효율'을 평가하는 CII(탄소집약도 지수)를 통해 환경 책임을 강제하고 있다. EEXI는 선박이 운송량 대비 CO_2를 얼마나 적게 배출하도록 설계했는지 여부를 보는 일회성 기술 평가이며, CII는 실제 운항 데이터를 바탕으로 매년 A~E 등급을 부여하며, 낮은 등급을 부여 받을 시 시정 계획을 승인받아야 운항할 수 있는 등 페널티가 따른다.[17, 18] 이러한 IMO의 규제 강화 흐름은 이제 공급망 내의 화주(Shipper) 요구와 결합하여, 해운 기업들에게 피할 수 없는 비용 및 경쟁 요소로 자리 잡고 있는 상황이다.

4.1. 정부차원의 해운업 규제 강화

유럽연합(EU)은 국제해사기구(IMO)보다 훨씬 앞서고 강도 높은 시장 기반 규제를 선도하며 글로벌 해운업의 변화를 주도하고 있다. 유럽연합은 2024년 1월부터 해운 부문을 EU 배출권거래제(EU ETS)에 단계적으로 편입시켜, 선사들이 EU 항만 입·출항 시 발생하는 CO_2 배출량에 대해 배출권을 구매하도록 의무화했다. 이는 규제 준수 비용을 직접적으로 부과하는 강력한 경제적 조치이다. 나아가, FuelEU Maritime 규정(2025년 시행)을 통해 선박 연료의 온실가스 집약도에 상한선을 설정하고 이를 점진적으로 감축하도록 강제하여, 저탄소 및 무탄소 연료 사용을 직접 촉진하고 있는 상황이다. 이러한 유럽연합의 규제는 선박의 국적과 관계없이 EU 항만에 입항 또는 출항하는 모든 선박에 적용된다는 특징을 갖는다. 미국은 최근 트럼프 대통령의 공식 입장에 따라 국제해사기구(IMO)의 글로벌 탄소가격제 도입에 강경한 반대 입장을 표명하는 등 국제적 일괄 규제에 대해 거리를 두는 태도이지만, 자국 내 연안 및 항만 차원에서 실질적인 환경 개선 노력을 추진하고 있다. 미국은 녹색 해운 항로(Green Shipping Corridors) 구축과 같은 자발적인 국제 협력에 적극적으로 참여하고 있으며, 주(州) 단위 정책이나 항만별 인센티브를 통해 친환경 연료 사용 및 저배출 기술 도입을 촉진하고 있는 것이 특징이다. 중국은 친환경 선박 건조 및 운영에 대한 R&D 지원과 녹색 금융 인센티브를 제공하고 있으며, 일본은 암모니아 등 특정 친환경 연료의 공급망 및 기술 표준 선점에 집중하고 있다.[19]

4.2. 화주 주도의 공급망 개편

해운 산업에 대한 환경적 압박은 정부나 국제기구뿐만 아니라, 화주인 거대 글로벌 기업들로부터도 점점 거세지고 있다. 이들 기업은 공급망 전반에서 발생하는 배출량인 Scope 3 감축 목표를 달성하기 위해, 해상 운송 과정에서의 온실가스 배출량 감축이 가능한 해운업체를 찾고 있다. 대표적인 예로 ZEMBA(Zero Emission Maritime Buyers Alliance), 즉 '제로 배출 해양 구매자 연합'이 있다. 아마존, 파타고니아, 나이키, 이케아 등 글로벌 대기업들이 해상 운송 과정의 온실가스 배출량 감축을 목표로 설립한 이 연합체는 친환경 해운 솔루션에 대한 강력한 시장 수요를 형성하고 있다. 실제로 이들은 해운업체를 선정할 때 Scope 3 감축 역량을 핵심 평가 요소로 삼고 있다.[20]

이러한 화주의 압력과 수요 변화를 상징적으로 보여주는 사건이 2024년 4월에 일어났다. 업계 순위 5위에 불과했던 하팍-로이드(Hapag-Lloyd)사가 거대 글로벌 기업들의 해상 물류를 향후 2년 동안 담당할 새로운 업체로 선정된 것이다. 하팍-로이드사는 바이오 메탄올 연료 등의 대체 연료를 사용하여 기존 탄소 배출 총량의 90%를 감축할 수 있음을 천명했기 때문이다.[21] 2025년 9월 하팍-로이드사는 화물 운송 기업인 DHL Global Forwarding과 새로운 3년 장기 협약을 체결하며 친환경 운송 역량을 더욱 강화하고 있다. 이 협약의 핵심은 하팍-로이드 선대의 지속가능한 해양 연료(SMF)를 사용하여

Scope 3 온실가스(GHG) 배출량을 공동으로 줄여나가는 것이다. 이 협약의 가장 큰 특징은 친환경 연료를 쓴 효과(CO_2 감축분)를 실제 배가 연료를 사용하는 장소와 분리하여 사고팔 수 있게 만든 것이다. 현재 친환경 연료 공급이 매우 제한적이기 때문에, 이 방식은 고객이 어떤 경로로 운송하든 그 운송에 친환경 연료가 사용된 것으로 인정받아 Scope 3 감축을 주장할 수 있도록 해준다. 결과적으로, 이는 친환경 연료 도입을 시장 전체로 빠르게 확산시키는 효과를 가져온다. 하팍-로이드사는 이미 2세대 바이오 연료를 사용하는 친환경 해상 운송 제품인 'Ship Green'을 출시했으며,[22] 이번 DHL과의 첫 주문을 통해 이미 25,000톤의 CO_2 환산 배출량 감축을 달성했다고 밝혔다.[23]

4.3. 국내 기업에 대한 시사점

해양 운송 산업에서 선박의 에너지 효율 개선과 운항 탄소 강도 감축을 강제하는 정부 규제의 흐름은 이제 공급망 내의 화주 요구와 결합하여, 해운 기업들에게 피할 수 없는 비용 및 핵심 경쟁 요소로 자리 잡고 있다. 최근 하팍-로이드사 사례가 명확히 보여주듯, 해양 운송 산업 내 경쟁 기업들은 화주들이 요구하는 온실가스 배출량 감축 목표를 달성할 수 있는지에 따라 거대 기업들의 공급망에 새롭게 편입되거나 혹은 시장에서 배제되는 현실에 직면하고 있다. 이러한 국제적 규제와 시장의 요구는 국내 해운 기업들에게도 즉각적인 영향을 미치고 있다. 대체 연료 선박 건조 및 연료 인프라 구축에는 막대한 초기 비용이 필요하다는 현실적인 어려움이 존재하기 때문에, 정부는 해운 부문의 친환경 전환을 지원하기 위한 정책적, 재정적 지원을 강화해야 하며, 국내 해운 기업들은 규제 준수와 더불어 글로벌 화주의 친환경 공급망 요구에 부응하기 위해 저탄소 운송 역량을 확보하는 것을 최우선 과제로 삼아야 한다.

5 항공 운송의 환경 규제 강화

항공 부문에서도 탄소 배출량의 대다수를 차지하는 연료 문제 해결을 위해 환경 규제가 강력하게 강화되고 있다. 해운업과 마찬가지로 항공 산업의 탈탄소화 핵심은 지속가능한 항공 연료(SAF, Sustainable Aviation Fuel)로의 전환이다. SAF는 폐유나 농업 잔재물 같은 지속가능한 자원에서 생산되며, 기존 제트 연료 대비 수명 주기 온실가스 배출량을 최대 80%까지 줄일 수 있어, 단기 및 중기적으로 항공 산업의 탈탄소화를 이끌 핵심 수단으로 간주되고 있다.[24]

5.1. 정부차원의 항공업 규제 강화

유럽연합(EU)은 전 세계에서 가장 먼저 강력한 SAF 사용 의무화를 시행하고 있다. EU 역내 공항에서 항공기에 급유되는 연료에는 2025년부터 2% 이상의 SAF 혼합이 의무화되었다. 이 의무 비율은 2030년에는 6%, 2050년에는 70%까지 단계적으로 확대될 예정이다.[25] EU의 뒤를 이어 아시아의 주요 항공 허브인 싱가포르 정부도 항공 부문의 탄소 중립 목표 달성을 가속화하기 위해 2026년부터 싱가포르를 출발하는 모든 항공편에 SAF 사용을 의무화하는 정책을 전격 발표했다. 이번 정책에 따라 2026년부터 모든 출국 항공편에는 최소 1% 이상의 SAF 사용이 강제되며, 싱가포르는 이 의무 혼합 비율을 2030년까지 3%에서 5% 수준으로 단계적으로 확대하고, 궁극적으로 2050년까지 항공 부문 전체 Net-Zero를 달성한다는 목표이다. 특히, 싱가포르 정책의 주목할 만한 특징은 SAF가 기존 항공유 대비 3~5배에 달하는 높은 가격 때문에 항공사 부담이 커지는 문제에 대응하기 위해 승객에게 'SAF 부담금'을 부과한다는 점이다. 싱가포르 민간항공국은 의무 SAF 비율과 예상 가격을 기반으로 산정한 부담금을 이동 거리 및 좌석 등급별로 차등 부과할 계획이며, 징수된 금액은 SAF 구매와 인프라 구축에 투입되어 SAF 생태계를 지원하는 재원으로 활용된다. 싱가포르 정부는 화석 연료에 의존하는 항공 산업에서 SAF 의무화를 통해 안정적인 수요를 창출하고, 승객 분담금을 통해 재원을 마련함으로써 아시아 지역의 SAF 생산 및 투자 확대를 이끌겠다는 전략이다.[26]

5.2. 민간 부문의 대응 현황

정부차원의 항공업 규제와 시장 요구에 대응하며 SAF 생태계를 구축하는 단계로 진입하고 있다. 하지만 SAF 확대는 두 가지 주요 난관에 직면해 있다. 바로 극히 낮은 공급량과 높은 가격이다. 국제항공운송협회(IATA)에 따르면, 2024년 SAF 생산량은 100만 톤으로 2023년 대비 두 배가 되었으나, 이는 전 세계 제트 연료 생산량의 약 0.3%에 불과하며, 2025년에도 전체 연료 수요의 0.7% 수준에 머물 것으로 예상된다.[27] 국제항공운송협회(IATA)는 EU와 영국의 SAF 의무화가 시행되면서 시장 조건이 충분치 않은 상황에서 규정 준수 비용이 추가되어 SAF 가격이 두 배로 폭등하는 결과를 낳았다고 비판하며, 에너지 전환 과정에서 비용을 불필요하게 증가시켜 정책의 실패를 초래한다고 경고한다.[28]

이러한 공급 및 비용의 한계를 극복하고 SAF 채택을 가속화하기 위해 민간 부문 주도의 시장 인프라 구축과 기술 혁신이 시대순으로 진행되고 있다. 2016년 국제민간항공기구(ICAO)가 국제선 항공편의 탄소 배출량을 다루기 위해 국제항공 탄소 상쇄 및 감축 제도(CORSIA)를 출범시킨 이래, SAF의 도입을 실질적으로 돕기 위한 민간 주도의 노력이 이어지고 있다. 2022년 Shell, Accenture, Amex GBT가 출범시킨 아벨리아(Avelia)가 대표적이다. 아벨리아는 SAF를 실제 이용할 수 없는 경우에서도 Book and Claim 모델을 통해 SAF의 온실가스 감축 혜택에 접근하고 Scope 3 감축을 인정받도록 지원한다. Book and Claim 모델은 친환경 연료가 실제로 소비된 장소와 관계없이, 해당 연료가 줄인 탄소 배출량 감축분을 구매자가 거래하여 자신의 배출량 감축 실적으로 공식적으로 인정받는 시스템이다. 2025년 3월까지 57개 이상의 기업 및 항공사가 참여하여 30만 톤 이상의 CO_2e 감축 효과를 달성했으며, 최근에는 기존 단독 공급자 모델에서 벗어나 다중 공급자 모델로 전환하고 항공사가 외부에서 구매한 SAF까지 관리하는 모델을 도입하며 SAF 추적의 투명성과 신뢰도를 높여 산업 표준으로 진화하고 있다.[29, 30] 한편, SAF 공급의 근본적인 난제를 해결하고자 기술 동맹도 활발히 전개되고 있는데, 2025년 6월 Honeywell, Johnson Matthey, GIDARA Energy, Samsung E&A가 기술 개발을 위한 제휴를 맺고 SAF 생산 가속화 및 비용 절감을 목표로 나섰다. 이들은 기존의 공정을 개량하여 폐기물 및 도시 폐기물을 원료로 사용하며, 공장 가동 시간을 15% 이상 단축하고 초기 자본 지출을 최대 10%까지 줄일 것으로 기대된다.[31, 32] 이러한 인프라와 기술의 발전은 기업에게 실질적인 탄소 감축 기회를 제공하고 있으며, 브리티시 에어웨이즈(British Airways)가 다년 SAF 구매 계약을 통해 약 40만 톤의 CO_2 감축을 예상하는 사례처럼,[33] SAF 구매는 규제 준수를 넘어 항공업에서의 경쟁 우위 유지 및 확보에 필수적인 요소가 될 것이다.

6 RE100

지금까지 제품 생산 과정에서의 탄소국경조정세, 해운 및 항공 운송 분야에서의 강화된 환경 규제를 통해 전 공급망에 걸친 탄소 배출 압박을 살펴보았다. 하지만 탄소배출의 근본적인 해결을 위해서는 공장과 사업장에서 사용하는 전력을 어떻게 생산하고 소비하는지에 대한 해결책이 필수적이다. 이러한 관점에서 RE100(Renewable Energy 100%)의 중요성이 갈수록 커지고 있다. RE100은 기업이 사용하는 전력의 100%를 태양광, 풍력 등 재생에너지로 충당하겠다는 자발적 캠페인이다. 이 이니셔티브에 참여하는 기업들은 늦어도 2050년까지 목표를 달성해야 하며, 중간 목표를 설정하고 이행 과정을 투명하게 공개해야 한다. RE100이 중요해진 배경에는 기후 변화에 대한 위기의식 고조와 더불어, 기업의 사회적 책임에 대한 요구가 커진 것이 있다. 특히, 파리협정 이후 각국 정부가 온실가스 배출 감축 목표를 설정하고 관련 정책을 강화하면서 기업들도 이에 적극적으로 동참해야 하는 상황이 되었다. 또한, 소비자들 사이에서 친환경 제품에 대한 선호도가 높아지고, 투자자들은 기업의 환경적 노력을 중요한 투자 기준으로 삼는 ESG 경영이 확산되면서 기업들은 더 이상 환경 문제를 외면할 수 없게 되었다.

6.1. 자발적 이니셔티브에서 정책적 규제로

RE100은 비영리 국제 환경 단체인 더 클라이밋 그룹(The Climate Group)이 2014년 출범시켰다. 이 캠페인은 탄소 배출량 감축에 대한 기업의 책임감을 고취하고, 재생에너지 시장의 확대를 촉진하기 위해 시작되었다. 더 클라이밋 그룹은 CDP(탄소정보공개프로젝트)와 협력하여 캠페인을 운영하며, RE100에 참여하는 기업들은 단순히 목표를 설정하는 것을 넘어, 재생에너지 사용량 및 조달 방안 등을 투명하게 공개해야 한다. 이러한 자발적 노력이 글로벌 기업들에게 확산되면서 RE100은 이제 거스를 수 없는 하나의 흐름이 되었다.

RE100은 본래 자발적 캠페인으로 시작되었지만, 이제는 개별 국가의 정책과 글로벌 공급망, 금융 시장에 영향을 미치며 사실상의 강력한 규제로 기능하고 있다. 이는 기업의 재생에너지 전환이 직접적인 정부 규제와 맞물리기 때문이다. 한국의 경우, 재생에너지 전환이 더딘 상황에서 RE100은 정부 정책의 중요한 준거가 되고 있다. 2025년 제11차 전력수급기본계획에 따르면 한국의 재생에너지 발전 비중은 8.4%에 불과하지만, 정부는 이 비중을 2030년까지 18.8%로, 2038년까지 29.2%로 확대한다는 목표를 세웠다([도표 10-3] 참고).[34] 이는 RE100 가입 기업들이 마주한 현실적인 어려움과 맞물려 정부가 재생에너지 정책을 강화하는 직접적인 배경이 되고 있다. 또한, RE100은 정부의 공식적인 정책 수단으로 활용되기도 한다. 한국 정부는 RE100 이행 기업을 지원하기 위해 녹색 프리미엄, 전력구매계약(PPA) 등의 제도를 도입했다. 뿐만 아니라 애플과 같은 글로벌 기업들은 협력사들에게 RE100 가입을 요구하며, 이는 사실상 공급망 규제로 작용한다. 재생에너지 전환 계획이 없는 협력사는 거래에서 배제될 수 있기 때문이다. 재생에너지 전환이 더딘 기업은 투자자들로부터 외면당할 수 있다는 점에서 금융 규제와 유사한 압박을 받는다.

도표 10-3 에너지별 발전량 및 발전비중 전망

(단위: TWh, %)

연도	구분	원전	석탄	LNG	재생e	신e	청정수소 암모니아	기타	합계	탄소	무탄소*
'23년	발전량	180.5	184.9	157.7	49.4	7.2	-	8.3	588.0	358.2	229.9
	비중	30.7	31.4	26.8	8.4	1.2	-	1.4	100.0	60.9	39.1
'30년	발전량	204.2	110.5	161.0	120.9	18.7	15.5	11.8	642.6	302.0	340.6
	비중	31.8	17.2	25.1	18.8	2.9	2.4	1.8	100.0	47.0	53.0
'38년	발전량	248.3	70.9	74.3	205.7	26.4	43.9	34.9	704.5	206.7	497.8
	비중	35.2	10.1	10.6	29.2	3.8	6.2	5.0	100.0	29.3	70.7

* 무탄소발전: 원전 + 재생 + 청정수소·암모니아
** 신규설비 중 '무탄소경쟁' 물량은 수소전소(0.7GW) 및 ESS연계형 태양광(0.8GW)으로 반영
*** 무탄소경쟁 시장 여건, 유보 물량 처리 등에 따라 변동 가능

출처: 제11차 전력수급기본계획 주요내용. 산업통상자원부. 2025.

6.2. 국내기업의 현황

2025년 12월 기준, 전 세계 446개 글로벌 기업들이 동참하고 있으며 그 수는 빠르게 증가하고 있다. 구글은 2017년에 이미 연간 전력 소비량 100%를 재생에너지로 충당하는 목표를 달성했다고 선언했다.[35] 이들은 자체 발전소 건설, 장기 전력 구매 계약(PPA) 등을 통한 재생에너지 조달에 적극적이다. 애플 또한 모든 직영 시설과 데이터 센터에서 재생에너지 100%를 사용하고 있으며, 협력사들에게도 재생에너지 사용을 강력히 요구하고 있다.[36] 대만 최대 전자기기 제조사인 폭스콘이 애플의 요구에 따라 RE100에 가입한 사례[37]는 공급망 관리의 차원에서 RE100이 활용되고 있음을 보여준다.

국내 RE100 가입 회원사 36곳 중 2022년에 가입한 기업이 13곳으로 전체의 36.1%를 차지하며 가장 높은 비중을 기록했다. 이는 2020년 6개(16.6%), 2021년 8개(22.2%)와 비교해 큰 폭으로 증가한 수치다. 이러한 현상은 글로벌 공급망 재편과 함께 주요 수출 기업들이 탄소중립 목표를 강화하면서 RE100 가입을 서두른 결과로 분석된다. 특히, 2022년에는 삼성전자, 삼성디스플레이, 삼성SDI 등 삼성 계열사와 현대자동차, 현대모비스, 현대위아 등 국내 대표 제조업체들이 대거 합류하며 가입 기업 수 급증을 이끌었다. 2023년에는 9개 기업이 가입해 2021년과 비슷한 수준을 유지했다. 산업 분야별로 보면 제조업이 18곳(50.0%)으로 가장 높은 비중을 차지한다. 이어서 서비스업이 11곳(30.5%), 소재 분야가 3곳(8.3%) 순으로 나타났다. 이는 에너지 소비량이 많은 제조업이 RE100 참여에 가장 적극적이며, 기업 경쟁력 확보를 위해 재생에너지 전환을 필수 과제로 인식하고 있음을 시사한다.

하지만, 국내 RE100 가입 기업의 목표 연도를 보면, 많은 기업(36.1%, 13곳)이 재생에너지 전환의 마지노선이라 할 수 있는 2050년으로 목표 달성 시점을 설정하고 있다. 2040년을 목표로 한 기업은 16곳(44.4%)으로 가장 많았으며, 2025년을 목표로 한 기업은 2곳(6.7%)에 불과했다. 이러한 장기 목표 설정의 배경에는 여러 어려움이 존재한다. 한국은 아직 재생에너지 발전 비중이 낮고, 대규모 발전소 부지 확보와 전력망 연결에 어려움을 겪는 상황이다. 이 때문에 기업들이 단기간 내에 100% 재생에너지 목표를 달성하기 어렵다. 또한, 재생에너지 공급이 수요에 비해 부족해 기업들은 공급인증서(REC)나 녹색 프리미엄 등을 구매할 때 높은 비용을 부담해야 하며, 단기간에 모든 전력을 재생에너지로 대체하기에는 경제적 부담이 큰 상황이다. RE100 가입 기업 중 에너지 소비량이 많은 제조업체가 다수를 차지하는 기업 구조도 영향을 미친다. 제조업은 전력 사용량이 많아 목표 달성이 더 어렵기 때문에 현실적으로 2040년이나 2050년 같은 장기 목표를 설정하는 경향이 있다. 여기에 복잡한 규제와 불충분한 전력구매계약(PPA) 제도 등 정부 정책 및 제도적 지원이 미흡하여 기업들이 재생에너지 전환을 가속화하기 어려운 상황이다.

6.3. 정책적 시사점

RE100을 달성하는 주요 방법에는 다음과 같은 것들이 있다. 첫째, 기업이 직접 재생에너지 발전소를 건설하여 사용하는 자가 발전 방식이다. 둘째, 재생에너지 발전 사업자와 직접 장기 계약을 맺어 전력을 구매하는 전력구매계약(PPA) 방식이다. 셋째, 재생에너지 사용을 증명하는 인증서(예: REC, K-REC)를 구매하는 방식이다. 마지막으로, 한전과 같은 전력회사를 통해 재생에너지를 구매하는 녹색 프리미엄 제도 등이 있다. RE100 연례 보고서에 따르면, 한국은 RE100 가입 기업들이 재생에너지 조달에 어려움을 겪는 시장 1위로 꼽히고 있다.[38] 이와 관련하여 한국 정부는 그동안 다양한 정책을 시행해 왔다.

예를 들어 2021년 1월에 녹색 프리미엄 제도를 통해 기업들이 한국전력공사에 추가 요금을 지불하고 재생에너지로 생산된 전력을 구매할 수 있게 했다. 기업이 재생에너지 발전 사업자로부터 직접 전력을 구매하는 PPA 제도 역시 활성화되고 있다. 기존에는 제3자를 거치는 PPA만 가능했지만, 2022년부터 기업이 발전 사업자와 직접 계약하는 직접 PPA 제도가 도입되었다. 2024년 5월, 산업통상자원부는 2030년까지 매년 6GW의 재생에너지 용량을 추가하겠다는 계획을 발표했다. 이는 재생에너지 공급 의무화 제도를 개편하고 민간 부문의 수요에 부응하기 위한 조치였다. 2025년 2월 제22대 국회는 「해상풍력특별법」과 「국가전력망확충특별법」을 통과시켰다. 이 법안들은 대규모 재생에너지 발전의 핵심 인프라를 구축하고 전력망 문제를 해결해 기업들의 재생에너지 조달을 용이하게 하기 위함이다.

그럼에도 불구하고 국제에너지기구(IEA)가 2024년 12월 발간한 '월간 전기 통계'에 따르면, 한국의 재생에너지 발전 비중은 10.54%로 이는 OECD 국가 중 매우 낮은 수준이다. OECD의 2024년 재생에너지 발전 비중 평균은 35.84%로,[39] 이미 한국의 2038년 목표(29.2%)를 웃돈다. 이는 국내 재생에너지 확대의 시급성을 보여준다. 에너지 전환을 둘러싼 역대 정부의 정책 기조는 뚜렷한 차이를 보인다. 윤석열 정부는 전임 정부의 탈원전 정책을 폐기하고 원자력 발전을 적극적으로 활용하는 기조를 보였다. 핵심 에너지 정책으로 원자력 발전 비중을 확대하고, 원전 생태계 복원과 함께 소형모듈원자로(SMR) 개발 등 차세대 원전 기술 확보를 추진했다. 특히, 윤석열 정부는 재생에너지에만 집중하는 RE100의 한계를 보완하기 위해 CF100(Carbon Free 100%)을 주요 정책으로 추진했다. RE100이 태양광, 풍력 등 재생에너지만을 사용해 전력의 100%를 충당하겠다는 목표라면, CF100은 재생에너지 외에 원자력, 수소 등 탄소를 배출하지 않는 모든 에너지원을 100% 사용하는 것을 목표로 한다. CF100은 전력 수급의 안정성을 높이고 재생에너지의 약점인 간헐성(날씨에 따라 발전량이 달라지는 특성)을 보완할 수 있다는 큰 장점이 있다. 또한, 원전을 통해 RE100에 비해 상대적으로 낮은 비용으로 무탄소 전원을 확보할 수 있어, 기업들의 에너지 전환 부담을 덜어줄 수 있다. 하지만 단점도 명확하다. 원자력 발전은 방사성 폐기물 처리와 안전성 문제를 해결해야 하는 과제를 안고 있다. 또한, 원자력 에너지를 RE100의 핵심인 재생에너지와 동일한 기준으로 인정하는 것에 대해 국제적 합의가 부족하다는 점도 한계로 꼽힌다.

반면, 이재명 정부는 윤석열 정부와 달리 원자력 발전소의 신규 건설은 중단하되, 기존 원전의 수명을 연장하고 안전성을 강화하는 방안을 추진할 것으로 전망된다. 이는 재생에너지 비중을 지속적으로 늘리면서도 원자력 발전의 역할을 일부 인정하는 형태로 에너지 혼합(믹스)을 구성할 것으로 예상된다. 이재명 정부는 공약 단계부터 기후위기 대응과 ESG 경영 체계 강화를 주요 국정 과제로 설정했으며, '기후에너지부'라는 독립 행정부처를 신설해 기후 정책의 구심점을 마련하려 했다. 2040년까지 석탄화력 발전 전면 폐지, 산업단지 RE100 의무화, 온실가스 배출권거래제도 개편 등 구체적인 로드맵을 제시하며 재생에너지 중심의 에너지 전환을 강하게 추진할 것으로 보인다.

궁극적으로 RE100은 기후 위기 시대에 기업들이 환경적 책임을 다하고 지속가능한 성장을 추구하기 위한 필수적인 이니셔티브이다. 하지만 재생에너지 인프라가 미흡한 국가의 기업들에게는 새로운 비용 부담으로 작용할 수밖에 없는 것이 현실이다. RE100을 통해 ESG 경영을 강화하고 친환경 기업 이미지를 구축하며 경쟁 우위를 확보해야 하는 기업들은 자체 연구개발(R&D)로 대응할 수 있다. 하지만 재생에너지 인프라가 잘 갖춰진 외국으로의 생산 시설 이전, 즉 '탈한국'을 선택할 수도 있다. 바로 이 지점에서 RE100이라는 정책적 규제 앞에서 한국 정부의 역할이 매우 중요해진다. 정부의 적극적인 지원이 없다면, RE100은 국내 기업의 지속가능성을 돕는 이니셔티브가 아닌 해외 이전을 부추기는 시장 압박으로 변질될 수 있다.

7 공시제도

공시제도는 일정한 내용을 공개적으로 게시하여 일반에게 널리 알리는 제도이다. ESG 시대에 공시제도는 더욱 중요해지고 있다. 기업의 지속가능성 정보 공시(Disclosure)는 기업의 E(환경), S(사회), G(지배구조) 관련 활동 및 성과를 투자자와 일반 대중에게 투명하게 공개하는 일련의 과정이며, 기업의 장기적 가치와 지속가능성을 평가하는 핵심 기준으로 자리 잡고 있다. 이는 기후 변화 대응이나 지배구조 투명성 등이 기업의 리스크 관리 및 경쟁력에 직결됨을 인식하는 데서 출발하며, 자본 시장의 효율성과 신뢰를 높이는 것이 궁극적인 목적이다.

7.1. 규제 강화 및 통합으로 진화

기업의 지속가능성 정보 공시(Disclosure)는 자발적 가이드라인에서 시작해 이제 국가 및 지역별로 강제되는 규제의 형태로 진화하고 있으며, 각 표준은 적용 범위와 중대성(Materiality) 관점에서 명확한 차이를 보인다. ESG 공시의 초기 기반을 다진 것은 GRI(Global Reporting Initiative) 표준이며, 이는 기업의 활동이 사회와 환경에 미치는 영향에 초점을 맞춘 자발적 보고 표준으로 전 세계적으로 가장 높은 인지도와 범용성을 자랑하며, 최근 Double Materiality(이중 중대성) 관점을 수용하고 있다. 이와 달리, IFRS Sustainability Disclosure

Standards(ISSB 지속가능 공시 기준)는 IFRS(국제회계기준재단) 산하에서 만들어져 투자자 관점에서 기업의 대출 등에 도움이 되는 정보만을 중대하다고 간주하는 것이 핵심이다. 이는 기업의 재무제표를 이용해 투자 판단을 하는 투자자들의 투자 결정에 영향을 미칠 합리적으로 예상되는 정보만을 공시하도록 요구하는 Single Materiality(단일 중대성)를 채택하고 있다. ISSB는 재무정보와 동일하게 '원칙 중심' 및 회계법인 인증을 통한 객관성 확보를 계획하고 있어, 기후 공시 소홀 가능성이 논란이 되고 있지만 국가 간 상이한 공시 기준을 통일하는 글로벌 표준의 역할을 하고 있다.

한편, 미국 증권거래위원회(SEC)가 제정한 SEC Climate-related disclosure rules는 미국 상장 기업의 경우에 적용되며, 온실가스 배출량, 기후 관련 리스크 등이 경영 활동과 연간 재무제표에 미치는 영향을 공시하도록 요구하는 강제적 규제이며, ISSB와 마찬가지로 Single Materiality를 기반으로 한다. 유럽연합(EU)은 독자적인 노선을 택해 ESRS(European Sustainability Reporting Standards)라는 자체 공시 기준을 수립했는데, 이는 기존의 GRI와 내용적으로 거의 일치하는 포괄적인 표준이다. ESRS는 CSRD(Corporate Sustainability Reporting Directive)를 통해 EU 및 EU 내 활동을 하는 비EU 국가 기업에게도 의무 적용되며, Double Materiality 관점, 즉 기업의 영향과 재무적 영향을 모두 고려하는 것을 강제하고 있어, 현재 가장 포괄적이고 강력한 규제로 평가받고 있다.

7.2. 공시관련 최근 동향

기후 변화의 주요 원인으로 널리 인식되는 온실가스 배출량 보고를 폐지하려는 움직임을 미국 연방 정부가 보이는 반면, 캘리포니아 주는 주 내에서 사업을 하는 기업들에 대해 의무적인 기후 공시 규칙을 강력하게 추진하고 있다. 이는 연방 차원의 기후 보고 규정 이행 가능성이 낮은 상황에서 미국 내 대기업에 강력한 의무를 부과하는 조치이다. 캘리포니아주 대기자원국(CARB)은 주(州)의 새로운 기후 보고 법규를 준수해야 하는 4,000개 이상의 기업 목록을 발표하며 이러한 움직임을 구체화하였다. CARB가 2024년 9월에 공개한 이 목록에는 S&P 500 구성 요소 대다수를 포함한 총 4,160개의 미국 기업이 포함된다. 특히 이 중 약 60%인 2,503개 기업이 캘리포니아 외부에 본사를 두고 있어, 이 규칙이 미국 전역과 글로벌 운영 기업에게 영향을 주게 된다. 이 규제는 2024년 10월 법으로 서명되었으며, 두 가지 법안으로 나뉜다. SB 253(배출량 공시)은 캘리포니아에서 사업하는 연간 매출 10억 달러 이상 기업이 Scope 1, Scope 2 배출량과 더불어 공급망 등을 포함한 Scope 3 가치사슬 배출량을 매년 보고해야 함이 주요 내용이다. Scope 1 및 Scope 2 공시는 2026년에, Scope 3 보고는 2027년에 시작될 예정이다. 다른 법안인 SB 261(기후 위험 공시)은 캘리포니아에서 사업하는 연간 매출 5억 달러 이상 기업이 기후 관련 재무 위험과 대응 조치를 담은 보고서를 준비해야 하며, 최초 보고서는 2026년 1월 1일까지 발표되어야 한다. 목록에 포함된 기업 중 2,596개의 대부분의 상장 기업은 두 법안 모두를, 1,564개는 SB 261만 준수해야 하는 것으로 파악된다. CARB는 해당 목록이 잠정적임을 밝히면서도, 대상 기업은 목록에 포함되었는지 여부와 관계없이 보고 의무가 있음을 강조하고 있다.[40]

유럽연합 집행위원회(EC)는 2025년 2월, CSRD, CBAM 등 기존의 핵심 지속가능성 규제의 적용 범위와 요구사항을 포괄적으로 간소화하는 옴니버스 패키지 법안을 발표했으며, 이 법안의 핵심은 기업의 ESG 관련 행정 부담을 줄여 유럽 산업의 경쟁력을 강화하고 투자 잠재력을 확보하는 데 있다. CSRD(기업 지속가능성 보고 지침)의 경우, 의무 보고 대상 상장 기업을 기존의 '임직원 500명 초과'에서 '임직원 1,000명 초과' 등으로 기준을 상향 조정하여 적용 대상을 대폭 축소하는 방안을 제안했으며, 비상장 기업과 상장 중소기업(SME) 등의 보고 일정을 연기하고 데이터 포인트 수를 줄여 부담을 낮추고자 했으나, 규제의 본질인 이중 중대성(Double Materiality) 원칙은 유지된다. CSDDD(기업 지속가능성 실사 지침) 또한 의무가 크게 경감되었는데, 실사 평가 주기를 5년으로 연장하고, 위험 발생 시 최후 수단이던 사업 관계 종료 의무를 삭제하여 기업의 유연성을 확대했으며, 기후 전환 계획의 경우 '이행' 의무는 삭제하고 '수립 및 채택'만 요구하도록 완화했다. 아울러, CBAM(탄소국경조정제도)에서도 연간 탄소 배출량 50톤 이하의 소규모 수입업자를 적용 대상에서 면제하여, 전체 수입업자의 약 90%가 의무에서 제외될 전망이다. 결론적으로, 옴니버스 패키지는 EU가 '규제 선도'라는 목표를 유지하면서도 '기업 경쟁력 제고'라는 현실적인 문제에 대응하기 위해, 규제의 적용 대상을 축소하고 절차를 간소화하는 방향으로 선회한 중대한 조치이다.

하지만 2025년 10월 24일, 유럽의회에서 22일(현지시각) 기업 지속가능성 보고지침(CSRD)과 실사지침(CSDDD)을 간소화하는 '옴니버스 I' 협상위임안이 부결되었다. 이에 유럽 각 정당은 수정안을 다시 제출할 수 있게 됨에 따라 해당 법안의 세부 사항이 조정될 가능성이 생겼다. 규제 완화와 강화 간 입장 차이가 여전히 첨예한 가운데, 개정안은 2025년 11월 13일 유럽의회 본회의에서 의회 입장을 확정한 뒤 3자 협의에 들어가게 되므로 입법 마무리는 2026년 이후가 될 가능성이 높다. 본회의에서 적용 범위, 민사책임, 기후 전환 계획 등 규제 수준이 어떻게 정해지느냐에 따라 향후 역내 협상 속도 또한 달라질 수 있다. 그러므로 대상 기업들뿐만 아니라 가치사슬 내 영향을 받을 가능성이 있는 기업들도 추후 공개될 의회 채택안과 그 이후 나올 합의 방향을 면밀히 살펴보며 불확실성에 대비하고 꾸준히 ESG 경영 고도화를 진행해야 한다.

7.3. 실무적 시사점

EU 집행위원회가 기업의 행정 부담 완화를 위해 CSRD 및 CSDDD 등 주요 ESG 규제를 간소화하는 '옴니버스 패키지'를 제안했지만, 대다수의 EU 기업들은 오히려 더 강력하고 폭넓은 지속가능성 의무 유지를 지지하는 것으로 나타났다. 2025년 9월 기후 싱크탱크 E3G가 데이터 분석 기관 YouGov를 통해 5개국 2,500개 이상 기업을 대상으로 실시한 조사 결과, 기업들은 지속가능성을 단순한 규제가 아닌 경쟁력의 핵심 동력으로 인식했으며, 친환경적 지속가능성이 경쟁력에 도움이 된다는 의견이 부정 의견보다 약 2.6배 높았다. 옴니버스 패키지가 CSRD 적용 대상을 '직원 1,000명 초과'로 대폭 축소하려는 계획에 대해, 응답 기업의 70%가 의무 보고 기준을 250명 이상 999명 이하로 유지해야 한다고 응답했고, SME(중소기업)를 포함한 응답자의 약 60%가 규모에 비례하고 데이터가 유의미한 경우의 지속가능성 보고 의무를 지지했다. 또한, 대기업이 소규모 협력업체에 비례적인 수준의 데이터를 요청할 수 있어야 한다고 동의한 응답은 전 규모 기업에서 절반 이상이었다. CSDDD와 관련해서는, 응답 기업의 63%가 대기업의 녹색 경제로의 전환 계획 의무 이행이 공정하다고 지지했으며, 인권 및 환경 위험의 주요 원천으로 공급망 내 후방의 간접적 거래처(41%)가 직접 거래처(18%)보다 높게 지목되면서, 실사 의무를 직접 거래처로만 제한하려는 옴니버스 제안의 실효성에 의문을 제기하고 있다.[41]

EU 옴니버스 패키지와 유사하게 일부 지역에서 의무 공시 규제를 축소하거나 연기하고 있지만, 기업들이 투자자와 고객의 압력으로 인해 지속가능성 보고 및 데이터 제공 부담이 오히려 증가하고 있는 것으로 나타났다. PwC가 2025년 9월, CSRD 또는 ISSB 프레임워크에 따라 보고했거나 보고할 계획인 40개국 약 500개 기업을 대상으로 실시한 조사에 따르면, 응답 기업 과반수 이상이 작년 한 해 동안 이해관계자들의 보고 압력이 계속해서 커지고 있다고 답했으며, 압력이 감소했다는 응답은 7%에 불과했다. 특히 CSRD 대상 기업 중 40%는 규제 연기에도 불구하고 CSRD 또는 ISSB, GRI와 같은 대체 프레임워크에 따라 원래 일정대로 보고를 진행할 것이라고 밝혔는데, 이는 시장 요구가 규제 속도보다 빠름을 시사한다.[42] 보고를 시작한 기업 대다수는 규제 준수 이상의 가치를 얻고 있으며, 28%는 수집된 데이터와 인사이트를 통해 '상당한 가치'를 얻는다고 답했다. 가치 인식 증가와 함께 기업들은 보고 역량에 대한 투자를 확대하고 있다. 응답 기업의 66%가 보고에 투입하는 자원 규모를 늘렸으며 65%는 고위 경영진의 시간 투자도 증가했다고 답변했다.[43]

공시제도와 관련한 정책적 규제 동향이 한국기업에게 주는 실무적 시사점은 무엇일까? EU의 옴니버스 패키지 등이 ESG 경영의 퇴보를 의미한다는 해석은 잘못이며, 오히려 향후 더욱 강화될 법적 및 시장 규제를 대비할 시간적 기회로 이해해야 한다. 기후 싱크탱크 E3G와 PwC의 조사 결과는 EU 기업들이 규제 완화에도 불구하고 ESG를 경쟁력의 핵심 동력으로 인식하고 있으며, 투자를 확대하고 있음을 분명히 보여준다. 따라서 한국기업들은 이러한 글로벌 환경 변화를 후발 주자로서의 시간적 격차를 줄일 기회로 삼아 적극적으로 대응해야 한다. 무엇보다도 한국기업들은 공시 의무를 선제적으로 수용하고 ESG를 필수 투자로 간주해야 한다. EU 기업 70%가 CSRD 보고 의무에 임직원 1,000명 미만의 기준을 지지하고 PwC 조사에서 40%의 기업이 연기 없이 원래 일정대로 보고를 진행한다는 사실은 시장의 ESG 요구가 규제 속도보다 빠르다는 것을 입증하며, 한국기업들은 규제 유예를 활용하여 내부 ESG 공시 시스템과 데이터 역량에 대한 투자를 늘려야 한다. 특히, 보고기업 28%가 공시를 통해 상당한 가치를 얻는 것처럼, ESG공시를 단순 비용이 아닌 경영 전략과 투자 의사결정에 활용하는 가치 창출의 관점으로 접근해야 한다. 또한 공급망 ESG 관리 역량 확보에 집중하여 실사 경쟁력을 높여야 한다. EU 기업들이 위험 원천으로 직접 거래처(18%)보다 공급망 내 후방의 간접적 거래처(41%)를 더 많이 지목했다는 점은 시장이 궁극적으로 전체 가치사슬의 투명성을 요구할 것임을 시사하며, 한국기업들은 주요 고객사의 요구에 대비해 Scope 3 배출량, 인권 실사 정보 등 요청받을 데이터에 대한 선제적인 관리 시스템을 구축해야 한다.

결론 및 요약

본 장에서는 전통적인 산업 정책의 이론적 기반인 유치산업 보호론부터 시작하여, 최근 ESG라는 이름으로 나타나는 정책적 규제의 실질적인 성격과 영향에 대해 살펴보았다. EU의 기업 지속가능성 보고 지침(CSRD)과 공급망 실사 지침(CSDDD), 탄소국경조정세(CBAM) 등의 핵심 규제는 단순히 환경 보호를 넘어 재생에너지와 같은 비교 우위 산업의 경쟁력을 강화하는 통제 수단으로 작용하고 있으며, 해운 및 항공 운송 분야에서의 탈탄소 규제와 RE100의 확산은 전 공급망에 걸쳐 기업의 환경 책임을 강제하고 있음을 구체적인 사례를 통해 분석하였다.

현재 글로벌 시장에서 나타나는 EU의 옴니버스 패키지 등 규제 완화 움직임은 ESG 경영의 퇴보를 의미하는 것이 아니라, 오히려 선도 기업들이 시스템을 고도화하고 후발 주자들이 격차를 줄일 수 있는 시간적 기회로 해석되어야 한다. 기업들은 이미 ESG를 경쟁력의 핵심 동력으로 인식하며 투자를 늘리고 있으며, 시장의 요구는 규제 속도를 앞서고 있다. 따라서 한국기업들은 이러한 글로벌 흐름을 '생존'과 '성장'을 위한 핵심 전략으로 받아들여야 하며, CSRD의 Scope 3 배출량을 포함한 공시 시스템을 선제적으로 고도화하고, 벌금까지 수반하는 CSDDD의 확대에 대비하여 후방 간접 거래처까지 포괄하는 공급망 실사 역량을 확보해야 한다. 또한, CBAM 대응을 위한 탄소 감축 기술 개발과 글로벌 고객사의 RE100 요구에 부응하기 위해 관련 투자를 확대해야 한다.

지금까지 논의된 내용들을 바탕으로 다음 장에서는 지속가능성과 ESG경영의 미래를 제시한다.

제11 장

지속가능성과 ESG 경영의 미래

최근 일각에서 반(反) ESG 기조가 나타나고 있음에도 불구하고, ESG 경영의 본질은 흔들리지 않을 것으로 예상된다. ESG 경영은 단순 규제나 유행이 아니라, 기업의 장기적인 생존과 사회적 가치 창출을 위한 핵심 전략이기 때문이다. 글로벌 금융 그룹 BNP 파리바의 <ESG Survey 2025>에 따르면 기관투자자의 87%가 ESG 목표를 그대로 유지하고 있으며, 74%가 2030년까지 지속가능성 발전 속도가 유지되거나 가속화될 것이라고 전망하며, ESG 경영에 대한 확고한 의지를 피력하고 있다. 이러한 배경 하에 ESG 투자는 이제 주제별로 임팩트를 중시하는 추세이다. 응답자의 50%가 기후 탄력성이나 사회적 형평성 같은 특정 주제에 투자하고 있으며, 향후 2년간 투자 우선순위 역시 '에너지 전환 자산 할당 확대'와 '저탄소 자산 투자 및 고탄소 자산 매각'에 집중된다. 동시에 다수의 기관투자자(약 47%)가 투자 기업에 직접 관여하는 '적극적 소유권'을 통해 ESG의 본질적인 '경영 품질' 검증 역할을 수행하겠다는 의지를 보였다.[1]

미래 ESG 평가의 고도화와 영역 확장: 환경 및 디지털 이슈

앞으로 ESG 평가는 더욱 고도화되고 구체화되는 방향으로 진화할 것이다. 이는 ESG가 기업의 경영 활동이 절차적 공정성을 준수하고 사회적 정당성을 확보하고 있는지를 E(환경), S(사회), G(지배구조)라는 세 가지 현미경을 통해 평가함으로써, 그 과정의 건전성과 지속가능성을 검증하는 지표이기 때문이다. 특히, 평가 지표의 확장과 심화가 두드러질 전망이다. 환경 분야에서는 탄소 중립을 넘어 탄소 네거티브라는 더욱 도전적인 과제를 반영한 평가 지표가 중요해질 것이다. 이 중 가장 혁신적인 변화는 스코프 4(Scope 4)의 부상이다. 스코프 4는 '회피된 배출(Avoided Emissions)' 또는 '탄소 손자국(Carbon Handprint)'으로 불리는데, 이는 온실가스 감축 노력뿐 아니라 기업의 제품이나 서비스가 고객의 탄소 배출량을 얼마나 줄여주는지를 평가하여 지속가능성 성과를 '긍정적 순영향(Net Positive Impact)' 창출로 확장하는 결정적 도구가 될 것이다.[2] 나아가, 기존 지표를 뛰어넘는 새로운 평가 항목의 추가도 이루어질 수 있다. AI 기술의 발전과 함께 데이터 프라이버시, 알고리즘 편향성 같은 문제가 사회적으로 중요한 이슈가 됨에 따라, '디지털 윤리(Digital Ethics)'나 '인공지능 책임(AI Accountability)' 같은 항목이 새로운 ESG 지표로 통합될 가능성이 크다. 이러한 미래 ESG 평가 방법론의 진화는 '양적 확대'를 넘어 기업의 '진정성(Authenticity)'을 판별하는 기준으로 작용할 것이다. 예를 들어 얼마나 많은 기부를 했는가가 아니라, 비재무적 리스크를 어떻게 비용 절감과 신기술 개발의 기회로 전환했는가를 평가하게 될 것이다.

정보 비대칭 해소와 AI의 핵심 동력 부상

ESG 경영에 대한 관심이 고조되면서, 그 성과에 대한 수요와 공급이 폭발적으로 증가하는 추세이며, 이로 인해 시장 내 정보 비대칭성은 점차 줄어들 전망이다. 단순히 연 1회 발간되는 지속가능경영보고서만으로는 빠르게 변화하는 기업의 ESG 리스크와 기회를 파악하기 어렵다. 이해관계자들이 기업의 장기적인 지속가능성을 정확하게 예측하고 투명성을 확보할 수 있는 다양하고 심층적인 자료를 더욱 구체적으로 요구하고 있는 이유이다. 기업들 역시 더 많은 정보를 실시간으로 제공할 필요성이 커지고 있다. ESG 성과 지표는 물론, 배출량, 폐기물 관리 현황, 노동 환경 등 비재무적 데이터를 디지털 플랫폼을 통해 투명하게 공개하는 시스템을 구축해야 한다. 또한, 규제 당국의 강화된 공시 의무에 선제적으로 대응하기 위해서도 정밀한 데이터 관리 역량 확보가 필수적이다. 이런 상황에서 기존의 인력과 전통적인 분석 방식 대신 인공지능(AI)이 ESG 경영의 핵심 동력으로 부상할 것이다. 기업이 보유한 방대한 정형 및 비정형 데이터를 AI가 효율적으로 처리함으로써, 숨겨진 ESG 리스크를 정확하고 능동적으로 식별할 수 있다. 이는 곧 데이터 측정의 불완전성을 해소하고, 대외적으로 ESG 성과에 대한 신뢰 수준을 제고하는 결과를 낳는다. 그뿐만 아니라, AI는 분석 결과를 토대로 기업의 여건과 지향점에 부합하는 최적의 ESG 전략 수립에 결정적인 지원을 제공할 것으로 기대된다.

ESG 활용의 변화: 과거 지향적 '결과'에서 미래 지향적 '전략'으로

기업 입장에서 ESG의 활용에 대한 접근방식은 근본적으로 변화해야 하는 시점에 와 있다. 기존의 ESG 경영성과는 주로 지속가능경영보고서나 각종 공시 자료를 통해 발표되는데, 이는 흔히 과거 지향적(looking backward)인 '결과'에 초점을 맞추기 쉽다. 예를 들어, 전년도 탄소배출량 감축 목표 달성 여부나 이사회 내 여성 이사 비율 등 이미 발생한 사실이나 달성된 수치를 정리하는 데 중점을 두는 경향이 강하다. 이러한 접근 방식은 이해관계자들에게 기업의 과거 성실도를 증명하고 규제 순응을 보여주는 데는 효과적이지만, 미래의 리스크나 기회를 예측하는 데는 한계가 있다. 이제 ESG 성과는 단순히 우리가 무엇을 해왔는가를 보여주는 보고서에 머물러서는 안 된다. 그 성과는 우리 기업이 앞으로 어떤 방향으로 자본을 투자하고 기술 개발에 역량을 집중해야 하는지 파악할 수 있는, 즉 미래 지향적(looking forward)인 전략 수립의 기초로 활용되어야 한다. 이 전환의 핵심은 ESG 지표를 규제 준수 비용이 아닌 미래 투자 기회로 인식하는 데 있다. 예를 들어, 물 스트레스(Water Stress) 지역에 위치한 기업이 물 사용 효율 지표를 분석할 때, 이를 단순한 환경적 비용으로 보지 않고 '향후 5년간 생산성 유지를 위한 핵심 투자 분야'로 재해석하는 것이다. 나아가, 기업은 ESG 성과 데이터를 핵심 사업 목표와 통합하여 경영 의사결정의 중심으로 끌어들여야 한다. 즉, 연구개발(R&D) 예산

배분, 인수·합병(M&A) 대상 선정, 신제품 개발 등 모든 전략적 선택에 ESG 데이터를 예측 도구로 활용해야 한다. 이러한 미래 지향적 접근방식은 기업이 잠재적 환경 및 사회적 위험을 회피하는 것을 넘어, 새로운 시장과 경쟁우위를 선점할 수 있도록 하는 혁신적인 동력이 될 것이다. 결국, ESG 경영의 가치는 과거의 결과를 충실히 기록하는 것에서 벗어나, 데이터를 통해 불확실한 미래를 준비하고 장기적인 가치를 창출하는 데 있다.

경쟁우위의 새로운 패러다임: 지속가능한 공급망 생태계

ESG 시대와 함께 기업의 경쟁우위에 대한 생각도 바뀌어야 한다. 전통적인 경영학에서 경쟁우위는 주로 경쟁자에 비해 더 큰 경제적 가치를 창출할 수 있는 기업 내부의 능력으로 간주되어 왔다. 따라서 기업들은 자사의 경쟁우위 원천을 분석할 때 비즈니스 모델, 핵심 역량, 그리고 기업이 속한 산업 내 경쟁 구조 등의 내재적 요소에 집중했다. 이러한 관점에 따라 기업의 경계 내에서 발생하는 효율성과 혁신을 극대화하는 데 초점을 맞추었다. 하지만 현대 기업 환경의 복잡성과 상호 연결성은 이러한 전통적 관점으로는 설명하기 어려운 수준에 이르렀다. 오늘날 대부분의 기업은 광범위한 협력 관계를 필수적으로 구축하고 있으며, 공급망(Supply Chain)은 단일 국가나 특정 산업의 경계를 넘어 전 세계적으로 광범위하게 확장되고 있다. 즉, 기업이 생산하는 최종 제품의 품질, 가격, 심지어 브랜드 가치까지도 수많은 외부 협력사와 하청업체들의 환경, 노동, 윤리적 기준에 의해 결정된다. 이러한 현 상황에서 기업이 진정한 경쟁우위를 파악하고 유지하기 위해서는 내부 역량을 넘어선 새로운 접근방식이 필요하다. 앞으로는 오히려 자사가 속해 있는 공급망의 생태계가 얼마나 지속가능한가가 핵심적인 경쟁우위 요소로 더욱 중요해질 것이다. 공급망의 지속가능성은 생태계 전반이 환경 위험(기후 변화, 자원 고갈)에 얼마나 탄력적으로 대응할 수 있는지, 사회적 위험(노동 분쟁, 인권 문제)으로부터 얼마나 자유로운지, 그리고 협력사들이 윤리적인 지배구조를 갖추고 있는지 여부를 총체적으로 의미한다. 지속가능성이 확보된 공급망은 운영

리스크를 최소화하고, 원자재 확보의 안정성을 높이며, 강화되는 국제적인 공급망 실사 규제에 선제적으로 대응할 수 있게 한다. 결국, ESG 시대의 경쟁우위는 개별 기업의 탁월함이 아닌, 그 기업을 둘러싼 생태계의 건전성 및 회복력에서 비롯된다는 점을 인식해야 한다.

ESG의 본질: 상식의 회복과 지속가능한 미래

ESG의 가치를 바탕으로 기업이 추구하길 바라는 경영방식은 사실 상식적인 수준에서 쉽게 이해할 수 있는 것이다. 만약 지금 ESG가 식상하다면, 더 이상 필요 없을 만큼 현재의 기업들이 우리가 바라는 책임감 있는 수준의 경영을 모두 실천하고 있는지 스스로 질문해 볼 필요가 있다. 이것이 바로 이 책에서 다루는 지속가능성에 대한 거의 모든 내용이 전혀 새롭게 다가오지 않기를 바라는 이유이다. 지속가능성을 이루는 본질은 상식에서 크게 벗어나지 않기 때문이다. 결국, ESG는 비상식적인 경영 관행을 바로잡기 위한 시대적 장치인 셈이다. 그리고 그 궁극적인 목표는 ESG가 기업 경영의 기본값(default)으로 완전히 내재화되는 것이다. 이러한 상식 회복과 투명한 경영에 대한 요구가 충족되는 시점까지 ESG의 필요성은 지속될 것이다. 모든 기업의 경영 활동이 절차적으로 공정하고 책임감 있게 실현되는 날이 온다면, 비로소 ESG라는 단어는 굳이 언급될 필요가 없을 것이다. 이러한 과도기에는 기업과 이해관계자 모두가 지속가능성과 ESG의 가치를 정확히 이해하고 각자의 역할을 충실히 이행하는 것이 중요하다. 더불어, 지속가능성 증진을 위한 수단으로써 ESG 경영의 가치는 여전히 유효할 것이다.

이 책이 독자의 믿음을 행동으로 이끌어, 우리 사회가 상식적인 삶과 지속가능한 미래를 함께 만들어갈 수 있기를 진심으로 기대한다.

주석

머리말

1 상법개정으로 기존 상장회사 '사외이사'의 명칭이 2026년 7월부터 '독립이사'로 변경 예정이다.

제1장 지속가능성 본질과 기업의 역할

1 Moss, V. (2024, November 22). *"Let's be Hopeful for Music's Ability to Mitigate Impact of Climate Change."* UK Music. https://www.ukmusic.org/news/lets-be-hopeful-for-musics-ability-to-mitigate-impact-of-climate-change

2 Coldplay. (2024, June 3). *Emissions Update*. Coldplay. https://www.coldplay.com/emissions-update/

3 이재훈. (2025, April 20). *韓 손목밴드 회수율 98% 찍었다…콜드플레이, 친환경콘 국내 영향 줄까*. 뉴시스. https://www.newsis.com/view/NISX20250419_0003145597

4 한국거래소. (2025, January 9). *2024년 지속가능경영 보고서 공시 분석 결과*. https://www.krx.co.kr/

5 김규리. (2024, August 8). *시총 250대 기업 지속가능경영보고서 발간... 금융 100%, 제약·바이오 50% "꼴찌"*. 더나은미래. https://futurechosun.com/archives/96455

6 Lapola, D. M., Pinho, P., Barlow, J., Aragão, L. E. O. C., Berenguer, E., Carmenta, R., Liddy, H. M., Seixas, H., Silva, C. V. J., Silva-Junior, C. H. L., Alencar, A. A. C., Anderson, L. O., Armenteras, D., Brovkin, V., Calders, K., Chambers, J., Chini, L., Costa, M. H., Faria, B. L., & Fearnside, P. M. (2023). *The drivers and impacts of Amazon forest degradation*. Science, 379(6630). https://doi.org/10.1126/science.abp8622

7 윤원섭. (2024, November 15). *브라질 2035 NDC 유엔에 제출…핵심은 "삼림벌채" 종식*. 그리니엄. https://greenium.kr/news/59170/

8 Imazon. (2024, January 25). *The Amazon ends 2024 with a 7% drop in deforestation,*

but a 497% increase in degradation. https://imazon.org.br/imprensa/the-amazon-ends-2024-with-a-7-drop-in-deforestation-but-a-497-increase-in-degradation

9 Goldman, E., Carter, S., & Sims, M. (2025, May 21). *Fires Drove Record-breaking Tropical Forest Loss in 2024*. World Resources Institute. https://gfr.wri.org/latest-analysis-deforestation-trends?utm_campaign=tcl2024&utm_medium=bitly&utm_source=GFWHomepage

10 채예빈. (2025, March 12). *올해 브라질서 열리는 COP30…'숲 보호'가 핵심 의제*. 더나은미래. https://futurechosun.com/archives/117155

11 차미례. (2025, June 20). *캘리포니아주, 에콰도르 원주민들의 아마존유전 반대에 원유수입 재검토*. 뉴시스. https://www.newsis.com/view/NISX20250620_0003220471

12 World Bank. (2021). *Groundswell part 2: Acting on internal climate migration*.

13 Institute for Economics & Peace. (2021, October). *"Ecological Threat Report 2021: Understanding Ecological Threats, Resilience and Peace."* https://www.economicsandpeace.org/wp-content/uploads/2021/10/ETR-2021-web.pdf

14 Vidal, J. (2017, June 23). *From heatwaves to hurricanes, floods to famine: seven climate change hotspots*. The Guardian. https://www.theguardian.com/environment/2017/jun/23/from-heatwaves-to-hurricanes-floods-to-famine-seven-climate-change-hotspots

15 Le Monde with AFP. (2024, August 27). *UN chief launches "global SOS" on rising sea levels in the Pacific*. Le Monde. https://www.lemonde.fr/en/asia-and-pacific/article/2024/08/27/un-chief-launches-global-sos-on-rising-sea-levels-in-the-pacific_6722174_153.html

16 RNZ Pacific. (2024, November 14). *COP29: Tuvalu calls for fairer climate finance system for small island states*. RNZ. https://www.rnz.co.nz/international/pacific-news/533646/cop29-tuvalu-calls-for-fairer-climate-finance-system-for-small-island-states

17 Watson, A. (2025, June 27). *More than a third of this country's population has applied to relocate*. CNN World. https://edition.cnn.com/2025/06/27/australia/tuvalu-relocation-visa-australia-climate-intl-hnk

18 Vital Strategies. (2022, November 7). *Jakarta Clean Air Partnership's Grand Design for Air Pollution Control*. https://www.vitalstrategies.org/vital-stories-jakarta-clean-air-partnerships-grand-design-for-air-pollution-control/

19 정등용. (2025, June 9). *[더구루] 인니 새 수도 건설에 "삼성물산 등 11조 투자 유치 추진 중."* Theguru. https://theguru.co.kr/news/article.html?no=87904

20 APSN. (2025, May 30). *First ministerial office buildings completed in Indonesia's future capital Nusantara*. https://www.asia-pacific-solidarity.net/news/2025-

05-30/first-ministerial-office-buildings-completed-indonesias-future-capital-nusantara.html

21 이병구. (2025, July 1). *美 사상 최대 꿀벌 집단폐사 원인은 "살충제 내성" 기생충*. 동아사이언스. https://www.dongascience.com/news.php?idx=72544

22 Bee:wild. (2025). *Emerging threats and opportunities for conservation of global pollinators*.

23 정철의. (2023). *벌의 위기와 보호 정책 제안*. 그린피스 동아시아 서울사무소.

24 국가데이터처. (2023, December 14). *장래인구추계: 2022~2072년*. https://mods.go.kr/board.es?act=view&bid=207&list_no=428476&mid=a10301010000&tag=

25 김지훈. (2025, March 3). *지방대 "추락의 신호탄?".. 추가모집에도 1,050명 미충원, 생존 기로에 선 대학들*. 제주방송. https://www.jibs.co.kr/news/articles/articlesDetail/44988?feed=na

26 송주원. (2025, July 3). *RISE 예산 600억 삭감 위기…커지는 지방사립대 소외 우려*. 뉴스핌. https://www.newspim.com/news/view/20250703000603

27 김승기. (2025, August 18). *지금 우리가 침묵의 봄을 다시 읽어야 하는 이유*. 오마이뉴스. https://www.ohmynews.com/NWS_Web/View/at_pg.aspx?CNTN_CD=A0003157195

28 Meadows, D. H., Meadows, D. L., Randers, J., & Behrens III, W. W. (1972). *The limits to growth: A report for the Club of Rome's project on the predicament of mankind*. Universe Books.

29 매일경제. (1991, July 17). *런던G7정상회담 경제선언 요지*. https://www.mk.co.kr/news/economy/995047

30 송현수. (2025, August 6). *대기업 매출, GDP의 80% 육박…'5대 그룹'은 40% 돌파*. 부산일보. https://www.busan.com/view/busan/view.php?code=2025050610160116819

31 Business & Sustainable Development Commission, & AlphaBeta. (2017). *Valuing the SDG Prize: Unlocking business opportunities to accelerate sustainable and inclusive growth*. Business and Sustainable Development Commission

32 UN Global Compact, & DNV GL. (2020). *Uniting business in the decade of action: Building on 20 years of progress* (20th anniversary progress report)

33 박진형. (2014, December 18). *"땅콩회항" 대한항공·한진칼, 시총 2천500억 감소(종합)*. 연합뉴스. https://www.yna.co.kr/view/AKR20141217184251008

34 원호연. (2021, December 2). *"기업 평균수명 50년대 61년→2027년 12년…기업 벤처링으로 돌파"*. 헤럴드경제. https://mbiz.heraldcorp.com/article/2734103

35 경제통계1국 통계조사부 기업통계팀. (2024). *2024년 기업경영분석 결과(속보)*. 한국은행. https://www.bok.or.kr/portal/bbs/B0000501/view.do?menuNo=201264&nttId=10091824

36 이대희. (2025, May 6). *작년 5대그룹 매출, GDP의 40% 차지…전체 대기업은 80%*. 연합뉴스. https://www.yna.co.kr/view/AKR20250505032300002

37 Michelson, J. (2023, August 29). *Wave Of "Anti-ESG" Investing Legislation, New Study Found*. Forbes. https://www.forbes.com/sites/joanmichelson2/2023/08/29/wave-of-anti-esg-investing-legislation-new-study-found/?sh=71b5bdc07286

38 이민경. (2023, September 6). *"유럽의 병자" 2.0 소환된 독일…우익 정당 급부상[디브리핑]*. 헤럴드경제. https://mbiz.heraldcorp.com/article/3208022

39 최민영. (2023, March 17). *[여적] "에코 백래시."* 경향신문. https://www.khan.co.kr/article/202303172012005

40 AUSTIN. (2024, March 19). *Texas PSF Corporation announces termination of investment management services contracts with BlackRock*. Texas Permanent School Fund Corporation. https://texaspsf.org/texas-psf-corporation-announces-termination-of-investment-management-servicescontracts-with-blackrock/

41 Investment Finance team. (2023). *Annual Comprehensive Financial Report For the Fiscal Year Ended August 31, 2023*. Texas Permanent School Fund Corporation.

42 손영호. (2025, June 4). *기후대응 대폭 축소한 블랙록, 미국 텍사스주 '투자 제한 블랙리스트'서 제외*. 비즈니스포스트. https://www.businesspost.co.kr/BP?command=article_view&num=397829

제2장 이해관계자와 지속가능경영

1 통계청 인구동향과. (2023). *장래인구추계: 2022~2072년*.

2 유한킴벌리. (2023). *유한킴벌리 디펜드 30년, 시니어 산업 발전과 삶의 질 향상 견인했다*. https://www.yuhan-kimberly.co.kr/Newsroom/NewsView/3002

3 김희경. (2025, February 18). *중대재해처벌법 무혐의 받은 기업, 어떤 대비가 달랐나*. 세이프티퍼스트닷뉴스. https://www.safety1st.news/news/articleView.html?idxno=6503

4 ESG경영실. (2022, April 4). *MZ세대가 바라보는 ESG경영과 기업인식 조사*. 대한상공회의소. https://www.korcham.net/nCham/Service/Economy/appl/KcciReportDetail.asp?CHAM_CD=B001&SEQ_NO_C010=20120934892

5 변문석. (2025). *2024년 기술보호 수준 실태조사*. 중소벤처기업부.

6 김다경. (2024, February 7). *삼성SDI, 하도급업체 자료 유출 과징금소송서 승소*. 현대경제신문. http://www.finomy.com/news/articleView.html?idxno=206813

7 신대성. (2025, May 9). *[데스크 칼럼] 곰표맥주의 몰락, 대한제분 이건형 회장의 탐욕인가 오판인가...기술탈취가 가져온 비극*. 뉴스워커. https://www.newsworker.co.kr/news/articleView.html?idxno=378328

8 이승원. (2025, July 10). *[단독] 한국가스기술公, 중소기업 기술 탈취 논란... "협의 의무 다했다? '궤변'" vs "특허, 협의사항 아냐."* 글로벌경제신문. https://www.getnews.co.kr/news/

articleView.html?idxno=830556

9 공정거래위원회. (2013, July 8). *남양유업의 거래상지위남용행위에 대한 심의결과*. 대한민국 정책브리핑. https://www.korea.kr/news/policyNewsView.do?newsId=148764130

10 Vanderbilt New York. (2025, April 21). *Railroads and Riches: How Cornelius Vanderbilt Revolutionized America*. https://www.vanderbiltnewyork.com/blogs/legacy-and-heritage/cornelius-vanderbilt-railroad-empire

11 김성희. (2003, July 3). *20세기를 나른 컨베이어벨트*. 한겨레21, 465. https://h21.hani.co.kr/arti/world/world/8321.html

12 Amazon. (2017, September 7). *Amazon-Opens-Search-for-Amazon-HQ2--A-Second-Headquarters-City-in-North-America*. https://press.aboutamazon.com/2017/9/amazon-opens-search-for-amazon-hq2-a-second-headquarters-city-in-north-america

13 Taylor, K. (2019, February 14). *Amazon canceled its New York City HQ2 plans. Here's everything we know about how the massive deal unraveled*. Business Insider. https://www.businessinsider.com/why-amazon-canceled-new-york-city-hq2-timeline-2019-2?op=1&rut=3be7851d11576a08c2aa01c66e803266c06109b3fa806d209c764f02432d3384#in-january-2018-amazon-revealed-its-shortlist-of-20-regions-4

14 길소연. (2019, March 12). *[단독] 포스코, 印 오디샤 프로젝트 손 뗀다··합작사 설립 새 변수*. Theguru. https://www.theguru.co.kr/news/article.html?no=1970

15 이슬기. (2025, May 25). *한전 동서울변전소 갈등 장기화…하남시 "아트센터 지어달라."* 연합뉴스. https://www.yna.co.kr/view/AKR20250523108100003

16 매일경제. (2020, March 13). *[사설] 탈원전이 결국 두산중공업을 휴업으로 내몰고 있다*. https://www.mk.co.kr/news/editorial/9244978

17 우정호. (2021, October 7). *어메이징브루잉컴퍼니-오뚜기 협업 "진라거" 런칭 기념 메타버스 브루어리 투어 공개*. 위클리서울. https://www.weeklyseoul.net/news/articleView.html?idxno=64212

18 남현숙, 한상열, & 곽나연. (2023). *2023년 메타버스 시장 및 동향 분석*. 소프트웨어정책연구소.

19 이국희. (2022, August 24). *메타버스 글로벌 시장 규모, 향후 10년간 34배 성장 예상*. 고신뉴스 KNC. https://www.kosinnews.com/news/articleView.html?idxno=25799

20 Raffaele Marfella, Prattichizzo, F., Celestino Sardu, Fulgenzi, G., Graciotti, L., Spadoni, T., Nunzia D'Onofrio, Scisciola, L., Rosalba La Grotta, Chiara Frigé, Pellegrini, V., Maurizio Municinò, Siniscalchi, M., Spinetti, F., Vigliotti, G., Vecchione, C., Albino Carrizzo, Giulio Accarino, Squillante, A., & Spaziano, G. (2024). *Microplastics and Nanoplastics in Atheromas and Cardiovascular Events*. The New England Journal of Medicine, 390(10), 900-910. https://doi.org/10.1056/nejmoa2309822

21 Tetu, S. G., Sarker, I., Schrameyer, V., Pickford, R., Elbourne, L. D. H., Moore, L. R., & Paulsen, I. T. (2019). *Plastic leachates impair growth and oxygen production in Prochlorococcus, the ocean's most abundant photosynthetic bacteria.* Communications Biology, 2(1). https://doi.org/10.1038/s42003-019-0410-x

22 Zhang, K. (2024, September 19). *How Water Scarcity Threatens Taiwan's Semi-conductor Industry*. The Diplomat. https://thediplomat.com/2024/09/how-water-scarcity-threatens-taiwans-semiconductor-industry/

23 O'Meara, S. (2023, June 5). *Vietnam Power Cuts Hit Samsung, Foxconn, Canon Factory Hubs*. Asia Financial. https://www.asiafinancial.com/vietnam-power-cuts-hit-samsung-foxconn-canon-factory-hubs

24 최창원. (2021, December 14). *[ESG 해부]블랙록 언급한 LG디스플레이, "기후 대응 못하면 투자 받기 어려워."* 블로터. https://www.bloter.net/news/articleView.html?idxno=42466

25 고용노동정책팀. (2023). *중대재해처벌법 시행 1년 기업의 대응 실태조사*. 대한상공회의소.

제3장 ESG: 본질에 대한 이해

1 대한양궁협회. (2025). *대표선발*. https://www.archery.or.kr/competition/result/trials

2 안홍석. (2021, July 24). *[올림픽] 한국 양궁 '원칙의 힘'이 만든 짜릿한 첫 금메달*. 연합뉴스. https://www.yna.co.kr/view/AKR20210724053300007

3 정명의. (2020, June 11). *양궁 장혜진·기보배, 도쿄올림픽 재도전 가능해졌다*. 뉴스1. https://www.news1.kr/sports/general-sport/3962794

4 감염병관리과. (2025, May 7). *코로나19 발생현황.* 질병관리청 감염병포털. https://dportal.kdca.go.kr/pot/cv/trend/dmstc/selectMntrgSttus.do

5 WTO. (2020, September 23). *World merchandise trade fell 14% in volume, 21% in value in Q2 amid global lockdown.* https://www.wto.org/english/news_e/news20_e/stat_23sep20_e.htm

6 INTERNATIONAL MONETARY FUND. (2021). *WORLD ECONOMIC OUTLOOK* (p. 6).

7 CEPR. (2020, August 31). Laeven, L. *COVID-19 and the effects of social distancing on the economy*. https://cepr.org/voxeu/columns/covid-19-and-effects-social-distancing-economy

8 한국부동산원. (2024, August 6). *상권별 소규모 상가 공실률*. 통계청. https://kostat.go.kr/

9 한국부동산원. (2024, August 6). *상권별 중대형 상가 공실률*. 통계청. https://kostat.go.kr/

10 Tenebruso, J. (2021, January 3). *Why Amazon Stock Soared 76% in 2020*. Nasdaq. https://www.nasdaq.com/articles/why-amazon-stock-soared-76-in-2020-2021-01-03

11 Amazon. (2021). *2020 ANNUAL REPORT* (p. 36).

12 Faulkner, C. (2021, April 15). *Amazon added another 50 million Prime subscribers during the pandemic*. The Verge. https://www.theverge.com/2021/4/15/22385370/amazon-prime-subscription-jeff-bezos-2020-shareholders-letter

13 김영봉. (2021, August 11). *'C-쇼크'에 택배물량 2년 새 4억2700만 상자↑…CJ대한통운, 38% 껑충*. 아시아타임즈. https://www.asiatime.co.kr/article/20210811500164

14 김영봉. (2021, August 6). *코로나 속 폭풍성장…CJ대한통운·한진택배, 상반기 영업익만 1700억(종합)*. 아시아타임즈. https://www.asiatime.co.kr/article/20210806500176

15 신기섭. (2020, May 15). *아마존 직원들, 코로나19로 연쇄 사망…최소 6명*. 한겨레. https://www.hani.co.kr/arti/international/international_general/945121.html

16 정윤섭. (2020, October 5). *"이윤 위에 사람 있다"…아마존 노동자, 베이조스 집 앞 시위*. 연합뉴스. https://www.yna.co.kr/view/AKR20201006021700075

17 Sonnemaker, T. (2020, May 8). *USA: Amazon may have violated labor laws by firing worker involved in protest, New York attorney general says; incl. company response - Business & Human Rights Resource Centre*. Business & Human Rights Resource Centre. https://www.business-humanrights.org/en/latest-news/usa-amazon-may-have-violated-labor-laws-by-firing-worker-involved-in-protest-new-york-attorney-general-says-incl-company-response/

18 홍주환. (2024, November 21). *[현장에서] 국회 청문회 앞둔 "문제적 기업" 쿠팡을 바꾸려면*. 뉴스타파. https://newstapa.org/article/iTy7e

19 김타영. (2024, August 6). *[FORTUNE GLOBAL 500] 한국기업들, 역대 "최악" 성적표*. 포춘코리아 디지털 뉴스. https://www.fortunekorea.co.kr/news/articleView.html?idxno=41341

20 Fortune. (2025). *World's Most Admired Companies*. https://fortune.com/ranking/worlds-most-admired-companies/

21 기업제도팀. (2025, February 6). *주요국 상장사 한계기업 추이 비교 분석*. 한국경제인협회. https://www.fki.or.kr/kor/news/statement_detail.do?bbs_id=00036004&category=ST

22 Microsoft. (2025). *Annual Report 2024* (p. 80).

23 강동식. (2025, April 13). *[일흔둘 SK] ③ "인사이트와 투자" 앞세워 글로벌 그룹 우뚝*. 데이터뉴스. https://www.datanews.co.kr/news/article.html?no=138092

24 지속가능경영추진센터. (2025). *삼성전자 지속가능경영보고서 2025* (p. 62). 삼성전자주식회사.

25 기업집단관리과. (2025, May 1). *2025년 공시대상기업집단 등 지정 결과 발표*. 공정거래위원회. https://www.ftc.go.kr/www/selectBbsNttView.do?pageUnit=10&pageIndex=8&searchCnd=all&key=12&bordCd=3&searchCtgry=01

26 이신영. (2015, May 22). *재벌 딸 갑질로 시작된 "땅콩회항" 사건 전말 169일*. 연합뉴스. https://www.yna.co.kr/view/AKR20150522123700004

27 박지연. (2022, July 8). *사장님, "돈쭐" 내러 왔습니다!* 미디어 한남. https://mediacenter.hannam.ac.kr/news/articleView.html?idxno=1325

28 ESG경영실. (2022, April 4). *MZ세대가 바라보는 ESG경영과 기업인식 조사*. 대한상공회의소. https://www.korcham.net/nCham/Service/Economy/appl/KcciReportDetail.asp?CHAM_CD=B001&SEQ_NO_C010=20120934892

29 CLIMATE GROUP RE100. (2025). *RE100 – We are accelerating progress towards 100% renewable power*. https://www.there100.org/

30 RBA. (2025). *RBA Foundation*. https://www.responsiblebusiness.org/rba-foundation/

31 WBCSD. (2024). *World Business Council For Sustainable Development (WBCSD)*. https://www.wbcsd.org/

32 Morningstar. (2025, January 31). *Global ESG fund flows increase in Q4 2024*.

33 박란희. (2021, January 28). *【뉴스 읽기】블랙록, 래리핑크 회장의 2021년 편지에는 무엇이 담겼나_1편.* IMPACT ON(임팩트온). https://www.impacton.net/news/articleView.html?idxno=1142

34 황원규. (2023, June 27). *ESG 불붙인 래리 핑크 "ESG 용어 사용 전면 중단."* 더나은미래. https://futurechosun.com/archives/77480

35 주종국. (2024, March 20). *'ESG 경영'의 역풍…텍사스 학교 운영기금, 블랙록과 계약 해지*. 연합뉴스. https://www.yna.co.kr/view/AKR20240320116500009

36 Grossman, R., & Stronski, N. (2021, June). *What the Exxon Mobil shareholder votes mean.* Skadden, Arps, Slate, Meagher & Flom LLP.

37 Affirma Capital. (2024). https://affirmacapital.com/kr/index.html

38 Bain & Company. (2025). *Global Private Equity Report 2025: Recovery by degrees*

39 김지연. (2021, November 11). *프리퀸 "한국 사모시장, 연평균 37% 성장…중국 이어 2위."* 연합인포맥스. https://news.einfomax.co.kr/news/articleView.html?idxno=4183344

40 박용린. (2025). *국내 PE 제도 20년의 성과 평과와 과제* [자본시장포커스 의견보고서 2025-01호]. 한국자본시장연구원.

41 Fitch Ratings. (2021, January 15). *Oil & gas & chemicals long-term ESG vulnerability scores*. https://www.fitchratings.com/research/corporate-finance/oil-gas-chemicals-long-term-esg-vulnerability-scores-15-01-2021

42 ESG Index and ESG Fund. (2025). *Government Pension Investment Fund*. https://www.gpif.go.jp/en/investment/esg/esg_indexes_and_funds.html

43 Finnvera. (2025). *Finnvera Group business operations and sustainability 2024*.

44 남재우. (2021). *공적연기금 ESG 투자의 현황과 과제* (KCMI 이슈보고서 21-20). 자본시장연구원.

45 International Olympic Committee. (2025). *Environmental and Social Responsibility: Report overview*.

46 배진남. (2019, January 28). *"서울올림픽공원은 올림픽 유산 관리의 모범사례"…IOC도 인정*. 연합뉴스. https://www.yna.co.kr/view/AKR20190128084400007

47 문화체육관광부. (2025). *2024년 국민생활체육조사*.

48 International Olympic Committee. (2025). *Sustainability progress report 2021-2024*.

49 Deutsche Bahn AG. (2025). *Integrated report 2024*.

50 한국남동발전(주). (2025). *2023~2024한국남동발전지속가능경영보고서*.

51 본 사례는 '성남시(정책기획과). (2024). 성남시 ESG 활성화 위원회 회의자료.'를 참조하여 작성하였음.

52 성남시. (2025). 2025년 ESG 행정 추진 기본계획(p.1).

53 성남시의회 행정교육위원회. (2024). *조례(안) 검토보고서* (제296회 임시회). 성남시의회.

54 성남시 자원순환 홈페이지. https://recycle.seongnam.go.kr/platformservice/re100/intro.

55 *국립암센터 홈페이지 환경 추진실적*. (2025). https://www.ncc.re.kr/main.ncc?uri=info_ESG_01

56 (사)한국EMS협회. (2025). *2025년 EMS제품 및 기업 편람* (p. 28).

57 이원국. (2025, February 27). *[의료기관 ESG 특집- "E(환경)"] 병만 고치는 병원? 지구도 낫게 하는 병원 돼야*. 헬스경향. https://www.k-health.com/news/articleView.html?idxno=78698

58 세브란스병원. (2025, June 18). *세브란스병원, "2025 소비자웰빙환경만족지수" 19년 연속 1위*. https://yuhs.severance.healthcare/sev/news/press/report.do?mode=view&articleNo=126550

59 본 사례는 '삼성서울병원. (2025). *삼성서울병원 2025 ESG 보고서*'를 참조하여 작성하였음.

60 안소희. (2024, October 2). *종이 처방전 없애고 의료폐기물 줄이고*. 동아일보. https://www.donga.com/news/Health/article/all/20241001/130132606/2

61 삼성서울병원. (2024). *삼성서울병원 2024 ESG 보고서* (pp. 12-17).

62 삼성서울병원. (2025). *삼성서울병원 2025 ESG 보고서* (pp. 18-21).

63 삼성서울병원. (2025). *삼성서울병원 2025 ESG 보고서* (pp. 23-24, 37).

64 삼성서울병원. (2025). *삼성서울병원 2025 ESG 보고서* (pp. 38).

65 유은제. (2023, December 13). *삼성서울병원, "건강친화기업" 인증 획득*. 의학신문. http://www.bosa.co.kr/news/articleView.html?idxno=2212419

66 RafflesMedicalGroup. (2025). *ANNUAL REPORT 2024*.

67 대한상공회의소 ESG경영팀. (2025, August 6). *Z세대의 ESG경영과 소비트렌드 인식조사*. 대한상공회의소. https://www.korcham.net/nCham/Service/Economy/appl/KcciReportDetail.asp?SEQ_NO_C010=20120942415&CHAM_CD=B001

68 정유미. (2023, February 10). *"싸게, 용기 없이 리필만"…샴푸, 바디워시는 반값에 산다*. 경향신문; KyungHyangSinmun. https://www.khan.co.kr/article/202302101134011

69 대한상공회의소. (2025, August 6). *Z세대의 ESG경영과 소비트렌드 인식조사* [보도자료]. https://www.korcham.net

70 최규리. (2025, June 24). *'크보빵'의 추락…SPC는 왜 히트 브랜드에서 신뢰를 잃었나*. 디지털데일리. https://www.ddaily.co.kr/page/view/2025062408543576503

71 Stoneman, A. (2020, April 21). *Creating a healthy planet, one sustainable investment at a time | ASU News*. Arizona State University. https://news.asu.edu/20200421-arizona-impact-creating-healthy-planet-one-sustainable-investment-time

72 Intentional Endowments Network. (2022). *Arizona State University Releases Their Inaugural Sustainable Responsible Impact Investing Report*. https://www.intentionalendowments.org/asu_investing_report

73 Harvard Office for Sustainability. (2024). *2023-2024 Harvard Sustainability Report*. https://sustainable.harvard.edu/2023-annual-sustainability-report/

74 Harvard Office for Sustainability. (2024, November 21). *Green Revolving Fund*. https://sustainable.harvard.edu/green-revolving-fund/

75 STARS, Sustainability Tracking Assessment & Rating System. (2025). https://stars.aashe.org/

76 UC Berkeley. *Take Classes | Sustainability & Carbon Solutions*. https://sustainability.berkeley.edu/engage/take-classes

77 UC Berkeley Physical & Environmental Planning. (2016). *2025 Carbon Neutrality Planning Framework*.

78 Cameron-Chileshe, J. (2015, May 28). *Alumn hand back degrees to protest against limited divestment*. The Oxford Student. https://www.oxfordstudent.com/2015/05/28/alumn-hand-back-degrees-to-protest-against-limited-divestment/

79 Oxford Climate Justice Campaign. (2022, February 21). *A year just like any other: Another £1.6 million to Oxford University from the fossil industry in 2020-21* [PDF]. Oxford Climate Justice Campaign.

80 Rouffin, G. (2024, February 10). *Oxford increased fossil fuel investments to £31.2m in 2022*. The Oxford Student. https://www.oxfordstudent.com/2024/02/10/university-increased-fossil-fuel-investments-to-31-2m-in-2022/

81 BBC. (2023, October 10). *Radcliffe Camera in Oxford daubed with paint in Just Stop Oil protest*. https://www.bbc.com/news/uk-england-oxfordshire-67068249

1 이인형. (2021). *ESG 평가 체계 현황과 특성 분석 (이슈보고서 21-09)*. 자본시장연구원.

2 권희원. (2021, April 25). *전경련 "ESG 평가기관마다 결과 차이 커…등급격차 5단계까지."* 연합뉴스. https://www.yna.co.kr/view/AKR20210425048000003

3 대한상공회의소. (2024, October 25). *국내 ESG 평가기관 가이던스 시행에 관한 기업 의견조사*. https://www.korcham.net/nCham/Service/Economy/appl/KcciReportDetail.asp?SEQ_NO_C010=20120939614&CHAM_CD=B001

4 김진구. (2024, December 12). *제약 ESG 등급 평가기관 별 제각각…최대 5등급 차이*. 데일리팜. https://www.dailypharm.com/Users/News/NewsView.html?ID=318613

5 대한상공회의소. (2023, June 19). *국내 ESG 평가사에 대한 기업 의견조사*. https://www.korcham.net/nCham/Service/Economy/appl/KcciReportDetail.asp?seq_no_c010=20120936397&cham_cd=B001

6 박선하. (2021, 8). *ESG 평가 바로 알기② DJSI 4단계 걸쳐 평가 대상 선정… 설문 기반이지만 입증 자료 요구*. 한경ESG, 2, 98-100.

7 대한상공회의소. (2023, February 6). *2023년 ESG 주요 현안과 정책과제 조사*. https://www.korcham.net/nCham/Service/Economy/appl/KcciReportDetail.asp?SEQ_NO_C010=20120936132&CHAM_CD=B001

8 한국ESG기준원. (2025, April 30). *[보도자료] 2025년 ESG 평가대상기업 안내*. https://www.cgs.or.kr/news/press_view.jsp?no=226

9 InnoCSR. (2020). *What we do*. https://www.innocsr.com/whatwedo

10 ARCHIVES. (2025). *The Good Bricks*. https://www.thegoodbricks.com/archives

11 InnoCSR. (2022, February 28). *Kilns adopt InnoCSR's Good Bricks System*. https://www.innocsr.com/post/kilns-adopt-innocsr-s-good-bricks-system

12 InnoCSR. (2024, February 21). *InnoCSR Secures New Investment from ADB Ventures, Garden Impact Fund, and Clarion Newlife Capital to Advance G*. https://www.innocsr.com/post/innocsr-secures-new-investment-from-adb-ventures-garden-impact-fund-and-clarion-newlife-capital-to

13 InnoCSR 관계자(이윤석 대표) 인터뷰 내용

14 InnoCSR. (2024b, May 24). *InnoCSR, Good Bricks, and TARA Join Forces to Revolutionize Brick Manufacturing in India*. https://www.innocsr.com/post/innocsr-good-bricks-and-tara-join-forces-to-revolutionize-brick-manufacturing-in-india

15 InnoCSR. (2024b, February 21). *InnoCSR Secures New Investment from ADB Ventures, Garden Impact Fund, and Clarion Newlife Capital to Advance G*. https://www.innocsr.com/post/innocsr-secures-new-investment-from-adb-ventures-garden-impact-fund-and-clarion-newlife-capital-to

16 InnoCSR. (2022, February 28). *Kilns adopt InnoCSR's Good Bricks System*. https://www.innocsr.com/post/kilns-adopt-innocsr-s-good-bricks-system

17 InnoCSR 관계자(이윤석 대표) 인터뷰 내용

18 The Good Bricks. (2025). *FAQs*. https://www.thegoodbricks.com/faqs

19 Sustainalytics. *ESG Risk Ratings*. https://www.sustainalytics.com/esg-data#framework

20 FTSE Russell. (2025, August). *FTSE Russell ESG Data Model Methodology* (v1.1).

21 LSEG. (2024, October). *Environmental, social and governance scores from LSEG*.

22 CDP Worldwide. (2025). *CDP: Turning Transparency to Action. Cdp.net*. https://www.cdp.net/en?cid=315908478&adgpid=55107277875&itemid=&targid=kwd-354748248400&mt=b&loc=9195713&ntwk=g&dev=c&dmod=&adp=&gad_source=1&gad_campaignid=315908478

23 한국ESG기준원. (2025, July). *ESG 평가 방법론*.

24 이나리. (2024, November 20). *서스틴베스트, ESG 우수기업 100곳 선정...네이버 1위*. 지디넷코리아. https://zdnet.co.kr/view/?no=20241120101847

25 안서진. (2025, April 3). *10회째 맞은 대한민국 최고의 경영대상…53개 기업·기관 선정*. 매일경제. https://www.mk.co.kr/news/business/11281505

26 한국경제신문. (2025, June 26). *ESG 우수 기업 한자리에…한경 2025 사회공헌기업대상 시상식*. https://www.hankyung.com/article/2025062597881

27 김동현. (2025, May 26). *통상환경 악화에도 빛난 기업 ESG 경영*. 한국경제. https://www.hankyung.com/article/2025052649071

28 Fry, E. (2015, October 26). *VW fooled everyone. Was it the only one?* Fortune. https://fortune.com/2015/10/26/emissions-testing-software-cheat-volkswagen-scandal/

29 MSCI ESG Research. (2015, September). *Volkswagen AG: Volkswagen downgraded to CCC*

30 이인형. (2022, December 29). *ESG 평가 체계 현황과 특성 분석* (이슈보고서). 자본시장연구원.

31 임주현. (2021, June 27). *언론은 ESG 행사 중…"해도 너무해."* KBS뉴스. https://news.kbs.co.kr/news/pc/view/view.do?ncd=5219382

32 한국생산성본부, & 산업통상자원부. (December 2022). *K-ESG 가이드라인 v1.0*. 산업통상자원부.

33 김·장 법률사무소. (2021, December 10). *"K-ESG 가이드라인" 관련 안내*. Kimchang.com. https://www.kimchang.com/ko/insights/detail.kc?sch_section=4&idx=24305

34 산업통상자원부. (2022, December 7). *공급망 실사 대응을 위한 ESG 지원 본격 추진*. 대한민국 정책브리핑. https://www.korea.kr/briefing/pressReleaseView.do?newsId=156541024

35 한국생산성본부. (2025). *K-ESG 가이드라인 편람*. https://k-esg.org/guide/guide_handbook

36 한국생산성본부, & 산업통상자원부. (December 2024). *K-ESG 가이드라인*. 산업통상자원부.

37 Brackley, A., Brock, E., & Nelson, J. (2022, September 21). *Rating the Raters Yet Again: Increasing ESG Scrutiny Makes Current Rate the Raters Study Even More Crucial*. ERM. https://www.erm.com/insights/rating-the-raters-yet-again-increasing-esg-scrutiny-makes-current-rate-the-raters-study-even-more-crucial/

38 Brock, E. K., Nelson, J., & Brackley, A. (2023). *Rating the Raters 2023: ESG ratings at a crossroads*. ERM.

제5장 ESG 경영: 실행방안

1 주현준. (2025, May 20). *MZ세대 70%, '환경·지속가능성 이슈'를 취업 중요기준으로 고려*. ESG경제. https://www.esgeconomy.com/news/articleView.html?idxno=11296

2 법무법인(유) 세종. (2025, July 15). *국제지속가능성기준위원회, 지속가능성공시기준 개정안 공개*. https://www.shinkim.com/kor/media/newsletter/2900

3 대한상공회의소. (2023, February 6). *2023년 ESG 주요 현안과 정책과제 조사*. https://www.korcham.net/nCham/Service/Economy/appl/KcciReportDetail.asp?SEQ_NO_C010=20120936132&CHAM_CD=B001

4 정세우. (2023, October 5). *[칼럼] ESG 경영 성공 조건은 조직 내재화*. 한국경제. https://www.hankyung.com/article/202309220704i

5 *ESG 확산 및 정착을 위한 기업 설문조사 분석 결과보고서*. (2021). 대한상공회의소.

6 김정훈. (2025, April 1). *세계적(글로벌) 흐름에 따른 벤처기업 평가기준 확대·개편,「벤처기업확인요령」 일부개정고시시행*.중소벤처기업부.https://www.mss.go.kr/site/smba/ex/bbs/View.do?cbIdx=86&bcIdx=1057693&parentSeq=1057693

7 중소기업중앙회. (2025). *2025년 대기업 공급망 관리 실태분석 보고서*.

8 류진. (2024). *2024 주요 기업의 사회적 가치 보고서*. 한국경제인협회.

9 Chouinard, Y. (2022, September 14). *Earth Is Now Our Only Shareholder*. Patagonia. https://www.patagonia.com/ownership/

10 Apple. (2025). Environment. https://www.apple.com/environment/

11 손재호, 정동섭, 김선미, & 박주리. (2024). *딜로이트 글로벌 2024 MZ 세대 서베이*. Deloitte Anjin LLC.

12 Henretig, J. (2014, September 12). *Making Commuting Easy, Enjoyable and Sustainable – Microsoft Green Blog*. Microsoft. https://blogs.microsoft.com/green/2014/09/12/making-commuting-easy-enjoyable-and-sustainable/

13 Cascale. (2023, October 5). *Our Members*. https://cascale.org/our-members/

14 박재철. (2022, November 2). *포스코, 아시아 최초 "리스폰서블스틸 사업장" 인증 획득*. 철강

금속신문. http://www.snmnews.com/news/articleView.html?idxno=507202

15 Lightle, B., Corrigan, S., & Zipperer, K. (2024). *2024 Global ESG M&A Survey: Rising Influence of ESG*. Deloitte Global.

16 김지연. (2023, November 9). *석유기업 BP, 테슬라 "슈퍼차저" 1억 달러 구매 "주유소도 탈탄소 전환에 新성장동력 필요해"*. 그리니엄. https://greenium.kr/news/29192/

17 Devdiscourse News Desk. (2025, June 11). *Global Brands Under Scrutiny: Forced Labour Allegations in Chinese Supply Chains*. Devdiscourse. https://www.devdiscourse.com/article/business/3454794-global-brands-under-scrutiny-forced-labour-allegations-in-chinese-supply-chains

18 최수문. (2022, January 3). *中 신장위구르 인권 논란 악화에 곤혹스런 글로벌 기업들*. 서울경제. https://www.sedaily.com/NewsView/260Q1P96OB

19 이완배. (2024, February 11). *누가 그 많은 아프리카의 아기들을 죽였나? _* 네슬레. 민중의소리.

20 Apple Newsroom (대한민국). (2025, May 28). *Apple, iPad를 위한 셀프 서비스 수리 출시로 수리 프로그램 확대*. https://www.apple.com/kr/newsroom/2025/05/apple-launches-self-service-repair-for-ipad-expands-repair-programs/

21 김민지. (2021, December 8). *스타벅스 재사용컵 확대, "그린워싱" 논란 털기를*. 뉴스웨이. https://www.newsway.co.kr/news/view?ud=2021120816453949443

22 Coupang. (2022, February 9). *[보도자료] 쿠팡, 연간 2천톤 이상의 포장재 사용 절감…"패키징 팀" 인터뷰 공개*. 쿠팡 뉴스룸. https://news.coupang.com/archives/14130/

23 서영광. (2024, October 15). *[ESG 리더스] 이민규 컬리 포장기획팀장 "과대포장 줄이고, 적정한 포장으로 딜레마 해결해야."* 녹색경제신문. https://www.greened.kr/news/articleView.html?idxno=319303

24 김민제. (2021, April 9). *"뒤통수 맞은 듯"…이니스프리 종이병, 까보니 플라스틱*. 한겨레. https://www.hani.co.kr/arti/society/environment/990392.html

25 Hönighaus, N. (2025). *Incentivizing long-term value creation*. KPMG International.

26 Apple Newsroom (대한민국). (2020, July 21). *Apple, 2030년까지 공급망 및 제품의 100% 탄소 중립화 달성 약속*. https://www.apple.com/kr/newsroom/2020/07/apple-commits-to-be-100-percent-carbon-neutral-for-its-supply-chain-and-products-by-2030/

27 Apple. (2024). *People and Environment in Our Supply Chain*.

28 Apple. (2025). *Supply Chain Innovation*. https://www.apple.com/supply-chain/

29 남하나. (2025, May 28). *애플, 아이폰 생산 인도로 이동 가속…미국 수입 인도산 76% 급증*. 스페셜경제. https://www.speconomy.com/news/articleView.html?idxno=401200

30 Apple (KR). (2025). *제품 환경 보고서*. https://www.apple.com/kr/environment/#reports-product

31 Apple. (2024). *People and Environment in Our Supply Chain*.

32 Apple(United Kingdom). (2019). *Apple Leadership*. https://www.apple.com/uk/leadership/

33 Connor, P., Harris, L., & Gosling, T. (2021, June 29). *Executive Pay and ESG Performance*. PwC. https://www.pwc.com/gx/en/issues/esg/exec-pay-and-esg.html

34 Apple. (2020, July 21). *Apple commits to be 100 percent carbon neutral for its supply chain and products by 2030*. Apple Newsroom. https://www.apple.com/newsroom/2020/07/apple-commits-to-be-100-percent-carbon-neutral-for-its-supply-chain-and-products-by-2030/

35 Rana, D. (2025, April 22). *Apple unveils environmental progress, surpassing 60 percent reduction in global greenhouse gas emissions*. WBCSD. https://www.wbcsd.org/news/apple-unveils-environmental-progress-surpassing-60-percent-reduction-in-global-greenhouse-gas-emissions/

36 LG전자. (2025). *2024-2025 LG전자 지속가능경영보고서*.

37 현대자동차. (2025). *Road to Sustainability 2025 현대자동차 지속가능성 보고서*.

38 리더스인덱스. (2025, March 18). *ESG 경영 4년…대기업 절반만 위원회 설치, 회의는 분기 1회도 안 열려*. https://leadersindex.co.kr/boards/6321/view

39 삼성전자. (2025). *삼성전자 지속가능경영보고서 2025*.

40 SK. (2025). *SUPEX추구협의회*. https://www.sk.co.kr/ko/about/supex.jsp

41 포스텍 지속가능연구소. (2024, March 18). *ESG앰배서더 3기 발대식, 현장 속 ESG 실행력 강화*. https://isr.postech.ac.kr/index.php/archives/13642

42 포스코홀딩스. (2024). *2024 포스코홀딩스 지속가능경영보고서*.

43 OECD. (2025). *Behind ESG ratings Unpacking sustainability metrics*.

제6장 ESG 경영: 한국기업 사례

1 김다린. (2025, July 8). *"당신의 경영은 지속가능한가요?" ESG KOREA 100이 던진 질문*. 포춘코리아 디지털 뉴스. https://www.fortunekorea.co.kr/news/articleView.html?idxno=48875

2 김다린. (2025, July 8). *"당신의 경영은 지속가능한가요?" ESG KOREA 100이 던진 질문*. 포춘코리아 디지털 뉴스. https://www.fortunekorea.co.kr/news/articleView.html?idxno=48875

3 이 장에서 소개되는 사례는 이재혁 교수의 지도하에 고려대학교 경영대학의 권세빈, 박나연, 이정현, 추서진이 작성하였으며, 해당 기관 실무 담당자를 통해 사례 내용의 정확성 및 최신 자료를 확인받아 최종적으로 완성되었음.

4 'POSCO INTERNATIONAL. (2024). 포스코인터내셔널 2024 지속가능경영보고서'를 토대로 분석하였음.

5 파이낸셜뉴스. (2025.07.31). 포스코인터, 2Q 영업익 3337억원…"하반기 본격 성장". https://www.fnnews.com/news/202507311349504615 (검색일: 2025.08.09).

6 MSCI. (2025). *ESG Ratings Timeseries Expanded 2025 Q2*.

7 '대한항공. (2025). *대한항공 ESG보고서 2025.*' 를 토대로 분석하였음.

8 MSCI. (2025). *ESG Ratings Timeseries Expanded 2025 Q2*.

9 '현대자동차. (2025). *Road to sustainability: 2025 현대자동차 지속가능성 보고서.*' 를 토대로 분석하였음.

10 'SK하이닉스. (2025). *SK hynix 지속가능경영보고서 2025.*' 를 토대로 분석하였음.

11 '강원랜드. (2024). *(주)강원랜드 2024년 지속가능경영보고서.*' 를 토대로 분석하였음.

12 '아모레퍼시픽홀딩스. (2025). *2024 아모레퍼시픽홀딩스 지속가능성 보고서.*' 를 토대로 분석하였음.

13 'LG생활건강. (2025). *LG생활건강 2024년 ESG보고서.*' 를 토대로 분석하였음.

14 'CJ제일제당. (2025). *2024 CJ제일제당 지속가능성 보고서.*' 를 토대로 분석하였음.

15 'LG에너지솔루션. (2024). *2024 LG에너지솔루션 ESG Report.*' 를 토대로 분석하였음.

16 MSCI ESG 데이터베이스 *ESG Ratings Timeseries Expanded 2025 Q2*

17 Bridgestone. (2025). *Bridgestone 3.0 Journey - 2025 Integrated Report*. (p.104).

18 'JYP엔터테인먼트. (2024). *2024 JYP Entertainment Sustainability Report.*' 를 토대로 분석하였음.

19 MSCI. (2025) *ESG Ratings Timeseries Expanded 2025 Q1*.

20 Informa. (2025). *2024 Informa Sustainability Report*. (p.46).

21 한국콘텐츠진흥원. (2024). 2023 *대중문화예술산업 실태조사*.

22 MTN뉴스. (2021, December 4). *[인사만사②] 틀에 박힌 승진 체계 깨고 직무 이동 자유롭게… 대기업 조직 혁신 급물살*. https://news.mtn.co.kr/news-detail/2021120710500165190

23 뉴스핌. (2024, June 25). *[아이돌 해부] 아이돌 연습생이 사라진다… Z세대가 떠난 이유*. https://www.newspim.com/news/view/20250625000814

24 'SK바이오팜. (2025). *2025 SK바이오팜 지속가능경영보고서.*' 를 토대로 분석하였음.

25 SK바이오팜 홈페이지, https://www.skbp.com/kor/company/overview.do.

26 MSCI. (2025) *ESG Ratings Timeseries Expanded 2025 Q1*.

27 '셀트리온. (2025). *셀트리온 지속가능경영보고서 2024-2025.*' 를 토대로 분석하였음.

28 '삼성전자. (2025). *삼성전자 지속가능경영보고서 2025*' 를 토대로 분석하였음.

29 MSCI ESG 데이터베이스. (2025). *ESG Ratings Timeseries Expanded 2025 Q2*.

30 MSCI. *ESG Ratings Methodology: Human Capital Development Key Issue*. (p.5).

31 Nokia. (2023). *People & Planet Report 2023*. (p.102).

32 Nokia. (2024). *2024 Sustainability Statement*. (p.68).

33 삼성전자. *삼성전자 협력회사 근로환경 영역별 개선율*. https://www.samsung.com/sec/sustainability/people/supply-chain/#AY5k3Pu61ooAIx-T

34 '한화에어로스페이스. (2025). *한화에어로스페이스 지속가능경영보고서 2025*.' 를 토대로 분석하였음.

35 '롯데월드. (2024). *롯데월드 지속가능경영보고서 2024 [Lotteworld Sustainability Report 2024]*. 롯데월드 어드벤처.' 를 토대로 분석하였음.

36 연합뉴스. (2025, July 21). *놀이공원 후기 남기면 치료비 후원…롯데월드, 기부 캠페인*. https://www.yna.co.kr/view/AKR20250721037900030?input=1195m

37 뉴데일리경제. (2025, July 27). *롯데월드, 아이스크림 트럭과 함께 보육시설에 등장한 로티-로리*. https://biz.newdaily.co.kr/site/data/html/2025/07/27/ 2025072700103.html

38 롯데월드. (2024). *롯데월드 지속가능경영보고서 2024 [Lotteworld Sustainability Report 2024]*. 롯데월드 어드벤처.

39 The Walt Disney Company. (2024). *2024 Sustainability & Social Impact Report*.

40 본 사례는 저자와 이정기 박사가 공동 수행한 연구보고서, "유일한 박사의 경영철학과 ESG 경영: G(지배구조) 부문을 중심으로, 2025"를 바탕으로 작성되었음.

41 본 사례는 저자와 이정기 박사가 공동집필한 논문, 'How to enhance ESG credentials through corporate governance innovation: the case of DGB Financial Group in South Korea,' Asia Pacific Business Review, 2025'를 바탕으로 작성되었음.

42 iM금융그룹. (2025). *2024-2025 iM금융그룹 지속가능경영보고서*.

제7장 E(환경) 핵심이슈

1 ㈜영풍. (2025). *영풍 지속가능경영보고서 2024*.

2 안옥희. (2024, July 9). *영풍 석포제련소는 어쩌다 '악명의 용광로'가 됐나*. 매거진한경. https://magazine.hankyung.com/business/article/202407041077b

3 환경부. (2020, October 8). *영풍석포제련소 지하수 중금속 외부유출 확인, 차단·정화를 위한 후속조치 진행*. https://me.go.kr/m/mob/board/read.do?menuId=11&boardId=1402690

4 안옥희. (2024, July 9). *영풍 석포제련소는 어쩌다 '악명의 용광로'가 됐나*. 매거진한경. https://magazine.hankyung.com/business/article/202407041077b

5 *토양환경보전법 시행규칙* [토양오염대책기준 (제20조 관련)]. (2025). 대한민국 법제처 국가법령정보센터.

6 김재민. (2025, August 11). *[단독] 토양정화 의무 성실 이행 중이라더니…영풍 석포제련소, 끝까지 미흡했다*. 쿠키뉴스. https://www.kukinews.com/article/view/kuk202508110168

7 환경부. (2025, August 7). *환경부 장관, ㈜영풍 석포제련소 현장 방문, 철저한 환경안전관리 당*

부 [보도자료]. https://me.go.kr/m/mob/board/read.do?menuId=11&boardId=1757820

8 유남상. *장항제련소(長項製鍊所)*. 한국민족문화대백과사전. https://encykorea.aks.ac.kr/Article/E0048894

9 환경부. (2021, December 22). *서천 옛 장항제련소 부지, 그린뉴딜 사업으로 생태 복원*. 대한민국 정책브리핑

10 김재순. (2015, December 21). *브라질 광산 댐 붕괴사고 관련 발레·BHP빌리턴 자산동결*. 세계일보. https://www.segye.com/newsView/20151221000040

11 Senanayake, M., Harymawan, I., Dorfleitner, G., Lee, S., Rhee, J. H., & Ok, Y. S. (2024). *Toward More Nature-Positive Outcomes: A Review of Corporate Disclosure and Decision Making on Biodiversity*. Sustainability, 16(18), 8110-8110. https://doi.org/10.3390/su16188110

12 *환경정책기본법*. (2024). 대한민국 법제처 국가법령정보센터.

13 *환경정책기본법*. (2024). 대한민국 법제처 국가법령정보센터.

14 Senanayake, M., Harymawan, I., Dorfleitner, G., Lee, S., Rhee, J. H., & Ok, Y. S. (2024). *Toward More Nature-Positive Outcomes: A Review of Corporate Disclosure and Decision Making on Biodiversity*. Sustainability, 16(18), 8110-8110. https://doi.org/10.3390/su16188110

15 Senadheera, S. S., Gregory, R., Rinklebe, J., Farrukh, M., Rhee, J. H., & Ok, Y. S. (2022). *The development of research on environmental, social, and governance (ESG): A bibliometric analysis*. Sustainable Environment, 8(1). https://doi.org/10.1080/27658511.2022.2125869

16 대한민국 법제처 국가법령정보센터. (2024). *토양환경보전법*.

17 대한민국 법제처 국가법령정보센터. (2024). *토양환경보전법*.

18 정승우. (2003). *토양오염물질의 물리·화학적 특성과 이동성에 따른 환경 영향평가 방안*. 한국환경연구원.

19 Beck, E. C. (1979, January). *The Love Canal tragedy*. U.S. Environmental Protection Agency. https://www.epa.gov/archive/epa/aboutepa/love-canal-tragedy.html

20 U.S. Environmental Protection Agency. *Superfund site profile: Love Canal*. https://cumulis.epa.gov/supercpad/SiteProfiles/index.cfm?fuseaction=second.cleanup&id=0201290

21 BBC News. (2025, January 2). *Brazil dam disaster: What happened at Mariana and Brumadinho*. https://www.bbc.com/news/articles/cgj6e1e2688o

22 Rachel Carson Center for Environment and Society. (n.d.). *Seveso chemical disaster*. Environment & Society Portal. https://www.environmentandsociety.org/tools/keywords/seveso-chemical-disaster

23 World Health Organization. (2025, February 18). *Biodiversity*. https://www.who.int/

news-room/fact-sheets/detail/biodiversity

24 국가생물다양성센터. (2023). *생물다양성이란?* 국가생물다양성 정보공유체계. https://www.br.go.kr/content/view.do?menuKey=790&contentKey=157

25 Amy, F. (2024, October 9). *Catastrophic 73% decline in the average size of global wildlife populations in just 50 years reveals a 'system in peril'*. World Wildlife Fund. https://www.worldwildlife.org/press-releases/catastrophic-73-decline-in-the-average-size-of-global-wildlife-populations-in-just-50-years-reveals-a-system-in-peril

26 United Nations. (2025). *Biodiversity - our strongest natural defense against climate change*. https://www.un.org/en/climatechange/science/climate-issues/biodiversity

27 Taskforce on Nature-related Financial Disclosures. (2022, March). *The TNFD Nature-related Risk & Opportunity Management and Disclosure Framework* (Beta v0.1 Release).

28 김채현, 조유라, 이재혁, 옥용식. (2024). *ESG 경영전략 기반 생물다양성 활동 충실성 분석: 포스코 그룹 사례*. 대한환경공학회지, 46(6), 310-318.

29 Taskforce on Nature-related Financial Disclosures. (2023). *TNFD 권고안*.

30 Taskforce on Nature-related Financial Disclosures. (2023, October). *Guidance on the identification and assessment of nature-related issues: The LEAP approach* (Version 1.1)

31 Nature Positive Initiative. (2023, November 27). *The Definition of Nature Positive*.

32 Cho, Y., Lee, J., Senadheera, S. S., Chang, S. X., Rinklebe, J., Rhee, J. H., & Ok, Y. S. (2024). *Biodiversity conservation activities for nature-positive goals: Cases of Korean companies*. Sustainable Environment. https://doi.org/10.1080/27658511.2024.2426832

33 대한상공회의소. (2024, April 3). *중소·중견기업 ESG 경영 실사 분석 결과* [보도자료]. https://www.korcham.net/nCham/Service/Economy/appl/KcciReportDetail.asp?SEQ_NO_C010=20120937734&CHAM_CD=B001

34 김건희, 조유라, 이재혁, 옥용식. (2024). *산림조성을 기반으로 한 기업의 생물다양성 보전 활동 분석: KT&G의 사례를 중심으로*. 한국환경과학회지, 33(6), 349-359.

제8장 S(사회) 핵심이슈

1 United States Senate, Committee on Health, Education, Labor, and Pensions. (2024). *The "Injury-Productivity Trade-off": How Amazon's Obsession with Speed Creates Uniquely Dangerous Warehouses*. United States Senate.

2 Strategic Organizing Center. (2021). *Hidden pandemic: Amazon's secrecy and obstruction during the COVID-19 crisis*.

3 정성호. (2022, May 10). *아마존, 노조결성 관여한 직원 2명 해고…무단결근·저성과 이유*. 연합뉴스. https://www.yna.co.kr/view/AKR20220510030200091

4 Hsu, A. (2022, April 1). In a stunning victory, Amazon workers on Staten Island vote for a union. NPR. https://www.npr.org/2022/04/01/1089318684/amazon-labor-union-staten-island-election-bessemer-alabama-warehouse-workers

5 Logan, J. (2025, January 28). *Corporate union busting in plain sight: How Amazon, Starbucks, and Trader Joe's crushed dynamic grassroots worker organizing campaigns*. Economic Policy Institute. https://www.epi.org/publication/corporate-union-busting/

6 김윤경. (2023, January 25). *미국 최대 고용주 월마트, 최저임금 올렸다*. 스마트투데이. https://www.smarttoday.co.kr/news/articleView.html?idxno=26391

7 고일환. (2023, September 7). *美고용시장 열기 식었나…"최대고용주" 월마트, 신입 임금 삭감*. 연합뉴스. https://www.yna.co.kr/view/AKR20230908007100072

8 Oxfam America. (2024). *Communication to UN Special Procedures on Labor Abuses at Amazon and Walmart*.

9 Berkowitz, D., & Dixon, P. (2023, March 30). *An average of 27 workers a day suffer amputation or hospitalization, according to new OSHA data from 29 states: Meat and poultry companies remain among the most dangerous*. Economic Policy Institute. https://www.epi.org/blog/an-average-of-27-workers-a-day-suffer-amputation-or-hospitalization-according-to-new-osha-data-from-29-states-meat-and-poultry-companies-remain-among-the-most-dangerous/

10 Logan, J. (2025, January 28). *Corporate union busting in plain sight: How Amazon, Starbucks, and Trader Joe's crushed dynamic grassroots worker organizing campaigns*. Economic Policy Institute. https://www.epi.org/publication/corporate-union-busting/

11 International Labour Organization. (2019). *Safety and Health at the heart of the Future of Work: Building on 100 years of experience*.

12 고용노동부. (2025, March 11). *2024년 산업재해 현황 부가통계 "재해조사 대상 사망사고 발생 현황" 잠정결과 발표*. 고용노동부. https://www.moel.go.kr/news/enews/report/enewsView.do?news_seq=17595

13 Eni.com. (2024, June 10). *Fast fashion: what lies beneath the clothes we wear*. https://eniscuola.eni.com/en-IT/articles/2024/terra/fast-fashion-what-lies-beneath-the-clothes-we-wear.html

14 Polen, S. (2024, April 24). *Rana Plaza: Eleven years on, what has changed? Oxfam Canada*. https://www.oxfam.ca/story/rana-plaza-eleven-years-on-what-has-changed/

15 Odhikar. (2013). *BROKEN DREAMS: A REPORT ON THE RANA PLAZA COLLAPSE*.

16 홍순준. (2014, April 24). *[취재파일] 유명 의류업체 나몰라라…사회로 돌아가지 못하는 피해자들*. SBS. https://news.sbs.co.kr/news/endPage.do?news_id=N1002358839

17 정유진, & 주선영. (2013, May 28). *"건물 무너진다" 해도 근무 강요… 밀어내기식 하도급이 낳은 최악의 人災*. 더나은미래. https://futurechosun.com/archives/5230

18 Strydom, M. (2013, April 25). *Primark "shocked" by Bangladesh building collapse*. Telegraph. https://www.telegraph.co.uk/finance/newsbysector/retail andconsumer/10017011/Primark-shocked-by-Bangladesh-building-collapse.html

19 Roberts, A., & Oldenziel, J. (2014). *Annual Report 2013*. Bangladesh Accord Foundation.

20 *International Accord*. (2025). https://internationalaccord.org/

21 이주현. (2012, September 13). *파키스탄 의류공장 화재로 289명 사망한 배경엔*... 한겨레. https://www.hani.co.kr/arti/international/asiapacific/551564.html

22 Sengupta, N. (2019, December 8). *Delhi fire filled building with carbon monoxide, most fatalities due to suffocation: NDRF*. India Today. https://www.indiatoday.in/india/story/delhi-fire-filled-building-with-carbon-monoxide-most-fatalities-due-to-suffocation-ndrf-1626434-2019-12-08

23 Human Rights Watch. (2021, December 2). *Myanmar: Protesters Targeted in March Massacre*. https://www.hrw.org/news/2021/12/02/myanmar-protesters-targeted-march-massacre

24 Business & Human Rights Resource Centre. (2021, February 11). *Morocco: Labour groups call for immediate investigation afer at least 28 garment workers, including a 14-year-old girl, are killed in disaster at informal garment factory*. https://www.business-humanrights.org/en/latest-news/morocco-at-least-28-garment-workers-incl-14-year-old-girl-killed-in-disaster-at-informal-garment-factory-labour-groups-call-for-immediate-investigation/

25 Business & Human Rights Resource Centre. (2025, January 27). *Bangladesh: Beximco Group closes down 16 textile factories, laying off 40,000 workers; incl. co. responses*. https://www.business-humanrights.org/en/latest-news/bangladesh-5000-workers-have-charges-filed-against-them-for-protest-over-closure-of-16-factories-that-left-40000-jobless-wpftc/

26 고 김용균 사망사고 진상규명과 재발방지를 위한 석탄화력발전소 특별노동안전조사위원회. (2019). *고 김용균 사망사고 진상조사결과 종합보고서*.

27 고용노동부. (2019, May 2). *2018년 산업재해 사고사망만인율 소폭 감소*. https://www.moel.go.kr/news/enews/report/enewsView.do?news_seq=9860

28 편집국. (2013, May 29). *세계최고 산재사망률이 어쩔 수 없는 '사회적 비용'일까?* 한국노동사회연구소. http://klsi.org/bbs/board.php?bo_table=B07&wr_id=1285

29 최재필. (2020, July 6). *산업안전보건법 개정 172일… "제2의 김용균 사고는 없다."* 국민일보. https://www.kmib.co.kr/article/view.asp?arcid=0924146308

30 홍준표. (2025, January 21). *[중대재해처벌법 3년 ①] 〈단독〉 스러진 101명, 사업주 실형은 "단 5건."* 매일노동뉴스. https://www.labortoday.co.kr/news/articleView.html?idxno=225886

31 McKinsey & Company. (2020). *Diversity Wins: How Inclusion Matters.*

32 Salesforce. (2025). *Let's create an equal workplace and world for all.* https://www.salesforce.com/company/equality/

33 Salesforce. (2025). *Equality Groups.* https://www.salesforce.com/company/equality-groups/?d=cta-body-promo-8

34 Legend Siegel, A. (2024, April 29). *Our 2024 Annual Equality Update.* Salesforce. https://www.salesforce.com/news/stories/annual-equality-update-2024/

35 Meta. (2023). *2023 Responsible Business Practices Report.*

36 Williams, M. (2022, July 19). *Embracing Change Through Inclusion: Meta's 2022 Diversity Report.* Meta. https://about.fb.com/news/2022/07/metas-diversity-report-2022/

37 Barnett, N. (2018, April 2). *Individuals with Autism can bring untapped talent to every business.* Microsoft Accessibility Blog. https://blogs.microsoft.com/accessibility/autismawareness2018/

38 Microsoft. (2025). Neurodiversity Hiring | *Global Diversity and Inclusion at Microsoft.* https://www.microsoft.com/en-us/diversity/inside-microsoft/cross-disability/neurodiversityhiring

39 Scheiner, M. (2020, January 1). *Corporate Neurodiversity Hiring Programs: Scratching the Surface?* Autism Spectrum News. https://autismspectrumnews.org/corporate-neurodiversity-hiring-programs-scratching-the-surface/

40 삼성전자. (2025). *삼성전자 지속가능경영.* https://www.samsung.com/sec/sustainability/main/

41 박성현. (2024, November 11). *100대 기업 여성 임원 역대 최다…삼성전자 가장 많아.* 매일신문. https://www.imaeil.com/page/view/2024111116581733378

42 현대자동차. (2025). *Road to Sustainability 2025 현대자동차 지속가능성 보고서.*

43 LG에너지솔루션. (2025). *LG에너지솔루션 ESG REPORT 2024.*

44 김규리. (2024, October 9). *국내 대표 30대 기업의 다양성·형평성·포용성 현주소는?* 더나은미래. https://futurechosun.com/archives/99383

45 정승연. (2021). *KCGS 리포트 11권12호* (pp. 2-9). 한국기업지배구조원.

46 황현규. (2024, March 21). *남녀임금격차, OECD 회원국 중 가장 커…의사 수는 OECD 평균 이하.* KBS 뉴스. https://news.kbs.co.kr/news/pc/view/view.do?ncd=7919569

47 나건웅. (2024, September 18). *여성 임원 비중 늘었지만...연봉은 남성의 60% 그쳐*. 매일경제. https://www.mk.co.kr/news/business/11115912

48 김철선. (2022, July 9). *여성 임원 여전히 소수인 한국기업…대부분이 아직도 한 자릿수*. 연합뉴스. https://www.yna.co.kr/view/AKR20220709026900003

49 World Economic Forum. (2024). *Global Gender Gap 2024 INSIGHT REPORT*.

50 McKinsey & Company. (2020). *Diversity Wins: How Inclusion Matters*.

51 NIKE. (2024). *FY23 NIKE, Inc. Impact Report*.

52 Estrada, S. (2020, October 16). *Starbucks to link executive compensation to DEI goals*. HR Dive. https://www.hrdive.com/news/starbucks-to-link-executive-compensation-to-dei-goals/587158/

53 임효진. (2024, October 24). *2023 지방자치단체 외국인주민 현황*. 행정안전부. https://www.mois.go.kr/frt/bbs/type001/commonSelectBoardArticle.do;jsessionid=ebs9UdYP0MQKf1Fj7ud1xvgv.node40?bbsId=BBSMSTR_000000000014&nttId=113261

제9장 G(지배구조) 핵심이슈

1 김문균. (2024, April 7). *"저커버그 친누나 영입" 허위공시 상장사 대표 구속…100억원 배임 혐의도*. 뉴스스페이스. https://www.newsspace.kr/news/article.html?no=1707

2 World Economic Forum. (2022). *Future Focus 2025 Pathways for Progress from the Network of Global Future Councils 2020-2022*.

3 Vasantham, K., Jevcakova, J., Wightman, P., & Offel, M. (2021). *기관투자자 설문조사 2021*. Morrow Sodali.

4 송지민. (2024). *독립이사 및 소수주주 이사 선임에 대한 비교법적 연구-지배주주가 존재하는 경우를 중심으로*. 선진상사법률연구, 33-73.

5 Governance Insights Center. (2022). *PwC's 2022 Annual Corporate Directors Survey*. PwC.

6 Natalie Cooper, Bob Lamm, & Randi Val Morrison. (2024). *Board Practices Quarterly March 2024*. Deloitte.

7 Spencer Stuart. (2024). *2024 U.S. Spencer Stuart board index*.

8 남현경. (2023, July 9). *영국 ESG 경영, 선택이 아닌 필수*. KOTRA. https://dream.kotra.or.kr/kotranews/cms/news/actionKotraBoardDetail.do?SITE_NO=3&MENU_ID=180&CONTENTS_NO=1&bbsGbn=243&bbsSn=243&pNttSn=203944

9 JPMorganChase. (2025). *Risk Committee*. https://www.jpmorganchase.com/about/governance/committees/risk-committee

10 Apple. (2025). *Legal – Privacy Governance*. https://www.apple.com/sa/legal/privacy/en-ww/governance/

11 Pfizer. (2024). *2023 Impact Report*.

12 Zero100 Press. (2025, March 12). *Zero100 Announces New Advisory Board Member: Willem Uijen, Chief Supply Chain and Operations Officer at Unilever*. Zero100. https://zero100.com/zero100-announces-new-advisory-board-member-willem-uijen-chief-supply-chain-and-operations-officer-at-unilever/

13 World Economic Forum. (2023). *Global risks report 2023: 18th edition*.

14 PwC & The Conference Board. (2025). *Board effectiveness: A survey of the C-suite*.

15 CDP Worldwide & 한국사회책임투자포럼(KoSIF). (2024). *CDP climate change and water report 2024 – Korea*.

16 PwC. (2024). *Global investor survey report 2024*.

17 bp global. (2022). *Gas & low carbon energy*. https://www.bp.com/en/global/corporate/who-we-are/our-organization/gas-and-low-carbon-energy.html

18 Apple. (2025, April 16). *Apple unveils environmental progress, surpassing 60 percent reduction in global greenhouse gas emissions*. Apple Newsroom. https://www.apple.com/newsroom/2025/04/apple-surpasses-60-percent-reduction-in-global-greenhouse-gas-emissions/

19 Kane, M. (2024, January 16). *Mercedes-Benz Set A New Electric Car Sales Record In Q4 And 2023*. InsideEVs. https://insideevs.com/news/704768/mercedes-electric-car-sales-2023q4/

20 Kane, M. (2024a, January 12). *Mercedes-Benz U.S. EV Sales Surged To A New Record In Q4 2023*. InsideEVs. https://insideevs.com/news/704262/mercedes-us-electric-car-sales-2023q4/

21 TotalEnergies. (2025). *Reducing Our Emissions*. https://totalenergies.com/sustainability/climate-and-sustainable-energy/reducing-our-emissions

22 SK주식회사. (2024). *SK ESG Platform*. https://esg.sk-inc.com/ko/governance

23 안옥희. (2025, January 21). *삼성, 이사회 중심 투명경영 강화…글로벌 스탠더드 뛰어넘는다 [2025 기업지배구조 랭킹]*. 한경매거진앤북. https://magazine.hankyung.com/business/article/202501169245b

24 HYUNDAI MOTORS. (2025). *이사회 구성 현황*. https://www.hyundai.com/worldwide/ko/company/ir/management-information/governance

25 Posco. (2025). *이사회 – POSCO ESG*. https://sustainability.posco.co.kr/S91/S91F10/kor/cmspage.do?mmcd=1745996598005750

26 LG. (2025). *기업지배구조*. https://www.lg.co.kr/ir/governance/council

27 HD한국조선해양. (2025). *HD한국조선해양 지속가능경영보고서 2024*.

28 ㈜한화. (2025) *㈜한화 지속가능경영보고서 2025*..

29 김경은. (2025, March 11). *ESG 전문 사외이사 포진율 4.3%…30곳 중 13곳은 '0명'[사외이사 대해부⑥]*. 이데일리. https://www.edaily.co.kr/News/Read?newsId=01266086642102336&mediaCodeNo=257&OutLnkChk=Y

30 Iwasaki, J., Konigsburg, D., & Touche, W. (2023). *이사회의 이해관계자 신뢰 제고 및 측정 방법*. Deloitte.

31 노순갑. (2003). *미국기업의 분식회계 배경과 시사점*. 증권, 금융저널, 2(1), 57-84.

32 최윤정. (2015, September 28). *엔론부터 폴크스바겐까지…눈속임 기업의 운명은*. 연합뉴스. https://www.yna.co.kr/view/AKR20150928018700009

33 박상수. (2002, January 30). *엔론사 파산이 던져 준 교훈*. LG경영연구원. https://www.lgbr.co.kr/report/view.do?idx=1249

34 *The Enron Scandal (2001)*. (2021, September 29). International Banker. https://internationalbanker.com/history-of-financial-crises/the-enron-scandal-2001/

35 안혜신. (2010, March 12). *158년 역사 리먼을 파산으로 몰아간 것은*. 아시아경제. https://www.asiae.co.kr/article/2010031210415007883

36 BBC News. 파블로 우초아. (2018, September 15). *글로벌 금융위기: 10년이 지난 현재 무엇이 바뀌었나*. BBC News 코리아. https://www.bbc.com/korean/news-45503225

37 BBC News. *Volkswagen to pay out £193m in "dieselgate" settlement*. (2022, May 26). https://www.bbc.com/news/business-61581251

38 김윤주. (2024, September 25). *불법 합병 탓 수천억 손실... 국민연금, 이재용·삼성물산에 소송*. 한겨레. https://www.hani.co.kr/arti/society/rights/1159476.html

39 박선우. (2025, June 19). *"제일모직 합병 부당" 삼성물산 주주들 "경영진이 이사 의무 위반."* 블로터. https://www.bloter.net/news/articleView.html?idxno=638724

40 박성진. (2018, June 29). *[일지] 롯데 신동빈·동주 형제 경영권 분쟁*. 연합뉴스. https://www.yna.co.kr/view/AKR20180629029900030

41 윤보람. (2018, April 23). *본색 드러낸 엘리엇…"현대차·현대모비스 합병" 요구(종합)*. 연합뉴스. https://www.yna.co.kr/view/AKR20180423191051008

42 장하나. (2019, December 29). *'모자의 난'으로 번진 한진家 분쟁…"힘겨루기냐, 가족단합이냐."* 연합뉴스. https://www.yna.co.kr/view/AKR20191227161600003

43 이재연. (2024, May 7). *[단독] 주주 울린 '쪼개기 상장'이 경영진 성과로…재벌 불신 더 키운다*. 한겨레. https://www.hani.co.kr/arti/economy/marketing/1139454.html

44 조은서. (2025, June 28). *전자주총 시대 "성큼"… 해결해야 할 난제 수두룩*. 조선일보. https://www.chosun.com/economy/money/2025/06/28/4LUAZ2LEN3POONSYQNVR2IFZQ4/

45 KPMG Ireland. (2024). *Survey of sustainability reporting 2024*.

46 Asian Corporate Governance Association. (2023). *CG Watch 2023: A new order*.

47 황수분. (2025, May 27). *[N2 스토리] 밸류업 1년…코리아 디스카운트 넘어설까, 변화 위한 과제 여전*. 뉴스투데이. https://www.news2day.co.kr/article/20250527500016

제10장 ESG 정책적 규제

1 Cutcher-Gershenfeld, J., Brooks, D., & Mulloy, M. (2015, May 6). *The decline and resurgence of the U.S. auto industry*. Economic Policy Institute.

2 King, W., & Vaughn, D., Jr. (2022, September 29). *The import quota that remade the auto industry*. American Compass.

3 이춘규. (2017, January 25). *40년간 되풀이되는 미·일 자동차 통상 마찰, 이번엔?*. 연합뉴스. https://www.yna.co.kr/view/AKR20170125071000009

4 박정준, 강민규. (2018). *미국의 일방주의 통상정책 사례에 대한 연구: 자동차 산업을 중심으로*. 무역학회지, 43(3), 47-74.

5 기획재정부. (2020, November 3). *유치산업보호론*. 시사경제용어사전. https://www.moef.go.kr/sisa/dictionary/detail?idx=1998

6 Yoon, J., Gross, J., Ortiz, A., & Ahn, A. (2025, September 5). *South Koreans Are Swept Up in Immigration Raid at Hyundai Plant in Georgia*. The New York Times. https://www.nytimes.com/2025/09/05/us/georgia-battery-plant-hyundai-lg-ice-raid.html

7 World Resources Institute, & World Business Council for Sustainable Development. (2025, June). *기업 온실가스 회계 및 보고 표준 개정판* (Corporate Accounting and Reporting Standard, Revised Edition). GHG Protocol.

8 유제철. (2024, July 31). *전문가 칼럼 EU 탄소국경조정제도 대응 방안*. 법무부.

9 중소벤처기업부. (2025, March 14). *탄소국경조정제도(CBAM) 관련 정부 지원사업을 한눈에* [보도자료]. https://www.mss.go.kr/site/smba/ex/bbs/View.do?cbIdx=86&bcIdx=1057325&parentSeq=1057325

10 중소벤처기업부. (2025, February 20). *탄소국경조정제도(CBAM) 대비, 배출량 측정·보고·검증 컨설팅 지원개시* [보도자료]. https://www.mss.go.kr/site/smba/ex/bbs/View.do?cbIdx=86&bcIdx=1056821

11 송승온. (2025, August 20). *온실가스 감축 R&D 투자 기업에 1000억원 추가 융자 지원*. 에너지플랫폼뉴스. https://www.e-platform.net/news/articleView.html?idxno=95626

12 김민기, 이효섭, 장보성. (2025, January). *한국 배출권 거래시장 발전 방향 (연구보고서 25-01)*. 자본시장연구원.

13 기후솔루션. (2024, September 10). *[입장문] 한국 2030 NDC 중간점검: 절반도 못 와...*

2023년 온실가스 배출량, 5년 전 대비 14% 감축 불과. https://forourclimate.org/ko/newsroom/974

14 Verschuur, J., Koks, E. E., & Hall, J. W. (2022). *Ports' criticality in international trade and global supply-chains*. Nature Communications, 13(1), 4351. https://doi.org/10.1038/s41467-022-32070-0

15 European Commission. (n.d.). *Reducing emissions from the shipping sector*. Climate Action. https://climate.ec.europa.eu/eu-action/transport-decarbonisation/reducing-emissions-shipping-sector_en

16 European Commission. (n.d.). *Reducing emissions from the shipping sector*. Climate Action. https://climate.ec.europa.eu/eu-action/transport-decarbonisation/reducing-emissions-shipping-sector_en

17 IMO. (2023). *EEXI and CII - ship carbon intensity and rating system*. https://www.imo.org/en/mediacentre/hottopics/pages/eexi-cii-faq.aspx

18 박신원. (2024, October 21). *"韓선박 70%, 탄소배출 기준 미달…장기 로드맵 시급"*. 서울경제. https://www.sedaily.com/NewsView/2DFNMTIKOD

19 오삼권. (2025, July 16). *친환경 암모니아선 中·日 치고 나간다…"韓, 기술격차 벌려야"*. 중앙일보. https://www.joongang.co.kr/article/25351991

20 Zero Emission Maritime Buyers Alliance. (2025). *About ZEMBA*. https://www.shipzemba.org/about/

21 Hapag-Lloyd. (2024, May 6). *Hapag-Lloyd wins ZEMBA tender for zero-emission shipping services* [보도자료]. https://www.hapag-lloyd.com/en/company/about-us/newsletter/2024/05/hapag-lloyd-wins-zemba-tender-for-zero-emission-shipping-service.html

22 Hapag-Lloyd. (n.d.). *Drive Sustainability with Greener Logistics Solutions*. https://www.hapag-lloyd.com/en/online-business/book/ship-green.html

23 DHL Group. (2025, September 26). *DHL and Hapag-Lloyd sign agreement to further decarbonize supply chains* [보도자료]. https://group.dhl.com/en/media-relations/press-releases/2025/dhl-and-hapag-lloyd-sign-agreement-to-further-decarbonize-supply-chains.html

24 Shine, I. (2023, November 29). *What is sustainable aviation fuel and why are only 0.1% of flights powered by it?*. World Economic Forum. https://www.weforum.org/stories/2023/11/what-is-sustainable-aviation-fuel/

25 KPMG International. (2024, July). *Evolution of alternative fuels for aviation*. https://assets.kpmg.com/content/dam/kpmg/xx/pdf/2024/07/evolution-of-alternative-fuels-for-aviation.pdf

26 Neo, R. W. (2024, February 19). *Singapore mandates SAF use for departing flights, to introduce levy from 2026*. S&P Global Commodity Insights. https://

www.spglobal.com/commodity-insights/en/news-research/latest-news/energy-transition/021924-singapore-mandates-saf-use-for-departing-flights-to-introduce-levy-from-2026

27 International Air Transport Association. (2024, December 10). *Disappointingly Slow Growth in SAF Production* [보도자료]. https://www.iata.org/en/pressroom/2024-releases/2024-12-10-03/

28 International Air Transport Association. (2025, June 1). *Policy Shortcomings Puts SAF Production at Risk* [보도자료]. https://www.iata.org/en/pressroom/2025-releases/2025-06-01-02/

29 American Express Global Business Travel. (2025, July 9). *Shell Aviation, Accenture and Amex GBT announce the evolution of Avelia* [보도자료]. https://www.amexglobalbusinesstravel.com/press-releases/shell-aviation-accenture-and-amex-gbt-announce-the-evolution-of-avelia/

30 Avelia Solutions. (2025). *About Avelia*. https://www.aveliasolutions.com/about-avelia

31 Johnson Matthey. (2025, June 5). *Honeywell, Johnson Matthey, GIDARA Energy and SAMSUNG E&A form SAF technology alliance* [News Release]. https://matthey.com/media/2025/honeywell-johnson-matthey-gidara-energy-and-samsung-e-a-form-saf-technology-alliance

32 홍명표. (2025, June 9). *허니웰·삼성E&A, SAF 생산비 10% 절감 노린 기술 얼라이언스 구성*. IMPACT ON(임팩트온). https://www.impacton.net/news/articleView.html?idxno=15378

33 Segal, M. (2025, June 30). *British Airways to Reduce Emissions by 400,000 Tonnes Through New SAF Purchase Deal*. ESG Today. https://www.esgtoday.com/british-airways-signs-sustainable-aviation-fuel-deal-to-reduce-emissions-by-400000-tonnes/

34 산업통상자원부. (2025, February 21). *제11차 전력수급기본계획 주요내용*.

35 Hölzle, U. (2016, December). *100% renewable is just the beginning*. Google Sustainability. https://sustainability.google/stories/announcement-100/

36 Apple. (2018, April 9). *Apple now globally powered by 100 percent renewable energy* [Press Release]. https://www.apple.com/newsroom/2018/04/apple-now-globally-powered-by-100-percent-renewable-energy/

37 송선우. (2024, April 29). *폭스콘, 2040년까지 100% 재생 전력 사용 약속*. IMPACT ON(임팩트온). https://www.impacton.net/news/articleView.html?idxno=11412

38 구현화. (2025, July 3). *RE100 보고서 "韓, 재생에너지 조달 가장 어려운 시장"*. 한국경제. https://www.hankyung.com/article/202506170376i

39 박기용. (2025, March 16). *국내 재생에너지 비중 10.5% '첫 두자리'…여전히 OECD 꼴찌*. 한겨레. https://www.hani.co.kr/arti/science/science_general/1187187.html

40 Segal, M. (2025, September 26). *California Releases List of More than 4,000 Companies Required to Begin Reporting Under New Climate Disclosure Laws*. ESG Today. https://www.esgtoday.com/california-releases-list-of-more-than-4000-companies-required-to-begin-reporting-under-new-climate-disclosure-laws/

41 E3G. (2025, September 30). *What European business leaders think about the EU's corporate sustainability and due diligence rules*. E3G. https://www.e3g.org/wp-content/uploads/E3G_-YouGov-Survey-Results.pdf

42 PwC. (2025, September 25). *From insight to value: The sustainability reporting journey continues* (Global Sustainability Reporting Survey 2025). PwC. https://www.pwc.com/gx/en/issues/esg/global-sustainability-reporting-survey.html

43 Segal, M. (2025, September 29). *Most Companies Say Pressure for Sustainability Reporting Increasing Despite Regulatory Pullback: PwC Survey*. ESG Today. https://www.esgtoday.com/most-companies-say-pressure-for-sustainability-reporting-increasing-despite-regulatory-pullback-pwc-survey/

제11장 지속가능성과 ESG 경영의 미래

1 BNP Paribas Securities Services. (2025, May). *From Definition to Deployment: Turning ESG Intentions into Action*. https://securities.cib.bnpparibas/esg-survey-2025/from-definition-to-deployment-turning-esg-intentions-into-action/

2 Gopal, S. (2024, June 18). *Scope 4 in the EU Regulatory Framework: Emissions Beyond the Value Chain*. Floodlight. https://floodlightglobal.com/scope-4-in-the-eu-regulatory-framework-emissions-beyond-the-value-chain/

색인

국문 색인

ㅇ

영문 색인

지속가능성과 ESG 경영

초판발행 2026년 2월 13일
중판발행 2026년 3월 16일

지은이 이재혁·옥용식
펴낸이 안종만·안상준

편 집 조영은
기획/마케팅 김한유
표지디자인 이영경
제 작 고철민·김원표

펴낸곳 (주)박영사
서울특별시 금천구 가산디지털2로 53, 210호(가산동, 한라시그마밸리)
등록 1959.3.11. 제300-1959-1호(倫)
전 화 02)733-6771
f a x 02)736-4818
e-mail pys@pybook.co.kr
homepage www.pybook.co.kr
ISBN 979-11-303-9749-8 93320

정 가 29,000원